동아시아 불교와 위의경

동아시아 불교와 위의경

2021년 2월 15일 초판 1쇄 인쇄
2021년 2월 25일 초판 1쇄 발행

지은이 런민(人民)대학 불교와종교학이론연구소
도요(東洋)대학 동양학연구소
금강대학교 불교문화연구소
펴낸이 정창진
펴낸곳 도서출판 여래
출판등록 제2011-81호(1988.4.8)
주소 서울시 관악구 행운2길 52 칠성빌딩 5층
전화번호 (02)871-0213
전송 (02)885-6803

ISBN 979-11-90825-06-1 93220
Email yoerai@hanmail.net
blog naver.com/yoerai

값은 뒤표지에 있습니다.

금강대학교
불교문화연구소
금강학술총서
37

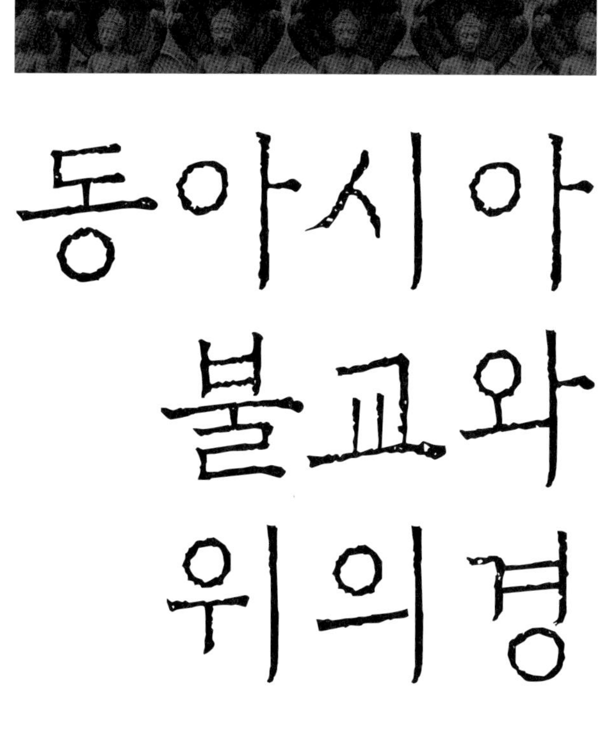

동아시아 불교와 위의경

런민(人民)대학 불교와종교학이론연구소
도요(東洋)대학 동양학연구소
금강대학교 불교문화연구소

공편

여래

| 편집자 서문 |

동아시아 불교에서 위의경僞疑經의 성립과 의미

불교가 중국, 한국, 일본으로 전래되는 과정에는 필연적으로 인도불교가 동아시아의 토착문화와 사상에 어떻게 적응하고 변화하였는가 하는 문제가 발생한다. 이러한 과정을 잘 드러내는 것 중 하나가 위의경僞疑經의 찬술과 유통이라고 할 수 있다. 위의경이란 그 내용이 진정한 '붓다의 가르침'[佛說]인지 아닌지 의심스러운 경전을 말한다. 경우에 따라서는 인도 이외의 지역에서 찬술된 경전[僞經]이나 인도불교 원전을 번역한 것으로 보기에는 의심스러운 경전[疑經]으로 나누어 구분하기도 한다. 이 경우라면 동아시아에서 찬술된 모든 경전은 위의경이 되어야 할 것이다.

이와 같이 불교의 전승과 직접적으로 연관되기 때문에 무엇이 위의경인지에 대한 논의는 근현대에 이르기까지 지속되고 있다. 예컨대

부파불교의 입장에서는 대승불교의 경전이 위경일 수 있고 인도불교의 입장에서는 동아시아 불교의 경전이 위경일 수 있다. 또한 진정한 '붓다의 가르침'을 담고 있다면 어느 학파, 어느 나라에서 찬술된 것이라 해도 모두 불교의 경전[眞經]이라고도 볼 수 있다. 실제로는 암송으로 전승되던 붓다의 가르침이 문자로 기록된 것은 붓다의 열반 이후 수백 년 뒤의 일이기 때문에 무엇이 붓다의 직접적인 가르침인지 문헌적인 근거를 제시하는 데에는 한계가 있을 수밖에 없다.

동아시아에서 위의경이라고 알려진 경전이라고 해도 비정통의 무시해도 좋을 경전이라고 생각할 수 없는 이유가 여기에 있다. 위의경이란 동아시아의 문화와 사상에 적응하기 위한 과정을 거친 새로운 형태의 불전이라고 할 수 있기 때문이다. 그러므로 1) 진정한 '붓다의 가르침'[佛說]을 판별하는 기준에 대한 동아시아 불교의 이해를 총괄적으로 고찰하고, 2) 동아시아 불교 전통에서 위의경이 어떻게 제작되고 변용되었는지에 대해 살펴보며, 3) 내용이 정통불교를 담고 있지 않다고 해도 유연하게 중생의 필요에 부응하고자 한 위의경의 의미와 특징을 이해할 필요가 있다. 한국, 중국, 일본의 동아시아 불교 학자들이 소통하고 협력해서 밝혀낸 "동아시아 불교와 위의경"의 의미가 이를 통해 잘 드러나기를 기대한다.

책의 구성

제1장 "인도 티베트 불교의 불설론佛說論과 동아시아 불교의 이해"는 동아시아 불교의 위의경을 다루는 이 책의 주제에 대한 총론이라고 할 수 있다. 위의경에 대한 직접적인 논의에 앞서, 인도와 티베트 불교에서 진정한 '붓다의 가르침'[佛說]을 설한 불전과 그렇지 않은 불전을 판단하는 기준이 무엇인지에 대해 고찰하고 이와 관련해 동아시아 불교에서는 어떻게 이해했는지에 대해 알아본다.

이영진의 「인도의 불설佛說 판단 기준에 대한 동아시아 불교의 이해 –『유가사지론』과 『유가론기』를 중심으로–」는 인도불교에서 '붓다의 가르침'이라고 인정하는 판단 기준이 동아시아 주석가들에 의해 어떤 식으로 변용되어 이해되었는지를 밝힌 연구이다.이를 위해 관련 내용을 다룬 인도의 논서와 동아시아 주석서의 내용을 비교 검토하고 있다.

차상엽의 「불설佛說의 진위眞僞에 대한 싸꺄빤디따의 견해」는 무엇이 진정한 '붓다의 가르침'[佛說]인지에 대한 티베트에서의 논쟁을 다룬 연구이다. 인도의 성문승과 대승의 가르침을 '붓다의 가르침'이라고 보고 그외의 몇몇 불교체계들은 '붓다의 가르침'이라고 볼 수 없다고 비판하는 싸꺄빤디따의 견해를 문헌적인 근거에 기반해서 조명하고 있다.

제2장 “동아시아 불교 전통에서의 위의경 제작과 변용”은 일본과 중국에서 찬술된 위의경의 종류와 판본을 성립사적인 관점에서 조사하고 시대적 공간적 문화적 특성에 따라, 혹은 찬술 목적에 따라 어떻게 제작되거나 변용되었는지에 대해 고찰하고 있다.

허인섭의 「중국의 위의경僞疑經에 나타난 노장老莊적 불교 이해 고찰 –연기緣起적 관점에서 본 중국 찬술 불교 경전의 특성 이해–」는 위의경을 통해 중국전통의 사유방식이 중국의 불교 이해에 어떤 영향을 주었는지를 밝힌 연구이다. 이를 위해 중국 찬술 위의경에 나타나는 무아와 연기에 관한 서술을 중심으로 불교와 노장의 사상을 비교 검토하고 있다.

미노와겐료蓑輪顕量의 「일본에서 찬술된 위경에 대하여」는 일본에서 찬술된 위의경의 성립과 전개에 대해 종합적으로 검토한 연구이다. 각각의 위의경을 시대별, 장소별, 종류별로 상세하게 살펴본 후에 위의경이 제작된 목적과 일본 찬술 위의경의 특징에 대해 고찰하고 있다.

장종張總의 「『시왕경十王經』 발전 변화 재검토 –섬서陝西 신덕사神德寺 탑본塔本을 중심으로–」는 『시왕경』의 여러 탑본들 중에서도 신덕사 탑경본을 중심으로 시왕경 계통의 경전이 어떻게 변화하고 발전되어 왔는지를 다룬 연구이다. 이를 위해 각종 탑본들을 경명의 제목, 왕명의 순서, 중요 구절의 변화 등 모두 5가지 영역으로 나누어 조사하고 있다.

우샤오지에伍小劼의 「일본 흥성사興聖寺 소장 『관정도생초혼단절부연경灌頂度星招魂斷絶復連經』 고찰」은 중국에서 오래 전에 소실되었지만 일본 흥성사에 보존되어 있는 중국불교의 위의경전 『관정도성초혼단절부연경』을 검토한 연구이다. 경전의 주요 내용이 도교경전을 통해 보완되고 이해될 수 있다는 점 등에 기반해서 도교 및 관련 중국 전통문화에 기원을 두고 있다는 것을 밝히고 있다.

제3장 "동아시아 위의경에 나타난 동아시아 불교의 신앙 양태"는 동아시아의 위의경에서 신앙과 관련된 내용을 조사하여 정통 불교경전보다 유연하게 중생의 필요에 부응하고자 한 위의경의 특징을 잘 드러내고 있다. 신앙에 대한 기록이라는 것을 새롭게 밝혀낸 위의경의 문헌적인 연구를 포함해서 불교교리에 대한 자유로운 해석에 기반한 신앙, 토착신앙과의 융화 및 유통 등을 고찰한다.

추이홍펀崔紅芬의 「영국 소장 서하문西夏文 『불정심대다라니경佛頂心大陀羅尼經』의 번역과 해석 그리고 관련 문제 고찰」은 중국의 위의경인 『불정심대다라니경』이 천안천비관세음보살신앙의 기록으로 볼 수 있다는 것을 고증한 연구이다. 이를 위해 영국 소장 서하문 잔경을 보완하고 번역과 해석을 더했으며, 이름이 정해지지 않았거나 잘못 명명한 자료에 새롭게 이름을 붙이는 등의 문헌연구가 선행되었다.

이토마코토伊藤真의 『지장대도심구책법地藏大道心驅策法』에서의 '귀鬼'」는 중국에서 찬술된 『지장대도심구책법』의 내용 중 '귀鬼'에 대한 교설을 통해 유연하게 중생의 필요에 부응하는 위의경으로서의 특징과 중국불교사에서의 성립 의의를 고찰하고 있다.

장원장張云江의 「『불설주매경佛說呪魅經』약론」은 『불설주매경』의 내용을 검토한 후에, 이 경전은 위의경이라기보다는 불교적 특징을 지닌 중국 전통 종교경전이라고 보는 것이 더 타당하다는 점을 밝힌 연구이다.

사토아츠시佐藤厚의 「조선반도에서 위경 『천지팔양신주경天地八陽神呪經』의 유통과 특징」은 조선시대에서 근현대에 이르기까지 유통된 18종의 『천지팔양신주경』을 연대별로 정리하고 성립사의 관점에서 특징을 고찰한 연구이다. 『천지팔양신주경』이 시대의 흐름에 따라 독립된 독송, 주술경전으로 유통되어 불교뿐만 아니라 무교에서도 활용되었다는 것을 밝히고 있다.

감사의 말

'동아시아 불교와 위의경'이라는 주제를 다양한 관점에서 바라보고 종합적으로 이해할 수 있도록 논문을 발표해 주신 이영진, 차상엽, 허인섭, 미노와겐료, 장종, 우샤오지에, 추이홍펀, 이토마코토, 장원장, 사토아츠시 선생님에게 우선적으로 감사의 말씀을 드립니다.

간행본 출간에 앞서 최은영, 장웬량, 이부키아쓰시 선생님의 주관으로 2019년 중국의 인민대학교에서 '동아시아 불교와 위의경'을 주제로 논문을 발표하는 삼국 공동 학술대회를 개최하였습니다. 한국, 중국, 일본의 학자들이 논쟁과 토론을 통해 학문적으로 교류하고 토론할 수 있는 장을 마련하여 그 연구 성과물을 한 권의 책으로 만들 수 있도록 해주신 선생님들에게 감사드립니다.

또한 책을 간행하는 과정에서 세부적인 사항에 대해 논의하고 영문초록을 교정해주신 금강대학교 불교문화연구소 소장 고승학 선생님과 성원을 아끼지 않은 불교학과 선생님들에게도 감사의 말을 전합니다.

2021년 2월

한국어판 편집자를 대표하여 배경아

목차

제1장

인도 티베트 불교의 불설론佛說論과 동아시아 불교의 이해

1) 인도의 불설佛說 판단 기준에 대한 동아시아 불교의 이해
—『유가사지론』과 『유가론기』를 중심으로—

이영진(李榮振)

2) 불설佛說의 진위眞僞에 대한 싸까빤디따의 견해

차상엽(車相燁)

인도의 불설佛說 판단 기준에 대한 동아시아 불교의 이해

–『유가사지론』과『유가론기』를 중심으로 –

이영진(李榮振)

Ⅰ. 들어가며

5세기 말에서 6세기 초에 저술되었다고 추정되는, 설일체유부 계열의 논서『아비달마디빠』*Abhidharmadīpa*에는 다음과 같은 흥미로운 단락이 있다.[1)]

[1] 실로 세존께서 "비구들이여! 경전[經]에 포함되어 있지/어울리지 않고 비나야[律]에 나타나지 않으며, 법성法性에 위배되는 이것은 스승(=붓다)의 가르침이 아니다"라고 말씀하신 것이 '흑설'(kṛṣṇāpadeśa 黑說)[을 지칭하는 것]이다. 백설(白說 śuklāpadeśa)은 [흑설과] 반대되는 것이다.

불세존께서 설하신 경전은 네 아가마[四阿含] 중에서 상좌上座 마하까샤

1) 『아비다르마디빠』의 저자, 즉 dīpakāra와 그 연대의 추정에 관해서는 三友 2007, pp.42-43 참조.

빠와 상좌 아난다 등의 [1차 결집의] 결집자들이 요약 게송들(uddānagāthāḥ)로 편집한 것인데, 다름 아닌 그 [요약 게송들]만을 [“경전에 포함되어 있지 않고”의 경전으로] 이해해야 한다. 이와 같이 설명을 마쳤다.[2)]

인용 [1]에서 가장 흥미로운 점은 『아비다르마디빠』의 저자(dīpakāra)의 경우 붓다가 직접 설한[親說] 경전을 4아함阿含으로 보지 않는다는 것이다. 그는 붓다의 친설을 4아함의 경전들 말미에 부가된 '[산문을] 요약하는 게송'(uddānagāthā)들, 현대적으로 비유하자면 논문의 말미에 부가되는 '주제어'(key words)만으로 보고 있다. 그리고 불교의 특정한 교리적 가르침에 '붓다의 가르침'(Buddhavacana 佛說/佛語)이라는 권위를 부여하기 위해서는, 이 가르침이 4아함에 수록되어 있는 주제어와 직접적으로 관련이 있어야 한다고 주장한다.

인용 전반부에서 '흑설'과 '백설'을 판가름하는 세 가지 기준은 '사대교법'四大教法 혹은 '위대한 네 위임委任'(Sans.: *catvāro mahāpadeśāḥ* ; Pā: *cattāro mahāpadesā*)에서 불교 내부의 특정한 학설 · 주장이 불설인지 아닌지를 판단하는 척도이다.[3)] 사대교법의 내용은 다음과 같이 간추릴 수 있다: 어떤 사람이 (1)세존으로부터 직접 혹은 (2) 승가, (3)

---

2) uktaṃ hi bhagavatā- “yad bhikṣavaḥ sūtre nāvatarati, vinaye na dṛśyate, dharmatāṃ ca vilomayati nedaṃ śāstuḥ śāsanam” iti kṛṣṇāpadeśaḥ | śuklāpadeśo viparyayeṇa | yat khalu sūtraṃ bhagavatā buddhena bhāṣitaṃ tac caturṣv āgameṣu sthaviramahākāśyapasthavirānandādibhiḥ saṃgītikartṛbhir uddānagāthābhir nibaddhaṃ tad eva grāhyam | gatam etat | ADV[J] 197.04-08; 필자의 번역과 조금 차이가 있는 일본어 번역에 관해서는 三友 2007, p.520을 참조하시오.

3) 후지타(藤田 1998, pp.4-15)는 팔리 니까야, 산스크리트 『대반열반경』 등에 나타난 사대교법의 다양한 리선센recension을 상세히 분석하였다.

다수의 [장로] 비구, (4) 한 명의 [장로] 비구로부터 직접 어떠한 가르침(dharma)을 받았다고 권위를 부여할 때, 이를 그대로 인정하거나 배척하는 것이 아니라, 그 가르침을 구성하고 있는 말과 소리(암송 전통) 혹은 문장과 글자(서사 전통)들이 ① 경전에 포함되고/어울리고, ② 비나야에 나타나야 한다는 기준에, 혹은 ①·②에 더하여 ③ 법성에 위배되지 않아야 한다는 기준에 부합하는지를 조사하여,[4] 이 기준들을 만족하면 "이것이 다르마이고 비나야이고 스승의 가르침(śāsana)이다"라고 그 가르침을 간직해야 하지만, 만족하지 못하면 그 가르침을 버려야만 한다.

따라서 인용 [1]의 '흑설'은 ①·②·③의 기준을 만족하지 못하여 폐기해야만 하는 것으로, '붓다의 가르침'[佛說]이라는 권위와 정당성을 부여받지 못한 불교 내의 학설·주장 등을 일컫는 것이다. 반면, '백설'은 이 기준들을 만족하여 '붓다의 가르침'으로서 간직해야만 하는, 불설로서의 권위와 정당성을 부여받은 학설·주장 등을 이름 하는 것이다.

설일체유부 계열 문헌들에서 볼 수 있듯이, '흑설(kṛṣṇāpadeśa/*kālāpadeśa)과 백설(śuklāpadeśa) 혹은 대설(mahāpadeśa)[5]을 구분하는 것'은 "경전(sūtrānta)에 의지하지 [그 경전을 설하는] 사람(pudgala)에 의지

4) '③ 법성에 위배되지 않아야 한다'는 후대에 추가된 것인데, 이 기준은 홀로 {예: 『阿毘達磨大毘婆沙論』(T.1545) 1b21-23: "又若佛說若弟子說不違法性. 世尊皆許苾芻受持.": cf. 藤田 1998, pp.22-23} 그리고 ①과 ②의 기준과 더불어 {예: Mahāyānasūtrālaṃkāra(ed. Levi) 4.25-5.08: cf. 藤田 1998, 34-3}, 아비달마 혹은 대승이라는 새로운 시스템/사상을 불설의 범주로 포함하는 결정적인 역할을 했다.

5) MPNSū (산스크리트 결락): nag po'i phyogs su smras pa, chen por bshad pa; 『근본설일체유부잡사』: 大黑說, 大白說.

하지 않는다"를 실천하는 방안으로 서술된다.[6] 근본 설일체유부의 경전에 근거하여 편찬된 것으로 추정되는[7] 『유가사지론』, 그중에서 본지분에서는 "흑설(kālāpadeśa)과 대설(mahāpadeśa)를 안다"는 서술이 세 곳에서 네 차례 등장한다. 그리고 이 서술은 설일체유부 고유의 해석학적 전통인 네 귀의처(catvāri pratisaraṇāni)[8] 중 첫 번째 "다르마

---

6) 비구들은 경전(sūtrānta ; 經教)에 귀의해야 하지 [그 경전을 설하는] 사람(pudgala 人)에게 귀의해서는 안 된다. 어떻게 비구가 경전에 귀의하고 사람에 귀의하지 않게 되는가? … 아난다여! 이 [여덟 가르침] 가운데 처음의 넷은 검은/어두운 쪽(*kāla-/kṛṣṇa-pakṣa)으로 설해지는 것인데, 비구들은 이들을 바르게 조사하기 위하여 노력을 경주해야만 한다. 그리고 [이들에 대해] '이것은 다르마가 아니고, 비나야도 아니고, 스승의 가르침도 아니다'라고 알고서 버려야만 한다. 아난다여! 이 [여덟 가르침] 가운데 나중의 넷은 위대한 것에 대해 설하는 것인데, 비구들은 이들을 바르게 조사하기 위하여 노력을 경주해야만 한다. 그리고 [이들에 대해] '이것은 다르마이고, 비나야이고, 스승의 가르침이다'라고 알고서 간직해야만 한다. 아난다여! 이러한 방식으로 비구들은 경전에 귀의해지, [그 경전을 설하는] 사람에게 귀의하지 않게 된다. bhikṣubhiḥ sūtrāntapratisaraṇair bhavitavyaṃ na pudgalapratisaraṇaiḥ | kathaṃ bhikṣuḥ sūtrāntapratisaraṇo bhavati na pudgalapratisaraṇaḥ | .... tatrānanda ye te (*thog ma'i bzhi po nag po'i phyogs su smras pa de ni dge slong dag gis dge ba shin tu yang dag par sbyar te | yang dag par brtags la |*) nāyaṃ dharmo nāyaṃ vinayo nedaṃ śāstuḥ śāsanam iti viditvā chorayitavyāḥ | tatrānanda ye te (*phyi ma bzhi po chen por bshad pa de ni dge slong dag gis yang dag par sbyar te | yang dag par brtags la |*) ayaṃ dharmo 'yaṃ vinaya idaṃ śāstuḥ śāsanam iti viditvā dhārayitavyāḥ | evam evānanda bhikṣubhiḥ sūtrāntapratisaraṇair bhavitavyaṃ na pudgalapratisaraṇaih | MPNSū 238-253 ; 『근본설일체유부 잡사』(T.1451) 389b21-390b04: "如是應知, 教有真僞, 始從今日當依經教不依於人. 云何依教不依於人? .... 初之四種名大黑說, 汝等苾芻應可善思, 至極觀察深知是惡, 此非是經, 此非是律, 非是佛教, 當須捨棄. 後之四種名大白說, 汝等苾芻應可善思, 至極觀察深知是善, 此實是經, 此實是律, 真是佛教, 當善受持. 阿難陀! 是謂苾芻依於經教不依於人, 如是應學. 若異此者非我所說."

7) Schmithausen 1987, pp.304-317, pp.377-380 ; Enomoto 1989, pp.21-23.

8) "[세상으로부터] 나아감[出離]은 진에瞋恚 등의 과실로부터 벗어나는 것이다. 그 출리의 [과정]에서, 돌아가야만(즉, 의지해야만) 하는 것이기 때문에 '귀의처'이다. 그런데 세존께서는 그 [귀의처]들이 넷이라고 다음과 같이 설하셨다. [즉] "다르마[法]가 귀의처이지, 사람[數取趣]은 [귀의처가] 아니다. 의미[義]

(dharma)가 귀의처이지, [그 다르마를 설하는] 사람(pudgala)은 귀의처가 아니다"는 귀의처를 대치하거나 연관되어 나타난다.

앞서의 '사대교법'의 맥락을 염두에 둔다면, 이 "흑설과 대설을 안다"는 서술은 불교 내의 특정한 가르침을 대상으로 ①·②·③의 기준을 적용하여 '불설'로 인정할 것인지 아닌지를 판단한다는 의미를 지닌다. 이는 기준이라는 측면에서는 인도 찬술 문헌인가 중국 찬술 문헌인가에 따라 진경眞經과 위의경僞疑經을 구분했던 중국에서 일어났던 현상과는 차이가 있지만, 불교 내의 가르침에 대해 '불설'의 권위를 부여할 것인지 아닌지를 판단한다는 측면에서는 공통점을 가지고 있다.

본 논문은 『유가사지론』에 나타난 "흑설과 대설을 안다"는 서술에 대한 동아시아 학자들의 주석을 통해, 인도의 불설佛說 판단의 기준을 동아시아 불교에서 어떻게 이해하였는가를 살펴보고자 한다. 이를 위해서는 8세기 초 신라 승려 도륜(道倫 혹은 遁倫 ca. 650~730)이 저술한 『유가론기』瑜伽論記를 주로 참조할 것이다.[9] 이를 통해 현장(玄奘 602-664 CE) 이후의 동아시아 법상종法相宗 학자들에게 보이는 인도의 불설佛說 판단 기준에 대한 이해의 일면一面을 볼 수 있을 것이라 기대

가 귀의처이지 문자[文]는 아니다. 그 의미가 이미 이끌어진 경전[了義經]이 귀의처이지, 그 의미를 이끌어내야 하는 경전[不了義經]은 아니다. 지혜[智]가 귀의처이지, 식識은 아니다"라고."(vyāpādādidoṣasamatikramo niḥsaraṇam. tasmin niḥsaraṇe pratisartavyānīti pratisaraṇāni. tāni punaś catvāry uktāni bhagavatā: dharmaḥ pratisaraṇaṃ na pudgalaḥ. arthaḥ pratisaraṇaṃ na vyañjanam. nītārthaṃ sūtraṃ pratisaraṇaṃ na neyārtham. jñānaṃ pratisaraṇaṃ na vijñānam |) SBh I 156.06-10 = 『瑜伽師地論』(T.1579) 332b07-11.

9) 저자의 성명, 연대, 『유가론기』의 저술 연대에 관해서는 이수미 2018, pp.186-190의 "III. 1. 『유가론기』의 저자, 성립 시기 및 판본"을 참조.

한다.

이러한 인도의 불설에 대한 동아시아적 이해에 앞서, 다음 장에서는 『유가사지론』 「본지분」에서 "흑설과 대설을 안다"는 문장이 있는 단락을 먼저 살펴볼 것이다.

II. 『유가사지론』 「본지분」에 보이는 '흑설과 대설'의 세 발전 단계[10)]

언급한 것처럼, 『유가사지론』 「본지분」에는 '흑설'(黑說 kālāpadeśa)과 '대설'(大說 mahāpadeśa)이 3곳에서 총 4차례 등장한다. 좀 더 상세하게는 11번째 장인 「사소성지」에서 1회, 15번째이자 산스크리트에서는 독립 문헌으로 편집된 『보살지』의 「역종성품」(Balagotrapaṭala)에서 2회, 그리고 「보리분품」에서 1회가 나타난다. 그렇지만 이러한 용어가 나타난 세 단락들은 『유가사지론』의 편집이 단박에 행해진 것이 아니라 시간을 두고 몇 층위層位에 걸쳐 행해졌다는[11)] 점 때문인지 서로 차이가 나는 내용을 담고 있다. 필자는 이러한 차이가 '흑설과 대설'의 서술 발전단계로 이해할 수 있다고 생각한다. 이 단계는 '네 귀의처와 결합—'도리'(道理 yukti)의 도입—'도리'만이 불설 판단의 기준이 됨'으로 구분되며, 순서대로 「사소성지」, 『보살지』 「역종성품」,

10) 이 장은 이영진 2018, pp.201-213 "II. 『유가사지론』 「본지분」에 나타난 흑설과 대설"을 논의의 주제에 맞추어 취사선택하여 개정한 것이다.

11) 『유가사지론』의 발전단계 혹은 층層의 구분에 관한 학설들은 Kragh 2013, pp.53-59에 잘 정리되어 있다.

『보살지』「보리분품」에서 나타난다.

이제 이 세 단락들을 편의를 위하여 산스크리트 구문을 통해서 살펴보자.

1. 「사소성지」: 흑설 · 대설과 네 귀의처의 결합

'사유로 이루어진 단계'로 번역할 수 있는 「사소성지」는 '자연스러운 청정—인식 대상에 대한 사택思擇—다르마에 대한 사택'의 세 구조로 이루어지는데, '흑설'과 '대설'은 이중 첫 번째 '자연스러운 청정'[自性清淨]에서 세 번째 측면(/단계 ākāra)으로 다음과 같이 기술된다.

> [2] 그 [자연스러운 청정과 인식 대상에 대한 사택과 다르마에 대한 사택이라는 '사소성지'의 세 가지 측면] 중 '자연스러운 청정'[自性清淨]이란 무엇인가? 그 [자연스러운 청정]은 아홉 측면/단계가 있다고 알아야 한다. 그것은 왜냐하면 다음의 아홉 측면/단계를 지닌 청정에 의해 사유(cintā)가 매우 청정해진다고 가르치기 때문이다. [즉,] '(1) 어떤 사람이 홀로 떨어져 다르마(=가르침)들을 배운 바대로 숙달한 대로 사유할 때, (2) [아트만 ~ 붓다들에게 있는 불경계佛境界라는] 사유할 수 없는 것을[12] 제외한 후 사유 가능한

12) '사유할 수 없는 것으로 나타나는 것'(acintyasthāna 不可思議處)으로는 '아트만[이 존재한다]는 생각'(ātmacintā), '사트바[가 존재한다]는 생각'(sattvacintā), '세상/세상 사람들[이 존재한다]는 생각'(lokacintā), '중생들이 [어떠한] 업의 이숙을 지니는가라는 생각'(sattvānāṃ karmavipākacintā), '명상전문가의 명상 대상'(dhyāyināṃ dhyāyiviṣaya), '붓다들에게 있는 불경계佛境界'(buddhānāṃ buddhaviṣaya)이다. 상세한 것에 관해서는 Eltschinger 2014, p.206, n.41 참고할 것.

것을 숙고한다. (3) 그리고, 흑설(**kālāpadeśa**)과 대설(**mahāpadeśa**)을 완전히 알고, (4) 의미(artha)에 의거하여 사유하고, 문자(vyañjana)에 의지하[여 사유하지 않는다. 그리고, (5) 어떤 것(=사유할 수 없는 것)은 믿음(信)으로써 확신하고, 다른 어떤 것(=사유 가능한 것)은 지혜(prajñā)로써 숙고하며, (6) 견고하게 사유하고, (7) 확고하게 사유하며, (8) 세밀하게 사유한다. 그리고 (9) 중간에 [결코] 포기하지 않고, 그 끝에 다다를 때까지 사유를 행한다'라는 [것이 청정의 아홉 측면/단계이다].[13)]

인용 [1]을 통해서 볼 때 [2]의 "(3) 흑설과 대설을 완전히 안다"는 '경전 · 비나야 · 법성'이라는 판단 기준을 가지고 불교 내의 특정한 가르침이 불설인지 아닌지를 판단하는 것을 의미할 것이다. 인용 [2]에서는 이러한 (3) 이후에, 4귀의처 중 두 번째에 해당하는 "(4) 의미에 의거하여 사유하고, 문자에 의지하[여 사유하지 않는다"가 기술된다. 앞서서 언급했지만(각주 6), 유부계열의 4대교법에서 '흑설과 대설을 구분하는 것'은 "비구들이 경전(sūtrānta 經教)에 귀의해야 하지 사

13) tatra svabhāvaviśuddhiḥ katamā? sā navākārā veditavyā । yathāpi tad (1) ekatyo yathāśrutān yathāparyavāptān dharmān ekākī rahogataś cintayann (2) acintyaṃ parivarjayitvā cintyaṃ cintayati । (3) **kālāpadeśamahāpadeśaṃ ca parijānāti** । (4) arthapratisaraṇaś ca cintayati, na vyañjanapratisaraṇaḥ । (5) kiṃcic ca śraddhayādhimucyate, kiṃcit prajñayā vyavacārayati । (6) dṛḍhaṃ ca cintayati । (7) sthiraṃ ca cintayati । (8) pratanuṃ ca cintayati । (9) tāṃ ca cintāṃ paryavasānagatāṃ karoti, nāntarā viṣādam āpadyate । ity anayā navākārayā viśuddhyā suviśuddhā cintety ucyate ।। 이는 Śrāvakabhūmi 산스크리트 사본(23v4-6)과 Yogācārabhūmi 사본(102r4-6)을 바탕으로 필자가 편집한 것으로, 독자의 편의를 위해 서로 다른 읽기(readings)는 보고하지 않는다. cf. 『瑜伽師地論』(T.1579) 361b21-29.

람(pudgala 人)에게 귀의해서는 안 된다"를 실천하는 방안이다. 여기서 '경전'[經教]을 다르마[法]로 교체한다면[14] 이는 역시 유부 계열의 4귀의처 중 첫 번째 귀의처에 상응할 것이다. 따라서 인용 [2]의 "흑설과 대설을 완전히 안다"는 서술은 4귀의처 중 첫 번째를 대치하는 서술이 된다.

『유가사지론』「본지분」의 여섯 번째 장인 「삼마희다지」(Samāhitā bhūmi)에서는 첫 번째 귀의처가 "다르마(=가르침)를 얻는 시간에(dharmaparyāptikāle 得法時) 위선적인(kuhaka 諂詐) 사람을 대상으로 설해졌다"고 불설 판단의 기준과 상관없이 4귀의처를 설하고 있다.[15] 이를 고려한다면 인용 [2]의 (3)은 사의四依의 설에 기존의 불설을 판단하는 기준인 '4대교법'을 포함시키고자 하는 시도였다고 볼 수 있다.

2. 『보살지』「역종성품」: 도리(yukti)의 등장

『보살지』의 「역종성품」에는 다르마를 바른 방식에 의하여 실천하는[16] '법수법행'(法隨法行 dharmānudharmapratipatti) 혹은 "조사하고 기억한 바대로 다르마들을 몸과 말과 마음(身口意)으로써 수순隨順하게 하는"[17] 법수법행 중 하나인 '바른 사유'(samyakcintanā)를 정의하면서

---

14) 후지타(藤田 1998, 15)는 불설 판단의 세 기준으로 경전, 율, 법성을 언급함으로써 '경전에 의지한다'는 서술과 모순되기 때문에 후대에 '경전'을 '법'으로 바꾸었다고 생각한다.

15) SBh I 156.09-157.05 = 『瑜伽師地論』(T.1579) 332b07-29.

16) 'anudharma'를 '바른 방식에 의하여'로 번역한 것은 CPD 191의 'anudhamma'(right method)와 'anudhammaṃ'(in accordance with the dhamma) 항목을 참조하였다.

17) BBh^{W} 107.22-24: "teṣām eva yathāparyeṣitānāṃ yathodgṛhītānāṃ

'흑설'과 '대설'이 두 번 나타난다. 이 단락은 먼저 바른 사유의 여덟 측면을 설명하고([3-1]) 이를 부연 설명하는([3-2]) 주석의 형식을 취하는데, 내용상 인용 [2]의 '자연스러운 청정'과 연관이 깊다.

> [3-1] 그 [5종류의 법수법행] 중에서 보살의 '바른 사유'(samyakcintanā)란 무엇인가? 이 [시스템=불교]에서 비구가 홀로 떨어져, 다르마들을 배운 대로 사유하고 측량하고 조사하기를 바랄 때에는 (1) 아주 처음부터 [아트만 등의] 사유할 수 없는 점들을 내버려 두고서 [사유가 가능한] 다르마들을 사유하기 시작한다. (2) 그는 지속적으로, 항상 주의 깊은 노력으로써 사유하지, 느슨하게 [사유하지] 않는다. (3) 그리고 사유에 힘쓰는 보살은 일부 [사유 가능한 것]에 도리(道理 yukti)로써 숙고하고 이해하여 들어간다. (4) 다른 [사유할 수 없는 것]은 믿음으로써 확신할 뿐이다. (5) [사유 가능한 것을] 사유할 때 그는 의미에 근거하지 문자에 근거하지 않는다. (6) **흑설과 대설을 있는 그대로 안다.** (7) 그리고 그는 [실패하지 않고] 처음 [사유에] 들어감으로써 사유에 들어간다. (8) [사유에] 들어간 그는 반복하여 작의作意함으로써 견고함을 이끌어낸다.
>
> [3-2] (1)' 사유할 수 없는 것을 내버려 둔 보살은 미혹과 마음의 산란함을 얻지 않는다. (2)' 항상 주의 깊게 노력하는 그가 사유할 때, 과거에 알지 못했던 의미를 알게 되고 획득하고, 또한 [이렇게] 알고 획득한 의미를 잃어버리거나 잊지 않는다. (3)' 게다가 도리로써 일부 [사유 가능한 것]을 검토하고 이해하여 들어가고 숙고할 때는 [그가] 도리로써 이미 조사한 다르마에 관해서는 다른 어떤 사람들도 의지하지 않는다. (4)' 또한 [사유할 수 없

---

dharmāṇāṃ kāyena vācā manasā 'nuvartanā samyakcintanā bhāvanā ca."

는] 다른 일부를 믿음으로써 확신하지만, 그 [보살]의 이해가 그러한 심오한 다르마들에게 들어가지 못한다. [그때,] 그는 '이러한 다르마들은 여래(/들)의 영역에 속한 것이지 나의 지적知的 영역에 속한 것이 아니다'라고 [생각하면서] 그 다르마들을 거부하지 않을 때, 스스로를 손상시키지 않고 해지지 않고 보호할 수 있고 비난받지 않게 [될 것이다.] (5)' 의미에 근거하지 문자에 [근거하지] 않을 때, 보살은 불세존들의 의도[密意]를 가지고 설하신 모든 말씀들을 이해하여 들어간다. (6)' 그 어떤 누구도 그 어떠한 방식으로도 흑설과 대설[의 구분]에 능숙한 보살을 진실의(眞實義 tattvārtha)로부터 벗어나게 할 수도 없으며, 동요하게 할 수도 없다. (7)' 보살은 처음부터 사유에 들어갈 때, 과거에 얻지 못했던 '[다르마에 대한] 정신적 수용'(kṣānti 忍)을 획득하게 된다. (8)' 나아가 바로 그 획득한 '정신적 수용'을 견고하게 이끌어낼 때, 보살은 수습에 들어간다. 이 여덟 측면/단계를 가지고 보살은 '[바른] 사유'라고 취해진(=정의된) '법수법행'을 행하게 된다.[18)]

---

18) 이하는 Bodhisattvabhūmi의 오기하라 편집본(BBh^W)과 듀트 본(BBh^D)을 비교하고, 티베트역(rnal 'byor spyod pa'i sa las byang chub sems dpa'i sa, D (No. 4037) sems tsam, wi 58b2-59a4)과 한역(『瑜伽師地論』(T.1579, 503c08-504a04)을 비교하여 필자의 교정본을 만들었다. 독자의 편의를 위해 어떠한 전거에서 교정하고 연성을 일반화하고 단다의 위치를 교정한 것에 관해서는 언급하지 않는다; BBh^W 108.03-109.07 BBh^D 76.08-77.02: "[3-1] tatra samyakcintanā bodhisattvasya katamā | iha bodhisattva ekākī rahogato yathāśrutān dharmāṃś cintayitukāmas tulayitukāma upaparīkṣitukāma (1) ādita evācintyāni sthānāni vivarjayitvā dharmāṃś cintayitum ārabhate | (2) pratataṃ ca cintayati sātatyasatkṛtya prayogeṇa na ślatham | (3) kiñcic ca bodhisattvaś cintāprayukto yuktyā vicārayaty anupraviśati | (4) kiṃcid adhimucyata eva | (5) arthapratisaraṇaś ca bhavati cintayan, na vyañjanapratisaraṇaḥ | (6) **kālāpadeśamahāpadeśāṃś ca yathābhūtaṃ prajānāti** | (7) ādipraveśena ca cintāṃ praviśati | (8) praviṣṭaś ca punaḥ punar manasikārataḥ sāratām upanayati | [3-2] (1) acintyaṃ varjayan bodhisattvaḥ saṃmohaṃ cittavikṣepaṃ nādhigacchati | (2) pratataṃ sātatyasatkṛtya

[3] 인용이 눈길을 끄는 것은 "(5) 의미에 근거하지 문자에 근거하지 않는다"는 두 번째 귀의처와 "(6) 흑설과 대설을 있는 그대로 안다"는 첫 번째 귀의처의 순서가 뒤바뀌어 있다는 점이다. 이런 순서의 변화는 "(3) 그리고 사유에 힘쓰는 보살은 도리(道理 yukti)로써 일부 [사유 가능한 것]을 숙고하고 이해하여 들어간다"에서 '도리'의 부가가 결정적인 역할을 한 것으로 보인다.

인용 [2]에서 유사한 문장인 "(5) 다른 어떤 것(=사유 가능한 것)은 지혜(prajñā)로써 숙고하며"에서 '사유 가능한 것'(cintya)을 숙고하는 수단은 지혜(prajñā)임에 반하여, 인용 [3-1]의 (3)에서는 '도리'가 숙고의 도구가 된다. 그리고 [3-2] "(3)' … 도리(yukti)를 가지고 이미 조사한 다르마에 관해서는 다른 어떤 사람들도 의지하지 않는다"는 주석은 "다르마가 귀의처이지, 사람은 [귀의처가] 아니"라는 첫 번째 귀의처의 변주變奏로 보인다. 즉, 다르마에 도리를 연결함으로써 '도리'가 '다르마'를 판단하는 보조수단으로써 등장하고 있다는 것이다. 이는

---

prayuktaś cintayann avijñātapūrvaṃ cārthaṃ vijānāti labhate, vijñātaṃ ca pratilabdham arthaṃ na vināśayati na saṃpramoṣayati | (3) yuktyā punaḥ kiñcit pravicinvan praviśayan vicārayan na parapratyayo bhavati teṣu yuktiparīkṣiteṣu dharmeṣu | (4) kiñcit punar adhimucyamāno yeṣv asya dharmeṣu gambhīreṣu buddhir nāvagāhate, tathāgatagocarā ete dharmā nāsmadbuddhigocarā ity evam apratikṣipaṃs tān dharmān ātmānam akṣataṃ cānupahataṃ ca pariharaty anavadyam | (5) arthaṃ pratisaran bodhisattvo na vyañjanaṃ buddhānaṃ bhagavatāṃ sarvasaṃdhāyavacanāny anupraviśati | (6) **kālāpadeśamahāpadeśakuśalo** bodhisattvaḥ tattvārthān na vicalayituṃ na vikampayituṃ kenacit kathaṃcic chakyate | (7) āditaś cintām anupraviśan bodhisattvaḥ apratilabdhapūrvāṃ kṣāntiṃ pratilabhate | (8) tām eva punaḥ pratilabdhāṃ kṣāntiṃ sāratām upanayan bodhisattvaḥ bhāvanām anupraviśati | ebhir aṣṭābhir ākārair bodhisattvaś cintāsaṃgṛhītāṃ dharmānudharmapratipattiṃ pratipanno bhavati ||"

불설인지 아닌지를 판단하는 실제적인 역할을 다르마가 아닌 도리에게 부여하고 있는 것으로 생각할 수 있다. 이러한 의미에서 「사소성지」 [2]의 인용에서는 불설 판단의 기준을 암시하는 "(6) 흑설과 대설을 있는 그대로 안다"는 '도리와 결합한 다르마'에 그 자리를 내주고, 4의依 중 두 번째 귀의처인 5) 이후에 배치되었다고 추정할 수 있다.

'도리'(yukti)는 '실제의 기저를 이루는 객관적인 법칙'과 '사람이 그 법칙을 찾아내어 조직화하려고 하는 인식론적 노력'이라는 주관적 측면과 객관적 측면 모두의 의미를 갖고 있는 용어이다.[19] 「성문지」에 따르면,[20] 도리에는 관대도리(觀待道理 apekṣāyukti)·작용도리(作用道理 kāryakaraṇayukti)·증성도리(證成道理 upapattisādhanayukti)·법이도리(法爾道理 dharmatāyukti)의 4종류가 있다. 이중 마지막 '법이도리'는 "사물/현상들이 지금 그러한 상태로 존재하게 하는 본질 혹은 고유한 성질"인 법성이라는 법칙 혹은 그러한 법성에 대한 추론으로 이해할 수 있다. 그런데 이 '법이도리'에 대한 설명에는 "… 모든 경우에 있어서 '법성'만이 귀의처이고, '법성'만이 도리이다"[21]라는 문장이 있다. 이는 '법성'이 앞선 불설 판단의 세 번째 기준이라는 점을 감안한다면, '도리'가 홀로 불설 판단의 기준의 역할을 했던(각주 4) '법성'을 대치하는 개념이라고 그 생각을 확장할 수 있다. 실제로 『보살지』 「보리분품」에서는 '도리'가 불설 판단의 유일한 기준으로서 거론되고 있

19) Deleanu 2006, p.495.

20) ŚrBh^{T} I 236.10-18&238.01-18&240.01-15 = 『瑜伽師地論』(T.1579) 419b05-c10.

21) ŚrBh^{T} I 240.11-12: sarvatraiva ca dharmataiva pratisaraṇaṃ dharmataiva yuktiḥ | = 『瑜伽師地論』(T.1579) 419c08-09: 一切皆以法爾爲依. 一切皆歸法爾道理.

다.

3. 『보살지』「보리분품」: 도리 = 불설 판단의 유일한 기준

『보살지』「보리분품」에는 4귀의처[四依]를 설명하는 단락이 있는데, 이러한 설명은 앞서 언급한(각주 15) 「삼마희다지」에 비하여 발전된 이론을 지니고 있는 것으로 판단할 수 있다.[22] 인용하자면 다음과 같다.

> [4] 그 경우에 보살은 어떤 방식으로 네 귀의처[四依]에 대해 노력하는가?
>
> [4-1] 이 경우 보살은 의미를 추구하기 위해 타인으로부터 다르마(=가르침)를 배우지, 문자를 가지고 장식裝飾하기 위하여[23] [배우는 것이 아니다.] 문자를 추구하면서가 아니라 의미를 추구하면서 다르마를 배울 때, 의미를 추구하는 보살은 [산스크리트어가 아니기에 그가 이해할 수 없는(?)] 프라크리트어로 설해지고 있는 다르마조차 존경심을 가지고 듣는다.
>
> [4-2] 또한, 보살은 흑설과 대설을 있는 그대로 안다. [흑설과 대설을 여실하

22) 예를 들어 『보살지』「보리분품」의 네 번째 귀의처에 대한 설명에서 '식識'은 "단지 배움[聞]과 사유[思]를 통해 의미를 식별하는 것만으로 이루어진 지혜"로 '지'智는 '수행을 통한 증득의 지혜'로 규정하고 있다. 그렇지만 「삼마희다지」에서는 '식'을 "내생에 좋은 장소에 태어나기 위하여 설한 복福과 부동행不動行의 식"으로, '지'를 "열반에 가기 위하여 설한 사성제에 대한 지혜"로 정의하고 있다. 전자의 설명은 소박한 후자에 비하여 부자연스러운 해석이지만, '문·사·수'의 수행체계에서 '수'를 강조하여 발전한 체계로 이해할 수 있다.

23) 'vyañjanābhisaṃskārārthī'에 대한 번역으로 한역 "爲求世藻飾文詞"에 의거하였다. 티벳역은 "shig 'bru legs par sbyar bar 'dod pa'i phyir"(글자를 잘 만들어 말하기 위해서)로 번역하고 있다.

게] 알 때 도리(yukti)에 의지하지, "장로 혹은 유명한 사람이, 혹은 여래가, 혹은 승가가 이 다르마들을 설하셨다"고 사람(pudgala)에 의지하지 않는다. 이러한 방식으로 도리에 의지하지 사람에 의지하지 않을 때, 그는 [다르마] 의 진실한 의미로부터 벗어나지 않으며, 다르마에 관해 다른 어떤 사람들도 의지하지 않는다 …

[4-3] 실로 이러한 방식으로 보살은 네 귀의처(四依)에 대해 노력하고, 또한 이러한 방식으로 [네 귀의처에 대해] 매우 노력하는 자가 된다. 요약하자면, 이 네 귀의처에 네 가지가 권위가 있다(prāmāṇya)고 분명히 드러냈다. 즉, 설해진 의미, 도리, 스승(=붓다), 수습으로 이루어진 증득지가 [그 넷이다.] 그리고 [이 단락에서는] '네 귀의처를 가지고 바르게 노력하고 있는 보살에게는 오류가 없는 나아감이 있다'라는 점이 확실히 밝혀졌다.[24)]

인용 [4-1]은 「삼마희다지」의 4귀의처에서(각주 8 참조) 두 번째 귀의

---

24) BBh^{W} 256.23-258.03; BoBh^{D} 175.14-176.07: "[4] tatra kathaṃ bodhisattvaś caturṣu pratisaraṇeṣu prayujyate | [4-1] iha bodhisattvaḥ arthārthī parato dharmaṃ śruṇoti na vyañjanābhisaṃskārārthī | so 'rthārthī dharmaṃ śṛṇvan na vyañjanārthī prākṛtayāpi vācā dharmaṃ deśayamānam arthapratisaraṇo bodhisattvaḥ satkṛtya śṛṇoti | [4-2] punar bodhisattvaḥ **kālāpadeśaṃ ca mahāpadeśaṃ ca yathābhūtaṃ prajānāti** | prajānan **yuktipratiśaraṇo bhavati na** sthavireṇābhijñātena vā pudgalena tathāgatena vā saṃghena vā ime dharmā bhāṣitā iti **pudgalapratisaraṇo bhavati** | sa evaṃ **yuktipratisaraṇo na pudgalapratisaraṇas** tattvārthān na vicalati, aparapratyayaś ca bhavati dharmeṣu | … [4-3] evaṃ hi bodhisattvaś caturṣu pratisaraṇeṣu prayujyate | evaṃ ca punaḥ suprayukto bhavati | tatraiṣu caturṣu pratisaraṇeṣu samāsataś caturṇāṃ prāmāṇyaṃ saṃprakāśitam - bhāṣitasyārthasya **yukteḥ** śāstur bhāvanāmayasya cādhigamajñānasya | sarvaiś ca punaś caturbhiḥ pratisaraṇaiḥ samyakprayogasamārambhagatasya bodhisattvasyāvibhrāntaniryāṇam abhidyotitaṃ bhavati ||" = 『瑜伽師地論』(T.1579) 539a08-539b03

처로 기술된 "의미[義]가 귀의처이지 문자[文]는 아니다"와 일맥상통하다. 그리고 [4-2]는 「삼마희다지」의 첫 번째 귀의처인 "다르마[法]가 귀의처이지, 사람[數取趣]은 [귀의처가] 아니다"를 "흑설과 대설을 있는 그대로 안다"로 바꾸어 서술하고 있다. 이러한 「보리분품」의 인용 [4]는 첫 번째 귀의처와 두 번째 귀의처의 순서가 바뀌었다는 점에서, 「역종성품」의 인용 [3]과 공통점이 있다.

그렇지만, 「역종성품」 인용 [3]에서는 "(3) 그리고 사유에 힘쓰는 보살은 일부 [사유 가능한 것]에 도리로써 숙고하고 이해하여 들어간다"가 "(5) [사유 가능한 것을] 사유할 때 그는 의미에 근거하지 문자에 근거하지 않는다"(= 의미가 귀의처이지 문자는 아니다)는 귀의처 앞에 서술된다는 점에서 차이가 난다.

「보리분품」의 인용 [4-2]에서는 이러한 '도리'가 언급된 서술을 "흑설과 대설을 안다"와 직접적으로 연관시키고, 이를 "도리에 의지하지 사람에 의지하지 않는다"로 규정하고 있다. 이는 「역종성품」 [3-1] (3)'의 '도리로써 조사한 다르마에 의지하지 사람에 의지하지 않는다'에서[25] '도리'가 '다르마'를 판단하는 도구이자 보조 수단임과 달리, 「보리분품」에서는 '도리'(=4종도리) 그 자체가 전면으로 부상하며 불설 판단의 유일한 기준으로 서술되고 있는 것이다. 이러한 점은 "흑설과 대설을 있는 그대로 안다"는 귀의처의 권위(prāmāṇya) 즉 판단 기준이 '도리'라는 [4-3]의 서술에 의해서도 뒷받침되고 있다.[26]

---

25) 정확한 인용은 "(3)' …도리로써 이미 조사한 다르마에 관해서는 다른 어떤 사람들도 의지하지 않는다"이다.

26) 후지타(藤田 1998, p.45)는 "바른 도리가 판단·기준이다(yukteḥ prāmāṇyam)"라는 이 『유가론』의 언설은 후대 불교에 있어서 논리의 중시를 예견하는 것으로

지금까지의 『유가사지론』 「본지분」에 보이는 '흑설과 대설'의 세 발전 단계를 정리하자면, 다음과 같다.

1) 「사소성지」: '흑설과 대설을 안다' = '다르마가 귀의처이지 [그 다르마를 설하는] 사람이 귀의처가 아니다.' ; 불설 판단의 기준은 '경전, 비나야, 법성'.
2) 『보살지』 「역종성품」: '흑설과 대설을 안다' = '도리에 따라 조사한 다르마가 귀의처이지 [그 다르마를 설하는] 사람이 귀의처가 아니다.' 불설 판단의 기준으로서 법성의 대체자인 '4종 도리'의 등장.
3) 『보살지』 「보리분품」: '흑설과 대설을 안다' = '도리가 귀의처이지 사람은 귀의처가 아니다' ; 불설 판단의 유일한 기준은 '4종 도리.'

III. 『유가론기』에 보이는 법상종 학자들의 '흑설'과 '대설'의 이해

『유가론기』는 현장이 번역한 『유가사지론』(646-648 CE) 100권 전체에 대한 주석서라는 점에서는 현존하는 유일한 문헌이다. 신라승 도륜(혹은 둔륜)은 이 논서에서 신라 논사를 포함한 50여 명이 넘는 논사

서도 주목해야 할 것이다"고 언급하고 있다.

들의 설을 인용하는데,[27] 그 저술 연대가 8세기 초로 추정되기 때문에 현장 이후의 동아시아 유식학 논사들이 지닌 사상을 엿볼 수 있는 정보의 보고寶庫라고 할 수 있다.

『유가론기』에는 앞서 살펴보았던 『유가사지론』 「본지분」의 'kālāpadeśa'(흑설)와 'mahāpadeśa'(대설)에 대한 몇몇의 주석이 나타난다. 그중 후자인 'mahāpadeśa'에 대해서는 '大說'이라는 일관된 번역어를 사용하고 있지만, 전자에 관해서는 '黑說' '闇說' '默說'의 세 종류의 번역어를 채택하고 있다. 이러한 점은 현장의 『유가사지론』 번역이 동일한 용어인 'kālāpadeśa'에 대해 서로 다른 세 종류의 번역어를 채택한 것으로부터 기인한 것으로 보인다.[28]

『유가론기』의 흑설과 대설에 대한 주석에는 [2] 「사소성지」의 "(3) 그리고, 흑설(kālāpadeśa)과 대설(mahāpadeśa)을 완전히 알고"에 해당하는 "三者能善了知黒說大說"의 주석은 존재하지 않는다. 그렇지만 『金刻大藏經』의 『瑜伽師地論義演』에는 다음과 같은 주석이 있다.

> [5-1] 세 번째 "흑설과 대설을 완전히 안다"라는 것에 대하여, [불교] 밖의 [가르침을] 따르는 삿된 사람들에게는 어리석음이 지배적이기 때문에 [어리석은 가르침/어리석은 자(=黑)의 가르침이라는 의미에서] '흑설'이라 이름 하

27) 이수미 2018, p.172.

28) 『대정신수대장경』을 기준으로 하여 보자면, 현장의 『유가사지론』 번역에서 'kālāpadeśa'의 번역어는 「사소성지」와 『보살지』 「역종성품」에서 '黑說'을 채택한 반면, 『보살지』 「보리분품」에서는 '闇說'을 채택하고 있다. 전자인 '黑說'의 경우 각주에서 다른 읽기(reading)로 '默'을 보고하고 있다. 따라서 한역 『유가사지론』에서 'kālāpadeśa'의 번역어는 '黑說·默說·闇說'의 세 종류로 유통되었다는 것을 알 수 있다. 「섭결택분」(T.1579, 677b17)에서도 다른 읽기 '默'을 가진 '黑說大說'의 용어가 나타난다.

고, [반면에] 위대한 깨달음을 얻으신 분(=붓다)께서 밝히신 [가르침이라는 의미에서] '대설'이라 이름 한다.[29)]

『유가사지론의연』에서는 '흑설'을 불교 이외의 가르침을 따르는 사람들[外道]의 학설로, '대설'을 붓다의 가르침 즉 '불설'로 주석하고 있다. 또한 '대설'의 '대'를 '대각'(위대한 깨달음을 얻으신 분=붓다)으로 보아 주체의 측면에서 해석하고, '흑설'의 '흑'을 '치'(어리석음/미혹)로 풀이하고 있다. 이 경우 '흑'은 주체와 객체의 양 측면에서 모두 해석이 가능하기에, '흑설'은 '어리석은/미혹한 가르침[學說]'과 '어리석은 자/미혹한 자의 가르침' 모두로 해석할 수 있다.[30)]

『유가론기』에도 '흑설'을 불교 밖의 학설로 '대설'을 불교 내의 학설로 구분하는 설명이 있는데, 이는 규기窺基와 원측圓測의 주석의 인

29) 『瑜伽師地論義演』(A.1561, Fascl.8): [論云: 何自性至善淨思惟. 演曰: …] 三能善了知黑說大說者 外道邪人癡增上故名為黑說 大覺所宣名為大說

30) '흑'과 '대' 양자 모두 주체적 측면과 객체적 측면에서 이해할 수 있다는 것에 관해서는 藤田 1998, p.49 참조할 것; Mūlasarvāstivinaya(근본설일체유부율) 중 Mātṛkā에서는 대설(*mahāpadeśa)의 '대'를 주체와 객체의 측면 모두에서 정의하고 있다: "무엇 때문에 '흑설'이라고 불리는가? 이러 저러한 것들은 검은 [다르마]에 대해 설하기 때문에 '흑설'이다. '흑설'은 성스럽지 않은(*anārya) [다르마]에 대해 설하는 것이다. 그 때문에 '흑설'이라고 불린다 … 무엇 때문에 '대설'이라고 설해지는가? 이 말(=어의 해석)은 [주체의 측면에서] '위대한 것에 대해 설하는 자'(*mahāśāstṛ)이기도 하고, [객체의 측면에서] '위대한 것에 대해 설하는 자에 의해 설해진 [가르침]'이기도 하다. 혹은 그들이 [4果를 획득한] 성자처럼 설하는 자이기 때문에/성자로서(*āryabhūta) 설하기 때문에 '대설'이라고 불린다." (ci'i phyir nag por ston pa zhes bya zhe na | de dang de dag ni nag por ston pas nag por bstan pa ste | nag por bstan pa'o || 'phags pa ma yin par bstan pa'o || de'i phyir nag por bstan pa zhes bya'o ||… ci'i phyir na cher ston pa zhes bya zhe na | tshig 'di cher ston pa ste | cher ston pas bstan pa'o || de dag ni 'phags pa ltar yang ston pa ste | de'i phyir na cher ston pa zhes bya'o ‖ Derge edition 7(b) *'dul ba, pa* 252b1-253b1.)

용에서 보인다.

[5-2] [규]기[窺]基는 [『유가사지론약찬』에서][31] "[불교] 이외의 [가르침을] 따르는 사람들의 삿된 가르침 및 잘못 말해진 가르침들을 '묵설'이라고 이름하고, [불교] 내의 [가르침을] 따르는 사람들의 바른 가르침 및 잘 말해진 가르침들을 '대설'이라고 이름 한다"고 주석한다.[32]

[5-3] [『보살지』 「보리분품」의] '암설과 대설'에 관하여 [원]측[圓]測은 "바이셰시까Vaiśeṣika 따위의 [불교] 이외의 [가르침을] 따르는 자들이 설한 것을 '암설'이라고 하고, [반면에] 붓다들이 설하신 것을 '대설'이라고 이름 한다"고 주석한다.[33]

이러한 '흑설'을 불교 외부의 가르침으로, '대설'을 붓다/붓다들/불교도가 설한 불교 내부의 가르침으로 구분하는 것은 앞서 I장과 II장을 통해서 살펴보았듯이, 인도의 이해와는 사뭇 다르다. 인도에서 '흑설과 대설을 안다'는 것은 불교 내부의 학설/주장에 불설의 권위가 있는지 아닌지를 판단한다는 의미이다. 또한 '흑설'로 판명된 '비불설'의 경우 폐기해야만 한다는 언급이 나올 뿐, 이를 '바이셰시까' 등의 불교 이외 외도설로 규정하는 주석은 보이지 않는다.[34] 따라서 '흑

31) 『瑜伽師地論略纂』(T.1829) 96a17-19.

32) 『瑜伽論記』(T.1828) 414c15-17: "基云. 外道邪說及諸惡說名默說. 內道正說及諸善說名大說."

33) 『瑜伽論記』(T.1828) 554c04-05: "闇說大說者. 測云. 謂勝論等外道所說名闇*說. 諸佛所說名大說." *"闇【大】, 闇說【甲】" 다른 읽기(reading) 보고에 의지하여 '闇'을 '闇說'로 교정하였다.

34) 예를 들어, 티벳역으로만 남아 있는 『보살지』의 인도 주석서인 *Bodhisattvabhūmivṛtti와 *Bodhisattvabhūmivyākhyā에서는 흑설과 대설을 '경전 · 비

설=비불설'을 '외도설'로 명시하거나 등치시킨 것은 규기와 원측으로 대표되는 동아시아 유식학 논사들의 독창적 이해라고 할 수 있다.[35)]

『유가사지론』의 역장譯場에서 증의證義를 맡았고, 『구사론소俱舍論疏』를 저술한 현장의 직계제자인[36)] 신태神泰는 흑설과 대설을 다음과 같이 주석하고 있다.

> [6-1] [『보살지』「보리분품」에서] "[보살은] 묵설과 대설을 완전히 안다"는 것에 관하여, [신]태[神泰]는 "[가르침을] 받아 계승한 것 없이 나온 언설을 '묵설'이라 이름하고, [가르침을] 받아 계승하여 붓다와 보살의 처소에서 들은(=배운) 바와 같이 [다른 사람에게] 설하는 것을 '대설'이라 이름 한다"고 주석한다.[37)]

> [6-2] '흑설과 대설'이라고 하는 것은 "내가 천신天[神]들, 성스러운 제자[聖弟子] 및 대덕 등의 곁에서 직접 [이러한] 다르마[法]를 들었다"라고 속여서

나야·법성'이라는 3대 기준을 만족시키지 못하는 것과 만족시키는 것으로만 주석하고 있다. 이에 관해서는 Eltschinger 2014, 204n38을 참조할 것.

35) 혜림이 807년에 지은 『일체경음의』에는 흑설과 대설 모두를 불교 내부의 가르침으로 보고 있다. 그렇지만, 이들을 불설 판단의 기준과 연관시키지 않을 뿐 아니라, 인도의 전통과는 전혀 다른 독특한 방식으로 해석하고 있다. "흑설대설: 부처님과 [그] 제자들이 말한 악법을 '흑설'이라고 하고, [부처님과 그 제자들이 말한] 선법을 '대설'이라고 한다. 혹은 [수다원과부터 아라한과까지의] 4과를 획득한 사람들, 독각 및 보살 등이 설한 것을 '흑설'이라고 하고, 부처님께서 설하신 것을 '대설'이라고 한다."(黑說大說 謂若佛及弟子所說□□法名爲黑說, 所說善法名爲大說. 又四果人及獨覺菩薩等所說名爲黑說, 若佛所說名爲大說 : 『一切經音』(T.2128) 627b18-19.)

36) 이수미 2018, 196n59.

37) 『瑜伽論記』(T.1828) 414c13-15: "能善了知默*說大說者. 泰云. 無所稟承所發言說名為默*說. 有稟承如從佛菩薩處聞說者名為大說." *默【大】, 黑【甲】

말하는 것이기 때문에 '흑설'이라 이름 붙인다. 만약 실제로 성자인 [붓다의] 제자 등의 곁에서 직접 다르마를 들었으면(=배웠으면), [그와 같이] 말하는 것은 청정하기 때문에 '백설'이라 이름 한다. '백설'이기 때문에 '대설'이라 한다.[38)]

신태는 '묵설=흑설'을 불·보살로부터 가르침을 받는 사자상승師資相承 없이 설한 '불교 내의 가르침' 혹은 실제로는 성제자와 대덕 등으로부터 가르침을 받은 바 없지만 "받았다"고 하는 '거짓말'로 파악하고 있다. '대설'의 경우는 불·보살로부터 가르침을 받은 대로 전한 가르침, 혹은 실제로 성제자와 대덕 등으로부터 가르침을 받고 "받았다"고 하는 '참말'로 이해하고 있다.

이러한 신태의 이해는 앞선 규기와 원측보다 인도적인 맥락의 '흑설'과 '대설'과 가까운 것으로 생각된다. 이 점은 [6-2] "내가 천신들, 성자인 [붓다의] 제자 및 대덕 등의 곁에서 직접 [이러한] 다르마를 들었다"는 서술이 "어떤 사람이 (1) 세존으로부터 직접 혹은 (2) 승가, (3) 다수의 [장로] 비구, (4) 한 명의 [장로] 비구로부터 직접 어떠한 가르침을 받았다"는 전제로 시작하는 '사대교법'의 맥락을 반영한 것으로 보이기 때문이다. 또한 인용 [1](+각주 5)에서 보았던 것처럼 인도 문헌들에서 '백설'(śuklāpadeśa)은 '대설'의 동의어로 사용되었다. [6-2]의 "백설이기 때문에 대설이라 한다"는 이러한 동의어 용법을 염두에 둔 해석이라고 할 수 있다.

---

38) 『瑜伽論記』(T.1828) 727a12-15: "言黑說大說者. 謬言我從諸天聖弟子及大德等邊聞法故說名黑說. 若實從聖弟子等邊聞法而說者清淨故名白說. 白說故名大說." 이 문장을 '泰云'(726c25)에 속하는 내용으로 보았다.

그렇지만 '사대교법'에서 중요한 것은 누가 세존 등으로부터 직접 배웠는지 그렇지 않은가의 사실 여부를 판단하는 것이 아니다. 핵심은 어떤 사람이 배웠다고 하는 가르침을 구성하는 말과 소리/문장과 글자들을 대상으로 '① 경전에 포함되는지, ② 비나야에 나타나는지 ③ 법성에 위배되지 않는 지'를 조사하는 것이다. 또한 [6-1]은 『보살지』「보리분품」에 나타난 '흑설 · 대설'에 관한 주석인데, 이 단락에서는 살펴본 바와 같이 전통적으로 불설의 여부를 판단했던 ① · ② · ③ 혹은 ③의 기준 대신에, '도리'(yukti) 즉 4종도리가 불설 판단의 유일한 기준이 되었다. 그렇지만 신태의 주석에는 「보리분품」의 내용을 반영하여 이러한 '도리'를 판단 기준으로 세우는 것이 아니라, '사자상승'의 여부가 '묵설=흑설'과 '대설'을 구분하는 기준으로 언급하고 있다.

『유가사지론』「본지분」에 관한 주석은 아니지만 「섭석분」(攝釋分 *Vyākhyāsaṃgrahaṇī)에 대한 주석에는 '4종도리'가 불설과 비불설을 판가름하는 기준으로 서술되고 있다. 우선 먼저 「섭석분」을 인용하고 ([7-1]) 이에 대한 『유가론기』의 주석([7-2])을 살펴보자.

> [7-1] ⓐ 도리에 위배되는 난難에 관해서는 '흑교'黑教【/이교黑教】로 그것을 판정하거나, ⓑ 혹은 네 종류의 도리를 보여주거나, ⓒ 혹은 원인과 결과의 관계[相應] 즉, '이러한 것이 지배적인 결과[增[上]果]가 된다 또는 [이러한 것이] 지배적인 원인[增[上]因]이 된다'고 보여준다.[39]

---

39) 『瑜伽師地論』(T.1579) 754a06-09: "ⓐ 於道理相違難. 或以黑【/異】教而決判之. ⓑ 或復示現四種道理. ⓒ 或復示現因果相應. 所謂此言或為增果. 或為增因." = Peking edition (No.5543) sems tsam, yi 66a6-7: "ⓐ '도리(*yukti)에 위배된다'

[7-2] 다음으로는 세 번째 ⓐ' "도리에 위배되는 난難은 '흑교'【/이교異教】로 그것을 판정하거나"라는 것을 다시 통해보면(?)[却通], 만약 '4종도리'에 위배된다면 [불교] 밖의 [가르침]을 좇는 사람들이 설한 '흑설'黑說【/이설黑教】에 떨어지는 것으로, 나(=붓다)의 가르침[法]이 아니다. ⓑ' 만약 이것이 붓다의 가르침의 뜻(/내용)이라면, "혹은 '4종도리'를 보여주거나 ⓒ' 혹은 원인과 결과의 관계 즉, '이러한 것이 지배적인 결과가 된다 혹은 [이러한 것이] 지배적인 원인이 된다'고 보여준다."[40]

먼저 해당하는 티벳역에 따라 「섭석분」의 '異教'를 '黑教'로 교정[41]한 상태에서 인용을 살펴보자. 『유가론기』의 '흑교'에 대한 주석 ⓐ'를 정리하자면 '4종도리에 위배되는 것' = 외도의 흑설에 떨어지는 것 = 붓다의 가르침이 아닌 것[非佛說]이 된다. ⓑ'는 '흑교'의 반대개념인 '대교'大教에 대한 주석으로 '붓다의 가르침'[佛法之義=佛說] = '4종도리에 부합하는 것'이 될 것이다. 즉 붓다의 가르침[佛說]인지 아

는 것에 관해서는 흑설(*kāla/kṛṣṇa-apadeśa)과/[그것이] 흑[설]임을 보여주고 ⓑ 4종도리를보여주고 ⓒ "이러한 것에 의한 결과는 이것이다"라고 원인과 결과의 관계(*sambandha)를 보여줌으로써 대답해야 한다." (ⓐ rigs pa dang 'gal ba ni nag po bstan pa dang ⓑ rigs pa bzhi bstan pa dang ⓒ che ge mo zhig gis ni 'bras bu ni 'di yin no zhes rgyu dang 'bras bu 'brel pa bstan pas lan gdab par bya ba'o ‖)

40) 『瑜伽論記』(T.1828) 806a20-24: 次却通第三 ⓐ' "道理相違難. 或以黑【/異】教而決判之者," 若與四道理違. 推入外道黑【/異】說. 非我法也. ⓑ' 若是佛法之義. "或復示現四種道理. ⓒ' 或因果相應. 所謂此言或為增果. 或為增因."

41) 『신수대장경』은 '異教'(754a7)를 채택하고, "異 = 黑 <三> <宮> <聖>"라는 각주에서 '黑'을 다른 읽기로 보고하고 있다. 이 부분을 주석한 『신수대장경』의 『유가론기』에는 '異教' 대신에 '黑教'를 선택하며, '黑說'의 '黑'과 더불어 '異'를 다른 읽기로 보고하고 있다.(黑 = 異 <甲>). 「섭석분」의 티벳역(각주 39)에서는 '異教' 혹은 '黑教' 해당하는 단어는 'nag po bstan pa' 혹은 'nag po' (*kāla-/kṛṣṇa-apadeśa 혹은 *kāla/kṛṣṇa)이기 때문에, 일단 이를 기반으로 「섭석분」의 '異教'를 『유가론기』의 선택과 마찬가지로 '黑教'로 수정하여 번역하였다.

닌지를 가늠하는 척도는 '4종도리'가 된다. 이것은 앞서 살펴보았던 『보살지』「보리분품」의 인용 [4-2]의 '도리 = 불설 판단의 유일한 기준'을 충실히 반영한 주석이다.[42]

물론 '흑교=비불설'을 외도흑설外道黑說로 규정한 것은 『보살지』를 비롯한 인도적 맥락보다는 규기와 원측과 동일한 이해를 반영하였다고 볼 수 있다. 그렇지만 상상력의 날개를 편다면, 이러한 '흑설'='비불설'='외도설'이라는 이해는 '黑'과 '異'라는 유사한 서체의 혼동에서 비롯된 것이라고 추정할 수도 있다. 부언하자면, 『유가론기』의 '黑教'와 '黑說'을 본래 『신수대장경』「섭사분」에서 채택한 '異教'를 기준으로 '異教'와 '異說'로 수정한다면, [7-2]ⓐ'는 다음과 같이 이해할 수도 있다: "초기 유가행파에서 '법성'의 대체자代替者이자 불설 판단의 유일한 기준인 '4종도리'에 위배되는 학설은 '이교'異教 즉 '불교 밖의 다른 주장'[外道異說]에 떨어지는 것으로, 붓다의 가르침이 아니다[非佛說]." 이러한 이해의 바탕에서 '흑설/흑교'는 '외도이설' 즉 불교 밖의 가르침을 따르는 바이셰시카 등의 학설/주장으로 받아들여졌을 가능성도 무시할 수는 없다고 생각한다.

본래 "① 경전에 포함되고/어울리고, ② 비나야에 나타나야 한다"는 기준을 통해 붓다의 열반 후 불설의 범위를 제한하고자 고안되었던 '사대교법'은 "③ 법성에 위배되지 않아야 한다"는 기준이 추가되고, 예를 들면 초기 유가행파가 이를 '4종도리'로 해석하듯이 각 학파

42) 물론 '4종도리' 이외에 ⓒ 인과관계因果關係가 추가되어 있지만, '4종도리' 중 처음의 두 도리(즉 관대도리와 작용도리) 또한 '인과관계의 법칙/인과관계에 대한 추론'으로 ⓒ를 포함하는 개념이다.

가 '법성'에 대한 해석을 달리하면서[43] 아비달마나 대승과 같은[44] 새로운 시스템/사상이 스스로에게 정당성을 부여하기 위해 적극적으로 채용하였다. 이러한 불설 판단의 기준이 동아시아의 유식학자들에게는 주로 불교 내부와 외부의 학설을 구분하는 기준으로 이해되었다고 거칠게 정리할 수 있을 것이다.

43) 이 문맥에서는 '법성'은 '사물/현상들이 지금 그러한 상태로 존재하게 하는 본질 혹은 고유한 성질' 이외에도 "붓다의 가르침(dharma)의 본질"로 이해될 수 있다고 생각한다.

44) 각주 5 참조할 것.

| 약호 및 참고문헌 |

약호

A 趙城金藏

ADV[J] *Abhidharmadīpa with Vibhāṣāprabhāvṛtti*, ed. By Jaini, Padmanabh S. 2000. Patna: K. P. Jayaswal Research Institute.

BBh[D] *Bodhisatvabhūmiḥ: being the XVth section of Asaṅgapāda's Yogācārabhūmiḥ*, ed. ByDutt, Nalinaksha. 1978. Patna: K.P. Jayaswal Research Institute.

BBh[W] *Bodhisattvabhūmi: a statement of whole course of the Bodhisattva (being fifteenth section of Yogācārabhūmi)*, ed. By Wogihara, Unrai. 1930-1936. Tokyo.

MPNSū *Das Mahāparinirvāṇasūtra I-III* (3 vols), ed. By Waldschmidt, Ernst. 1949-1950. Berlin: Akademie-Verlag.

SBH I *Samāhitā Bhūmiḥ: das Kapitel über die meditative Versenkung im Grundteil der Yogācārabhūmi, Teil 1*, ed. By Delhey, Martin. 2009. Wien: Arbeitskreis für Tibetische und Buddhistische Studien Universität.

ŚrBh[T] I *Śrāvakabhūmi: Revised Sanskrit Text and Japanese Translation, The First Chapter*, ed. By *Śrāvakabhūmi* Study Group. 1998. Tokyo: The Sankibo Press.

T 大正新脩大蔵經.

2차 자료

이수미. 2018.「『유가론기(瑜伽論記)』와 신라유식학: 연구동향과 과제」『禪文化硏究』 24: 169-221. = "The *Yugaron gi* and Silla Yogācāra Buddhism : Retrospect and Prospect." *Studies of Seon Culture* 24: 169-221.

이영진. 2018.「흑설(黑說)과 대설(大說)에 관하여-근본/설일체유부의 전적(典籍)과 『유가사지론』「본지분」을 중심으로」『보조사상』 52: 185-223. = "A Study of the terms of *kālāpadeśa* and *mahāpadeśa*: focusing on the texts affiliated with the (Mūla)sarvāstivāda." *Journal of Bojo Jinul's Thought* 52: 185-223.

Deleanu, Florin. 2006. *The Chapter on the Mundane Path (Laukikamārga) in the Śrāvakabhūmi: A Trilingual Edition (Sanskrit, Tibetan, Chinese), Annotated Translation, and Introductory Study*. Tokyo: The International Institute for Buddhist Studies of the International College for Postgraduate Buddhist Studies.

Eltschinger, Vincent. 2014. *Buddhist Epistemology as Apologetics: Studies on the History, Self-understanding and Dogmatic Foundations of Late Indian Buddhist Philosophy*. Wien: Österreichischen Akademie der Wessenschaften.

Enomoto, Fumio. 1989. "*Śarīrārthagāthā:* A Collection of Canonical Verses in the *Yogācārabhūmi* Part 1: Text," in *Sanskrit-Texte aus dem buddhistischen Kanon: Neuentdeckungen und Neueditionen*, ed. By Fumio Enomoto et al. Göttingen: Vandenhoek & Ruprecht.

Kragh, Ulrich Timme. 2013. "The *Yogācārabhūmi* and Its Adaptiation: Introductory Essay with a Summary of the Basic Section," in *The Foundation for Yoga Practitioners: The Buddhist Yogācārabhūmi Treatise and Its Adaptation in India, East Asia, and Tibet*, ed. By Kragh,

Ulrich Timme. Cambridge, Mass.: Harvard University, Department of South Asian studies.

Schmithausen, Lambert. 1987. "Beiträge zum Schulzugehörigkeit und Textgeschichte Kanonischer und postkanonischer buddhistischer Materialien," in *Zur Schulzugehörigkeit von Werken der Hīnayāna-Literatur. T. 2*, ed. By Bechert, Heinz. Göttingen: Vandenhoeck und Ruprecht.

藤田祥道. 1998. 「佛語の定義をめぐる考察」『インド学チベット学研究』3号: 1-51.

三友健容. 2007.『アビダルマディーパの研究』. 京都: 平楽寺書店.

불설佛說의 진위眞僞에 대한 싸꺄빤디따의 견해

차상엽(車相燁)

싸빤은 인도의 성문승과 대승의 가르침을 붓다의 가르침으로, 이들 이외에 4가지 체계를 붓다의 가르침이 아니라고 규정한다. 붓다의 가르침이 아닌 4가지 체계는 중국 선불교와 13세기에 유행하던 닥뽀 까규학파의 마하무드라의 가르침으로 귀결될 수 있다. 싸빤은 닥뽀 까규학파의 마하무드라가 중국 선불교의 가르침과 연계된 가르침이기 때문에 붓다의 가르침이 아닌 유사(-ltar snang) 가르침이라고 정의한다. 싸빤이 사용하는 '붓다의 가르침(sangs rgyas kyi bstan pa)'이란 'buddhavacana' 혹은 '붓다의 직설(zhal du gsungs pa, *kaṇṭhokta)'에 대응하는 티벳어가 아닌 'buddhaśāsana'에 상응하는 'sangs rgyas kyi bstan pa'를 사용하고 있다. 싸빤이 붓다의 가르침과 그와 유사한 가르침을 변별하는 역사적 기준은 쌈얘 논쟁이라는 사건이며, 그는 쌈얘 논쟁에서 까말라씰라가 마하연을 논파할 때 사용했던 '경전 전거(=經證)', '논리(=理證)', '비유'와 '의미'라는 4가지 방식으로 둑빠 까규학파의 마하무드라를 붓다의 가르침이 아닌 중국 선불교를 뒤따르는 유사 가르침이라고 비판한다.

1.

싸꺄빤디따 뀐가곌챈(薩迦班智達 Sa skya paṇḍita Kun dga' rgyal mtshan, 1182-1251 이하 싸빤)의 『성자(=붓다)의 의도[密意]를 설함(툽빼공빠랍뚜쌜와 *Thub pa'i dgongs pa rab tu gsal ba* 彰密意論, 이하 *ThGS*)』은 보살도의 이론과 실천에 관한 땐림(*bsTan rim*) 장르의 문헌이다.[1] *ThGS*는 까규학파(bKa' brgyud)에서 감뽀빠(sGam po pa, 1079-1153)의 『해탈도장엄론(解脫道莊嚴論 *Thar pa rin po che'i rgyan*)』, 겔룩학파(dGe lugs)에서 쫑카빠(Tsong kha pa, 1357-1419)의 『보리도차제대론(菩提道次第大論 *Lam rim chen mo*)』처럼 싸꺄학파에서 대승불교의 입문서 역할을 담당한다.

싸빤은 *ThGS*의 내용을 일곱 가지 주제로 나누고 있는데, 이러한 배대는 『大乘莊嚴經論(*Mahāyānasūtrālaṃkāra*)』에서 설해진 대승보살도의 내용에 입각한 것이라고 밝힌다.[2]

*ThGS*에서 붓다의 가르침[佛敎]과 그와 유사類似한 가짜 가르침[非佛敎≒위경僞經]에 대해 언급하고 있다는 점은 우리의 주목을 끈다.[3]

---

1) 땐림 문헌과 그 기원, 그리고 싸꺄파 안의 *ThGS* 전승에 대해서는 Jackson 1996, pp.229-243 참조.

2) *ThGS*의 개괄적인 내용과 그 주석서에 대한 소개로는 Jackson 1983, pp.4-5 참조.

3) 위경에 대한 선행 연구는 헤아릴 수 없이 많다. 대표적인 선행 연구를 소개하면 '정전(正典, canon)'이라 불리는 텍스트의 전통에 대해서는 Lancaster

본고에서는 싸빤의 대표적인 저작 중의 하나인 *ThGS*를 통해 그가 어떤 역사적 배경을 바탕으로, 어떤 철학적 입장에서, 어떤 기준으로 붓다의 가르침과 유사 가르침을 변별하는지에 대해 소개하고자 한다.

2.

싸빤은 *ThGS*에서 붓다의 가르침에 포섭되지 않는 4가지 체계를 언급한다.

> "세 번째. 성문과 대승 양쪽에 속하지 않는 가르침을 붓다의 가르침이라고 주장하는 것을 논파함에 넷이다. 즉 ① 이전에 출현한 중국 [선불교]의 체계, ② 그 체계를 뒤따르는 다음 세대의 체계, ③ 오늘날 널리 퍼진 무상유식의 가르침에 대해 마하무드라라고 주장하는 이의 체계, ④ 유사 반야바라밀을 마하무드라라고 주장하는 이의 체계를 논파하는 것이다. 첫 번째. 티쏭데짼 왕 때 중국 비구가 말하였다. "(1) 말에는 핵심이 없으며, (2) [언설로 표현되는] 세속적인 가르침으로 깨달을 수 없다. (3) 마음을 통달하면, [그것이야말로] 하얀색의 만병통치약[4]이다." 그가 『선정와론禪定臥論』『선정

1978, pp.215-229 참조. 위경에 대해서는 Lamotte 1958, p.180과 Buswell 1990, pp.1-30, 그리고 에릭 쥐르허(E. Zürcher), 최연식 역 2010, p.603 참조. 한역경전을 진경眞經과 위경, 한역편집경전漢譯編輯經典의 3가지로 분류하는 방안을 제안한 선행연구로는 般山徹 2010, pp.233-277 참조. 대승불설大乘佛說-비불설非佛說과 관련한 세친의 논의에 대해서는 堀内俊郎 2009 참조. 티벳의 매장문헌(떼르마 gter ma)과 위경에 대한 논의로는 Eimer H, & Germano D 2002, pp.199-376 참조.

4) '하얀색의 만병통치약'(dkar po chig thub)은 원래 티벳 의학 용어인 '그것만

론禪定論』『[선정]재론[禪定]再論』『견지면見之面』『팔십진경八十種眞經』이라는 것을 지은 후, 이 하얀색의 만병통치약이 티벳 전역에 번성하였다. 그때 [중국 선불교의 가르침의 체계가] 인도[불교]의 가르침의 체계와 일치하지 않기 때문에 예쎄왕뽀를 왕이 [조정으로] 불러서 "인도와 중국 가운데 어느 가르침의 체계가 진짜인가?"라고 물었기 때문에…"[5)]

위의 인용문에서 싸빤이 어떤 기준으로 '진짜 붓다의 가르침[佛敎]'과 '유사 가르침[類似佛敎]'을 구별하는지를 알 수 있다.

싸빤은 인도에서 기원한 성문승과 대승의 가르침에 포섭되는 모든 가르침을 붓다의 가르침이라고 언급한다. 이들 이외의 4가지 가르침인 중국 선불교의 가르침(①)과 싸빤이 활동하던 당시에 티벳에서 유

(chig)으로 치유 가능한(thub) 백색(dkar po) [약초]'라는 의미로 사용되었지만, 후대에 '단일한 종교적 실천만으로 성불할 수 있다'라는 중국 선불교의 가르침과 13세기 당시에 유행하던 까귀학파(bKa' brgyud)의 마하무드라 가르침을 특징짓는 비유로 도입되었다. 이에 대해서는 伏見英俊 2001, p.299(230) 참조.

5) *ThGS* 48b3-49a1, "gsum pa nyan thos dang theg chen gnyis ka ma yin pa sangs rgyas kyi bstan par 'dod pa dgag pa la bzhi ste/ sngon byung ba rgya nag gi lugs dang/ de'i rjes su 'brang ba phyi rabs pa'i lugs dang/ deng sang grags pa sems tsam rmam med kyi sgom la phyag rgya chen por 'dod pa'i lugs dang/ shes rab kyi pha rol tu phyin pa ltar snang phyag rgya chen por 'dod pa dgag pa'o// dang po ni rgyal po khri srong lde btsan gyi dus su rgya nag gi dge *slong na re/ tshig la snying po med tha snyad kyi chos kyis 'tshang mi rgya sems rtogs na dkar po chig thub yin zer/ de'i bstan bcos bsam gtan nyal ba'i 'khor lo/ bsam gtan gyi lon/ yang lon/ lta ba'i rgyal sha/ mdo sde brgyad cu khungs zhes bya ba brtsams nas/ dkar po chig thub 'di bod khams thams cad du 'phel lo// der rgya gar gyi chos lugs dang ma mthun nas dpa' ye shes dbang po rgyal pos spyan drangs rgya gar rgya nag gi chos lugs gang bden dris pas/ …." * Jackson 1994, p.182.l.22의 /longs/을 /slong/으로 교정. 이 구문에 대한 기존 번역으로는 같은 책, p.177 참조.

행하던 마하무드라, 6) 무상유식 및 유사 반야바라밀의 가르침을 인도 후기 대승불교인 딴뜨라 불교에서 이야기하는 마하무드라(大印, Tib. phyag rgya chen po, Skt. mahāmudrā)라고 주장하는 가르침(②+③+④)을 유사, 혹은 가짜 가르침이라고 규정한다.

①은 8세기 말 티쏭데짼(Khri Srong lde['u] b[r]tsan, 재위 755-797년경) 왕 시대에 쌈얘사원에서 벌어진 어전논쟁에서 인도불교도의 대표자인 까말라씰라(蓮華戒 Kamalaśīla, 740-795년경)가 논파한 중국 선불교의 대표자인 화상 마하연(摩訶衍, 8세기 말 활동)의 선불교를 말한다. 그리고 싸빤이 활동하던 당시에 유행하던 ② 마하연으로 대변되는 중국 선불교의 체계를 계승하고 있는 싸빤 당시의 마하무드라, ③ 무상유식無相唯識의 가르침과 ④ 유사 반야바라밀의 가르침을 마하무드라라고 주장하는 체계는 [제] 감뽀빠([rJe] sGam po pa)와 샹 챌빠(Zhang Tshal pa, 1123-1193), 그리고 곰빠 출팀닝뽀(sGom pa Tshul khrims snying po, 1116-1169)의 닥뽀 까규학파(Dwags po bKa' brgyud)에서 주장하는 마하무드라의 가르침과 연계된다. 7) 결국 ①과 ②+③+④는 중국 선불교와 당시에 티벳에서 유행하던 마하무드라의 가르침으로 요약될 수 있다. 이러한 4가지의 순차적 배열(①, ②, ③, ④)은 닥뽀 까규학파의 마하무드라가 결국에는 인도불교가 아닌 중국 선불교와 연계되는 유사 가르침이라는 점을 밝히기 위한 것이다.

위의 티벳어 인용문에서 '붓다의 가르침'에 해당하는 부분은 범어 'buddhavacana'에 해당하는 '붓다의 말씀(sangs rgyas kyi bka') 혹

6) *ThGS* 50b2-51a2.
7) '하얀 색의 만병통치약'과 '닥뽀 까규학파'의 연결에 대한 소개로는 David P. Jackson 1994, pp.1- 6참조.

은 붓다의 言教(sangs rgyas kyi gsung rab)'가 아닌, 'buddhaśāsana'에 해당하는 '쌍개끼 땐빠(Tib. sangs rgyas kyi bstan pa)'이다. 8) 흥미로운 점은 *ThGS*에서 붓다의 직설[金口]을 의미하는 'zhal du gsungs pa(*kaṇṭhokta)'를 사용하지 않는다는 점이다. '허위 혹은 가짜, 유사 반야바라밀'에 상응하는 부분은 '쎄랍끼 파롤뚜친빠 따르낭(Tib. shes rab kyi pha rol tu phyin pa ltar snang)'인데, 티벳어 'ltar snang'은 '-처럼 나타나다/보이다'라는 의미로서 반야바라밀처럼 보이지만 실은 진짜가 아닌 '모조', 혹은 '가짜(pseudo, counterfeit)' 반야바라밀이라는 의미이다. 왜냐하면 인도불교에 기원을 두고 있지 않기 때문이다.

다른 한편으로 싸빤이 붓다의 가르침에 대한 진위 구별의 역사적 근거로 삼은 것은 쌈얘논쟁이다. 또한 그는 비불교로 규정되는 중국 선불교의 성격을 언설에 의거한 세속적인 가르침을 거부하는 전통((1)+(2)), 마음[만]을 깨닫는 전통((3))이라고 말하며, 이 전통을 '하얀색의 만병통치약(까르뽀칙툽 dkar po chig thub)'으로 빗대어서 설명한다. 후시미 히데토시(伏見英俊)[9]가 선행 연구에서 밝히듯이, '하얀색의 만병통치약(dkar po chig thub)'은 원래 '그것만(chig)으로 치유 가능한(thub) 백색(dkar po) [약초]'를 의미하던 티벳 의학 용어인데, 후대에

8) 티벳어 'bstan pa'가 범어 'śāsana'에 해당하는 역어라는 점은 Mvy no.1434을 참조.

9) *ThGS* 49a2-3에서는 중국 화상 마하연의 교설을 (1) '방편(*thabs*)'과 '반야(*shes rab*)'를 부인하는 가르침, (2) '하얀색의 만병통치약'으로 불리는 가르침, (3) 마음을 통달하는 것만으로 깨닫는 가르침, 셋으로 요약하고 있다. 인도의 대학승인 카쉬미르 출신의 마하빤디따 싸꺄쓰리바드라에게 직접 가르침을 사사받은 싸빤은 세 가지 중국 화상의 관점을 철저하게 비판한다. ②와 ③의 내용은 위의 인용문에서도 언급되는 내용이다. 그런데 ① '방편(*thabs*)과 반야(*shes rab*)'를 부인하는 가르침을 마하연의 가르침으로 귀속시키고 있다.

'단일한 종교 실천만으로 성불할 수 있다'는 가르침과 연결되는 비유로 도입된다.[10] 의사는 환자가 처한 병의 증상(=번뇌)에 따라 처방하는 약과 그 제조법(=언설로 이루어진 가르침)을 달리 하는데, 어떻게 '만병통치약(=마음을 통달하면 된다는 중국 선불교의 가르침)'이라는 유일한 단 하나의 약만으로 중생들이 겪는 고통스러운 증상의 병을 모두 고칠 수 있겠느냐는 것이다. 왕석王錫의 『돈오대승정리결頓悟大僧正理決』에 의하면, '하얀색의 만병통치약'은 마하연이 자설自說의 위대함을 묘사하면서 사용했던 용어인데,[11] 싸빤은 *ThGS*에서 '만병통치약'이라는 비유적 표현을 그 당시에 유행하던 둑빠 까규학파의 마하무드라는 인도에서 기원한 붓다의 가르침이 아니라고 비판하는데 사용한다.

마하연이 『선정와륜禪定臥輪』, 이 저작을 향해 제기된 비판들을 논박한 『선정론禪定論』 『[선정]의 재획득([禪定]再論)』 『교설의 이면[見之面]』 『팔십진경八十種眞經』을 지은 후에 그의 가르침이 티벳 전역에 번성하였고,[12] 이에 인도불교와 중국불교의 가르침이 상충하기 때문

10) 伏見英俊, 2001, p.299(230).

11) 본고의 각주 13 참조.

12) 이 다섯 가지 경론은 싸빤과 싸빤 이후의 빠오쭉락(dPa' bo gtsug lag)의 『현자의 향연(*mKhas pa'i dga' ston*)』, 부뙨(Bu ston)의 『불교사(*Chos 'byung*)』, 『붉은 연대기(*Deb ther dmar po* 紅史)』 등 후대의 사료에 언급되고 있다. 그런데 쌈얘 논쟁(8세기 후반) 직후의 문헌이라고 평가받는 『수습차제(*Bhāvanākrama*)』나 『바셰(*dBa'/sBa bzhed*)』 등에서는 이 경론들이 언급되지 않는다. 『바셰』에서는 까말라씰라의 지지자 측과 마하연 화상의 지지자 측을 '쩬멘빠(*Tsen men pa*)'와 '뙨뮌빠(*Ton mun pa*)'로 기술하고 있는 부분이 등장한다. 당시 중국어 '점문파漸門派'와 '돈문파頓門派'를 그대로 음사한 것이다. 이와 같이 당시의 중국어 음가를 그대로 음사한 티벳어 표기 방식은 이 논쟁 혹은 중국의 돈오적인 수행론의 사회적 반향이 얼마나 컸던가를 반증하는 하나의 실례가 될 것이다. 티벳어 해당 부분은 '차제론자(*rim gyis pa*)'와 '동시론자(*cig car ba*)'이다.

에 쌈얘논쟁 직전 티쏭데짼 왕은 인도불교의 가르침과 중국 선불교의 가르침 중 어떤 가르침이 붓다가 설한 진짜 가르침인지 예쎄왕뽀(Ye shes dbang po, Jñānendra)에게 묻는 장면이 묘사된다. 이는 붓다가 설한 가르침의 진위眞僞와 연계된 역사적 맥락이다. 비록 중국 선사인 마하연의 문헌에 경經과 논論이라는 권위가 부여되고 있지만,[13] 앞의 인용문에서 언급한 3((1)+(2)+(3)) 측면과 '방편'과 '반야'를 부인하는 가르침(각주 9의 (1))이라는 측면에 의해 싸빤은 중국 선불교의 체계를 따르는 둑빠 까규학파의 마하무드라 전통을 붓다의 가르침이 아닌 유사 가르침이라고 비판한다.

싸빤은 *ThGS*에서 경전을 하나 인용한다.

> "그것을 세존께서 경에서 "오탁악세 중 견해의 혼탁[見濁]이라고 불리는 시대는 공성空性에 대해 좋아하는 시대이다"라고 설하셨기 때문에 …"[14]

이 구절은 싸빤이 중국 화상 마하연의 선불교를 어떻게 평가하고 있는지를 엿볼 수 있다. 인용문처럼, 중국 선불교의 가르침이 한마디

13) PT 116은 중국의 선승禪僧들에게서 유래한 주석 문장(bshad pa)을 포함하고 있는 필사본 조각들의 모임으로, 그 가운데 화상 마하연에게 귀속되는 짤막한 한 부분은 '대유가(大瑜伽 mahāyoga)의 길'과 관련이 있다. 더 나아가 역시 중국 화상들의 이름 아래 보이는 『선경禪經』의 편린片鱗 중에는 화상 마하연(mkhan po ma ha yan gyis bsam brtan gyi mdo)의 것이 있다. 둔황敦煌에서 발견된 PT 116에서 중국 선불교의 가르침을 '대유가'로, 그리고 13세기의 '마하무드라'를 중국 선불교와 연결시키는 이러한 맥락은 우연적으로 발생한 것은 아닐 것이다.

14) *ThGS* 49a3, "de bcom ldan 'das kyis mdo las/ snyigs ma lnga'i nang na lta ba'i snyigs ma zhes bya ba stong pa nyid la dga' ba yin par gsungs pas ⋯."

로 공성에만 집착하는, 그리고 오탁악세 중 하나인 견해가 혼탁한 시절에 등장하는 유사類似 가르침이라는 점을 암시한다. 이러한 비판의 근거를 붓다가 직접적으로 설한 경전 전거를 통해 밝힌다.

싸빤은 이어서 본격적으로 까말라씰라와 마하연의 대론을 소개한다.

"그때 스승 까말라씰라로부터 "중국의 법의 체계는 어떠한가"라고 상대방에게 물었을 때, 중국 화상은 대답하였다. "당신의 법의 체계는 귀의와 보리심을 일으켜서 취한 후, 마치 원숭이가 나무의 꼭대기에 오르는 것처럼, 맨 아래 부분부터 위로 오르는 것이다. 나의 이 법의 체계는 조작적인 법에 의해 깨달음을 얻을 수 없기 때문에, 무분별을 수습해서 마음을 아는 것에 의해 깨달음을 얻을 수 있다. 마치 금시조(金翅鳥, garuḍa)가 하늘에서 나무 위로 하강하는 것과 같이 위에서 내려오는 법이기 때문에 '하얀색의 만병통치약'이라고 말한다. 이러한 관점에 대해 스승 까말라씰라는 비유와 의미 양자가 논리적으로 인정될 수 없기 때문에, 우선 비유가 논리적으로 인정될 수 없다. 하늘에서 갑자기 날개가 갖추어진 금시조로 태어나서 나무 꼭대기로 하강하는가. 혹은 바위 등에서 태어난 후 점차적으로 날개를 갖추어서 하강하는가. 첫 번째에 대해 말하자면, 불가능하다. 두 번째에 대해 말하자면, 점수론자의 비유로 적절하지 동시론자의 비유로는 적절하지 않다." 그 후, 중국 화상이 [까말라씰라가 반박하는] 비유에 대해 대답을 하지 못했고, 그때 스승 까말라씰라는 "당신의 비유가 잘못일 뿐만 아니라, 의미 역시 오류이다. 저 무분별을 수습한다는 것은 무엇인가. 단지 분별의 한 측면을 부정하는 것인가. 혹은 분별의 모든 측면을 부정하는가. 만일 분별의 한 측면을 부정한다면, 그와 같이 수면과 기절 상태 등도 무분별이라는 결론에 이른다. 왜냐하면 분별의 한 측면만을 부정하는 것이 존재하기 때문이다. 만약 분별의 모든 측면을 부정하는 것이라면, 그렇다면 당신이 무분별을 수습할 때 무분별을 수습할 것이라는 생각을 사전에 미리 해야 하는가. 혹은 할 필요가 없는가. 만약에 당신이 [무분별을 수습할 것이라는 생각을 사전에 미리] 할 필요가 없다면, 삼계의 모든 중생들에게도 수습이 일어날 것이라는 결론에 이른다. 왜냐하면, [삼계의 모든 중생들이] 비록 수습할 것이라는 생각을 사전에 미리 하지 않았다고 할지라도, 수습이 일어나기 때문이다. 무분별을 수습할 것이라는 생각을 사전에 미리 해야 한다면, 그 자체가 분별이기 때문에 무분별을 수습한다는 주장은 손상된다. 예를 들면 "침묵을 지켰다"라고 말하였다면, 침묵을 준수하는 것이 이미 깨졌거나, 수다를 하지 않는다는 것이 오히려 수다스러워 지는 것과 같다"라는 것 등을 경전과 논리에 의해 논박했기 때문에 중국 화상은 감히 대답할 수 없게 되었다."[15]

15) *ThGS* 49b1-50a2, "de'i tshe slob dpon ka ma la shī las/ rgya nag gi chos lugs ji ltar zhes phyogs snga dris pa na/ rgya nag na re/ khyed kyi chos lugs skyabs 'gro dang sems bskyed nas bzung nas spre'u shing rtser 'dzeg pa ltar mas 'dzeg yin/ nged kyi chos lugs 'di bya byed kyi chos kyis 'tshang mi rgya bas rnam par mi rtog pa bsgoms nas sems rtogs pa nyid kyis 'tshang rgya ste/ khyung nam mkha' las shing rtser 'bab pa ltar yas 'bab kyi chos yin pas dkar po chig thub yin no zhes zer ro// de la slob dpon gyis dpe don gnyis ka mi 'thad pa las thog mar dpe mi 'thad de/ khyung nam mkha' las glo bur du 'dab gshog rdzogs par skyes nas shing rtser 'bab bam/ brag la sogs par skyes nas rim gyis 'dab gshog rdzogs par byas te 'bab | dang po ni mi srid la/ gnyis pa ni rim gyis pa'i dper rung gi cig car ba'i dper mi rung ngo// de nas mkhan pos dpe la lan ma thebs pa dang/ der slob dpon gyis khyod kyi dpe nor bar ma zad don yang 'khrul te/ rnam par mi rtog pa'i sgom de ci rnam rtog phyogs gcig bkag pa tsam yin nam/ rnam rtog mtha' dag dgag dgos/

동시론자(同時論者=頓悟論者)[16]인 화상 마하연은 자신의 가르침을 하늘에서 일시에 강하하는 금시조에, 인도 차제론자次第論者의 가르침을 원숭이에 비유한다.[17] 여기서 마하연은 자신의 종교적 전통 및 체계에 대한 강한 자신감을 비유적 표현으로 나타낸 것이라고 할 수 있다. 그리고 싸빤이 중국 선불교의 가르침을 비판할 때 사용한 '하얀색의 만병통치약'이라는 표현이 실재로는 마하연이 자신의 가르침을 가리킬 때 '하얀색의 만병통치약'으로 설명하고 있다는 점을 알 수 있다.[18]

---

phyogs gcig bkag pa yin no zhe na/ de ltar na gnyid dang brgyal ba la sogs pa yang rnam par mi rtog par thal/ rtog pa phyogs gcig bkag pa tsam yod pa'i phyir ro// rnam par rtog pa mtha' dag bkag pa yin no zhe na/ de ltar khyod mi rtog pa sgom pa'i tshe mi rtog pa bsgom snyam pa'i rtog pa sngon du gtong dgos sam mi dgos/ mi dgos na khams gsum gyi sems can thams cad la'ang sgom skye bar thal te/ bsgom snyam pa'i rtog pa sngon du ma btang yang sgom skye ba'i phyir ro// mi rtog pa sgom snyam pa'i rtog pa sngon du gtong dgos na de nyid rtog pa yin pas mi rtog pa bsgom pa'i dam bca' nyams te/ dper na smra bcad byas pa yin no zhes brjod na smra bcad shor ba'am/ ca co ma byed ca cor 'gro ba bzhin no// zhes bya ba la sogs pa lung dang rigs pas sun phyung ba dang/ rgya nag mkhan po spobs pa med par gyur te/ ⋯."

16) PT 117은 선정 관련 텍스트들의 모임인데, 그 중 마지막 텍스트가 "화상 마하연의 일거에 [해탈]에 진입하는 선정의 방법을 설한 경(mkhan po mā ha yan gyi bsam brtan chag char 'jug pa'i sgo dang bshad pa'i mdo)"이다. 'chag char'는 'chig char'와 혼용되는데, 'cig car'의 고전적 형태로 그 뜻은 '돈頓'이다. 선종의 용어법에서 '일거에 진입한다'는 '돈입頓入'은 '일거에 깨닫는다'는 '돈오頓悟'의 일반적 동의어이다.

17) 금시조와 원숭이의 비유는 쌈얘 논쟁과 관련한 초기 저작인 까말라씰라의 『수습차제』와 『바세』에서는 보이지 않는다. 'garuḍa'는 티벳어 'khyung', 'mkha' lding'로 번역되고 있다. 인도에서 비슈뉴(Viṣṇu)가 타고 다니는 전설 속의 새를 '가루다'라고 하며, 뱀(nāga)의 천적이기도 하다. 동아시아에서는 '금시조'로 번역되고 있는데, 거의 『장자』에 나오는 '붕새(鵬)'와 흡사하다.

분석적으로 관찰하는 반야(prajñā)의 작용을 부정하기 때문에, 무분별을 수행해서 있는 그대로의 마음을 응시해야만 한다는 마하연의 가르침을 스승 까말라씰라의 견해를 빌려서 싸빤이 비판하고 있다는 점도 알 수 있다. 그리고 까말라씰라는 중국 화상의 견해를 비유, 의미라는 두 가지 측면에서 비판하고 있다. '가루다/금시조'의 비유는 중국 화상의 이해와 달리, 오히려 단계적 수행론의 비유로 적합하다는 것이다. '무분별'이 분별의 한 측면만을 부정한다면, 인도불교의 『섭대승론(攝大乘論, *Mahāyānasaṃgraha*)』「증상혜학품(增上慧學品, *adhi-prajñā*)」에 나오는 무분별지의 잘못된 이해와 동일하기 때문에, 그러한 이해 역시 오류에 빠지게 된다고 설명한다. 아울러 싸빤은 쌈얘 논쟁에 대한 보다 세부적인 사항은 『갤셰』(*rGyal bzhed*), 『빠셰』(*dPa' bzhed*)와 『바셰』(*'Ba' bzhed*)를 살펴보라고 나중에 언급한다.

까말라씰라는 쌈얘 논쟁에서 '경전 전거'와 '논리', 그리고 '비유'와 '의미'라는 측면에서 마하연의 논지를 논파하였다. 싸빤은 까말라씰라가 마하연의 논지를 격파할 때 사용했던 '경전 전거'와 '논리', 그리고 '비유'와 '의미'라는 4가지 방식을 사용해서 싸빤 당시의 닥뽀 까규학파의 마하무드라를 비판한다.

---

18) 드미에빌Demiéville은 마하연의 '하얀색의 만병통치약'이라는 비유의 경전 전거를 언급한다. 『돈오대승정리결』에서 인용하고 있는 『대반열반경』(*Mahā-parinirvāṇasūtra*)의 '아가다(agada, 阿伽陀)'가 이에 해당한다는 것이다. 원래 『인도의학용어사전』에서 '아가다'는 보통명사로 '해독 혹은 해독학'을 지칭하는 것인데, 불교 경전 속으로 유입되면서 모든 병을 낫게 해주는 약인 만병통치약의 대명사로 불리게 된 것이다. 반대론자의 입장이 아닌 자파의 입장에서 자신의 수행론을 아주 긍정적으로 묘사한 이 비유는 마하연이 '무사무관無思無觀'이라는 자신의 교의를 비유하는 표현이며, 『대반열반경』이라는 경전 전거에서 비롯된 것이다. Demiéville 1952, pp.121-123, 특히 각주 7, 8 참조.

싸빤이 *ThGS*에서 성문과 대승의 철학적 교의 양자에 포함되지 않는 붓다의 가르침을 주장하는 견해로 마하연의 설을 먼저 언급한 것은 싸빤 당시에 유행하던 까규학파의 마하무드라를 비판하기 위한 의도적 장치인 것으로 보인다.

> "세 가지 오착과 네 가지 일탈의 근원을 끊고, 타고난 것을 수습해야 하네.
>
> 바라문이 실을 잣듯이 본질적인, 조작된 것이 아닌, 자유로운 상태에 머물러야 하네."[19]

이 게송의 의미에 대해 싸빤은 마하무드라 수행자의 견해를 빌려 간략하게 설명한다. 게송에서 말하는 세 가지 오착이란 '즐거움', '명료함', '무분별'을 지칭하며, 네 가지 일탈이란, 본질적인 측면, 잘못된 수습, 잘못된 방식[道], 잘못된 봉인으로 일탈하는 것이다. 그러한 것들을 끊고 마치 바라문이 실을 잣듯이, 신선하고 본래적인, 조작된 것이 아닌, 자유로운 상태, 안온과 함께 적정에 머무는 것이 마하무드라 수행이라고 한다.

여기서 '바라문의 실(bram ze skud pa)'이라는 비유가 나오는데, 싸

---

19) *ThGS* 50b2, "gol sa gsum dang shor sa bzhi// spangs te **gnyug ma* bsgom par bya// bram ze skud pa 'khal ba ltar// so ma ma bcos lhug par bzhag//." * *ThGS* 50b2에 의거해서 Jackson은 /mnyug ma/라고 명기하고 있는데, 티벳사전에는 '뉵마(mnyug ma)'라는 단어와 그에 상응하는 용례가 보이지 않는다. 이것은 인위적인, 위조의, 혹은 인위적인 것의 의미를 지니는 '쬐마(bcos ma)'와 정반대되는 '뉵마(gnyug ma)' 즉 '본질적인, 타고난, 내재적인, 혹은 본질적인 것'으로 수정해서 읽어야 한다.

빤이 이 비유에 대해서는 별다른 언급을 하지 않는다. 이 비유는 까규학파의 교의와 수행체계에서 자주 등장하는데, 마음을 머물게 하는 것으로서의 네 가지 방편(bzhag thabs bzhi)과 관련한 비유 중 가장 중요한 비유로 언급되며,[20] '평정(捨 upekṣā, btang snyoms)'의 획득을 그 목표로 삼고 있다. 까규학파의 마하무드라 수행에서 사용하는 '평정'이라는 개념도 기본적으로 '도거'와 '침몰'에 대한 대치에서 출발하지만, 마하무드라 수행자는 더 이상 '도거'와 '침몰'을 문제로 삼지 않는다. 마하무드라 수행자는 수습할 때, 분석적인 작용이나 정신적인 작용을 쉬게 하고 오직 마음 그 자체에만 머무른다. 언뜻 보아도 이러한 수행체계는 중국 화상의 가르침과 아주 흡사하다는 사실을 짐작할 수 있다.

이러한 까규학파의 마하무드라 수행에 대해 싸빤은 비판하고 있다.

> "이 가르침은 중국의 하얀색의 만병통치약을 뒤따라서 발생한 것이지, 붓다께서 설하신 마하무드라는 아니다. 뿐만 아니라 경·율·논 삼장에서 일반적으로 마하무드라를 설한 적이 없다. 상세하게 이와 같은 마하무드라를 설한 것을 본 적이 없다. 네 가지 딴뜨라 분류에서, "까르마karma, 다르마dharma, 싸마야(三昧耶, samaya), 마하무드라mahāmudrā"라고 설한 것이 있는데, 그 네 가지 딴뜨라 분류체계도 이러한 마하무드라의 가르침이 아니다. 스승 나가르주나의 『네 가지 무드라에 대한 결택』(四密印決定論 *Caturmudrāniścaya*)에서, "까르마무드라(事業手印, karmamudrā)를 모르는 이, 그들

20) Brwon 2006, pp.261-264.

은 다르마무드라(法手印, dharmamudrā)도 모를 것이다. 그렇다면, 마하무드라 mahāmudrā의 이름조차도 어떻게 알 수 있겠는가"라고 설하였다. 마찬가지로 딴뜨라 문헌과 논서들에서 그와 같은 마하무드라는 부정되었다. 전승들은 비밀스러운 만뜨라이기 때문에 이 책에서 쓰지 않았다. [문] 만일 이(=닥뽀 까규학파의) 마하무드라가 경 · 딴뜨라 · 논서에서 비록 설하지 않았다고 할지라도, 수행하는데 어떤 모순이 있는가? [답] 이 마하무드라는 경과 딴뜨라와 모순되며, 논리에 의해서 받아들일 수 없다고 천명한다. 그 이유는 세 가지 오착의 천天에 태어나기 때문에 무가無暇인 하늘에 태어난 것이 큰 오착이다. "팔무가八無暇에 태어나지 않기를"이라고 모든 경과 딴뜨라에서 서원한 것이다. "어리석은 수습, 어리석음에 의해 어리석음이 얻어지게 된다"라고 조작되지 않는 마음의 상태에 머물게 하는 어느 방식을 어리석은 수습이라고 설하였기 때문이며, 중국 화상의 하얀색의 만병통치약과 특히 조금도 차이나는 것이 없기 때문이다."[21]

---

21) *ThGS* 50b5-51a4, "'di rgya nag gi dkar po chig thub kyi rjes su 'brang ba yin gyi sangs rgyas kyi gsungs pa'i phyag rgya chen po ma yin te/ de'ang mdo sde dang/ *'dul ba/ mngon pa gsum nas spyir phyag rgya chen po bshad pa med/ bye brag tu 'di 'dra'i phyag rgya chen po bshad pa ma mthong/ rgyud sde bzhi nas/ las dang chos dang dam tshig dang/ phyag rgya chen po zhes bshad pa yod de/ de dag gi lugs kyang 'di ma yin te/ slob dpon klu sgrub kyi phyag rgya bzhi par/ las gyi phyag rgya mi shes pa de dag gis ni chos kyi phyag rgya'ang shes par mi 'gyur na/ phyag rgya chen po'i ming tsam yang shes par ga la 'gyur zhes gsungs la/ de bzhin du rgyud sde rnams dang/ bstan bcos rnams las de lta bu'i phyag rgya chen po bkag ste/ lung rnams ni gsang sngags yin pas 'dir ma bris so// gal te mdo rgyud bstan bcos nas ma bshad kyang nyams su blangs pa la 'gal ba cang yod dang snyam na/ 'di mdo rgyud dang 'gal zhing rigs pas mi 'thad par mngon te/ de'i rgyud mtshan gol sa gsum gyi lhar skye ba pas/ mi khom pa'i lhar skyes pa gol sa che ste/ mi khom pa'i gnas brgyad du skye bar ma gyur cig ces mdo rgyud kun las

싸빤은 현교의 삼장에서 마하무드라를 언급한 적이 전혀 없다고 말하면서, 지금 유행하는 이러한 마하무드라가 경전 전거가 전혀 없기 때문에 중국 화상 마하연의 체계를 따르는 마하무드라이지 인도 전승의 마하무드라와 관련이 없다고 주장한다. 그리고 밀교행자인 나가르주나의 텍스트 인용을 통해, 인도 딴뜨라 문헌에 입각한 기본적 까르마무드라도 제대로 이해하지 못하는 부류가 어찌 네 가지 무드라 중 최고의 가르침인 마하무드라를 이해할 수 있는가라고 티벳에 유행하던 당시의 마하무드라를 비판한다. 이러한 비판의 근거는 인도 불교의 전통 속에 도도히 자리를 잡고 있는 삼장과 딴뜨라 문헌들 그 어디에도 닥뽀 까규학파가 설하는 마하무드라의 내용과 일치하는 가르침은 보이지 않는다는 경전 권위에 의거한다.

삼얘 논쟁 이후 티벳의 닥뽀 까규학파(Dwags po bKa' brgyud)의 제 감뽀빠(rJe sGam po pa, 1079-1153), 샹 챌빠(Zhang Tshal pa, 1123-1193), 곰빠 출팀닝뽀(sGom pa Tshul khrims snying po, 1116-1169)의 문헌들에서도 '하얀 만병통치약'이라는 비유는 빈번하게 사용된다. 그리고 특히 감뽀빠는 '마음의 본질에 대한 소개(sems kyi ngo sprod)'라는 가르침을 그의 제자들에게 가르쳤는데, 이 가르침의 핵심은 직접적으로 자신의 마음의 본질을 깨닫도록 유도하는 것이다. 싸빤의 비판에 의하면, 깜

---

smon lam btab pa dang/ rmongs pa'i sgom pa gang yin pa// rmongs pas rmongs pa 'thob par 'gyur// zhes blo ma bcos pa'i ***ngang* las 'jog pa'i tshul 'ga' zhig rmongs pa'i sgom par bshad pa'i phyir dang/ rgya nag mkhan po'i dkar po chig thub dang khyad par cung zad med pa'i phyir ro//." *Jackson(1994: 184.38)에는 /'du la ba/, **Jackson(1994, 185.15)에 의하면, /dang/. 하지만 'dang'으로 볼 경우 전혀 해석이 불가능하다. 여기서는 '상태'라는 의미의 'ngang'로 수정해야 한다.

뽀빠의 마하무드라는 때때로 딴뜨라의 계와 관정, 그리고 특별한 밀교적 유가 수행을 전제로 하지 않는다. 그리고 경전(sūtra)의 전통에 입각한 마하무드라이며, 심지어 경전과 딴뜨라를 초월한 가르침이라고 감뽀빠가 가르쳤기 때문에 싸빤이 13세기 당시에 유행했던 까규학파의 마하무드라를 붓다가 설한 가르침이 아니라고 비판하는 것이다.[22] 이는 본문의 첫 번째 인용문(=각주 5의 본문 내용)에서 언급하는 인도에서 기원하는 성문승과 딴뜨라 불교를 포함한 대승불교의 가르침, 즉 경(sūtra)과 딴뜨라tantra에 포섭되지 않는 그러한 붓다의 가르침은 없기 때문에 13세기 당시에 닥뽀 까규학파의 마하무드라 체계는 중국 선불교의 가르침인 하얀색의 만병통치약과 연계되며, 결국 붓다의 진짜 가르침이 아닌 유사, 혹은 가짜, 위조된 가르침이라고 싸빤이 비판하고 있는 것이다.

3.

본문에서 고찰한 내용을 간략하게 정리하면 다음과 같다.

싸빤은 인도의 성문승과 대승의 가르침을 붓다의 가르침으로, 이들 이외에 4가지 체계를 붓다의 가르침이 아니라고 규정한다. 붓다의 가르침이 아닌 4가지 체계는 중국 선불교와 13세기에 유행하던 닥뽀 까규학파의 마하무드라의 가르침으로 귀결될 수 있다. 싸빤은 닥뽀 까규학파의 마하무드라가 중국 선불교의 가르침과 연계된 가르침

22) Jackson 1994, pp.2-3.

이기 때문에 붓다의 가르침이 아닌 유사(-ltar snang) 가르침이라고 정의한다. 싸빤이 사용하는 '붓다의 가르침(sangs rgyas kyi bstan pa)'이란 'buddhavacana' 혹은 '붓다의 직설(zhal du gsungs pa, *kaṇṭhokta)'에 대응하는 티벳어가 아닌 'buddhaśāsana'에 상응하는 'sangs rgyas kyi bstan pa'를 사용하고 있다. 싸빤이 붓다의 가르침과 그와 유사한 가르침을 변별하는 역사적 기준은 쌈얘 논쟁이라는 사건이며, 그는 쌈얘 논쟁에서 까말라씰라가 마하연을 논파할 때 사용했던 '경전 전거(=經證)', '논리(=理證)', '비유'와 '의미'라는 4가지 방식으로 둑빠 까규학파의 마하무드라를 붓다의 가르침이 아닌 중국 선불교를 뒤따르는 유사 가르침이라고 비판한다. 또한 '하얀 색의 만병통치약'은 중국 화상 마하연이 자신의 가르침을 『열반경』이라는 경전 전거에 의해 긍정적 혹은 수승한 가르침이라는 비유로 사용하였다. 이에 반해 싸빤은 쌈얘 논쟁 때 까말라씰라가 사용한 논지를 받들어서 이를 닥뽀 까규학파의 마하무드라를 비판하는 데 사용하는 부정적 비유로 사용한다. 싸빤의 비판에 의하면, 깜뽀빠의 마하무드라는 때때로 딴뜨라의 계와 관정, 특별한 밀교적 유가 수행을 전제로 하지 않는다. 그리고 감뽀빠는 자신의 마하무드라가 경전(sūtra)의 전통에 입각한 마하무드라라고 설하며, 심지어 경전과 딴뜨라tantra를 초월한 것이라고 가르쳤기 때문에 싸빤이 13세기 당시에 유행했던 까규학파의 마하무드라를 붓다가 경전(sūtra)과 딴뜨라에서 설한 가르침의 내용에 의거한 것이 아니라고 비판한다. 경經과 딴뜨라에 포섭되지 않는 그러한 마하무드라의 가르침을 인도 후기의 딴뜨라 불교가 설한 적이 없기 때문에 13세기 당시에 닥뽀 까규학파의 마하무드라 체계는 중국 선불교의 가르침인 하얀색의 만병통치약과 연계되는 가르침이며, 결국 붓다의 진짜 가르침이 아닌 유사, 혹은 가짜 가르침이라고 싸빤이 비판하는 것이다.

싸빤의 또 다른 저작인 『세 가지 율의를 변별함(三律儀細別 *sDom gsum rab dbye*)』에 나타나는 불교의 진위 구분에 대한 내용, 그리고 싸빤의 마하무드라 비판 내용에 대해 싸빤 이후 까규학파의 마하무드라를 계승하는 이들이 재반박한 내용을 미처 소개하지 못한 점이 본 연구의 한계라고 할 수 있다. 이는 추후의 과제로 남겨두고자 한다.

| 약호 및 참고문헌 |

약호

Mvy 『翻譯名義大集』

PT Pelliot tibétain

ThGS Sa skya pa'i bka' 'bum(Tokyo: Toyo Bunko, 1968), Vol.5, 1.*l*.1-50. l.6(tha 1a-99a)

2차 자료

에릭 쥐르허(E. Zürcher). 최연식 역. 2010. 『불교의 중국 정복』 씨아이알.

Brwon, Daniel P. 2006. *Pointing Out the Great Way: The Stages of Meditation in the Mahamudra Tradition*, Boston: Wisdom Publications.

Buswell, Robert E., Jr. 1990. "Introduction: Prolegomenon to the Study of Buddhist Apocryphal Scriptures", *Chinese Buddhist Apocrypha*, Honolulu: University of Hawaii Press.

Demiéville, Paul. 1952. *Le Concile de Lhasa: Une Controverse sur le Quiétisme Entre de Bouddhistes de l'Inde et de la Chine au VIIIème siècle de l'ère Chrétienne*, Bibliothèque de l'institut des Hautes Études Chinoises, Vol. VII(Paris: Imprimerie Nationale de France.

Eimer H, & Germano D. 2002. editors. *The Many Canons of*

Tibetan Buddhism: PIATS 2000: Tibetan Studies: Proceedings of the Ninth Seminar of the International Association for Tibetan Studies, Leiden: Brill.

Jackson, David P. 1983. "Commentaries on the Writings of Sa-skya Pandita: A Bibliographical Sketch", *The Tibet Journal*, Vol. VIII No. 3: 3-23.

___________. 1994. *Enlightenment by a Single Means*, Wien: Verlag der Österreichischen Akademie der Wissenschaften.

___________. 1996. "The *bsTan rim* ("Stages of the Doctrine") and Similar Graded Expositions of the Bodhisattva's Path", *Tibetan Literature: Studies in Genre*, edited by Jośe Ignacio Cabezón and Roger R. Jackson, New York: Snow Lion: 229-243.

Kapstein, Matthew T. 2000. *The Tibetan assimilation of Buddhism: Conversion, contestation, and memory*, New York: Oxford University Press.

Lamotte, Étienne. 1958. *Historie du Bouddhisme Indien*, Louvain: Institut Orientaliste.

Lancaster, Lewis. 1978. "Buddhist Literature: Its Canons, Scribes, and Editors", *The Critical Study of Sacred Texts* 2, edited by Wendy Doniger O'Flaherty, Berkeley: Graduate Theological Union: 215-229.

Sa skya paṇḍita Kun dga' rgyal mtshan, Trans by Jared Douglas Rhoton 2002. *A clear differentiation of the three codes: Essential distinctions among the individual liberation, great vehicle, and Tantric systems*, New York: SUNY Press.

般山徹. 2010. 「佛典漢訳史要略」, 『佛教の東伝と受容』 / 新アジア佛教史 通号 6, 東京: 佼成出版社: 233-277

伏見英俊. 2001. 「サキャパンディタのdkar po chig thub 批判-*Thub*

*pa'i dgongs gsal*の所説をめぐって−」『印度学佛教学研究』50巻 1号: 230(299)-234(295).

堀内俊郎. 2009.『世親の大乗佛説論−『釈軌論』第四章を中心に−』山喜房佛書林.

제2장

동아시아 불교 전통에서의 위의경의 제작과 변용

1) 중국의 위의경僞疑經에 나타난 노장老莊적 불교 이해 고찰

—연기緣起적 관점에서 본 중국 찬술 불교 경전의 특성 이해—

허인섭(덕성여자대학교)

2) 일본에서 찬술된 위경에 대하여

미노와겐료(蓑輪顕量, 도쿄대학교)

3)『시왕경十王經』발전 변화 재검토

—섬서陝西 신덕사神德寺 탑본塔本을 중심으로—

장종(張總, 중국사회과학원)

4) 일본 흥성사興聖寺 소장

『관정도생초혼단절부연경灌頂度星招魂斷絶復連經』고찰

우샤오지에(伍小劼, 상하이사범대학교)

중국 위의경僞疑經에 나타난 노장적老莊的 불교 이해 고찰

—연기緣起적 관점에서 본 중국 찬술 불교 경전의 특성 이해—

허인섭(許仁燮)

I. 들어가는 말 : 위경僞經에 대한 불교의 관용성 원인

위경僞經에 대한 불교인들의 관점은 타 종교, 특히 절대신이나 배타적 진리체계를 추종하는 종교인들과는 크게 다르다. 경전 자체를 맹신盲信하기 보다는 경전의 내용이 불교적 가르침에 부응하고 있는지를 보고자 하는 불교의 경전 이해 전통은 불교의 중심 이론인 연기론의 관점, 즉 주관 및 객관을 불문하고 어떤 절대 불변의 존재를 상정하지 않는 관점이 경전 이해에도 적용되고 있는 것일 수 있다. 물론 불교전통이 경전에 대해 유연한 태도를 지녔다는 것이 엄밀하지 못한 기준으로 모든 경전을 수용하고자 했다는 뜻은 아니다. 중국에서도 불교경전을 진경과 위의경으로 진지하게 가려보고자 했던 시도가 있었다는 사실은 자신의 종교의 지향성을 불교도 분명히 하고자 하는 노력을 반복하고 있었음을 보여준다. 불교를 수입하여 번역하고 편찬 정리하던 중국 초기불교 성립 시기, 즉 석도안釋道安과 같은 인물이 활약했던 4세기 무렵과 자신들의 전통에 대한 비판적 성찰이 요구되었던 서구동점의 19-20세기, 즉 어우양지우(歐陽境無, 1871-1943), 뤼청(呂澂, 1896-1989) 같은 인물이 활동했던 시기는 위경僞經을 가려내 바로잡고자 하는 의식이 매우 높았던 시기로 나타난다.

이러한 사실들은 이제 중국인들의 위의경 수용과 관련하여 다음과 같은 질문을 낳을 수 있을 것이다. 경전에 대한 불교의 유연한 태도로 인해 중국에서 정경正經보다 더 활발히 유통된 위경들도 존재했었다는 것은 알겠지만, 위경이란 의심을 거두기 힘든 경전들은 어떻게 구성되어서 정경으로 분류되는 경전에 못지않은 그런 힘을 발휘한 것인가? 그러한 불교 전통 속에서 중국에서는 정경과 위경을 가리고자 하는 시도가 나타날 때 어떤 기준이 적용되었을까?

중국불교사 서술에 있어 불교 이해에 그들의 전통사상인 노장적 사유가 개입되었다는 사실을 부인하는 서술은 거의 없는 것 같다. 이러한 사실로 인해 많은 이들이 한걸음 더 나아가 이러한 현상이 발생한 이유를 불교와 도가가 궁극적으로 유사한 사유체계이기 때문이라고 주장하기도 한다. 그런데 많은 이들이 그렇게 이해하고 주장하고 있지만 그것이 어떻게 작동되었는지에 대한 자세한 이론 분석은 찾아보기 어려운 까닭은 무엇일까?

사실 유사함을 찾기 어려울 정도로 전혀 다른 인종적 문화적 조건을 가진 인도와 중국에서 발생한 두 사유체계가 필연적으로 초래할 그 이질성을 조금만 더 고려해 본다면, 불교와 도가가 유사하다는 그러한 주장이 보편적으로 그렇게 쉽게 받아들여지기는 어렵다는 것을 알게 되는 데는 오랜 시간이 필요하지 않을 것이다. 이렇듯 두 사상의 발생 여건이 너무도 달라 그 동이同異에 대한 결정적인 확언이 어려울 경우, 아마도 이 문제를 다루는 상식적인 방식은 불교와 도가가 동일하지 않다면 양가의 어떤 측면이 유사함 내지는 동일함의 감수성을 촉발시켜 그러한 주장을 낳게 하는가를 묻는 것이 되어야 할 것으로 필자는 생각한다.

필자는 이와 같은 문제의식을 갖고 중국인의 불교 이해방식 혹은 위경 서술방식을 이해하는데 있어, 불교의 연기적 세계 이해의 인식론적 통찰을 활용해 보고자 한다. 즉 이미 확정되어 주어진 주관과 객관이 아닌, 우리의 의식에 그렇게 파악되어 정립되지만 끊임없이 변화가 수용되면서 상호 영향을 주는 주관主觀과 객관客觀이라는 인식론적 통찰을 중국에서의 경전 성립 과정에도 적용해 보는 것이다. 이러한 관점에서 필자는 다음과 같이 중국화된 경전이나 논소를 살핌으로써 그것의 내적 성격을 보다 분명히 밝혀보고자 한다.

첫째, 경전의 제작은 붓다의 종교적 통찰을 수용하고자 하는 후대 불교인의 노력의 산물이다. 따라서 그 내용은 인도 제작 경전이든 중국 제작 경전이든 붓다의 종교적 통찰이 어떤 형태로든 시대적 변화 속에서도 문자적으로는 그것이 산스크리트이건 한문이건 일정한 형식을 갖고 반복적으로 표현되고 있다고 볼 수 있을 것이다.[1]

둘째, 그렇게 제작되었을 경전들은 후대 제작자의 시대적 변화에 따른 불교적인 혹은 비불교적인 관점이 투영되어 일정한 변형이 이루어질 수 있으며, 특히 비불교적 변형이 크게 이루어져 붓다의 본의

1) 서정원 2018, pp.199-217.

를 왜곡 전달하는 경전들도 일정한 문자적 표현형식의 유사한 반복으로 인해 불교 전통 속에 편입된 경우가 많았을 가능성을 배제할 수 없을 것이다.

셋째, 그렇게 성립된 경전에 대한 후대 불자佛子들의 이해는 인도의 경우 붓다의 세계 이해의 통찰에 따라 혹은 비불교적 관점이 적용된 변형된 불교의 세계 이해 방식의 관점에 따라, 중국의 경우 붓다의 통찰에 따라 혹은 변형된 불교의 세계 이해 방식의 관점, 혹은 노장적 세계 이해 방식의 관점에 따라 이루어졌을 것이며, 변형된 혹은 노장적 이해 부분은 특히 그들의 논論과 소疏에서 보다 적극적으로 표현되어 나타날 것이다.

위와 같은 점을 고려하여 경전을 분석하는데 있어서 이 글에서 반드시 설명되어야 할 쉽지 않은 제 개념들이 있는데, 그것은 '붓다의 통찰' '변형된 불교의 관점' '노장적 관점'에 대한 필자 자신의 이해일 것이다. 물론 이 글에 개진될 필자의 불교 이해방식과 다른 다양한 불교 이해방식이 있을 수 있지만, 상기한 제 개념들이 역사적으로 상호 관련되어 융합되는 과정이 있었음을 부인할 수는 없다는 점에서 이 글의 논의 전개가 의미를 지닐 수 있을 것이다.

II. 불교와 노장의 철학적 지향과 그 만남

앞서 지적했듯이 중국인들이 불교 이해에 그들의 전통적 사유인 노장적 세계관을 활용한 것은 양가의 실제적 동이同異 여부를 떠나 유사한 그 무엇을 그들이 느꼈음을 보여주는 것이라 할 수 있다. 필자는 불교의 중국화 과정에 노장적 사유가 활용된 이유를 불교와 노장에 공통된 변화하는 역동적 연속적 사태 경험에 대한 섬세한 감수성과 그것을 표현해 내는 언어의 한계 즉 개념적으로 구성된 고립적 사태 경험의 한계 의식이 결정적으로 작용했을 것으로 보고 있다. 그러나 연속적 역동적 세계 경험과 그것에 대한 언어적 표현의 한계라는 흔히 볼 수 있는 일반적이고 단순한 유사성 평가만으로는 불교와 노장의 결합과 그 문제점을 적절히 분석해 낼 수 없다고 보고, 필자는 연속 역동감과 분리 고립감 경험의 기원과 두 감수성의 조합을 인간 사유 일반 구도 속에서 보다 복합적으로 설정하여 이 문제를 분석해왔다.[2] 필자는 그 구도를 다음과 같은 3범주範疇의 유연한 복합 조합으로 설정하였다.

첫째는 개념적 추상적으로 구분區分하여 경험된 사태를 파악하고 정립하는 능력을 지칭하는 논리적論理的 사유(Logical Way of Thinking)이고, 둘째는 사태가 역동적이고 연속적으로 미구분未區分되어 파악되는 능력을 지칭하는 신비적神秘的 사유(Mythical Way of Thinking)이며, 셋째는 경험된 사태의 주도적인 이해 방식이 신비적 사유에서 논리적 사유로 점차 이전되는 과정에서 발생되었을 것으로 볼 수 있는 두 사유방식의 혼재混在로서의 신화적神話的 사유(Mythological Way of Thinking)이다. 이러한 3가지 범주의 사유방식은 인간이 마주하게 된 미지未知의 세계에 대한 해석이 요청될 때 어느 것이 보다 더 주도적인 사유방식으로 작동되었는지의 면에서 보면 호모사피엔스로서의

2) 허인섭 1997, pp.227-267.

인간 사유방식은 신비적, 신화적, 논리적 사유방식의 역사적 순서를 가진다고 할 수 있다. 그러나 인간이 지닌 사유방식의 본래적本來的 잠재성潛在性 면에서 보면 이 3범주範疇의 사유방식은 그 주동主動성의 차이만 있었을 뿐 항상 함께 작동되어 왔던 동시적인 것이기도 하다.

이러한 복합적 성격을 지닌 사유방식 조합의 적절한 이해가 이 글을 이해하는데 필요하지만, 사유방식 조합 자체를 상술하는 것이 이 글의 목적은 아니므로, '붓다의 통찰', '변형된 불교의 관점', '노장적 세계관'을 약술하는 과정 속에서 상기한 사유방식과 그 조합의 의미를 이해할 수 있도록 논의를 진행하고자 한다.

1. 붓다의 세계 이해방식의 독창성 – 무아無我와 연기緣起

불교 이론의 중심인 무아설과 연기설에 대한 설명방식은 그 종류를 나열하기 힘들 정도로 다양할 것이다. 물론 그러한 여러 방식들이 각기 지닌 장단점을 고려하여 개개의 방식을 긍정적으로 수용하고자 노력하는 것은 바람직하지만, 결코 수용해서는 안 될 한계선이 있다는 점도 고려해야 한다. 그것은 불교가 극복하고자 했던 베딕-우파니샤드Vedic-Upaniṣad적 세계관이 재현된 방식으로 무아와 연기를 설명하는 시도는 반드시 배제해야 한다는 점이다. 왜냐하면 그러한 한계를 두지 않는다면 반베딕(Anti-Vedic, 非婆羅門)의 이론적 정점이라고 할 수 있는 불교의 역사적 지위가 무의미해지면서, 불교 이론과 불교가 비판한 베딕-우파니샤드 이론이 차별성을 지니지 못하는 결과를 초래하기 때문이다.

베딕-우파니샤드적 세계관을 부정하는 무아(anātman) 이론의 핵심은, 우파니샤드에서 그 존재성를 반복 강조하는 아뜨만ātman은, 실재적實在的 존재가 아니라는 것이다. 그러므로 범아일여梵我一如를 주장하는 이 전통에서의 브라흐만Brahman과 같은 존재에 대한 믿음도 불교는 당연히 부정할 수밖에 없다. 중앙아시아 기원의 아리안족이 인도 이주 후 발전 성립시킨 베다를 통해 표현한 절대신 개념, 즉 브라흐만 개념을 앞서 언급한 신비적 신화적 논리적 사유의 3범주의 관계망 속에서 분석해 본다면, 그것은 인간을 둘러싼 주위의 압도적 힘에 자아가 함몰陷沒된 미분未分적 감수성感受性이 보다 더 주된 인식형태로 작동되는 신비적 신화적 사유방식에 의해 파악 유지되어 오다가 논리적 사유의 발전과 더불어 개념적으로 정립된 것이라 할 수 있다. 문제는 개념적 논리적 사유가 지닌 날카로운 이분적 구분성이 인간과 이 압도적인 힘에 대한 신비적 신화적 감수성에 의해 설정된 이 존재와의 거리를 넓히고 넓혀 이 존재를 초월적超越的 존재로 절대화시키게 된다는 것이다. 사실 이러한 방식의 절대신 개념 정립은 베딕-우파니샤드 전통에서만 발현되는 것이 아닌 것으로 보인다. 이것은 인간의 개념적 추상적 사유에 근거한 논리적 추론에 의해 발현될 수 있는 유일신唯一神 개념을 지향하는 거의 모든 고등종교가 보여주는 일반적인 현상이라 할 수 있다.

베딕-우파니샤드 전통에서 인간의 구체적 의식 경험 너머에 존재하는 즉 인간의 일상적 인식을 초월한 영역의 그 어떤 존재에 대한 표현은 그것이 브라흐만이든지 아뜨만이든지 언어의 이분적 속성을 초월한다는 의미의 'neti～ neti～neither X nor -X'라는 이중부정二重否定 논리에 의해 다음과 같이 묘사된다.

"영혼의 네 번째 단계는 순수 자아 의식이다. 거기에는 내적인 대상의 또는 외적인 대상의 지식이 존재하지 않을 뿐 아니라, 내적이며 동시에 외적인 그런 지식도 존재하지 않는다. 이때의 영혼은 지혜의 집적이라고도 할 수 없으니, 의식과 무의식을 모두 초월하는 단계이다. 이것은 보이지도 않으며, 소통 불가능하며, 이해할 수 없으며, 정의도 불가능하다. … 이것이 조용한 상태에 머물러 상서로움으로만 가득 차 있을 때 우리는 이것을 아뜨만ātman이라고 부른다."[3] (Manduka Upaniṣad, 2.7.)

그러나 문제는 이분적 범주의 부정을 통해 지칭하고자 했던 그 존재에 대한 그들의 강한 믿음 자체가 인간의 개념적 추상적 사유의 강한 이분적 속성에 의지해 구성된다는 점을 그들이 의식하지 못함으로써 그 존재가 본래 의도와는 다르게 인간 의식 내에 갇힌 존재가 되고 만다는 점이다.[4]

불교의 무아이론은 바로 베딕-우파니샤드 전통에 내재해 있는 그러한 비경험적 존재의 맹목적 믿음을 부정하는 것으로 시작된다. 즉 범아일여梵我一如의 표현이 의미하듯 브라흐만의 내재화라 할 수 있

3) 이 번역은 Hume 1971 영문 번역에 기초하였다.
4) Peursen, 오영환 역 1980, p.92: 화이트헤드는 자기완결적 불변의 실체로 신이 규정되는 순간 주체를 끊임없이 넘어서 있어야 할 그 초월적 신이 모순적으로 그 의미를 상실하게 된다고 지적하는데, 이러한 지적은 내적 실체인 아뜨만 비판에도 동일하게 적용될 수 있다.

는 아뜨만에 대한 존재 확신은 '붓다의 무아 통찰'에 비추어 보면 경험될 수 없는 개념적 존재를 실제적 존재로 믿음으로서 나타나는 현상일 뿐인 것이다.

불교의 무아이론은 표현형식으로만 보면 베딕-우파니샤드 전통과 거의 동일한 'neti~ neti~neither X nor -X'의 이중부정 논리를 반복하고 있는 것으로 보인다. 이러한 표현형식은 초기경전[5]에서는 물론이거니와 특히 반야경 전통의 경전[6]에서는 경전의 주된 논리 전개 형식으로 재현되고 있음을 확인할 수 있다. 그러나 이러한 초기 경전부터 반야경에 이르기까지 변함없이 활용되는 이중부정논리가 전달하고자 하는 의미는 분명 베딕-우파니샤드의 그것과는 다르다. 불교의 이중부정논리는 베딕-우파니샤드 전통에서 전제하고 있는 경험될 수 없는 불변의 실체라는 것이 인간의 개념적 사유의 이분적 속성에 의해 설정된 또 다른 차원의 개념적 존재일 뿐이므로 그것을 실제적 존재로 받아들일 근거는 찾을 수 없다는 점을 깨우치도록 하려는 논리적 수단일 뿐이다.

이렇듯 경전과 논소에서 반복 재현되는 이와 같은 붓다의 통찰을 현대적 용어로 풀어쓴다면, 인간의 개념적 사유의 이분적 속성은 이분二分 너머의 또 다른 차원의 이분적 영역을 무반성적으로 설정토록 하고 있으며 그것이 브라흐만과 아뜨만과 같은 초월적 절대 불변

5) *Majjhima-nikāya*, Horner, trans. 1989, p.456. "It is for this that I, Udayin, speak even of the getting rid of the plane of neither-perception-nor-non-perception. Now do you, Udayin, see any fetter, minute or massive, of the getting rid of which I have not spoken to you?" 참조

6) *Vajracchedikā prajñāpāramitā sūtra*, Conze, ed. and trans., 1972, p.36. 7f. "it (this dharma) is neither a dharma nor a no-dharma." 참조

의 실체를 정위시키는 것이라고 말할 수 있을 것이다. 이러한 통찰은 사실 '단순單純 정위定位의 오류誤謬', '잘못 놓여진 구체성의 오류'(fallacy of simple location, fallacy of misplaced concreteness) 등의 주장을 통해 현대철학자 A.N. Whitehead가 보여주려 한 것과 같은 맥락의 인간 의식작용 기제 이해방식일 것이다.

물론 개념적 사태의 실제화에서 초래된 부작용 언급이 인간의 추상적 사유 자체의 유용성을 부정하려는 것은 아닐 것이다. 인간이 지닌 개념작용 추상화 작용은 셔머와 같은 학자가 언급한 것처럼 인간 뇌 작동의 행위자성 기제, 모방 예측 공감 능력의 작동과 같이 예측이 어려운 사태들을 예측 가능한 사태로 단순 정립시켜 대응하는 매우 훌륭히 진화된 인간의 특별한 인지 능력 작동 방식이다.[7] 이 능력은 이 글이 인간의 사태 이해 방식 분석을 위해 전제한 인간의 선천적인 내적 사유의 3가지 방식 중에 하나인 논리적 사유방식(Logical Way of Thinking)이 작동되는 근거라고도 할 수 있다.

이중부정논리에 의해 설명되는 이상과 같은 무아이론이 일종의 불교의 비판이론이라면, 연기론은 이러한 비판이 가능토록 만든 불교의 구성적 세계 이해 방식이라 할 수 있다. 불교의 연기론을 설명하는 가장 표준적인 언명은 아마도 『맛지마 니카야』의 다음과 같은 문장을 들 수 있을 것이다.

> "저것이 존재하므로 이것이 드러나며, 저것이 드러남에 의지해 이것이 일어나 나타난다. 저것이 존재하지 않으면, 이것이 드러날 일이 없으며, 저

7) Michael Shermer, 김소희 역 2012, p.125 참조.

것이 사라짐에 의지하여 이것 또한 일어나 나타남을 멈추게 된다."[8)]

이것과 저것의 상호의존으로 이해되는 이 구절에서 우리가 보다 더 조심스럽게 보아야 할 점은 이것과 저것을 선행시키고 그 사이의 관계가 설정되는 것이 아니라, 이러한 이것과 저러한 저것이 상호의존적으로 성립되어 가는 가운데 이것과 저것의 경계가 설정된다는 의식이 이 글에 강하게 내재되어 있다는 점이다. 이러한 연기론의 표현방식은 사태의 연속성 역동성에 대한 감수성이 강하게 작동될 때 나타나는 기술방식이라 할 수 있다. 즉 이것과 저것이라는 개념적 구분이 배타적으로 작용됨으로써 나타날 수 있는 각 경험 사태의 고립성을 탈피하고자 하는 노력이 담긴 표현인 것이다.

이러한 역동적 사태 이해가 산출한 불교의 특별한 논리가 12지 연기설에서 전개되는데, 그것은 12범주 중에 식(Vijñāna)과 심·신(Nāmarūpa)의 관계를 상호相互 인과因果로 설명하는 대목이다.

"아난아! 그렇게 말하지 말지어다. 연기법은 심원하여 미묘하게 드러나니 … 아난아! '심·신(心·身)'은 '식識'을 조건 지우며, '식'은 '심·신'을 조건 지운다. 같은 맥락으로 또한 '심·신'은 '촉觸'을 조건 지움을 알지어다."[9)]

이와 같이 식識과 심신心身의 관계를 단순 인과가 아닌 상호 인과적으로 규정하는 방식은 불교의 매우 독특한 사태 이해 방식이라 할

---

8) I. B. Honer가 영역한 *Majjhima-nikaya*를 수정 번역하였다.
9) *Mahānidāna Sutta*, *Dīgha-nikāya*, Walshe, trans. 1987, p.223 참조 축약縮約.

수 있다. 이러한 규정 방식에서 우리가 세심하게 읽어내야 할 의미는 다음과 같다고 할 수 있다. 즉 심心과 신身이라는 이분二分적 파악 이전의 미未 이분二分적 식識의 존재 규정과 미분未分적이라 칭할 수밖에 없는 원초적 식識이 이분적 심과 신으로 정립되는 심층의식 과정에 대한 붓다의 통찰이 없었다면 이와 같은 상호 인과적 규정을 반복 적용해 12연기의 제 범주의 상호 의존 연계성을 표현해 내지는 못했을 것이라는 점이다. 이러한 붓다의 통찰은 우리의 의식에 사태를 연속적 역동적으로 파악하는 기제가 있다는 사실을 내적 명상과 외적 관조를 통해 확인하는 데서 비롯되었다고 보아야 한다. 또한 이러한 사태 파악 방식이 초기불교에서 유식에 이르기까지 의도적이며 반복적으로 나타나고 있다는 사실[10]은 사태가 연속적이며 역동적으로 파악되는 인간의 경험 양태에 대한 붓다의 이해가 불교전통 속에 적절히 재현되어 왔다는 것을 보여준다. 이러한 사태의 미분적 연속감 역동감은 이 글이 전제한 인간 사유의 3가지 범주에 비추어 보면 주어진 사태가 신비적 또는 신화적 사유방식에 의해 파악될 때 나타나는 현상이라 할 수 있다.

이와 같은 사태의 역동성 연속성에 대한 높은 감수성과 아울러 앞서 살폈던 불교의 이중부정 논리 활용 방식이 보여주는 반성적인 인식론적 통찰 즉 개념적 사유의 속성에 대한 정확한 이해는 붓다의 통찰을 계승하는 불교전통이 인간의 사태경험 방식에 대한 종합적이고 균형있는 이해를 유지해 왔음을 보여주는 것이라 할 수 있다. 이것을 이 글이 전제한 인간 사유의 세 가지 사유방식에 의거해 표현하자

10) 허인섭 1997, pp.313-334.

면 불교는 신비적, 신화적 사유 방식이 보여주는 미분적 사태 경험과 논리적 사유 방식이 보여주는 이분적 사태 경험이 복합적으로 작동되는 인간의 인식 기제에 대한 정확한 이해를 하고 있었다고 해야 할 것이다.

2. 불교이론의 변형 – 실체론實體論적 사유의 불교 침투

초기 아함경전阿含經典에 표현된 14무기十四無記는 붓다가 자신의 자아自我와 세계世界 이해가 일반 대중들에게 제대로 전달되기 어려울 것이란 우려를 잘 보여주는 사례이다. 14무기는 일반적으로 형이상학적인 질문에 대한 붓다의 답변 거부로 이해되는데, 형이상학적 질문이 개념적 추상적 논리적 사유의 발달과 함께 발생한다는 점에서 붓다는 현대철학자 화이트헤드가 '단순정위의 오류' 등의 용어로 비판하고자 했던 인간의 개념적 사유가 초래하는 사태 이해의 왜곡을 이미 오래전에 통찰하고 있었다고 보아야 할 것이다.

설일체유부說一切有部의 무아 개념 이해 방식은 붓다의 우려가 불교전통 내에서 재현된 대표적인 사례이다. 불교적 주장과 비불교적 주장이 혼재되어 나타나는 설일체유부와 같은 불교 내적內的 이단異端들의 출현은 이후 불교 철학적 논의들이 매우 난해難解해지도록 하는 원인이 되고 있다. 그 까닭은 이러한 이단적 논의들이 정확한 비판적 분석에 의해 걸러지지 않고 이후 불교의 여러 중요한 논쟁에 혼입되면서 붓다의 통찰과는 거리가 있는, 그러나 매우 영향력 있는 불교담론을 정립시켜 왔기 때문이다. 실제 역사적으로 설일체유부의 무아無我 설명방식은 비바라문 전통의 유물론적 요소론자들이 전제한 고립적인 실체적 요소들을 긍정하는 까닭에 일찍 이단설로 분류되었지만, 그런 설명 방식은 초기 중국불교에서조차 반복될 만큼 강력한 영향력을 유지하고 있었다.[11)]

이러한 붓다의 우려의 또 다른 극적 사례는 용수의 악취공자惡取空者 비판에서도 발견된다.

> "일체의 견해를 버리도록 하기 위하여 여러 승자 부처님들께서는 공을 설하셨다. 그런데 아직 공이라는 견해에 사로잡혀있는 자는 구제할 길이 없는 것이라고 말씀하시었다."[12)]

무아(anātma), 즉 아뜨만과 같은 실체적 존재의 부정의 새로운 표현인 sunya(공)를 존재의 근본체로 이해하려는 자들에 대한 이 경고는 우리가 경험하는 모든 존재들의 비실체성을 표현하는 개념을 실체적으로 이해하려는 자들의 사고 습관에 대한 용수(Nāgārjuna)의 엄중한 비판이다. 깔루빠하나는 이러한 사례를 우리의 경험을 구성하는 단어와 관념도 의존적으로 일어난 것임을 망각해서 일어나는 현상으로 진단한다.[13)] 이러한 지적을 이 글의 논의 방식에 따라 재구성해 본다면, 사태를 설명하기 위한 개념을 고립적인 형태의 실재로 실체화하여 다시 현상을 설명하고자 할 때 나타나는 잘못된 현상이해라고 할

---

11) 허인섭 2013, pp.149-184.

12) Kalupahana 1986, p.223. "The Victorious Ones have announced that emptiness is relinquishing of all views. Those who are possessed of the view of emptiness are said to be incorrigible."

수 있을 것이다.

이런 맥락에서 보면 중관불교中觀佛教의 태두인 용수가 자신의 중론 24장에서 왜 연기론을 공 개념과 연관시켜 설명하는지를 알게 될 것이다. 즉 이 글이 전제한 인간의 3가지 사유양식을 고려하여 바꾸어 말하면, 용수는 우리에게 이 세계를 추상적 개념에 의해 고립적이고 정적靜的으로 그려진 세계로만 파악하지 말고, 연기적으로 그 모습을 드러내는 동적動的인 살아있는 경험 세계를 함께 직시할 것을 요구하고 있다고 해야 할 것이다. 용수는 이렇게 주장한다.

> "緣起하지 않고 생겨났다는 사물은 분명하지 않다. 이런 까닭에 공空 하지 않은 사물은 진실로 분명하게 경험되지 않는다."[14]

이것은 결국 연기되어 일어나는 역동적 세계에 대한 경험의 강조이며, 이러한 경험經驗기제는 인간이 사태를 연속적으로 파악토록 하는 신비적 혹은 신화적 사유방식을 배제하고서는 온전히 설명될 수 없다는 것을 의미하는 것이다.

이와 같은 공 개념의 실체론적 이해에서 나타나는 문제는 불성과 여래장 개념을 설명하는 불교이론에서 유사하게 반복되고 있다. 초기불교경전 중에는 인간이 깨달을 수 있는 능력을 베딕Vedic 전통의 개념인 종성種性 즉 gotra와 접맥시킨 대목들이 발견되는데, gotrabhū

13) Kalupahana 1992, p.61.
14) Kalupahana 1986, p.341. "A thing that is not dependently arisen is not evident. For that reason, a thing that is non-empty is indeed not evident."

즉 해탈의 능력을 지닌 인간을 의미하는 개념들이 등장한다. 그러나 해탈의 능력이란 자아와 세계에 대한 바른 이해와 이에 따른 삶을 살아가는 인간의 모습을 설명하기 위해 사용하는 용어일 뿐이다. 따라서 모든 인간에게 선척적으로 내재된 동일한 그런 능력이 있느냐 없느냐를 묻는 보편성 논의는 초기불교의 입장에서 보면 잘못 설정된 질문이다. 왜냐하면 구체적으로 해탈하는 인간에게서 구현되어 나타나는 즉 기능적으로 설명되어야 할 인간의 능력을, 모든 인간에게 가능태로 상주하는 보편적 여래종성如來種性의 논의로 즉 존재론적인 실체의 논의로 전환시켜 놓았기 때문이다.

여래장 개념의 기원이 되는 여래(Tathāgata) 개념도 마찬가지이다. 그것은 그렇게 오는 자, 혹은 여실하게 오는 자라는 의미일 뿐이다. 따라서 이 용어가 철저히 불교적으로 해석되려면 여래는 정지된 불변의 어떤 실체가 아니라, 연속적이고 역동적으로 그렇게 정위되어 드러나는(움직이는, 오고 가는) 즉 연기적 세계를 전제하고 바라본 '붓다의 모습'을 그리도록 요청하는 개념으로 이해되어야 할 것이다. 문제는 이 용어가 'tathāgatagarbha'로, 즉 'garbha'라는 개념과 복합되면서 그 의미가 크게 변모될 소지를 지니게 되는 데 있다. 'garbha'는 중국어로 '장藏'으로 번역되는데, 결국 여래가 될 수 있는 소인, 잠재적 씨앗이라는 매우 실체론적인 함의를 지닌 용어로 받아들여질 길을 열어주게 되는 것이다. 그 가능성은 『능가경』의 다음과 같은 기술에서 현실화된다.

"여래 세존은 다시 영원하고, 항상하고, 청량하며, 불변함을 말씀하셨다.

세존이시여, 만약 저 외도들도 역시 '나에게 신아神我가 있어 상주하여 변하지 않고 있다'고 말한다면, 여래는 또 여래장은 영원하고 또한 불변이라고 말씀하십니다."[15)]

유사한 맥락에서 'Buddha-dhatu'와 같은 불성 개념도 이러한 여래장 개념의 성립과 같은 논리선상에서 이해될 가능성이 높다고 할 수 있다. 『보성론寶性論』에서는 여래장 개념을 설명하는 가운데, 불성의 개념을 그것으로 치환하여 다음과 같은 설명을 하고 있다.

"만약 불성이 없는 자라면 여러 고를 싫어하지 않을 것이고, 열반의 즐거움을 구하지도 않을 것이며, 역시 바라지도 않고 원하지도 않는다. … 세존이시여, 만약 여래장이 없다면 괴로움을 싫어하고 열반을 즐겨 구하지 않을 것입니다. 또 열반을 바라지도 않고, 역시 구하기를 원하지도 않을 것입니다."[16)]

『보성론』의 이러한 설명은 불성 개념을 여래장과 같이 어떤 불변의 체로서의 존재를 지칭하는 것으로 이해될 수 있는 가능성을 열어주고 있다고 할 수 있다. 물론 대승불교에서 쓰이는 이 개념이 불변의 아뜨만ātman과 같은 차원의 단순 실체 개념과 동일하지는 않다. 그러나 그것이 불교적 깨달음의 경계를 표현하고자 했다할지라도, 그 최초의 의도와 무관하게 실체적으로 이해되도록 서술되고 그렇게 변

15) 『大乘入楞伽經』(T16, 556)
16) 안성두 2001, p.83.

환되어 이해되어 왔던 계기가 되었다면 그것은 '붓다의 통찰'과는 다른 길로 접어든 것임을 지적하지 않을 수 없다.

중국으로 유입된 다양한 인도와 중앙아시아의 여러 불교이론들[17] 중에 이상과 같은 실체론적 불교이론이 포함되어 있었을 것임은 부인하기는 어려울 것이다. 따라서 이 글은 중국에서 찬술되었다고 판단되는 경전 분석에 있어 이러한 요소들이 어떻게 재현되는가를 살필 것이다. 더불어 앞서 지적한 바와 같이 중국 고유의 노장적 사유방식은 붓다의 통찰, 실체론적 불교이론과 어떻게 조우遭遇하고 결합하는 가도 살필 것이다.

3. 노장적 실재론

노장사상이 불교사상에 비해 자아와 세계 이해방식이 보다 더 존재론적이라고 평가되는 이유는 아마도 중국인의 세계 이해방식의 저변에 깔린 그들의 전통적인 기론氣論 때문일 것이다. 서구 혹은 인도의 사유전통에서 보이는 극미極微의 요소 개념과는 다른 기氣 개념을 필자는 사태를 비非 단절적斷絶的으로 보는, 즉 사태의 연속성 역동성에 대한 미분적 감수성이 극대화 되어 세계 구성의 근본체를 규정할 때 정립되는 개념이라고 보고자 한다.

자신들이 경험한 세계를 개념적으로 또는 개념의 한계를 넘어선 세계를 상정하면서 설명하는 『도덕경』과 『장자』는 이른바 고도화된 인간의 논리적 사유방식의 산물로 평가함에 부족함이 없을 것이다.

17) 조준호 2019, pp.7-39 참조.

그러나 이러한 노자와 장자의 세계 설명방식에는 그러한 논리성과는 거리가 있는 신비적 신화적 존재들과 상황들이 매우 긍정적으로 묘사되며, 나아가 보다 더 근본적인 것으로 우리가 성취해야 할 존재 또는 상태임을 주장하는 독특성이 존재한다. 필자는 이러한 현상을 기론에서와 마찬가지로 그들의 세계 이해방식에 있어서의 미분적 감수성의 산물인 신화적 사태 이해의 적극적 수용과 긍정적 의미 부여가 작용한 결과라고 보고 있다. 아마도 장자서에서의 혼돈신混沌神의 긍정적 수용[18]은 그들이 어떤 세계를 추구하는지를 보여주는 대표적인 사례라고 할 수 있을 것이다. 사실 혼돈混沌이라는 용어 자체가 정돈된 우주Cosmos의 반대어로 예측 불가능한 역동적 우주를 의미하는 카오스Chaos인 것을 감안해 보면 그들이 지향하는 세계가 어떠한 성격을 지니고 있는지를 알 수 있다. 고도의 개념적 추상적 논리적 세계해석을 유지하고 있는 장자가 신화적 존재에 긍정적 가치를 주어 설명하는 것은 그가 미분적인 신비적, 신화적 세계와 이분성이 강하게 작동하는 개념적 추상적 세계를 동시에 섬세하게 의식하고 있었다는 증거이기도 하다. 왜냐하면 장자莊子가 독자에게 단순한 전래 신화를 전하고자 이러한 이야기를 부각시켰다고 볼 수는 없기 때문이다.

이와 같은 미분적 사태에 대해 친화적인 사유방식은 매우 독특한 사태 기술방식을 낳는데, 그중에서 가장 대표적인 기술방식을 『도덕경』에서 찾아본다면 다음과 같은 표현을 들 수 있을 것이다.

18) 『莊子』「應帝王」“南海之帝爲儵, 北海之帝爲忽, 中央之帝爲混沌. 儵與忽時相與遇於混沌之地, 混沌待之甚善. 儵與忽謀報混沌之德, 曰:「人皆有七竅, 以視聽食息, 此獨無有, 嘗試鑿之.」日鑿一竅, 七日而混沌死.”

"이 두 가지有無 혹은 유명有名과 무명無名은 같이 나온 것으로 이름만 달리하니, 이 같음을 일러 현묘하다고 하는 것이다. 현묘하고도 또 현묘하니, 온갖 묘함이 나오는 문이다"[19)]

유와 무와 같은 반대 범주가 사실은 동일한 기원을 갖다는 것은 우리의 일상적인 상식인 모순율을 거스르는 모순긍정적 사고를 우리에게 요청하고 있는 것이라 보아야 한다. 이분적 개념에 기초한 논리성을 뛰어넘는 영역에 대한 인간의 인식 방법은 이 글이 전제한 3가지 사유방식에서 찾아본다면 그것은 신비적 혹은 신화적 사유방식에서 찾아야 할 것이다. 즉 주어진 사태를 역동적이고 연속적이며 무차별적인 그 무엇으로 경험하는 인간의 능력을 지칭하는 신비적 사유양식(Mythical Way of Thinking)을 배제하고는 위와 같은 근본체에 대한 모순긍정적 표현이 『도덕경』에서 반복되는 이유를 설명하기 어려운 것이다.

미분적 연속체에 대한 높은 긍정적 감수성을 보이는 이러한 도가 전통에서 이후 중국사상사에 도가가 끼친 영향을 살필 때 우리가 반드시 고려해야 할 부분이 있는데, 그것은 본원 도가의 철학적 변형을 가져오는 위진魏晉 현학玄學이다.

Alan Chan은 왕필王弼이 단순한 상호 관련체계의 음양 오행사상에 의지한 한대漢代의 역경易經 해석에 만족치 않고, 그러한 관련체계가 근거하고 있는 '일一'의 세계를 추구하고 있음을 주목한다. 그리고 더 나아가 왕필이 '일一'의 세계를 무無와 연결시키고 있음을 지적하

19) 『道德經』 1章 "此兩者,同出而異名, 同謂之玄. 玄之又玄, 衆妙之門."

고 있다.[20] 이러한 왕필의 일一 혹은 무無 개념의 단순 추상화 경향은 『도덕경』 본문과 왕필 자신의 주를 비교해 보면 알 수 있다. 왕필의 도道 개념 이해는 『도덕경』에서 궁극적으로 보여주고자 했던 도의 세계의 모순적 역동성과는 다른 매우 소극적이고 정적靜的인 형태로 다음과 같이 나타난다.

> 『도덕경』: "그러므로 성인은 하나인 도를 지킴으로써 천하의 규범이 된다. (是以聖人抱一爲天下式.)"

> 왕필 주: "하나는 적음의 극치이다. 식은 규범 노릇을 한다는 의미와 같다. (一, 少之極也, 式猶則之也.)"

노자 『도덕경』에서 '일一'이라는 개념을 이해하고자 할 때, 우리가 반드시 염두에 두어야 할 점은 도가의 일一개념은 '혼돈지일混沌之一'과 같은 역동적인 미분未分의 일一이어야 도가적 논의의 일관성이 확보된다는 점이다. 그것은 이분적인 유有만으로도 혹은 무無만으로도 표현될 수 없는 '무無이면서 유有'인, 논리적으로는 모순긍정적인 일一이며, 인식론적으로는 규정이 불가능한 혼돈지일混沌之一이고, 심리적으로는 현묘하고 현묘한 신비神祕한 일一이어야 한다. 왕필의 소지극少之極으로서의 일一에서는 무한無限 극미極微의 신비감은 남아있을 수 있으나, 결국 그러한 사고방식의 극단에는 그가 주장하는 본무本無가 자리하게 되는 것이다. 이런 맥락에서 보면 그의 일一 개념 이

20) Chan 1991, pp.31-32.

해에는 단순하고 소극적인 환원주의적 사고방식이 작용되고 있음을 부인할 수 없을 것이다.

불교의 중국화에 가장 많은 영향을 끼친 도가적 사유방식을 분석하고자 할 때 앞서 살핀 노자와 장자로 대표되는 본원 도가의 사유방식의 특징뿐만 아니라 위진현학 특히 왕필 현학의 특징을 주목해야 하는 이유는 왕필의 이러한 소극적이고 부정적인 단순 환원적 사유방식이 불교 이해에 결정적으로 크게 영향을 끼치고 있기 때문이다.

다음 장은 이러한 노장과 왕필의 사유방식의 특징과 아울러 앞서 분석 요약한 '붓다의 통찰', '변형된 불교의 관점'의 특징을 모두 고려하면서, 많은 학자들이 중국中國 찬술撰述 경론經論으로 평가하는 『대승기신론』과 『원각경』을 분석하고자 한다. 특히 진여, 여래장과 원각圓覺 개념이 어떤 방식으로 두 경론에서 기술되고 있는지, 그리고 이에 대한 법장과 종밀의 주석에서는 어떻게 그들의 전통적인 노장적 사유와 불교가 교섭되고 있는지를 분석해 볼 것이다.

III. 『대승기신론大乘起信論』과 『원각경圓覺經』의 성격 분석

1. 『대승기신론大乘起信論』의 진여眞如, 여래장如來藏 설명 방식과 법장法藏의 주석 방식 분석分析

『대승기신론』이 중국 찬술인가에 대한 오랜 논란은 아직도 진행

중인 것으로 보이지만, 인도 출신 승려의 강의를 중국 지론종地論宗 승려들이 종합하여 찬술한 것이라는 주장이 문헌분석학적인 연구를 통해 보다 더 설득력을 얻어가고 있는 현상은 주목할 만하다.[21] 그러나 이러한 문헌학적인 연구 분석 결과에 따른 진위 여부를 떠나 이 논서가 동북아 불자들의 불교 이해방식의 가장 중요한 전형 중의 하나였다는 사실이 보다 더 큰 의미를 지닐 것이다. 그러므로 불전 성립 과정을 연기緣起적으로 이해하고자 하는 이 글의 입장에서『대승기신론』을 평가한다면 그 연원을 단정할 수는 없으나 이미 중국화된 방식으로 이해되어 왔던 중국적 경전이라고 보아도 무리가 없을 것이다.

『대승기신론』에서 이 글이 주목하고자 하는 개념은 진여眞如와 여래장如來藏 개념이다. 그런데 이 개념들에 대한『대승기신론』의 설명방식의 적절성을 분석하려면 무엇보다도 필자의 적절성 판단의 기준을 제시해야 할 것이다. 필자는 세친世親『유식삼십송唯識三十頌』에서의 아라야식(ālaya-vijñāna) 설명에 대한 필자의 이해를 아래와 같이 간략히 밝혀 분석 기준으로 삼을 것이다. 필자는 세친의 글을 분석하는데 있어서도 앞의 장에서 거론한 베딕 우파니사드 전통을 극복하고자 했던 '붓다의 통찰' 즉 무아와 연기의 관점이 반드시 적용되어야 하며, 12연기緣起의 식識과 심 · 신(心 · 身)의 관계와 같은 상호 인과적 사태 이해의 의미를 다시 환기하고 비교해 보아야 한다고 생각한다. 즉 경험된 사태 이해가 과잉된 개념화 추상화에 의해 실체화 되는 것을 경계하는 이중부정논리는 적절히 작동되고 있는지, 역동적 연속적

21) 최연식 2006, p.60 참조.

으로 경험된 사태에 대한 개념적 표현을 연기緣起적 관점에서 비고정적인 것으로, 즉 연기緣起적 주객主客 관계 설정 방식에서 본 것과 같이 그렇게 위치 지어지는 주主와 객客처럼, 유연하게 정위시키고 있는 지 등을 점검해 보아야 한다는 것이다.

『유식삼십송』의 첫 번째와 두 번째 게송은 다음과 같이 의식의 흐름과 아라야식의 지위를 묘사하고 있다.

> "저 유전하는 종종의 아상我相과 법상法相은 진실로 무엇이든지, 식識의 전변轉變 속에서 일어나는 것이다. 이 전변은 세 가지로 드러나니 이숙(異熟: vipāka), 사량(思量: manas)이라 불리는 것, 구별되어 드러난 대상 개념-요별경(了別境: viṣaya-vijñapti)이다. 그런데 모든 그러한 종자들을 함께 하여 아라야라 부르는 식識이 이숙異熟 바로 그것이다."[22)]

이 글에서 아라야 식(ālaya-vijñāna)은 선정禪定을 통해 경험한 인간의 심층深層 의식意識 현상을 설명하기 위한, 인식의 감수성 측면에서는 비이분적인, 논리적으로는 개념화 이전의 의식경험을 묘사한 것으로 보아야 할 것이다. 따라서 이것을 세계의 근거가 되는 원초적 그 무엇으로 이해한다면『유식삼십송』에 담긴 '붓다의 통찰'은 재현되지 못할 것이다. 즉 세친이 붓다의 통찰인 무아와 연기의 의미를 적절히

---

22) Kalupahana 1987, Appendix II. "Whatever, indeed, is the variety of ideas of self and elements that prevails, it occurs in the transformation of consciousness. Such transformation is threefold, [namely,] the resultant, what is called mentation, as well as the concept of the object. Herein, the consciousness called *ālaya*. with all its seeds, is the resultant."

이해했다면, 아라야 식을 베딕 우파니사드 전통에서와 같이 세계의 근거로서의 내재적 근본의식 혹은 경험적 세계를 넘어서 있는 초월적 그 무엇으로 설정하지는 않았을 것으로 보고 『유식삼십송』을 읽어내야 한다는 것이다.

세친은 이 아라야식을 의식의 흐름 속에서 그렇게 이숙異熟되어 전변轉變하는 경험적 상태로 설명하고 있지 그 이상은 언급하고 있지 않았다는 점을 일단 주목하고 이 게송을 본다면, 세친은 여기서 단지 주객主客이 분명히 구분되기 전에 이숙 전변하는 심층의식의 흐름의 경험에 대한 기술記述과 함께 분별된 주관적 객관적 대상들(종종種種)의 아상我相과 법상法相들도 그 흐름 속에서 또 다시 다르게 정위되어 이숙하는 역동적인 심층의식 현상 기술記述만을 행하고 있을 뿐이라 점을 확인할 수 있을 것이다.

『대승기신론』에 기술된 심생멸心生滅과 아리야식阿梨耶識에 대한 설명방식과 법장法藏의 『의기義記』에 나타난 이에 대한 설명방식에는 이러한 세친의 아라야식 설명과는 다른 논리가 개입된다. 특히 법장이 말나식(末那識, manas)의 부정적 측면을 강조하고 이를 말나식의 근본적 속성으로까지 규정하는 것은 이숙(異熟: vipāka), 사량(思量: manas), 요별경(了別境: viṣaya-vijñapti)의 3범주의 기능이 모두 구현되어 나타나는 것으로 경험되는 식識 현상을 ālaya-vijñāna 개념을 통해 설명하면서 manas를 ālaya-vijñāna의 하나의 단순한 속성으로 이해하는 것과는 다른 이해방식으로 볼 수 있다. 아래의 글처럼 법장은 manas를 『능가경楞伽經』을 인용하여 설명하고 있는데 이것은 그가 『능가경』의 식識 이해방식을 자신의 견해로 삼았다는 것을 의미한다.

"『능가경』에서는 칠식七識 염법染法으로 생멸生滅로 삼고, 여래장如來藏 정법淨法을 불생멸不生滅로 삼으니, 이 둘이 화합하여 아리야식阿梨耶識이 되는 것이므로 하나도 아니요 다른 것도 아닌 것이다."[23]

『능가경』은 긍정적 의미에서건 부정적 의미에서건 일반적으로 변형된 인도불교의 세계관을 보여주는 대표적인 경전으로 평가되고 있는데, 이 경전이 법장에 의해 소환되어 여래장을 설명하고 있다는 것은 주목해야 할 사실이다. 『능가경』은 분별적 사유 즉 개념적 분별에 의해 작동되는 사유의 가치를 철저히 부인[24]하는 관점을 일관되게 유지하고 있다. 이러한 『능가경』의 입장이 법장法藏의 『의기義記』에서는 무생멸無生滅의 비분별적非分別的 진여眞如 여래장如來藏과 생멸生滅의 분별적分別的 말나식末那識이라는 이분법이 반복되도록 하는 근거가 되었을 개연성이 매우 높다. 법장의 다음과 같은 주석은 이러한 생각을 보여주는 전형적인 예이다.

"경에 이르기를, 여래장은 아리야식 속에는 존재하지 않는다. 이런 까닭에 칠식七識은 생도 있고 멸도 있는 것이지만 여래장은 생도 없고 멸도 없는 것이라 하는 것이다."[25]

---

23) 『大乘起信論義記』(T44. 254c) "作楞伽經. 以七識染法為生滅以如來藏淨法為不生滅. 此二和合. 為阿梨耶識. 以和合故. 非一非異".

24) Kalupahana 1992, p.178 참조.

25) 『大乘起信論義記』(T44. 255a) "經云. 如來藏者. 不在阿梨耶中. 是故七識有生有滅. 如來藏者不生不滅."

그런데 이러한 생각의 이면에는 진실로 존재하는 것은 불생멸不生滅의 여래장뿐이요, 생멸하는 것은 불생멸의 존재가 없이는 생성될 수 없다는 강한 진망眞妄 이분법이 작동되고 있다는 점이다. 즉 불생멸의 본체 없이는 생멸이라는 지말이 있을 수 없다는 생각은 다음과 같이 표현된다.

> "무슨 까닭인가 하면, 만일 여래장이 연을 따라 생멸을 일으킬 때, 스스로의 불생멸한 속성을 잃게 된다면 곧 생멸이 일어날 수 없기 때문이다. 그러므로 불생멸로 말미암아 생멸이 얻어져 있게 되는 것이다. 이것이 곧 둘이 다르지 않기(不異)에 하나가 아니라고(不一) 하는 것이다."[26)]

불멸의 여래장 외에 실제 존재하는 것은 없으니 생멸이란 것도 여래장에 대한 착각일 뿐 근본적으로 다르지 않으며不異, 또한 이 둘은 실재實在와 비실재非實在로 같은 것이 아니다不一라는 생각이 표현된 것이다. 그렇게 보면 이어지는 법장의 바다 파도 바람의 비유[27)]는 단순한 문학적 표현이 아니라 자신의 세계관을 그대로 표출한 것이라 할 수 있다. 이것은 본체本體를 전제한 사고방식으로부터 비롯된 비유이다. 즉 바다와 파도, 바람의 비유에서 물의 습성이 변치 않고 그대로 나타났다고 보는 부동不動의 바다는 불변의 여래장如來藏과 같

---

26) 『大乘起信論義記』(T44, 255a) "何以故. 若如來藏隨緣作生滅時. 失自不生滅者. 則不得有生滅. 是故由不生滅得有生滅. 是則不異故不一也."

27) 『大乘起信論義記』(T44, 255a-b) "一以如來藏唯不生滅. 如水濕性. 二七識唯生滅. 如水波浪. 三梨耶識亦生滅亦不生滅. 如海含動靜. 四無明倒執非生滅非不生滅. 如起浪猛風非水非浪."

은 모습이며, 물의 변화를 일으키는 파도는 생멸의 변화를 일으키는 칠식七識과 같은 것이며, 바다가 동動할 때와 정靜할 때가 있는 모습은 아리야식阿梨耶識의 속성과 같은 것이며, 바다와 파도에서 볼 수 있는 물의 습성濕性이 존재하지 않는 바람은 무명無明 전도轉倒된 집착執着과 같은 것으로 보는 법장의 세계관이 그대로 표출된 것이다. 본래 불변인 바다의 물을 변화하는 파도처럼 보이게 하는 것은 실제 존재하지 않는 허망虛妄인 바람의 영향일 뿐 사실은 불변의 습성濕性만이 진실眞實이라는 주장이다. 따라서 법장의 이러한 단순 구도의 식識 이해는 이제 아리야식阿梨耶識은 진망眞妄이 합한 것, 변화를 이루는 망식妄識은 칠식七識, 진상眞相은 진여眞如 여래장如來藏으로 정리될 수 있을 것이다.[28)]

이제 법장의 『의기』의 역사적 지위를 감안해 『대승기신론』의 다음과 같은 문장이 일반적으로 어떻게 식의 전변을 이해하도록 했을까를 생각해 보자.

> "심생멸心生滅이란 것은 여래장에 의지하는 까닭에 생멸심生滅心이 있는 것이다. 이른바 불생불멸不生不滅과 생멸生滅이 더불어 화합하니 하나(一)도 아니요 다른 것(異)도 아닌 것을 이름하여 아리야식이라 한다."[29)]

앞서 분석한 법장 『의기』의 내용을 고려해 보면 실재하는 것은 불

---

28) 『大乘起信論義記』(T44. 255b) "解云. 此中真相是如來藏轉識是七識. 藏識是梨耶."

29) 『大乘起信論』(T32. 576b) "心生滅者, 依如來藏故, 有生滅心. 所謂不生不滅, 與生滅和合, 非一非異, 名為阿梨耶識"

생멸不生滅의 체體이고, 생멸生滅은 체가 없는 환화幻化와 같은 것이므로 결국은 실재하지 않는 것으로 일반적으로 이해되었을 것이다. 따라서 이런 생멸生滅의 환화幻化를 만들어 내는 것을 세친의 유식 이론에서 찾는다면 말라식(manas)를 들어야 하므로, 이제 칠식七識은 중국 승려들에게는 부정적으로 이해될 수밖에 없었을 것이다. 이러한 부정적 마나스manas 이해는 결국 진여眞如의 체體라는 절대적 존재를 설정함으로써 그 이외의 현상들이 부차적이거나 부정적인 것으로 생각될 수밖에 없는 그러한 사유방식의 필연적 결과이다. 즉 세친과 같은 이가 '붓다의 무아無我의 통찰'에 충실하게 따르면서, 즉 실체적 존재의 설정 없이 '의식의 흐름(識轉變)'이라는 구체적 경험 속에서 나타난 기능으로써의 마나스를 설명하는 방식과는 전혀 다른 방식으로 마나스를 정립시키고 있는 것이다. 이러한 방식의 마나스 개념 이해는 사실 브라흐만과 아뜨만 같은 불변의 체를 설정하지 않고 세계와 자아를 설명하는 붓다의 연기론緣起論에 담긴 통찰을 정면으로 위배하는 사유방식이 초래한 결과이다.

그렇다면 불멸의 진여眞如 자체상自體相을 설명하는 다음과 같은 『대승기신론』의 문장은 어떻게 이해되었을까?

> "다시 다음으로 가서 진여 자체의 모습이란 것을 논하자면, 이것은 일체의 범부 성문 연각 보살과 여러 부처에 이르기까지 증감이 없는 것이다. 앞서 과거에 생겨난 것도 아니요, 뒤의 미래에 없어질 것도 아니니, 필경 항상 그대로인 것이다. 본래부터 그 본성에 스스로 일체 공덕을 온전히 가득 채우고 있는 것이다."[30]

여기서 진여가 긍정적 가치를 지니고 있는 까닭에 진여의 내적 내용을 일체一切 공덕功德이라는 긍정적 표현을 사용하고 있지만, 결국 그 내용들을 거론하자면 그것은 분별分別적 사태일 수밖에 없을 것이다. 이러한 설명은 진여의 본성은 무분별無分別성을 지니지만, 그것을 채우고 있는 내용은 긍정적인 공덕功德, 만족滿足 등의 용어 사용에도 불구하고 분별적 요소들의 완전한 함장含藏 상태라는 모순적인 주장이 되고 만다. 문제는 이러한 분별적 요소들이 진여眞如의 내적內的 방향이 아닌 외적外的 투사投射라 할 수 있는 경계境界로 지칭될 때는 부정적으로 묘사될 수밖에 없다는 것이다.

> "답하여 이르기를 일체一切 경계境界는 본래 일심一心일 따름이므로 상념想念을 떠나있는 것이다. 그러나 중생들이 거짓(妄)으로 경계를 만들어 보는 까닭에 마음에 차별을 만들어 가지게 되는 것이다. 거짓으로 상념을 일으킨 것으로 법의 본래 성품에 맞지 않는 까닭에 결코 실상을 요해할 수 없는 것이다."[31]

진여 일심에서 비롯되었다고 할 수밖에 없는 외적인 일체 경계가 여기서는 공덕功德이 아닌 거짓된 상념想念의 산물이 되고 있다. 『대승기신론』이 이러한 이중성을 해결하는 방법으로는 진여문과 생멸문은 서로 떨어지지 않는 것(二門不相離)이라고 주장하는 것 외에 달

30) 『大乘起信論』(T32. 579a) "復次 真如自體相者, 一切凡夫, 聲聞, 緣覺, 菩薩, 諸佛, 無有增減, 非前際生, 非後際滅, 畢竟常恒. 從本已來, 性自滿足一切功德."
31) 『大乘起信論』(T32. 581b) "答曰, 一切境界, 本來一心離於想念, 以眾生妄見境界故心有分齊, 以妄起想念不稱法性故不能決了."

리 방법이 있을 것 같지는 않다. 그러나 이를 설명하는 방식은 매우 단순한 구조를 지니고 반복된다. 즉 생멸문은 이분적 사태와 가치를 그대로 나타내 보이는 별상別相이며, 진여문은 이분적인 것이 하나로 통일되는 통상通相이라는 별別과 통通의 논리이다. 법장은 『의기』에서 이를 다음과 같이 설명한다.

> "진여문은 염染과 정淨이 서로 통하는 통상通相을 지니고 있으며, 이 통상通相 밖에 따로 염과 정이 있는 것이 아니기 때문에 모든 것을 포섭할 수 있다. … 생멸문이라는 것은 염과 정이 구별되는 별상이다. 별상의 법은 생과 멸을 포섭하는 바의 것이다. 또한 진여는 연과 화합하여 모든 법을 변화시켜 만들어 내는 것이다. 이러한 모든 법은 이미 다른 체가 있어서 존재하는 것은 아니므로 돌이켜 진여문을 포섭하는 것이다."[32]

염과 정을 함께하는 통상이라는 상태는 『능가경』의 성격에서 확인된 변형된 인도불교의 관점으로는 초월적 그 무엇으로서의 실체의 상태를 지칭하는 것으로 볼 수 있으므로, 진여문을 포섭한다는 뜻은 별상別相의 법法은 무체無體의 거짓(妄) 실재여서 진실眞實한 본체本體인 진여와 충돌함이 없이 진여眞如의 영역으로 되돌아간다는 의미로 이해할 수도 있을 것이다. 실제 이러한 논리는 『대승기신론』과 의기에서 일일이 거론하기 어려울 정도로 일관되게 반복 재현되고 있다. 즉 진여 중심의 본체론적 사고가 반복되고 있는 것이다.

---

32) 『大乘起信論義記』(T44. 251c) "以真如門是染淨通相. 通相之外, 無別染淨故, 得總攝.... 生滅門, 是染淨別相. 別相之, 生滅所攝. 又以此是真如與緣和合變作諸法, 諸法既無異體, 還攝真如門也."

그런데 이렇게 정위된 본체로서의 진여를 중국 승려들이 단순히 현상적 이분二分을 초월한 그 무엇으로 단순하게 이해했던 것으로만 보이지는 않는다. 앞서 지적했듯이 중국 승려들은 경전을 제작하거나 혹은 그에 대한 논소論疏를 쓸 때보다는 논이나 경전 전체의 대의를 규정할 때 보다 더 적극적인 중국적인 세계관을 개입시키곤 한다. 이러한 사례들은 그들이 이해한 진여 본체는 그 성격이 어떠했을까를 또 다른 각도에서 추론하는데 결정적인 단서를 제공한다. 법장은 그의 『의기』의 서론序論에 해당되는 부분에서 자신이 이해한 『대승기신론』의 지향점을 다음과 같이 표현하고 있다.

> "대저 진심은 광대하고 심원하여 전제筌蹄와 같은 언어와 형상을 뛰어 넘은 것이며, 텅비어 넓고 고요하여 평안하니, 진심에서는 주체와 객체의 앎과 대상이 모두 사라지고, 생生함도 멸滅함도 없고, 생노병사生老病死 사상四相의 변천도 없는지라, 감(去)도 옴(來)도 없으며, 과거·현재·미래의 삼제三際의 변역도 능히 일어나지 않는다."[33]

『기신론』과 『의기』가 유식唯識 이론과 변형된 아리야식阿梨耶識 이론을 담은 『능가경』의 내용을 재조직한 것임을 학습한 후에 법장의 서序를 보았다면 앞서 이 글이 시도했던 분석의 구도가 적용되어 그 내용이 읽혀질 수도 있을 것이다. 그러나 글의 모두冒頭에 진심眞心을 형용하기 위해 등장하는 요곽寥廓, 절언상어전제絕言象於筌蹄, 충막희

---

33) 『大乘起信論義記』(T44. 240c) "夫真心寥廓. 絕言象於筌蹄. 沖漠希夷. 亡境智於能所. 非生非滅. 四相之所不遷. 無去無來. 三際莫之能易."

이沖漠希夷와 같은 용어들은 신비한 미분未分적 도체道體를 형용하는 노장老莊의 용어임을 주목할 필요가 있다. 즉 그러한 용어들은 그 함의가 불교적 전통에서 정립된 진여, 여래장과는 다른 지향을 지니고 있으므로 그러한 용어들의 본래적 함의가 후자에 복합적으로 적용되어 중의重義적 논서 읽기 현상이 일어날 수 있다는 점을 항상 염두에 두어야 한다는 것이다.

앞서 이 글이 설명한 노장이 전제한 궁극窮極의 본체本體로서의 도체道體의 함의를 다시 상기해서 불교적 궁극체인 진여의 모습에도 적용해 보면, 그 진여는 변형된 불교적 의미를 지닌 초월성과 동시에 도가적 도체의 모순포일성矛盾抱一性이 함께 적용되어 읽혀질 가능성이 높을 것이다. 특히 다음과 같이 진여문과 생멸문이 일체법을 포섭하므로 진속眞俗이 불이不二라는 논리를 펼치고 이에 따라 일심一心이 이 두 문門의 근본이 된다는 주장을 하고 있는 문장에서 모순긍정적 논리가 반복되고 있음을 주목할 필요가 있다.

> "또한 위의 글에서 이문二門을 설명하는 바를 보면, 이 두 문이 모두 각각 일체법을 포섭한다고 말한다. 이것은 마땅히 다음의 네 구절로 이루어 설명할 수 있을 것이다. 첫째, 진을 기준으로 잡아 보면 버릴 바가 없는 것이니, 그것은 속이 곧 진이기 때문이다. 둘째, 다시 진을 기준으로 잡아 보아도, 진은 무엇과 대립되어 기다려 서는 것이 아니니, 속이 진을 근본으로 하여 나타나는 것일 뿐이다. 셋째, 속을 기준으로 잡아 보면 어그러질 바가 없으니, 진이 곧 속이기 때문이다. 넷째, 다시 속을 기준으로 잡아 보아도 무엇과 대립하여 기다려 서는 것이 아니니, 곧 진이 속의 차별이기 때문이

> 다. 그 이유가 이러하기 때문에, 생멸문을 무너뜨림 없이 진여문을 설하고, 진여문을 무너뜨리지 않고 생멸문을 설하는 것이니 진실로 이 두 문은 오직 일심일 뿐이기 때문이다. 이런 까닭에 진과 속 이 둘이 함께 융합하여도 장애가 없는 것이다."[34)]

진眞과 속俗이 불이不二의 일심一心이라는 표현은 그것이 이분적 현상을 초월한 절대적 영역을 묘사한 것이건, 대립적 이분을 포괄包括한 모순포일矛盾抱一적 도체道體를 형용한 것이건 무아와 연기라는 붓다의 통찰에 부합되는 세계 이해 방식은 아니라 할 수 있다. 물론 후자의 경우 사태의 연속감과 역동감이 담겨져 있다는 면에서 붓다의 연기적 세계 이해의 감수성이 그것으로부터 재현될 가능성을 배제할 수 없으며 실제 이를 통해 경전이 붓다의 통찰에 가깝게 이해되었을 가능성도 있음을 부인하면 안 될 것이다. 그러나 붓다의 통찰이 상대적으로 온전히 잘 표현되어 있는 중국 찬술 경전으로 평가되는 『대승기신론』에 전자 혹은 단순히 해석된 후자로 단순히 읽혀질 수 있는 표현이 반복되고 있다는 사실과 더불어 법장의 『의기』의 이러한 주석은 『기신론』의 다른 부분의 여러 문장들도 그 진의眞意를 확신하기 어렵게 만드는 요인이 되고 있다. 결국 남는 문제는 이러한 조건 속에서도 독자가 이 논을 어떻게 읽고 이해해야 붓다의 통찰에 도달할 수 있겠는가인데, 이 지점이 바로 경전 쓰기와 읽기도 연기적

---

34) 『大乘起信論義記』(T44. 253a) "又準上文二門. 皆各總攝. 一切法言. 此中應成四句. 一約真無所遣. 以俗即真故. 二約真不待立. 即俗之真本現故. 三約俗無所乖. 以真即俗故. 四約俗不待立. 即真之俗差別故. 由是義故. 不壞生滅門. 說真如門. 不壞真如門說生滅門. 良以二門唯一心故. 是故真俗雙融無障礙也."

관계의 조망 속에서 이해되어야 한다고 이 글의 주장하는 이유가 되는 것이다.

2. 『원각경圓覺經』의 원각圓覺 설명 방식과 종밀宗密의 주석 방식 분석分析

『대방광원각수다라요의경大方廣圓覺修多羅了義經』은 북인도의 승려 불타다라佛陀多羅가 번역했다고 전해져 왔으나, 실제는 『능엄경楞嚴經』과 『대승기신론』의 내용을 중국 승려들이 재조직하여 만든 것이라는 근래 학자들의 주장이 보다 더 일반적으로 받아들여지고 있다. 따라서 『원각경圓覺經』 자체의 주요 개념 기술방식과 그 이해를 적은 중국 승려들의 논소들을 분석해보면 역으로 이 경전의 사상적 지위가 정해질 것이라는 것이 필자의 견해이다. 즉 경전의 지위는 미리 정해지는 것이 아니라 편찬자와 독자의 이해가 어떻게 어우러져 나타나는가에 따라 그 지위가 정해진다는 연기적 관점으로 이 경전의 성격을 밝혀보고자 한다.

『원각경』의 핵심 개념이라 할 수 있는 원각圓覺은 다음과 같이 묘사되고 있다.

> "선남자야, 일체 중생의 여러 종류의 환화幻化가 모두 여래如來의 원각묘심圓覺妙心으로부터 나온다. 그것은 마치 허공 꽃이 허공에 나타나 있는 것과 같다. 허공에서 꽃이 사라지더라도 (허공의) 공성이 무너지지 않듯이 중생의 환심幻心이 돌이켜 환幻에 의지하여 소멸하여 모든 환幻이 끝까지 다

소멸하더라도 각심覺心은 움직임이 없는(不動) 것이다."[35]

부동으로서의 원각을 강조하는 이 글은 『대승기신론』의 진여 여래장 설명과 유사한 논리 구조를 지니고 있다. 불변의 근본체이기도 한 이것은 이분적 현상의 속성을 지녀서는 안 되기 때문에 긍정적 함의를 지닌 개념도 그 개념 성립 원리의 이분적 속성 때문에 다음과 같이 부정되어야 한다.

"선남자야! 마땅히 알지니, 허공虛空은 잠시 있는 것이 아니며 또한 잠시 없는 것도 아니다. 하물며 여래의 원각수순은 허공의 평등 본성이니 무엇을 더 말하겠는가! … 선남자야! 일체 여래의 묘원각심妙圓覺心은 본래 보리와 열반도 없으며, 성불과 불성불도 없으며, 허망한 윤회도 비윤회도 없는 것이다."[36]

보리와 열반(菩提及與涅槃)의 부정, 성불과 불성불의 이중부정, 윤회와 비윤회의 이중부정은 사실 붓다의 무아 통찰 표현의 전형으로 경험사태의 개념적 표현을 실체 대상화 하는 것을 경계하도록 요청할 때 쓰이는 논리이다. 따라서 『원각경』이 이러한 논리를 구사하는 것이 너무도 자연스러운 일이며 이러한 표현의 반복은 붓다의 통찰을

35) 『大方廣圓覺修多羅了義經』(T17. 914a) "善男子! 一切眾生種種幻化, 皆生如來圓覺妙心, 猶如空花從空而有, 幻花雖滅空性不壞; 眾生幻心還依幻滅, 諸幻盡滅覺心不動."

36) 『大方廣圓覺修多羅了義經』(T17. 915c) "善男子! 當知虛空非是暫有亦非暫無, 況復如來圓覺隨順, 而為虛空平等本性. … 善男子! 一切如來妙圓覺心本無菩提及與涅槃, 亦無成佛及不成佛, 無妄輪迴及非輪迴."

재현시킬 가능성을 높이고 있음이 분명하다. 그러나 그 논리의 지향이 무아론의 본래 의도와 예외 없이 부합하는가를 질문할 경우 긍정적으로만 답하기는 쉽지 않다. 왜냐하면 『원각경』이 본래적 존재의 의미를 지닌 것으로 규정하는 허공보다 더욱 본질적인 존재로서 원각圓覺을 설정하고 있기 때문이다. 즉 그 논리가 원각圓覺의 부동성 영원성을 설명하기 위한 수단이 되고 있는 것은 아닌가 하는 의심을 거두기 힘든 것이다. 따라서 이러한 사유방식을 유지한 체 어떤 형용을 덧붙여 다시 원각의 본의를 설명하려 시도해도 독자들을 불교의 무아이론이 지향하는 세계 이해로 이끌기는 쉽지 않을 것이다. 아마도 이러한 어려움이 『원각경』이 다음과 같은 반 언어적이고 반 사유적인 관점을 표명하도록 하였을 것이다.

> "선남자야! 단지 모든 성문聲聞의 원만한 경계는 심신과 언어를 모두 다 단멸하였지만 끝내 저 친히 증득하여 나타나는 바의 열반에는 이르지 못한다. 하물며 어찌 사유하는 마음으로 여래의 원각 경계를 헤아리겠는가."[37)]

종밀宗密은 『대방광원각경대소大方廣圓覺經大疏』에서 능전체성能詮體性 설명하면서 역사적으로 나타난 붓다의 설법은 사실 무의미한 것으로 이해해야 할 정도의 논의를 펼치게 되는데, 이것은 앞서 살펴본 원각의 정의 즉 초월적 원각의 경지 설정과 깊은 관련이 있다. 종밀은 여기서 붓다의 설법은 무엇이 어떻게 전달되는 것인가를 분석하

37) 『大方廣圓覺修多羅了義經』(T17. 915c) "善男子! 但諸聲聞所圓境界身心語言皆悉斷滅, 終不能至彼之親證所現涅槃, 何況能以有思惟心測度如來圓覺境界."

는 유사類似 인식론적認識論的 논의를 진행한다. 이 논의는 수상문·유식문·귀성문·무애문의 네 부분으로 이루어지는데, 종밀이 내리고자 했던 결론은 네 번째 무애문의 초월적 일심一心의 존재 주장으로 보인다. 즉 일심이 모든 것을 낳고 섭수하니 앞서 거론한 세 가지 문門에서의 심경心境 이사理事와 같은 분화된 주객主客 사태와 보편적 원리理와 구체적 개별사태(事)라는 것도 사실은 일심一心의 잠정적 분화 인식 현상일 뿐이며 결국 일심 그 자체만이 있을 따름이라는 단순한 결론이 초래되는 것이다.

이러한 초월적 일심을 전제하는 논리전개는 진여 여래장을 구체적인 식識 현상의 초월적 근원으로 설정하는 『대승기신론』의 논리전개와 동일하다고 할 수 있다. 즉 구체적 내적 관조의 경험을 기술한 세친의 유식唯識의 인식론적 논의를 초월적 진여의 이차적 부수현상 정도로 격하시켜 무의미하게 만들 수 있는 『대승기신론』의 논리전개와 유사한 것이다. 이러한 초월적 일심 설정의 단순성 때문에 매우 섬세한 인식론적인 논의가 진행되어야 마땅한 주제들인 말하는 자와 듣는 자, 말해진 것과 들려진 것, 전달 수용된 내용의 성격 등이 종밀의 『대소』에서는 매우 단순한 환원주의적 결론으로 매듭지어지는 지루함을 반복하게 된다.

이러한 논리를 전개하는 종밀도 결국 네 번째 무애문의 초월적 일심一心의 존재 설명에서 법장과 유사한 방식으로 노장적 세계 이해를 적용시키는, 즉 일심의 현상적 드러남 들을 긍정적으로 정립하여 붓다의 연기개념에 의지하여 혼융混融시키는[38]모습을 보이는데, 이러한

---

38) 『大方廣圓覺經大疏』(X9. 243) "四無礙門, 謂前三門, 心境理事, 同一緣起, 混融

현상들은 중국 승려들이 불교 이해에 있어 자신들의 전통적 사유방식인 노장적 실재론을 온전히 다 떨쳐내지는 못하고 있음을 의미하는 것이라 할 수 있다.

IV. 결론: 경전에 대한 불교적 이해와 노장적 이해의 만남과 갈라짐

법장과 종밀의 논소에서 보이는 이와 같은 현상은 단지 중국 불교에 국한되어 일어난 것이 아니다. 중국을 중심으로 그 영향권에 있던 동북아 국가 사람들의 불교 이해방식에서도 같은 현상이 일어난다. 법장의 『대승기신론』 이해에 영향을 주었던 것으로 보는 신라 승려 원효元曉의 『대승기신론별기大乘起信論別記』의 다음과 같은 언명은 이러한 현상이 동북아 불교의 일반적인 특징이었음을 보여준다.

> "대승의 그 본체는 광활한 것이다. 그것은 태허太虛와 같아 사私가 없다. 그것은 넓고 크니 마치 거대한 바다와 같아 지극히 공평하다. 지극히 공평하기 때문에 동과 정이 서로 따라 이루어져 있다. … 이미 명상을 초월한 것이니 다시 무엇을 초월하고 무엇에 돌아간다는 것인가. 이것을 일컬어 도리 아닌 지극한 도리(無理之至理)라 하며, 긍정 아닌 대긍정이라고(不然之大然) 하는 것이다." [39]

無礙, 交徹相攝, 以為教體, 以一心法, 有真如生滅二門故, 二皆各攝一切法故."

39) 『大乘起信論別記』 大意文 참조.

태허太虛 초월超越 등의 용어는 물론 노장적 전통에서 도체道體를 형용하는데 주된 표현 형식으로 사용되는 무리지지리無理之至理, 불연지대연不然之大然과 같은 모순긍정적 표현이 불교의 중심 개념을 설명하는데 적극적으로 활용되고 있음을 여기에서도 확인할 수 있는 것이다.

이러한 현상은 또한 중국 찬술 위의경에서만 일어나는 특수한 현상이라고만 할 수 없는 중국불교 일반에서 나타나는 현상이기도 하다. 즉 이것은 불교의 중국화 과정의 산물이라고 할 수 있는데 이러한 사례는 인도와 중국에서 모두 공인된 대승불교의 중심 경전이라고 할 수 있는 『금강경』에 대한 중국 승려의 주석에서도 확인할 수 있다.

> "일一이여, 서로 따라온다. 일一이란 일一이여, 둘로 파하여 셋을 이루는 것이 이것으로 좇아난다. 건곤乾坤과 혼돈混沌이 나뉘기 전을 일생 참구參究해 배우기를 다해야 하는 것이다."[40]

남송南宋 시대의 승려 야보(冶父)는 경전의 관용적 표현인 일시一時의 일一 자字를 주석하는데 있어 이에 해당되는 산스크리트어 eka가 본래 어떤 의미인지 어떤 수식의 기능을 하는지 전혀 관심이 없는 것 같다. 이러한 지적은 단순히 그가 원전의 해당 단어를 이해했느냐 못했느냐를 문제 삼고자 하는 의도에서 비롯된 것은 아니다. 문제는 그

40) "一 相隨來也. 一一 破二成三 從此出 乾坤混沌未分前 以是一生參學畢." 김운학 역주(1984), p.23.

의 주석의 주된 관심이 음양 분화 이전의 하나의 미분화된 신비한 근원세계에 집중되어 있다는 점이다. 야보의 이러한 일一에 대한 관심은 중국인의 도가적인 세계 이해 방식의 영향을 고려하지 않고는 그 까닭을 설명하기 어렵다.

불교가 중국인에게 소개될 때 노장적 용어가 경전 번역에 적극적으로 활용된 이유를 이 글은 사태 이해에 있어서의 미분적 연속감의 공통성을 들어 설명하였다. 이렇듯 사태의 역동성 연속성에 대한 공통적인 감수성이 불교를 중국에 정착시키는 데 큰 역할을 한 것은 사실이며, 이러한 공통성 때문에 붓다의 통찰을 이해할 가능성이 높았을 것이라는 점도 부정할 수는 없다. 그러나 그 친화성으로 인해 노장적 사유의 세계 이해 방식이 불교만의 사상적 특수성 이해에는 장애로 작용했을 가능성이 매우 컸을 수 있었다는 점 역시 결코 간과해서는 안 될 것이다. 이 글이 법장과 종밀의 글을 분석하면서 전반적으로 후자의 측면을 강조한 까닭은 이러한 면을 이해해야만 중국 승려들의 불교 이해와 오해의 양면성이 보다 균형 있게 이해될 수 있다고 보았기 때문이다.

| 약호 및 참고문헌 |

1차 자료

『大乘入楞伽經』 T16

『大方廣圓覺修多羅了義經』 T17

『大乘起信論』 T32

『大乘起信論別記』 T1845

『大乘起信論義記』 T44

『大方廣圓覺經大疏』 X9

『道德經』

『莊子』

Majjhima-nikāya (Horner, I.B., trans.. 1989. *The Collection of the Middle Length Sayings)*, Oxford: The Pali Text Society.

Mahānidāna Sutta, Dīgha-nikāya (Walshe, Maurice, trans.). 1987. *The Long Discourse of the Buddha*, London: Wisdom Publication.

Vajracchedikā prajñāpāramitā sūtra, (Conze, E., ed. and trans.). 1972. New York: Harper & Row.

2차 자료

김운학 역주. 1984. 『新譯金剛經五家解』, 서울: 현암사.

안성두 역. 2001. 『寶性論』, 서울: 소명출판사.

서정원. 2018. 「불교경전의 제작과 위경(僞經)」, 『종교연구』 제78집 2호, 서

울: 한국종교학회.

조준호. 2019. 「아미타불신앙의 기원과 전개에 대한 구명」, 『한국불교학』 제90집, 서울: 한국불교학회.

최연식. 2006. 「대승기신론(大乘起信論)과 동아시아 불교사상의 전개」, 『불교학리뷰』 제1집, 논산: 금강대학교불교문화연구소.

허인섭. 2013. 「『조론(肇論)』「물불천론(物不遷論)」에 나타나는 설일체유부(說一切有部)적 논의 성격」, 『철학논집』 32. 서울: 서강대철학연구소.

허인섭. 1997. 「중국불교 특성 이해를 위한 불교와 도가의 철학방법론 비교—世親의 投影三範疇的 사유방식과 老子의 循環三範疇的 사유방식의 차이점을 중심으로—」, 『東洋哲學』 제8집, 서울: 한국동양철학회.

木寸淸孝, 장휘옥 역. 1989. 『中國佛敎思想史』, 서울: 민족사.

Peursen, C.A. van., 오영환 역. 1980. 『문화의 전략』, 서울: 법문사.

Shermer, Michael, 김소희 역. 2012. 『믿음의탄생』, 서울: 지식갤러리.

Chan, Alan K. L. 1991. *Two Visions of the Way: A Study of the Wang Pi and the Ho-shang Kung Commentaries on the Lao-tzu*, Albany: SUNY Press.

Hume, Robert Ernest. 1971. *The Thirteen Principal Upanishad,* London: Oxford University Press.

Kalupahana, David. J.1992. *A History of Buddhist Philosophy: Continuities and Discontinuities*. Honolulu: University of Hawaii Press.

Kalupahana, David. J.1987. *The Principles of Buddhist Psychology*, Albany: SUNY Press.

Kalupahana, David. J.1986. *Nāgārjuna: The Philosopy of Middle Way*, Albany: SUNY Press.

일본에서 찬술된 위경에 대하여

미노와겐료(蓑輪顕量)

Ⅰ. 시작하며

일본에서 찬술된 위의경전僞疑經典을 대상으로 경전에 대해 고찰해보고자 한다. 우선 일본에서 찬술된 위의경전으로 잘 알려진 것을 들어보면, 헤이안平安 시대에 제작되었을 것으로 추정되는 『연화삼매경蓮華三昧經』이 있다. 본 경전은 본각本覺사상을 지지하는 경증으로써 안넨(安然)의 『교시쟁론教時諍論』 등에 인용되어 있다는 것이 이미 지적되었으며, 일본에서 찬술된 최초기의 위경으로 일찍부터 잘 알려져 있다.[1] 또 나라奈良에서 시작된 사개법요四箇法要 중에서 활발하게 주창된 석장錫杖의 공덕을 찬탄하는 '석장錫杖'도 『석장경錫杖經』이라는 경전의 체계를 갖추고 현재에까지 전해지고 있는 것 중 하나이다.

1) 末木文美士 1995, 『平安初期佛教思想の研究』(春秋社), pp.187-190 참조.

다음으로 헤이안平安 시대의 것을 열거해보면, 난토南都에서 일어난 삼학(三學: 계율戒律, 선관禪觀, 지혜智慧)의 부흥운동에서 주목되었던 『석가여래오백대원경釋迦如來五百大願經』을 손에 꼽을 수 있다. 이 경전은 『비화경』에 등장한 석가여래의 '5백 개의 대원大願'에 대한 기술에 입각하여 『비화경』의 문장을 원용하면서도 5백 개조의 서원을 창작하여 경전의 체계를 갖춘 것으로 추정된다. 본 경전은 중세시대의 석가신앙에서 만들어진 것으로 일찍부터 주목을 받았고 이미 다수의 선행연구가 존재한다.[2] 또한 중세시대에는 진기神祇(하늘과 땅의 신으로 일본 전통의 신 -역자 주)신앙과 어울려 다양한 위경이 제작되었다. 쇼우도唱導 문헌으로 알려진 『신도집神道集』이나 『전법륜초轉法輪抄』에는 신토神道와 관련되어 제작된 일본 찬술 경전이 있다는 것이 지적되고 있다. 예를 들어 우두천왕牛頭天王에 관한 『우두천왕경牛頭天王經』이나 『불설무답천신왕비밀심점여의장왕다라니경佛說武答天神王秘密心点如意藏王陀羅尼經』, 『팔왕자경八王子經』 등의 존재가 지적되었다.[3]

또 교토를 중심으로 한 불교계에서도 경전의 제작활동이 있었던 것으로 보이는데, 헤이안 말기에는 『대승수계경大乘授戒經』이라는 경전이 제작되었다.[4] 본 경전에 대해서는 이후에 상술한다. 또 무로마

2) 『비화경』의 연구는 石上和敬가 적극적으로 진행하고 있다. 오백대원에 관해 최초로 주목한 것은 成田成寛이다. 石上은 오백서원의 특징을 논한 「karuna-pundarikaに見られる釋迦如來の五百願について」(石上和敬 1999, 『佛教學』40) 그리고 오백서원 중 일음설법一音說法을 논한 「『非華經』に見られる一音說法について」(石上和敬 1999, 『木村清孝博士還曆記念論集 東アジア佛教―その成立と展開』, 春秋社)가 있다.

3) 服部法照 1994, 「日本撰述僞經と『神道集』」『印度學佛教學硏究』43-1.

4) 『대승수계경』에 대한 최초의 보고는 落合俊典 1996, 「僞疑經典」(『日本の佛教』⑤日本佛教硏究, 法藏館)이다. 이후 Hanko 씨가 학위 청구 논문에서 본 경전을 다루었다.(Die Risshu Schule i Japan, 2006)

치室町 시대의 저작으로 추정되고 있는 것으로, 『법화경法華經』 각 품에서 경문의 한 구절과 스가와라노 미치자네菅原道真의 와카和歌 한 수를 대응시킨 『묘법천신경妙法天神經』이라는 경전도 존재한다.[5]

에도江戸 시대가 되면, 예를 들어 지장보살의 복덕을 흠모함을 주제로 한 『연명지장보살경延命地藏菩薩經』이 유행하였다. 『연명지장경』은 헤이안 말기에 제작되어 지속적으로 활용된 것으로 알려진 경전이다. 그러나 다양한 유포본이 있어 각 본의 경문이 일치하지 않는다는 것이 일찍부터 지적되었다. 현재의 형태가 최종적으로 확정된 것은 근세 에도 시대에 주석서가 작성된 이후로 추정된다. 또한 하쿠인白隱이 "연명延命" 두 글자를 부가했다고 하는 『연명십구관음경延命十句觀音經』이라는 경전도 널리 수용된 경전 중 대표적인 것이다. 그 외에도 『십일면관세음경十一面觀世音經』 『대흑천경大黑天經』 『삼보황신경三寶荒神經』 『부동존비밀다라니경不動尊秘密陀羅尼經』 『비사문천공덕경毘沙門天功德經』 『성부동경聖不動經』 『성무동존대위노왕비밀다라니경聖無動尊大威怒王秘密陀羅尼經』 등, 일상적인 신앙에 대홍하는 경전도 수 점 존재한다.

다음으로 불교인이 아닌 유학자였던 가메다 보우사이亀田鵬斎(1752-1826)가 제작한 것이 분명한 『불설마하주불묘락경佛說摩訶酒佛妙樂經』이라는 파천황의 경전도 존재한다.[6]

이와 같이 일본에서 찬술된 것으로 추정되는 다수의 경전이 존재하는데, 이것은 의외로 많이 알려져 있지 않다. 그러나 이미 국문학

---

5) 小峰和明編 2001, 『宝鏡寺藏『妙法天神經解釋』全注釋と研究』(笠間注釋叢刊).
6) 石井公成 2009, 「佛說摩訶酒佛妙楽經謹解」(『駒澤大學 佛教文學研究』12).

분야에서 연구가 진행되고 있으며 필자 또한 일본 찬술 경전에 대해 약간의 정리작업을 한 바가 있다.[7] 여기에서는 고대에서 근대 사이에 제작된 것으로 추정되는 일본 찬술 경전을 소재로, 각 경전의 성립사정과 전개에 대해서 살펴보고자 한다.

1. 『연화삼매경』과 『구조석장경九條錫杖經』

고대 일본에서 제작된 것으로 추정되는 경전 중 『연화삼매경』이 있다. 이 경전의 본문은 겨우 7어語 8구句뿐으로 『무장애경無障礙經』이라는 별칭으로도 불리는데, 특히 본각사상을 증명하는 경전으로서 일찍부터 알려져 있었다. 이 경전이 일본 천태종에서 소위 본각사상의 등장과 함께 출현했다는 것은 거의 분명하다.[8] 그리고 그 최초는 안넨安然(생몰년 미상, 9세기)에 의한 것이라고 생각된다. 예를 들어 그의 저작인 『교시론』에는

> "蓮華三昧經云, 歸命本覺心法身 常住妙法心蓮臺 本來具足三身德 三十七尊住心城 遠離因果法然具 無邊德海本圓滿 還我頂禮心諸佛 云云"(T75. 356a)

이라는 구절이 알려져 있다. 또한 이 문장은 후대에 동밀東密에서도

7) 蓑輪顕量, 「日本の僞經」, 木村清孝代表, 『僞疑佛典の総合的研究』 연구 과제 번호 09410010 1997~1999년도 과학연구지 보조금 기금연구 (B)2 연구 성과 보고서, 2000년 3월 수록.

8) 三崎良周, 「五大院安然と本覺讃」(淺井圓道編 1991, 『本覺思想の源流と展開 法華經研究』 通号十一, 京都; 平楽寺書店), pp.147-170.

사용되었으며 이에 입각한 위서가 지어졌다는 것이 알려져 있다. 쿠가이空海에게 가탁된 『즉신성불의即身成佛義』에

> "無障礙經云[名蓮華三昧經], 歸命本覺心法身 常住妙法心蓮臺 本來莊嚴三身德 三十七尊住心城 普門塵數諸三昧 遠離因果法然具 無邊德海本圓滿 還我頂禮心諸佛"(T77. 389a)

라고 되어 있는데, 여기에서는 "무장애경無障礙經"이 본명으로, "연화삼매경蓮華三昧經"은 별명으로 인용되어 있다. 『연화삼매경』의 문장을 『즉신성불의』의 문장과 비교해보면 "보문진수제삼매普門塵數諸三昧"라는 구절을 부가한 것 이외에 나머지는 거의 동일하다.

본 경전은 천태종에서도 진언종에서도 본각과 상주하는 묘법妙法의 존재를 증명하는 근거로서 사용되었다. 본 경전은 인용의 형태로만 존재하고, 알려진 경문도 겨우 여덟 구절뿐이지만 절대 번역경전이 아니며, 중국에서 찬술된 것으로 볼 수 있는 흔적도 없다. 본 경전은 이후 "본각찬本覺讚"이라는 명칭으로 교체되어 가지만, 과거에는 "경經"이라는 명칭을 붙여서 사용하였다.

또 난토南都의 회과회悔過會 등의 법회에서 쓰인 석장의 공덕을 찬탄하는 문장도 "경經"이라는 명칭을 붙여서 유포되었다.[9] 여기에서는 미코시神輿(제례 때 신위를 모시는 가마 —역자 주)의 벽면에 쓰여져 있는

9) 增補眞言秘密諸經全集』(大八木興文堂, 京都, 1935)에서는 "九條錫杖經"이라 하고 『新修增補眞言諸經要集』(中村風祥堂, 京都, 2000)에서는 "九條錫杖"이라 하는 등 일정하지 않다.

것을 제시했지만[10] 원래는 법회에서 사용된 것이었다.

나라奈良 시대에 행해진 법회는 목적으로 보면 경전의 독송, 참회, 경전의 강설과 논의 등의 세 가지 정도로 나눌 수 있으며, 법회의 구성요소로 분류하면 범패梵唄, 산화散華, 범음梵音, 석장錫杖의 네 구성 부분으로 이루어진 사개법요 등으로 분류할 수 있다. 이 중 사개법요는 법회의 구성요소를 남김 없이 완비하고 있던 것으로 생각된다. 여기에 '석장錫杖'이라는 부분이 존재하는 것이다. 예를 들어 『동대사요록東大寺要録』의 공양장供養章에 수록된 동대사 대불전의 개안공양회開眼供養會에는 "석장이백인錫杖二百人[布施, 梵音同][11]"이라는 기록이 보이며, 석장을 가지고 공양법회에 참가한 승려들이 거처했다는 것을 알 수 있다. 석장의 공덕이 법요 중에 편입되어 찬탄된 것인데, 이때 읽혔던 것이 이 『석장경錫杖經』이다. 석장의 공덕을 찬탄하는 말과 일체삼보一體三寶에 대한 공양, 육바라밀六波羅蜜의 수자를 권하는 말 등이 모아져 있다.

그런데, 이 석장에는 '삼조석장三条錫杖'과 '구조석장九条錫杖'이 존재하며, 통상적으로는 불세계에 공양을 위한 '삼조석장'이, 진기법락神祇法樂을 위해서는 '구조석장'이 사용되었다고 한다.[12] 그런데 오늘날 법상종法相宗의 흥복사興福寺가 사용하고 있는 『법상종주사부과송

---

10) 長谷寺에 있는 神祇灌頂本壇의 옆면에 쓰여 있는 것. 元興寺 보물관에 전시되어 있었을 때에 확인하였다.

11) 筒井英俊偏 1942, 『東大寺要録』(全国書房), p.50.

12) 佐藤道子, 「悔過会 中世への変容」(佐藤道子編, 『中世寺院と法会』, 法藏館, 1994년 수록)을 참조. 법회는 범패, 산화, 범음, 석장의 네 부분으로 이루어져 있다는 점에서, 이 네 가지를 갖춘 법회를 사개법요라고 한다. 대도사大導師가 중심이 되어 행해진 작법은 '대도사작업'이라 불린다. 또한 하루에 몇 번 행해지는가에 의해, 법회를 六時型, 三時型, 二時型 등으로 분류한다. 각주 12, 13참조.

집法相宗呪師部課誦集』의 호마법護摩法 중에 "先三禮 次着座普禮 次開經偈 次九條錫杖 次普門品[13]"이라 하여 불사佛事 중에 『9조석장경九條錫杖經』이 사용되고 있으므로, 엄밀하게 '삼조석장'이 불사, '구조석장'이 신사神事로 구분하여 사용되었던 것은 아닌 듯하다.

여기에서 언급한 『구조석장경』의 경문은 진기법락을 위한 미코시神輿의 옆면에 쓰여있는 것이다. 이와 관련해서, 이 경의 서두 "手執錫杖 當願衆生 設大施會 示如實道[14]"는 80화엄경 정행품淨行品 제11게송에서 발췌한 것이며, 일체삼보一體三寶라는 용어인 당唐대 율종律宗의 도선道宣에 의해 주목되어 중세의 율종 승려들 사이에 자주 사용된 용어이다.[15] 이 외에도 가장 마지막에 등장하는 "현밀의 성스러운 가르침을 공경공양하세(顕密の聖教を恭敬供養せん)"라는 말은 이것이 분명 일본 찬술이라는 것을 이야기해 주고 있다.

어쨌든, 지금까지 논한 두 경전은 불교경전의 대표적인 서두의 체계인 "여시아문如是我聞"이라는 기술로 시작하는 형식을 취하지 않는다. '경經'이라는 글자를 사용하여 성전화聖典化가 일어났다는 점은 틀림없지만, "여시아문"이라는 정형구를 서두에 사용하지 않고 곧바로 내용으로 들어가는 것이다.

예를 들어 『연화삼매경』은 "귀명본각심법신歸命本覺心法身…"으로 시작되며(단, 이 문구는 인용문이므로 엄밀하게 말하면 진정한 서문인지는 알 수 없다. 다만 다른 문구가 없기 때문에 이것만 고찰한다.) 『구조석장경』은 "手執錫杖, 當願衆生. 設大施會, 示如實道, 供養三寶…"라고 시작된

13) 折本, 『法相宗呪師部課誦集』(法相宗大本山興福寺, 1925년 초판, 1993년 5판), 안면.
14) T10, 70c08.
15) 졸고, 전게 『日本の僞經』 참조.

다. 또 중세 후반기에 제작된 것으로 추정되는 『묘법천신경妙法天神經』에서도 "입무량의처삼매에 들어가 몸과 마음이 고요하다. 이때 하늘은 만다라화를 비처럼 내린다(入無量義処三昧に入りて身心動かし給はず. 此の時に天は, 曼荼羅華を雨ふらす.) … "라는 서두에서 급작스럽게 내용 기술로 들어가며 여시아문 등의 정형구는 존재하지 않는다. 또한 본 경전은 스가와라노 미치자네가 큐슈九州 다자이후太宰府에 들어가 거기에서 한 여름 사이 『법화경』을 독송했을 때 각 품별로 중요한 경문과 와카를 합쳐 쓴 것이라고 한다. 텐진天神 신앙과 『법화경』을 결합시켜 제작된 경전일 것이다. 또 이 경전에는 『묘법천신경해석妙法天神經解釋』이라 명명된 주석서가 존재한다는 것이 알려져 있다.[16)]

이와 같이 정형구를 가지지 않은 경전은 별생경別生經, 즉 초경抄經일 가능성도 남아 있지만(예를 들어 『금비라천경金毘羅天經』은 『대보적경大寶積經』 금비라천수기품金毘羅天受記品을 서사한 것으로 "이시세존爾時世尊"으로 시작) 내용의 성스러움을 정면에 내세우고 있기 때문에 경전의 체계를 취한 일본 찬술의 것이라고 생각하는 것이 타당할 것이다. 불전이라는 성스러움을 부여하기 위해 '경'이라는 명칭을 붙였다고 생각할 수 있다.

2. 『대승수계경大乘授戒經』에 대하여

다음으로 나고야名古屋의 칠사七寺에서 출현한 『대승수계경』부터

---

16) 小峰和明編 2001, 『宝鏡寺藏 妙法天神經解釋 全注釋と研究』, 笠間注釋叢刊 三一, 笠間書院.

고찰해 본다. 본 경전은 『칠사일체경七寺一切經』에서 발견된 것으로 전문의 번각, 가키쿠다시(書下し: 한문에 가나를 섞어 일본식 어순으로 고쳐 쓴 것 –역자 주), 그리고 고찰이 『칠사고일경전연구총서七寺古逸經典研究叢書』 제4에 수록되어 있다. 그 서사의 시대는 『칠사일체경』이 서사된 시기가 조안承安 5년(1175)에서 지쇼治承 2년(1187) 사이에 이루어진 것임이 분명하므로, 이때와 거의 동시기까지는 성립되었다고 생각할 수 있다.[17]

본 경전의 외제外題는 『대승본각보살계업승찬위의경大乘本覺菩薩戒業僧撰威儀經』 권상이며, 명칭으로 볼 때 이해하기 어렵다. '대승의 본각의 보살계업의 승려가 지었다'라고도 읽을 수 있는 제명으로, 그럼에도 "三藏沙門廣智不空奉 詔訳"이라 하여 체계상으로는 번역경전의 모습을 하고 있다. 앞서의 독법과 같이 대승의 보살승이 구체적으로 지녀야 할 위의, 여기에서는 구체적인 학처學處를 제시하는 경전이다. 경전의 162행 부분(『칠사고일경전총서』에 번각된 행수에 의거)에는 "如是大乘二百五十淨戒"라 되어 있으므로 대승의 독자적인 250계를 제시하고 있다는 것은 명백하다. 또한 경전의 가장 마지막 부분에 "大乘授戒經一巻"이라고 되어 있다는 점에서 "대승수계경大乘授戒經"이라고도 불렸음을 알 수 있다. 따라서 여기에서는 『대승수계경』으로 쓴다.

최초 수계에 관한 절차 규칙을 서술한 것은 율장律藏의 수계건도授戒犍度이며, 학처의 구체적 조문은 경분별經分別의 부분에서 나온 것

17) 『七寺古逸經典研究叢書』, pp.520-521. 近藤喜博 씨의 『尾張資料七寺一切經目録』에 의하면 본 일체경은 시주였던 大中臣安長의 노력에 의해 조안 5년(1175)부터 지쇼 2년(1178) 사이에 서사되었다고 한다.

이다. 그런데 율장은 소승의 산물로서 일본 천태에서는 폄하되어 있다. 예를 들어 사이초最澄가 대승계大乘戒를 건립할 때 중요한 역할을 했던 『천태법화종연분도자회소향대식天台法華宗年分度者回小向大式』(4개조)에서는 "무릇 불계佛戒에는 두 가지가 있다. 첫째는 대승대승계大乘大僧戒. 10중 48경을 제정하여 이로써 대승계로 삼는다. 둘째는 소승대승계小乘大僧戒. 250여 개의 계를 제정하여 이로써 대승계로 삼는다(凡そ佛戒に二有り. 一には大乘大僧戒. 十重四十八軽を制し以て大僧戒と為す. 二には小乘大僧戒. 二百五十等の戒を制し, 以て大僧戒と為す)[18]"라고 하여, 구족계具足戒는 율장에서 설해졌기 때문에 소승의 것으로 폄하되었던 것이다.

그럼에도 승가의 정통성은 율장에 기반한 구족계의 전수를 통해 전해지는 것으로 이해되어, 사이초의 대승계는 그의 사후 7일째에 조정에서 승인되었지만, 경론에 근거하지 않은 것으로 난토南都를 중심으로 한 승려계에서는 인정되지 않았다. 인세이院政(1086-1185) 시대에도 사정은 거의 같았다. 예를 들어 홍복사 승려이자 교토 법승사法勝寺의 주승住僧이기도 했었던 온가쿠恩覺(생몰년 미상, 12세기)의 상소문이 보여주는 것처럼 집요할 정도의 반기가 지속적으로 이어지고 있었다. 일례로써 온가쿠가 조정에 제출한 상소문을 보면 다음과 같다.

> 南都具足戒唯声聞小戒云事, 乱菩薩三聚浄戒. 凡菩薩戒波羅蜜, 廣有共不共三種. 一律儀戒 中略. 由受比丘戒, 方成大小比丘僧. 設雖菩薩, 不受比丘戒, 是非比丘衆. 若菩薩受比丘戒, 名為菩薩比丘衆, 若声聞人, 受比丘戒, 名為

18) 『傳教大師全集』 권1, p.17.

声聞比丘. 瑜伽智論, 皆有誡說.[19]

온가쿠는 구족계를 소계小戒, 즉 성문계声聞戒라 한 히에이잔比叡山 천태종의 평가를 강력하게 비판하고 있다. 조칸長寬 원년(1163)에 제출된 『흥복사승강대법사등진상興福寺僧綱大法師等奏状』에서도 "하나, 동대사 구족계를 헐뜯으며 오로지 소승계로 삼은 것은 이치에 어긋나는 대죄, 중차대한 일(一, 東大寺具足戒を謗じ一向小乘戒と為すこと, 逆罪, 軽からざる事)"이라는 제목에서 "무릇 아직까지 10중 48경 등을 출가의 대승계로 삼지 않았다(凡そ十重四十八軽等を以て未だ出家の大僧戒と為さず)[20]"라고 강력하게 규탄하였다.

이와 같이 히에이잔의 대승계(즉 삼취정계三聚浄戒를 주고 계상戒相에는 『범망경梵網經』에서 설한 10중 48경계를 사용했다고 추정되는)에 대한 비판적인 의견이 지속적으로 이어졌던 상황 중에 성립한 것이 이 『대승수계경』이라고 추정된다.

이 『대승수계경』은 250조의 학처를 열거하고 있는데, 그중 학처의 탈락 부분이 한 부분 눈에 띄지만 대개 대승의 학처, 250조를 창작한 것임에는 분명하다. 서두에는 경전의 정형구인 "여시아문"의 어구는 사용되지 않지만, 경전의 본문 말미에는 정형구인 "개대환희皆大歡喜, 신수봉행信受奉行[21]"이라고 되어 있다.

또한 후쿠하라福原 씨는 본 경전이 일본 찬술이라는 것을 해설 중에 "유녀遊女"라는 말이 사용되고 있다는 것에서 찾고 있는데, 이 외

19) 大佛全124, 89上~91下.
20) 大佛全104, 96下.
21) 경전 본문, 168, 169행(『七寺古逸經典研究叢書』, p.493).

에도 "존尊"이라는 경칭이 부처에게 부여되어 있다는 것도 방증으로 들 수 있다고 생각한다. 본래 "존"은 한역불전 중에, 예를 들어 『최승왕경最勝王經』과 같이 석가에 대한 경칭으로 사용되는 예도 존재하지만, 일본에서는 특히 진기神祇에 대한 존칭으로 사용되는 것이었다. 『일본서기日本書紀』의 주석에는 "至貴日尊, 自余日命, 並訓美挙等"이라 하여 이 더 없이 귀한 신에게 "존尊"이라는 경칭을 부여하는 관습이 있으며 주로 아마츠카미天津神(천신/천제 -역자 주)나 황실의 선조신들에 대해 사용되었다고 한다.[22] 『대승수계경』의 서두에 등장하는 "석가존釋迦尊" "미륵존弥勒尊"이라는 표현에는 일본적인 감각이 반영되어 있는 것으로 추정된다.[23]

또한 학처를 열거하기 전에 "시방 불국토의 제불보살, 계를 증명하기 위해, 성문을 위해, 삼취정계와 250 대승정계를 설하고, 4부제자를 이익케 한다(十方諸刹土の諸佛菩薩, 戒を証せんが為に, 声聞の為に, 三聚浄戒及び二百五十大乘浄戒を説き, 四部弟子を利益す)"라고 하며, 또 "그대 우빨리들, 몸이 다하고 없어질 때까지, 이 계를 등지지 말고, 불신이 되어라(汝優婆離等, 形壽を尽くすに迄るまで, 此の戒に背くこと無く, 佛身に入れ)[24]"고 기록되어 있다. 제불보살들이 성문을 위해 250조의 대승정계를 설한다고 설정하고 있는 것이다. 대승계의 경우에는 미래제가 다할 때까지 준수하고 또한 효능이 있다고 보는데, 계의 준수가 "미래

---

22) 國學院大學日本文化研究所編 1989, 『神道辞典』(弘文堂) 「みこと」 항을 참조.

23) '釋迦尊'도 '弥勒尊'도 실제 번역경전에서 사용된 사례를 확인할 수 있지만, 그다지 빈번하지는 않다. '尊'을 붙어 부처를 표하는 용례로써 "毘盧遮那尊"도 들 수 있겠으나, 그 용례는 『金剛頂瑜伽中略出念誦經』과 『佛說一切如來金剛三業最上祕密大教王經』의 두 사례뿐이다. (SAT 검색)

24) 『七寺古逸經典叢書』, p.496.

제가 다할 때까지(盡未來際)"로 규정되는 것에 대해, 여기에서 "몸이 다할 때까지(盡形壽)"라 한 것은 분명 율장에서 설해진 250계에 대응하는 의식이 반영 되어 있다. 율장에서 설한 구족계는 한 생 동안 지키는 것, 즉 "진형수盡形壽"인 것이다. 결국 성문계가 한 생의 몸이 다할 때까지에 맞춘 것인데, 이 "대승정계"도 한 생 동안 준수할 것을 표명하고 있다. 각 계율 조목 수는 분명 구족계를 의식하고 있는 것으로 보이지만, 대승의 계이면서도 "진미래제盡未來際"가 아니라는 것을 생각해보면, 불교 교리에 그다지 밝지 않은 인물이 제작하였을 가능성도 있다.

구체적인 학처에도 흥미로운 내용이 보인다. 처음 10조 중 ① 불살생不殺生, ② 불투도不偸盜, ③ 불음란不淫乱, ④ 불위굴不僞屈, ⑤ 불호음주不好飮酒는 재가의 5계에 대응한다. ⑥ 불착아만不著我慢, ⑦ 불발진에不發瞋恚, ⑧ 불착양설不著兩舌은 십선계十善戒 중 일곱, 여덟, 아홉 번째 계에 해당한다. 또 ⑨ 불자찬훼타不自讚毁他, ⑩ 불견탐不慳貪은 범망십중계梵網十重戒 중 일곱, 여덟 번째 계에 해당한다. 열한 번째 계는 오역죄 중 출불신혈出佛身血에 대응한다. 이와 같이 전반의 열한 가지 계는 오계, 십선계, 범망십중계, 오역죄 등에서 자의적으로 발췌한 감이 있다. 또 이후의 계 중에는 『범망경』의 48경계四十八輕戒와의 관련을 추측할 수 있는 제15계(불비방사장선악不誹謗師長善惡, 『법화경』 안락행품安樂行品과 관련된 것으로 보이는 제68계 불가용소동不可用小童은 '불락축연소제자사미소아不樂畜年少弟子沙弥少児'에 대응, 제70계 '불친근불남不親近不男'은 '역부불근오종불남지인亦復不近五種不男之人'에 대응, 『유가사지론瑜伽師地論』과의 관련을 추측할 수 있는 제201계 막세식침莫細食耽와 제202계 막추식염莫麁食厭, 양자는 『유가론』 권24에 "不應嫌恨受諸飮食. 不太麁食不太細食"(T30, 416a23)과 대응할 가능성이 있다) 등도 있지만, 불전에 전거를 찾을 수 없는 것도 다수 포함되어 있다.

예를 들어 제66조에 등장하는 "승縄, 태笞를 사용하지 말라"라는 것은 분명 고대 일본의 형벌을 전제한 것이다. 일본의 형벌 중 양로율령養老律令의 "적도율賊盜律"에는 "태笞, 장杖, 도徒, 류流, 사死"의 다섯 가지가 있다는 것이 잘 알려져 있는데, 여기에서는 첫번째 태와 승(포박)을 사용하지 말라는 내용으로 되어 있다. 본래 승니의 형벌은 율령에 의해 집행되는 것이 아니라 율장의 규정에 따라야 하지만, 고대에는 "승니령僧尼令"의 규정이 존재하였으며, 그 지배를 받았다. "승니령"에는 죄에 대해 환속 혹은 고사苦使(노동형 – 역자 주)가 통례였다.[25] 그런데 형벌에 관해 말하자면, 섹칸攝関 시대 이후 중죄는 형부성刑部省의 재량이었지만 경범죄는 검비위사청検非違使廳의 재량에 맡겨졌다고 한다. 실제로 투옥시키기에는 미흡한 잡범, 규칙위반자(잘못된 의복, 병기 소지 등)에는 결태決笞, 결장決杖으로 판단하여 집행했다고 한다.[26] 이와 같은 점에서 보면, 『대승수계경』의 "승, 태를 사용하지 말라"는 학처는 세속사회류의 형벌방법을 막으려는 의도를 가지고 있는 것으로 추정할 수 있으며, 태형이 검비위사의 관할 하에 일반화되었던 섹칸시대 이후의 사례를

25) 『令義解』 僧尼令 第七에 의하면, 승니의 처벌은 "僧尼卜相吉凶, 及小道巫術療養者, 皆還俗"(新訂增補国史大系二二, p.81), "凡僧尼, 將三宝物餉遣官人… 百日苦使"(同, p.82) 등이며, 기본적으로 환속 혹은 노동형이다.

26) 『新體系日本史2 法社会史』 第二章 「格式の成立と攝関期の法」(山川出版, 2001), pp.94-96 참조.

반영하고 있는 것으로 볼 수도 있을 것이다.

다음으로 제67조의 "쟁론을 공개된 장소에서 하지 말 것"이라는 문구는 나라 시대부터 유행한 논쟁 문화를 떠올리게 한다. 불교의 교리를 해명하기 위해 헤이안 초기까지 성행했던 불교 교리논쟁을 "쟁론諍論"이라 하는데, 그것을 사람이 모인 인공적인 공간(庭)에서 행하는 것을 금지하는 것이다. 쟁론은 이윽고 일정한 형상을 가진 논의로 발전되었다고 생각되는데[27] 사람과 사람 사이의 말싸움으로 보이는 것을 제지했던 것이리라.

제68조의 "어린 아이를 거느리지 말라"는 것은 『법화경』 안락행품에 기반한 것으로 보이는데, 헤이안 시대 승강僧綱(승관을 가리키는 말이다. -역자 주) 등의 승려가 주지, 사미, 동자를 곁에 두었음을 반영하고 있다. 예를 들어 엔랴쿠延暦 17년(798) 6월 14일에 작성된 태정관부太政官符에 의하면, "僧都 各従僧四人. 沙弥三人. 童子六人[28]" 등 종자의 수가 정해져 있다. 그 후에도 사람의 수에 관한 규정이 많이 있는데, 통상적인 승려는 동자 혹은 추아稚児(시동 혹은 남색의 상대 -역자 주)를 거느리고 있었다. 승려는 그 신분에 대응하는 수 명의 동자나 추아를 거느렸다.[29] 그중에서는 나이도 차지 않은 소년을 동자로 거느리는 경우도 있었다고 생각되는데 그에 대해 비판하는 것으로 추정된다.

27) 졸고, 『佛教の教理形成-法会における唱導と論義の研究』(大藏出版, 2009)

28) 『類従三代格』 권3.

29) 동자를 가까이 두는 것은 『僧尼令』에서 확인할 수 있다. "凡僧尼, 聽近親郷里取信心童子供侍. 至年十七, 各還本色. 其尼, 取婦女情願者"(新訂增補国史大系22, p.83)이라 되어 있으며 17세까지의 동자(성인이 아닌 자)를 곁에 두는 것이 허용되지 않았다. 율령제의 붕괴에 따라 의미를 잃어버렸지만, 거꾸로 미성년자와의 연애라는 폐해가 생긴 것이다.

이와 같이 『대승수계경』은 보살승을 위한 학처를 250조로 제시하고 있는 것이 확인되며, 그것은 히에이잔의 대승계가 보살계이긴 하지만 비구가 되기 위한 충분한 계가 아니라는 난토 측의 비판에 대응하여 창작된 것이라고 추정할 수 있다. 그러나 "대승정계"라는 명칭을 보면 승려의 일상적이고 비근한 계를 제시하는 측면이 강하며 상당히 위화감을 주는 학처도 많다고 생각된다. 어쨌든 명확한 목적을 가지고 경전을 제작한 일례로써 『대승수계경을』을 들 수 있는데, 안타깝게도 수용과 유포의 형태는 규명하지 못하였다.

3. 여러 신앙을 고무하는 일본 찬술 경전

1) 『불설연명지장보살경佛說延命地藏菩薩經』에 대해

본 경도 일본에서 저술된 것이 분명한 경전이다. 이미 에도 시대 텐메이天明 2년(1782) 선사 다이닌묘류(諦忍妙龍)가 『공화담총空華談叢』 권2에 "위경임에 분명하다. 대장경 목록에 실려있지 않다. [일본에] 들여온 조사도 없다. 모두 중고中古(平安時代) 일본인이 지은 것이다(僞經なること疑いなし. 大藏目録に載ず. 將來せる祖師もなし. 皆是中古日本人の所造なり)"라 하여 이 경전이 일본에서 찬술된 것임을 주장하였다. 또 경전 중에 텐구天狗, 도코土公, 오오토시카미구(大歲神宮), 야마즈미(山神) 등의 일본 민간신앙의 신들이 등장한다는 점에서도 거의 틀림없이 일본 찬술임이 인정된다.[30]

지장보살地藏菩薩은 헤이안 시대부터 육도六道에 떨어진 중생을

30) 眞鍋廣濟, 『地藏菩薩の研究』(三密堂書店, 1970. 1969년 재판), pp.119-124.

구제하는 보살로서 신앙의 대상이 되었는데, 때때로 이 세상에서 긴 수명을 누릴 것을 염원하는 존격尊格으로서 숭배되기도 하였다. 즉 『연명지장경』 중 등장하는 "이 보살은 열 가지 복을 얻는다(是の菩薩は十種の福を得)"라 하고 "넷째로는 긴 수명(四には壽命長遠)"이라 한 것에서 연명을 기원하는 경전으로서 널리 받아들여졌다. 바로 서민의 소박한 바람에 응답하는 내용을 가지고 있는 것이다.

그 최초의 성립 시기는 헤이안 시대 말기 혹은 가마쿠라鎌倉 시대의 최초기로 추정되는데, 『각선초覺禪抄』에 "小峯地藏菩薩經或文云"이라고 한 것이 본 경의 최초 등장일 가능성이 지적되었다.[31] 또한 조와貞和 4년(1348)에 성립한 『계란습엽집溪嵐拾葉集』에도 "延命地藏經云, 天狗 · 土公 · 大恐神等, 云云[32]"라는 기술이 보이고 또한 남북조시대(일본에서 고다이고後醍醐 천황이 요시노吉野에 세운 남조와 아시카가 타카우지足利尊氏가 교토에 세운 북조의 두 조정이 대립하던 시대, 1336~1392 -역자 주) 에이와永和 4년(1378)에 성립되었던 『산가최략기山家最略記』에 "지장연명경에 말하길(地藏延命經に云わく)"이라고 인용되어 있는 문장이 현존 『연명지장경』의 본문과 일치한다는 점에서, 적어도 남북조 경에는 현재의 문장과 가까운 형태의 경전이 완성되었다고 생각된다.

다만 이 경전의 본문에는 다양한 변형이 있으며, 현행 문장이 된 것은 에도 시대 신의진언종新義眞言宗의 승려로 장곡사長谷寺 11대가 된 료우타이亮汰(1622~1680)가 엔포延寶 6년(1678), 『과주연명지장보살경초科註延命地藏菩薩經鈔』 상하 2권으로 된 주석서를 작성한 시기 이후

31) 眞鍋廣済 1941, 『地藏尊の研究』(冨山房), p.30 참조.
32) T76, 729b09.

라고 한다. 이 주석이 유포됨에 따라, 역으로 다양한 변형태가 있었던 본문이 확정되게 된 것이다.

또 『지장보살경화담초地藏菩薩經和談鈔』라는 가나마지리(仮名交じり: 한자와 가나를 섞어 쓴 문장 –역자 주) 형태의 주석서도 제작되었다. 그리고 "화담초和談鈔"라는 명칭의 자료는 그 외의 경전에 대해서도 다수 작성되었다. 예를 들어 『관음경화담초觀音經和談鈔』『법화제목화담초法華題目和談鈔』『부모은중경화담초父母恩重經和談抄』 등이 알려져 있다.

그런데 이 경전은 "大唐大興善寺不空三藏奉詔訳"이라 하여, 스스로 번역경전이라고 주장하며 그 서두도 "여시아문"의 형식을 취하고 있다. 말미에도 "환희신수봉행歡喜信受奉行"이라는 정형구로 끝난다. 또한 적은 용지에 지장보살의 이익을 묘사한 삽화를 담은 문면文面 등도 인쇄되었다. 여기에는 "나무지장보살마하살 –지장의 그림– 시주 아무개 이 글을 밤낮으로 백팔 번 외우면 병이 없고 재액도 소멸되며 바라는 것이 이루어지니 실로 큰 이익을 얻으리라(南無地藏菩薩摩訶薩 地藏の絵 施主何某 この文を朝夕に百八へんつつ御唱へなされ々ば, 無病息災にして心願満足する事 実に大利益を得るなり)"라는 글이 쓰여 있다. 바로 서민에게 이익을 주는 보살로서 수용되었음을 말해준다.

2) 우가진宇賀神 신앙에 관련된 경전에 대하여

다양한 신앙을 고무시키기 위해 작성된 일본 찬술 경전도 다수 존재한다. 예를 들어 우가진宇賀神(사람의 머리에 뱀의 몸을 한 일본의 신 –역자 주) 신앙과 관련되어 제작된 것으로 추정되는 경전류이다. 우가

진이란 『진첨애낭초塵添𡎝囊鈔』 권4에 의하면 우카노미다마노카미(倉稻魂命) 혹은 우케모치노카미(保食神)의 "우케(ウケ)"를 전사한 것으로, 단고丹後(일본의 옛 지명 –역자 주)국 후나기(船木)리 나구노야시로(奈具社)의 우카노메노미코토(宇賀能売命)의 설화와 관련되어 있다고 한다. '우케'라는 음에서 이세伊勢(일본의 옛 지명 –역자 주)의 외궁外宮에 제신祭神이 "토요우케(トヨウケ)"라 불렸던 것을 상기할 수 있다. 결국 우가신의 "우가"는 일본의 식신食神(음식을 관장하는 신 –역자 주)과의 관련 속에서 생겨났을 것이다.[33]

또한 뱀을 세간에서 우가宇賀라고 하는 것은 우가신이 뱀으로 변화하여 나타났었기 때문이라고도 한다.[34] 이 신은 부귀나 재화의 신으로 여겨졌는데, 불교의 변재천辯財天과 결합되어 다양한 경전이 제작되었다. 그것은 일반적으로 『변재천삼부경辯財天三部經』 혹은 『변재천오부경辯財天五部經』이라 불리는 것인데 그것들을 열거하면 다음과 같다.

① 佛說最勝護国宇賀耶頓得如意寶珠陀羅尼經』 약칭 『宇賀耶頓得陀羅尼經』

② 『佛說即身貧轉福德円満宇賀神將菩薩白蛇示現三日成就經』

③ 『佛說宇賀神王福德円満陀羅尼經』

---

33) 伊藤聡, 「(2)護国院・本覺院所藏典籍 宇賀神相応口決」 해설 항목 참조. 『寛永寺及び子院所藏文化財総合調査報告書』(上), 石造遺物・聖教典籍編, 東京都教育庁生涯學習部文化課, 1999년 수록, p.212. 山本ひろこ「宇賀神王―その世的樣態」(『神語研究』3, 1989)

34) 宇賀神이 백사가 된 이야기는 ②의 『白蛇示現三日成就經』 중에 등장한다.

④『宇賀神功德弁財天經』

⑤『大辯財天女秘密陀羅尼經』

그 외에도 『십오왕자경十五王子經』 『도자녀경刀自女經』 등을 들 수 있으며 가나자와(金沢) 문고에 소장되어 있는 『우가신장십오왕자획득여의보주경宇賀神將十五王子獲得如意寶珠經』 등도 우가진 신앙에 관한 것으로 알려져 있다. 또한 『우가야돈득다라니경宇賀耶頓得陀羅尼經』에 의하면, 우가진의 관冠 안에는 노인의 얼굴을 한 백사가 있다고 한다. 이것은 뱀이 우가진과 밀접하게 결부되어 있음을 보여준다.

이 우가진과 변재천이 결합된 신앙은 현재에도 하나의 권행집勤行集의 형태로 세간에서 행해지고 있다.[35] 『대변재천권행집大辯財天勤行集』이라는 명칭의 경전이 지금도 접책의 형태로 인쇄되고 있는 것이다. 이것은 "삼귀의三帰依" "참회懺悔" "십념十念" "『반야심경般若心經』" "『대우가신공덕변재천경大宇賀神功德辯財天經』" "『대변재천녀비밀다라니경大辯財天女秘密陀羅尼經』" "『불설즉신빈전복덕원만우가신장보살백사시현삼일성취경佛說即身貧轉福德円満宇賀神將菩薩白蛇示現三日成就經』" "십념十念" "(별도의) 십념十念" "대변재천어영가大辯財天御詠歌" 라는 구성으로 조직되어 있다. 또 우가신장십오왕자宇賀神將十五王子에서 열다섯 명의 동자와 신사神社의 이름, 본지불本地佛이 대응한다는 것도 들 수 있다. "第一印鑰童子 大和三和大明神 本地釋迦如來 第二官帯童子 尾張熱田神宮 本地普賢菩薩"부터 "第十五舟車童子 山城松尾大明神 薬上菩薩"의 순서로 되어 있는데, 여기에 제시된 신사의

35) 大八木興文堂, 京都, 1935년 초판, 2004년 중판.

이름을 든다면 "大和三和大明神 尾張熱田明神, 信州諏訪大明神, 大和春日大明神, 大和丹生明神, 加賀白山権現, 加賀若一王子 紀伊那智飛瀧権現, 攝津西宮蛭子尊, 山城稲荷大明神, 山城賀茂明神, 出羽羽黒権現, 常陸鹿島大明神, 山城八幡大菩薩 山城松尾大明神"이라 하여 야마시로(山城)와 야마토(大和)를 중심으로 창창한 신사가 우가진의 왕자로 위치되며 기내畿内(교토에 가까운 다섯 지방, 즉 야마시로 · 야마토 · 가와치河内 · 이즈미和泉 · 셋쓰攝津의 총칭 —역자 주)를 중심으로 하면서도 근세에 명명된 신사를 우가신 신앙 안으로 끌어들이고 있음을 확인할 수 있다.

3) 관음신앙에 관한 일본 찬술 경전

관음보살에 대한 신앙으로 제작된 경전으로는『불설십일면관세음보살수원즉득다라니경佛說十一面觀世音菩薩随願即得陀羅尼經』이 존재한다. 본 경전은 "여시아문"으로 시작하여 "작례이거作礼而去"로 끝나는 통상적인 경전의 형식을 취하고 있다. 일반적으로『십일면관세음경十一面觀世音經』혹은『십일면관음다라니경十一面觀音陀羅尼經』이라 불리는데, 관음보살의 주문을 한 마음으로 독송하면 "10악, 5역의 일체 죄장이 모두 소멸"하고, "모든 병고를 없애고 모든 두려움을 여윈다"고 하여, 관음보살의 구원을 약속하는 다라니를 설한 특징이 있다. 핫토리(服部) 씨의 연구에 따르면 이 경전은 에도 시대에 유포되었던 것으로 추정된다.[36] 본경의 유행본으로 추정되며 본고의 고찰 대상으

36) 服部法照 1992,「日本撰述僞經について」(『佛教文化學会紀要』 창간호)

로도 사용한 접책에 의하면 외제外題에 "諸願即得 十一面觀世音經"이라 되어 있으며 훈독토가 달려있는 경본이다. 경본의 마지막 부분에는 "복덕과 수명을 늘린다"는 그 공덕이 설해지며, 가장 마지막에 "若一王子社 壽命神社 西八条勝明寺玄道法施花押"라는 인쇄의 시주명이 있어 본경이 교토 니시하치죠(西八條), 승명사勝名寺의 겐도玄道라는 승려와 관계되어 있음을 알 수 있다. 또한 "若一王子社", "壽命神社" 모두 인세이院政 시대 니시하치죠에 존재했던 헤이平 씨 저택의 진수사鎭守社로 추정된다.

관음보살의 진언을 외우면 복덕과 수명이 늘어난다고 말하는 경전은, 관음의 이익과 가피를 보여주기 위해, 또 관음의 가피에 권위를 부여하기 위해 석가에 가탁된 경전의 형식으로 기술된 것이라고 추정되며, 그 저술의 의도가 명료하다. 또한 흥미롭게도 십일면관음 신앙에 입각해 제작되었다고 생각되는 "강식講式"도 존재한다. 이것은 『십일면관음강식十一面觀音講式』이라 명명된 접책의 경문 형태이다. 식式의 순서는 산화散華, 권청勸請, 제문祭文, 총례게総礼偈, 범패梵唄, 식문式文, 『불설십일면관세음보살수원즉득다라니경佛說十一面觀世音菩薩隨願即得陀羅尼經』으로 이어져 본 경전이 후반부에 사용되고 있다. 이것으로, 본 경전이 단행 경전의 형식이 아닌 "강식講式"이라는 의례적인 공간에서도 실제로 사용되었다는 것을 추정할 수 있다.

마지막으로, 약간 성격은 다르지만 하쿠인 에카쿠白隱慧鶴(1685~1768)에 의해 "연명延命" 두 글자가 부가된 『연명십구관음경延命十句觀音經』도 일본에서 서민에게 보급된 경전 중 하나로 들 수 있을 것이다. 본 경전이 본래 제작된 곳은 중국이며, 전거는 『불조통기佛祖統

紀』 권36에 나온 남조 송대의 왕현모의 일화인 것으로 보이지만[37] 일본에서 자주 이용된 경전 중 하나라고 보아도 좋다. 경문은 "觀世音南無佛 與佛有因 與佛有緣 佛法相緣 常樂我淨 朝念觀世音 暮念觀世音 念念從心起 念念不離心"이라는 겨우 열 구로 구성되어 있다. "경"으로서 성전화되었지만, 분명히 중국에서 읊어졌던 짧은 요문要文에 불과하다. 이 요문이 "경"의 글자를 부여받아 성전화되고, 또한 일본에서 "연명" 두 자를 더하여 서민에게 유포되었던 것이다. 여기에서는 이 경전이 분명 "연명"이라는 서민의 절실한 바람을 위해 생겨났다는 것을 명료하게 보여준다. 덧붙여 이 경전은 오늘날 임제종臨濟宗에서 일요일에도 사용되고 있다.

II. 마치며

이상과 같이 일본 찬술 경전을 제재로 검토를 진행하였다. 이러한 경전은 분명 특정한 목적을 가지고 제작되었음을 알 수 있다. 우선, 독자적인 주장의 사상적 전거를 마련하기 위해 제작된 것이 존재하는데, 그 전형이 본각사상을 지지하는 『연화삼매경』과 보살의 학처를 250개조로 제시한 『대승수계경』이었다. 『연화삼매경』은 천대종뿐 아니라 진언종에서도 사용되었는데 경전의 정형구를 사용하지 않고 바

37) 『佛祖統紀』의 기술(T49, 345c)에 따르면, 송대의 王玄謨가 북지를 침공했다 패배하여 목숨을 빼앗기게 되었지만, 꿈속에서 나타난 이가 알려준 관음의 경문을 읊은 덕에 죽음을 면했다는 고사에서 그가 배운 경문을 "十句觀音經"이라 부르며 유포되었던 것이다.

로 전달하려는 내용을 설한 것이었다.

둘째로, 법회 중에 사용된 문장이 일반화되어 경으로 불리는 경우는 『구조석장경』에서 찾아볼 수 있었다. 이 경우, 경전화됨에 따라 일정한 문장이 권위를 가지고 성전화되었다. 법회 등에 사용된 문장이 일반화되어, 경전의 체제를 갖추었다고 생각된다. 역설적이지만, 이 경우 "경"이라는 명칭을 가짐에 따라 일정한 형식과 내용을 가진 것으로 고정화되어 전해졌다고 말할 수 있지 않을까. 또한 에도 시대에 유포되었던 『연명십구관음경』도 이러한 사례에 들어맞는다고 할 수 있을 것이다.

다음으로 여러 신앙을 보급하기 위한 목적으로 제작되었다고 생각되는 경전이 다수 존재한다. 그 전형이 우가진宇賀神 신앙과 얽혀 있는 여러 경전 및 지장신앙, 관음신앙에 관한 경전일 것이다. 우가진 신앙은 일본의 우케모치노카미(保食神)이 불교에 포섭된 것으로 추정되며 부귀와 재물의 신으로 서민들에게 수용되어 갔다.

이와 같이 일본의 신을 불교에 포섭하기 위해 제작되었다고 생각되는 경전도 많이 존재한다. 이러한 경우, 경전은 분명 여러 신앙을을 지지하는 전거로써 사용되었다.

또한 풍류를 즐기는 마음을 충만케 하기 위해 제작된 경전도 존재하였다. 이시이 코세이 씨가 밝힌 주불酒佛의 공덕을 설한 『불설마하주불묘락경근해佛說摩訶酒佛妙樂經謹解』는 그 전형일 것이다. 골계미를 목적으로 제작된 경전도 있다는 것이다.

이상으로 고찰해보면, 경전은 성전聖典으로 고정화 되는 동시에, 항상 새롭게 지어지는 양 방향의 성격을 가진 것으로 위치지을 수 있다. 경전이라면 수정이 허용되지 않는 고정적인 것이라는 의식을 가지고 있지만, 일본 찬술의 경전을 제재로 한다면 실제로는 그렇지 않다. 주장의 증거를 세우기 위해, 서민의 신앙을 지지하기 위해 자유롭게 제작되었다는 것에 주의할 필요가 있다. 그러나 한편으로는 "경"의 명칭을 부여함으로써 고정되고 그다지 변화없이 전해져 왔다는 것도 간과할 수 없다.

또한, 실제 보급을 위한 훈독토의 가나카키(仮名書き: 한자에 가나를 섞어 쓰는 것 -역자 주) 경본이 단행본으로 만들어져 서민들에게 퍼졌다고 추정된다. 「화담초和談鈔」로 대표되는 가나카키의 주석서가 작성되었다는 것도 분명 그 경전의 유포에 크게 기여했다. 나아가 강식講式이 작성되어 실제로 승려에 의해 그 경전을 선양하는 법요가 행해졌음도 추정할 수 있으며 여러 수단이 사용되어 그러한 경전이 널리 수용되었다고 생각된다.

* 본 논문은 『일본불교학회연보日本佛教學會年報』 88호에 게재된 「日本撰述の僞疑經典について」의 글에 약간의 수정을 가한 것이다.

(번역: 이상민)

『시왕경十王經』 발전 변화 재검토
– 섬서陝西 신덕사神德寺 탑본塔本을 중심으로

장종(張總)

Ⅰ. 학술사

『시왕경十王經』과 관련하여 국외에서도 비교적 뜨거운 관심이 있기 때문에 논문과 연구가 상당히 많으며, 학술사에 관하여 필자 역시 이미 몇 편의 논문[1]이 있다. 논저가 상당히 많고 [연구] 기간 역시 매우 길며 국외에서도 많이 참여하기 때문에 단계를 구분하여 논할 필요가 있다. 자세하게 논하게 된다면 문장이 길어져 번잡해지므로 간단명료하게 한마디 말할 뿐이다. 일본 학자 토쿠시 유쇼禿氏祥祐와 그의 제자 오가와 칸이치小川貫一,[2] 도다 데이스케戸田禎佑 등의 논문은

---

1) 2000년 필자의 논문에서 이미 앞 시기 논저에 관하여 정리하였고, 이후에도 설명하였으며 가장 주요한 논문과 저작은 모두 인용하거나 논평하였다. 필자 역시도 이미 20편에 가까운 논문이 있다.

2) 冢本善隆 1931,「引路菩薩信仰について」,『東方學報』第一册, pp.130-182.
禿氏祥祐 1939,「十王經と十王圖」,『龍谷大学佛教史學論叢』, pp.104-112.
禿氏祥祐, 小川貫一 1962,「十王生七經贊圖卷的構造」, 西域文化研究會編,『西

비교적 초기 시기에 해당하고, 미국 Stephen F. Teiser[太史文]의 『시왕경』에 관한 중요한 저술,[3] 독일 Lothar Ledderose[雷德侯] 교수의 시왕도전문十王圖專文, 두도우청杜斗城의 돈황경본교록敦煌經本校錄, 대만 씨아오덩푸蕭登福의 몇 편의 저술들,[4] 대만 태남台南의 판리앙원潘亮文[5] 등의 연구는 중기 시기에 해당한다고 볼 수 있다.

21세기 이래로도 일부 성과들이 발표되었으며, 국내외 학자들, 즉 일본의 코미나미 이치로小南一郎, 아라미 히로시荒見泰史 등의 학자들[6]의 성과와 대만 학자들이 참여하거나 저술한 논문도 있었으며, 중국의 일부 젊은 학자들과 비교적 신진 학자들의 성과도 있었다. 이러한 성과들의 연구 영역이 일치하지는 않았으며, 일부는 자료에 편중되어 있었고 경본 부분에서 중요한 발견도 있었다. 예를 들어, 일본 행우서옥杏雨書屋 「돈황비급敦煌秘笈」이 간행하여 공포한 4건의 「시왕경」이 새롭게 알려졌다.[7] 나카무라 후세츠中村不折 소장본 『우역묵서집성

域文化研究五中亞佛教美術』, pp.257-296.
泉方璟 1941,「十王經の研究」,『大谷學報』第23卷 第4號, pp.295-318.

3) Stephen F. Teiser 1994, *The Scripure on the Ten Kings and the Making of Purgaturt in Medieval Chinese Buddhism*, Univertsity of Hawaii Press. 이 책의 중국어 역으로는 張煜 2016의 『十王經與中國中古冥界的形成』(上海古籍)이 있다.

4) 杜斗城 1989,『敦煌本佛說十王經校錄研究』, 甘肅教育出版社.
蕭登福 1988,『敦煌俗文學論叢』第四篇 "敦煌寫卷「佛說十王經」的探討"; 第五篇 "敦煌所見十九種閻羅王受記經(佛說十王經)"의 校勘, 台灣商務印書館發行.
杜와 蕭이 교감한 것은 모두 19종류이며 그 중 2, 3종류가 같지 않다.

5) 潘亮文 1999,『中國地藏菩薩像初探』, 台南藝術學院, p.38.

6) 小南一郎 2002,「「十王經」の形成と隋唐の民衆信仰」,『東方學報』74, pp.183-256.
荒見泰史 2006,「關于地藏十王成立和演變的若幹問題」『2004年石窟研究國際學術會議論文集』上册, 上海古籍出版社.

禹域墨书集成』,[8] 황정黃征과 왕슈에메이王雪梅의 『섬서신덕사탑출토문헌陝西神德寺塔出土文献』,[9] 대만 문관회文管會와 황암박물관黃岩博物館의 『절강황암영석사탑문물청리보고浙江黃岩靈石寺塔文物清理報告』, 탕옌니黨燕妮의 연구 등[10]이 있으며, 또 석굴마애조상石窟摩崖造像이 있는 경우도 있고(이하 상세), 일부 이론에 편중된 것도 있고, 전문서와[11] 박사논문과 같은 종합적 성격을 갖는 것들도 있다. 그것의 좋고 나쁨은 일정하지 않으며 균등하지 않다. 일부는 상당히 깊이 있게 연구되었고 일부 몇 개는 가치가 없으며[12], 낮은 수준의 것도 그 수가 적지 않으며 일부 실수도 몇 번 나타난다. 최근의 연구성과로는 대만 왕찌엔

7) 武田科學振興財團編集 2009, 『敦煌秘笈』 大板. 그 가운데 『閻羅王授記/佛說十王經』은 모두 4건이 있다. 이성탁李盛铎이 원래 소장한 2건의 편編은 羽408號와 羽732號이고, 羽723號는 다소 손상된 긴 경의 본문이며, 羽1115는 9행이 남아있다.

8) [日]矶部彰 編 2005, 『台東區書道博物館所藏中村不折舊藏[禹域墨書集成』 卷中, 二玄社, pp.232-233.

9) 黃征 主編, 王雪梅 副主編 2012, 「陝西神德寺塔出土文獻」, 鳳凰出版集團,; 黃征 主編, 王雪梅 副主編 2012年 1期, 「陝西神德寺塔出土文獻簡目」, 『敦煌研究』.

10) 台州 文管會, 黃岩博物館 1991年 5期, 「浙江黃岩靈石寺塔文物清理報告」, 『東南文化』.
楊松濤 2015, 「黃岩靈石寺塔出『預修十王生七經』考察」, 洪修平 主編, 『佛教文化研究』 第一輯. 이 논문은 필자가 도움을 주어 완성하였다.
黨燕妮 2007年 第2期, 「『俄藏敦煌文獻』中『閻羅王授記經』綴合研究」, 『敦煌研究』 pp.104-109.

11) 尹富 2006, 『中國地藏信仰研究』.

12) 가령, 복단대학複旦大學 박사생 孫健 2017年 2期, 「『十王經』版本流傳中轉輪王形象轉換的暦史語境」, 『三峽大學學報(人文社會科學版)』, 巴蜀書社, pp.87-95. 이 논문은 학술사에 대하여 면밀히 조사하거나 이해하지 못하여, 논하는 바가 크게 의의가 없다.
姜霄 2017년 4期의 「地獄三王體系演變考」, 『史志學刊』, pp.59-68. 이것의 관점은 필자로부터 나온 것이지만, 필자의 논문을 끝까지 보지는 못했다.
何卯平 2011. 3, 「東傳日本的甯波佛畫十王圖」, 『敦煌學輯刊』.

추안王見川 교수의 「근대 중국 지옥 연구의 하나(近代中國地獄研究之一): 시왕의 유전, 발전 및 정형(十王的流傳, 演變與定型)」[13]과 상해사범대학上海師範大學 왕주안王娟의 「돈황본 『시왕경』 문본 계통 재고찰敦煌本『十王經』文本系統再考察: 경전의 장행을 중심으로(以經中長行爲中心)」는 비교적 분량이 있는 글로 전체 경전의 계통 문제를 연구하는 것에 가까우면서도 한편으로 이에 대한 이전 학술계의 관점 등 총체적 결론을 개술하고 있다.

고고학 등의 방법에서 볼 때, 찌앙타오江滔와 짱쒸에펀張雪芬의 「9~13세기 사천지장시왕조상연구9~13世紀四川地藏十王造像研究」,[14] 장리앙張亮의 「사천안악운봉사 신발현 지장시왕변 및 그 상관문제(四川安嶽雲峰寺新發現地藏十王變及相關問題)」,[15] 왕쒸에메이王雪梅의 「사천영산대봉수립산 보제사중수시왕생칠재기 교록 정리四川營山大蓬秀立山普濟寺衆修十王生七齋記校錄整理」[16]와 같은 논문류들은 자료에 편중되어 있으며, [그 논문들은] 예수預修의 구체적 일들, 즉 보제사普濟寺 대중을 대시주자로 하여 예수법회預修法會와 제기를 새기는 일[題記銘刻]을

---

13) 王見川 2017, 「近代中國地獄研究之一 : 十王的流傳, 演變與定型」, 『曆史, 藝術與台灣人文論叢』 第12輯.
저자의 증문贈文에 감사하며, 본문에서는 돈황경본의 일부분만을 언급하였다.

14) 江滔, 張雪芬 2016, 「9-13世紀四川地藏十王造像研究」, 『成都考古研究』.
張亮 2018年 第1期, 「四川安嶽雲峰寺新發現地藏十王變及相關問題」, 『中國國家博物館館刊』, pp.26-37.

15) 『中國國家博物館館刊』. 2018年 第1期, pp.26-37. 이 도상에 대하여 지옥을 주된 것으로 해석하고 있는데, 큰 문제가 있다.

16) 王雪梅 2014年 6期, 「四川營山大蓬秀立山普濟寺衆修十王生七齋記校錄整理」, 『西華師範大學學報[哲社]』.
楊富學, 包朗 2014 年1期, 「摩尼教『冥福請佛文』所見佛教地獄十王」, 『世界宗教文化』.

거행한 일들을 설명하고 있다. 비록 도상圖像은 없지만, 여전히 시왕경 신앙의 중요한 자료 중 하나이다. 반면, 양푸쒸에楊富學와 바오리앙包朗의 「마니교 『명복청불문』에 보이는 불교지옥시왕(摩尼教『冥福請佛文』所見佛教地獄十王)」은 복건福建 하포霞浦 전사 문헌傳抄文獻인 『명복청불문』 중 한 부분인 십대명왕十大明王의 내용을 소개하였으며, 『불설시왕경』 십전명왕十殿冥王과 비교하여 연구하였다. 치엔광셩錢光勝의 『당오대송초 명계관념 및 그 신앙 연구(唐五代宋初冥界觀念及其信仰研究)』는 저승 세계와 관련하여 상세하게 쓰여진 박사 논문[17]이다.

II. 동천銅川 요주탑耀州塔과 태주台州 황암탑黃岩塔의 출토본

섬서陝西 동천銅川 요주耀州 신덕사탑神德寺塔과 절강浙江 태주台州 황암黃岩 영석사탑靈石寺塔은 모두 시왕경이라는 중대한 발견이 있었으며, 모두 돈황 밖의 한문본으로, 그림과 문장[圖文]의 형태는 모두 큰 가치가 있으며, 특히 시왕경의 형성과 발전을 해명하는데 있어 그 의의가 있다. 특히, 요주 신덕사 탑본은 새로운 과도기적 의의를 갖고 있고, 영석사 탑본은 돈황본敦煌本 및 해동본海東本과 미묘한 차이가 있다. 이 때문에 시왕경의 출현과 발전 상황에 대한 완전히 새로

---

17) 錢光勝 2013, 『唐五代宋初冥界觀念及其信仰研究』, 蘭州大學敦煌學曆史文獻博士論文.
何卯平 2011. 3, 「東傳日本的甯波佛畫十王圖」, 『敦煌學輯刊』. 이 논문 역시 난주대학蘭州大學 박사 논문에서 가져온 것이다.

운 틀과 양상이 전개될 수 있다.

1. 신덕사神德寺 탑경본塔經本

섬서성陝西省 동천시銅川市 요주구耀州區(원래는 요현耀縣)에는 북송北宋 시기 건립한 신덕사탑이 존재하는데, [신덕사탑은] 요주성 북쪽 보수원步壽原 아래 반파半坡에 위치하고 있으며, 나무 누각식 벽돌구조를 모방하고 있고 전체 높이는 35미터이고, 8각 9층의 밀첨식으로 둥글게 에워싸고 있으며[密檐環圍], 두공에는 뿔이 솟아 있고[鬥拱挑角], 조각은 정교하고 아름다우며, 장엄하고 웅장한 품격을 갖추고 있다.

2004년 9월 24일 탑신塔身을 수리하는 과정에서 아치형창[拱券窗洞]에 불경 필사와 지본인쇄紙本印刷 및 비단에 그려진 불화[絹彩佛畫] 등 30여 종이 발견되었다. 아치형창[券洞]은 비는 막을 수 있었지만 바람까지 막을 수는 없었는데, 다행스럽게도 새의 분비물이 그 위에 쌓여 일부분 보호하는 작용을 일으켰다. 그러나 여전히 심각하게 파손되어 있었다.[18] 내부에는 북송 "개보開寶 9년(976)"과 "옹희雍熙 2년(985)"이라는 연호가 기록되어 있고, 또한 가령 『금광명경金光明經』에서 "민

18) 경권이 발견된 후, 섬서성문물국陝西省文物局과 서안문보중심西安文保中心은 전문가와 기술인원을 파견하여 조사하였다. 여러 개를 열어 보았더니 모두 두루마리[卷軸]였다. 보존이 가장 양호한 것은 손으로 베껴 쓴 지본紙本『金光明經』으로, 높이 26cm, 남아 있는 길이는 283cm이고, 작은 해서체로 단정하고 장중하며 정연하였다. 안타깝게도 낙관落款과 서명署名이 없었다. 나머지 몇 종류 사경의 잔권殘卷은 보존상태가 비교적 좋지 않았다. 인쇄된 경권은 이미 펼칠 수가 없었으며, 남은 파편만이 판별할 수 있을 뿐이었다. 지본紙本과 견본絹本 불화는 모두 파손된 정도가 심각하였으며, 시대적 특징을 드러내었다. 2006년 5월 25일 神德寺塔은 제6비 전국중점문물보호단위第六批全國重點文物保護單位로 공표되었다.(『鳥糞積經中瑰寶水化解』 騰訊網 참조)

民"이 이세민李世民의 휘를 피하는 경우와 같은 피휘辟諱가 많기 때문에, 이것은 이르면 당나라까지 소급될 수도 있다.

이러한 경권經卷들은 이미 황정黃征과 왕쒸에메이王雪梅에 의해 정리되어 양장본 전 4권 『섬서신덕사출토문헌陝西神德寺塔出土文獻』으로[19] 출판되었으며, 아울러 경문 목록인 『섬서신덕사탑출토문헌편호간목陝西神德寺塔出土文獻編號簡目』[20]도 발표되었다. 이것은 14개류 경본들을 정리하여, 『예수시왕생칠경預修十王生七經』 『[염라왕수기사중역수생칠]십재경[閻羅王授記四衆逆修生七]十齋經』 『염라왕경閻羅王經』 『불설염라왕경佛說閻羅王經』이라는 4개 경명經名을 부여하였다. 그중 뒤의 3개는 경본의 미제 혹은 경전에 나오는 경명에 근거하여 제시한 것이다. 이러한 불경들을 간행하여 공포하고 아울러 정리하는 것은 학계에 도움이 되기 때문에, 그 공헌은 매우 크다고 할 수 있다. 다만 언급하지 않을 수 없는 점은 그것이 정리된 수준이 높지 않으며 문제점 또한 적지 않다는 것이다. 특히, 의위경疑僞經 부류인 『염라경』, 『시왕경』 등에 대해서이다. 가장 주요한 문제점은 비록 저자가 요주 신덕사탑에서 나온 유물들을 돈황장경동敦煌藏經洞과 비교하고는 있지만, 저자는 일본 만속장이 간행한 『예수시왕생칠경預修十王生七經』에 의거하여 교감하였을 뿐, 돈황본 제 경전을 전혀 활용하지 않았다는 것이다. 그러나 실제 작업에서는 오히려 부분적으로 돈황 장경동의 만당晩唐에서 북송北宋까지의 사경寫經 등과 대응하였으며, 명대明代 간행한 속장경을 비교본으로 삼았다. 그러므로 경명을 부여한 것

19) 黃征, 王雪梅 2012, 「陝西神德寺塔出土文獻」, 鳳凰出版集團.
20) 黃征, 王雪梅 2012년 1期, 「陝西神德寺塔出土文獻編號簡目」, 『敦煌研究』.

에 있어서 근거가 부족해 보인다. 사실 황암 영석사 탑본 또한『예수시왕생칠경』이라는 명칭을 갖추어 이루어졌기 때문에, 분명한 것은 속어로 말하면 "우연히 딱 들어맞는" 일이였다는 것이다. 실제로 정리 교감할 때 "매행每行/자수字數"를 균등하게 맞추는 방법을 엄격하게 하고, 간행된 매우 많은 돈황경본과 비교대조하면, 돈황경본과의 관계를 밝힐 수 있다. 만약 경본의 유형에 대해 이해한다면, 염라경본과 시왕경본의 발전 변화에 대한 깊은 의미를 도출해낼 수 있을 것이다.

황정黃征과 왕쒸에메이王雪梅가 교감하고 정리한 작업의 또 다른 문제는 연결시킬 수 있는 것들을 한데 묶는 작업[철합綴合]을 전혀 하지 않았다는 것이다. 예를 들면, 지극히 분명한 동일한 특징을 가진 Y0076호와 Y0155호를 한데 묶어 정리하지 않았다. 어쩌면 이러한 무더기의 경본들이 발견되어 세상에 나왔을 때, 경본을 싸고 있던 보자기[卷袱] 등의 다른 모습에 따라 분류되었기 때문일 수도 있다. 두 저자는 철합의 조건도 가능성도 전혀 없다고 본 것 같다. 그러나 실제 상황을 반드시 중시하여, 글자체와 내용 및 손상된 형태 등의 여러 가지 정황들이 모두 부합되는 상황에서 원래 분류된 경질[原分經帙]과 감싸고 있는 보자기 뭉치[包袱團塊]의 신뢰성을 고려해야만 한다. 이러한 무더기의 경권이 발견되었을 때 상황은 좋지 않았으며, 돈황 장경동에서 Pelliot[伯希和]가 조사하는 사진에서 볼 수 있는 경질經帙을 감싸고 있는 상황보다도 좋지 않았다. 원본이 손상되고 부서진 것은 아마도 뒤섞여 있었을 가능성이 있다. 그러므로 최소한 어느 정도의 수준에서 철합綴合하고 정리해야만 하며, 특히 파편에서는 이미 철접綴

接의 가능성이 보이고 있다. 더욱 중요한 것은 이러한 상황에 대면하여, 더욱 의의가 있는 "동일 경전[同經]" 정리의 원칙을 고려해야 한다.

필자는 앞에서 초보적 정리로서 Y155호와 Y076호를 이미 철합綴合하였고(아래에서 상술), 이미 수편의 논문에서 열거하여 논의하였으며, 그것은 돈황본에 속하는 문게文偈 "염라수기閻羅授記"와 도찬圖贊 "불설시왕佛說十王"의 경본으로 대략 분류된다. 논문으로 「시왕지장신앙도상원류연변十王地藏信仰圖像源流演變」(2012년 제4차 국제 한학회漢學會 발표), 「시왕경 신자료와 연구의 전환十王經新材料與研考轉折」(2013년 돈황투루판학회 30주년 국제학술회발표), 「『고왕경』과 『시왕경』의 의위경 찬술논예『高王經』與『十王經』疑僞經撰述論例」(2014년 제1회 불교의위경佛教疑僞經 국제학술회)[21]가 있다. 물론 타인을 비판하기는 쉬어도 자신을 엄격히 꾸짖기는 어려운 법이다. 비록 위에서 열거한 것과 같이, 이 경본에 대해 비교적 잘 알고 있었지만 지금 다시 보니 필자가 앞에서 정리한 것 중에는 꼼꼼하지 않았거나 실수한 부분도 적지 않다. 비록 전문에서 철합하고 정리하는 것을 위주로 한 것은 아니지만, 대체적으로 대조하여 정리하였다. 다만 지금 이러한 정리는 상당한 성과가 있는데, 2가지로 요약할 수 있다. 먼저, 고대로 거슬러 올라가 출토 문헌을 정리할 때는 원문의 행과 글자를 엄격하게 대응하는 방법

21) 劉淑芬 主編 2013,「十王地藏信仰圖像源流」,『信仰實踐與文化調適(下)』第四屆國際漢學會論文集, 台北.
　__________ 2015,「十王經的新材料與研考轉折」,『敦煌吐魯番研究』第14冊, 北京大學出版社.
　__________ 2016. 6,「疑僞經中編撰與摘抄例說-高王經與十王經」, 方廣锠 主編,『佛教文獻研究』第一輯(佛教疑僞經研究專刊), 廣西師範大學出版社.

을 취한다. 돈황본 이 경전은 많은 양의 문본文本이 있으며 또한 여러 해동본海東本에 전해진 것도 있다. 그러므로 만약 2행 이상 글자가 남아있다면, 특히 그것이 행수行首와 행미行尾라면 행자의 원래 상황으로 엮을 수 있으므로 기본적으로 오차가 크지 않다. 이러한 기초 위에서 단락의 내용을 철합하거나 상호 대조할 수 있고, 주요 핵심적인 단락이나 심지어 전본全本까지도 얻을 수 있으며 그리고 경본의 유형을 결정할 수 있다. 두 번째, 요주 신덕사본은 파손 정도가 극히 심각하고 파편이 많았는데, 그 사본들 중에서 매행이 15자인 것과 매행이 17자인 것을 결합하여 동일하지 않은 경본 유형의 특징들과 대응시켰고, 이렇게 철합하고 정리하여 "동경철리同經綴理"의 원칙을 제시하였다. 일반적 고적문헌의 철합정리綴合整理는 "동건同件/동호同號"를 원칙으로 하기 때문에, 발견된 손상되거나 부숴진 파편들은 한 조각에서 출발하여 철합하고 정리하여 최대한 하나의 것으로 완성되어 간다. 물론 유일본[孤本]이거나 보기 드문 내용일 경우에는 기본적으로 동일경전 동일호[同經同號]의 원칙으로 처리할 방법은 없다. 다만 구체적 특수한 상황에서는 구체적이고 특수한 방법이 필요한 법이다. 혹자는 융통성 있는 방법만이 비로소 문제를 해결할 수 있다고 말하기도 한다. 만약 [그러한 방법이] 여기에 존재한다면, 필자는 그 가장 큰 가치가 바로 경본의 유형에 있으며 그러므로 이 방법을 활용하는 것이 경본의 유형을 해결하는데 가장 좋을 수 있고, 그리하여 시왕경 계통의 변화와 발전 상황을 규명할 수 있다고 지적하고 싶다.

1) 문게본文偈本『염라왕경』

이 경본은 6개 경호經號의 결본殘本들을 엮어 정리한 것으로, 세 단락으로 나눌 수 있고 행마다 평균 15자가 있다. 여기에서는 4개 파편들을 교합하였는데, 즉 Y0199-3 푸른색 + Y0179 노란색 + Y0147-1 녹색 + Y0226 회색이다. 뒤에 2단락이 더 남아있다.

1. 受苦轉其中隨業報身定生注死若複
2. 有人書寫經受持讀誦舍命之後必出
3. 三途不入地獄在生之日煞父害母破戒
4. 煞諸牛羊雞狗毒蛇一切重罪應入地
5. 獄十劫善寫此經及諸尊像記在業鏡
6. 閻羅王歡喜判放其人生富貴家免其罪
7. 過若善男子善女人比丘比丘尼優婆
8. 塞優婆夷預修十會[22]累七往生齋者每
9. 月二時供養三寶並祈十王修名進狀上
10. 六曹官善業童子奏上天曹冥官等記在
11. 名案身到日時當使配生快樂之處不住
12. 中陰四十九日待男女追救命過十王若闕
13. 一齋乖在一王留連受苦遲滯一年是

22) 여기에서 “累七” 앞의 “會/會”는 하반부만이 남아있어 필자가 판별한 것이다. “預修十”과 “會累七往生齋”는 운이 좋게도 완전한 어구로 구성되어 있으며, 여기서 “預修十會累七往生齋”가 매우 중요한 어휘임을 알 수 있다. 이것은 초기의 특징적인 어휘들을 갖추고 있으며 이후에 預修生七齋으로 대체되었다.

14. 故勸汝作此要事祈往生報

15. 爾時地藏菩薩龍樹菩薩救苦觀世音

16. 菩薩常悲菩薩陀羅尼菩薩金剛藏菩薩

18. 贊歎世尊哀愍凡夫說此妙法救拔[23]生死

19. 頂禮佛足 爾時二十八重一切獄主閻

1・受苦轉其中隨業報身定生注死若複
2・有人書寫經受持讀誦舍命之後必出
3・三途不入地獄在生之日煞父害母破戒
4・煞諸牛羊雞狗毒蛇一切重罪應入地
5・獄十劫善寫此經及諸尊像記在業鏡
6・閻羅王歡喜判放其人生富貴家免其罪
7・過若善男子善女人比丘比丘尼優婆
8・塞優婆夷預修十1會累七往生齋者每
9・月二時供養三寶並祈十王修名進狀上
10・六曹官善業童子奏上天曹冥官等記在
11・名案身到日時當使配生快樂之處不住
12・中陰四十九日待男女追救命過十王若闕
13・一齋乖在一王留連受苦遲滯一年是
14・故勸汝作此要事祈往生報
15・爾時地藏菩薩龍樹菩薩救苦觀世音
16・菩薩常悲菩薩陀羅尼菩薩金剛藏菩薩
18・贊歎1世尊哀愍凡夫說此妙法救拔生死
19・頂禮佛足 爾時二十八重一切獄主閻

도표. 엮어서 이음[철접綴接]

매우 흥미로운 점은 원본이 하나가 아닌 사경寫經들이 매우 정확하게 철접綴接하고 있다는 점이다. 같은 경본일 경우 같은 격식으로 쓰여지며 매우 가까운 격자格字가 있을 수 있지만, 이와 같이 거의 일치하는 철합綴合은 여전히 놀라운 일이다. Y0226호는 2개의 파편이 있으며, 행마다 15자가 쓰여 있고, "童子報/當"은 이 중간에 합치되

23) Y0179 또한 "救拔"이 있으며,다만 아래 행의 "宮神"는 해결하지 못함.

며, "佛/子"는 아직 미정이다[24]. 이 철접을 통해 이문異文인 "累七往生齋"가 "預修十會累七往生齋"임을 안 것이 가장 큰 수확이며, 완성된다면 그 초기 모습들이 더욱 반영될 것이다.

Y0211호[25]. 행마다 15자이고, 대략 10행의 경문 중에서 8행의 글자가 남아있다. 기록하면 다음과 같다.

1. 一切罪人慈孝男女
   若報生養之恩七七修齋造像以報
2. 父母恩得生天上閻羅法王白佛言世
3. 尊我發使乘黑馬把黑幡著黑衣撿
4. 亡人家造何功德准名放牒抽出罪人不
5. 違誓願 伏願世尊聽說檢十王名字
6. 第一七秦廣王第二七宋帝王第三七初江王
   第四七五官王第五七閻羅王第六七變成王
7. 第七七太山王第百日平等王第一年都市王
8. 第十三年五道轉輪王

Y077호 철합정리

1. 十齋具足免十惡罪我當令四大夜

24) Y0195호의 내용은 Y226호의 한 파편과 중복되는 부분이 있기는 하지만, 그 격식은 행마다 17자로 『시왕경』에 더욱 가깝다.

25) 黃征, 王雪梅 2012, 「陝西神德寺塔出土文獻」, 鳳凰出版集團. 표지는 누렇게 오염된 얇은 종이이며, 길이는 18cm이고 4개 파편이 남아있다. 다만 원래 저작에서 석문釋文과 도판圖版은 차이가 있으며, 도판은 앞에서 보이는 2행의 내용이 없다.

2. **叉王守護**[26] 不令陷沒稽首世尊獄中
罪人多是用三寶財物 喧鬧受罪報
3. **識信之人**[27] 誡愼勿犯三寶業報難容
4. **得見此**經者應當修學出地獄因
5. **爾時琰**魔法王歡喜頂禮退坐一
6. **面佛言**此經名閻羅王授記四衆
預修生七往生淨土經汝當奉持
流傳國界依教奉行
7. **閻羅**王經

이러한 3개 큰 단락은 돈황본『염라왕경』(묘복妙福 등이 필사함)과 대조한 것이며, 요주 신덕사탑 역시 이 본이 존재하며 6보살을 3보살로 대체하였을 뿐, "預修十會累七往生齋"라는 호칭을 포함하고 있다. 혹은 Y0194와 195의 작은 파편을 덧붙일 수도 있다.

표1. 요주 철본綴本과 돈황본『염라왕경』의 대조

요주 신덕사탑의 "累七往生齋"『염라왕경』	돈황 妙福과 張王이 함께 보시한 초본抄本『염라왕경』
佛告諸大衆閻羅天子于未來世當得作 佛名曰普賢王如來國土嚴淨百寶莊嚴國名 花嚴菩薩充滿多生習善爲犯戒故退落琰魔 天作大魔王管攝諸鬼科斷閻浮提內十惡五	佛說閻羅王授記四衆逆修生七齋功德經 如是我聞, 一時佛在鳩尸那城阿維跋 提河邊娑羅雙樹間, 臨涅盤時, 普集大衆及諸菩薩摩诃薩, 諸天龍神王, 天主帝釋, 四天大王, 大梵天王, 阿修羅王,

26) 돈황본에서는 여기에 "此經"이라는 두 글자가 있다.
27) 돈황본에서는 여기에 "可自"라는 두 글자가 있다.

逆一切罪人系閉六牢日夜 受苦轉其中隨業報身定生注死若複 有人書寫經受持讀誦舍命之後必出 三途不入地獄在生之日煞父害母破戒 煞諸牛羊雞狗毒蛇一切重罪應入地 獄十劫善寫此經及諸尊像記在業鏡 閻羅王歡喜判放其人生富貴家免其罪 過若善男子善女人比丘比丘尼優婆 塞優婆夷預修十會累七往生齋者每 月二時供養三寶並祈十王修名進狀上 六曹官善業童子奏上天曹冥官等記在 名案身到日時當便配生快樂之處不住 中陰四十九日待男女追救命過十王若闕 一齋乖在一王留連受苦不得出生遲滯一 年是故勸汝作此要事祈往生報 爾時地藏菩薩龍樹菩薩救苦觀世音 菩薩常悲菩薩陀羅尼菩薩金剛藏菩薩 贊歎世尊哀憫凡夫說此妙法救拔生死 　　頂禮佛足 爾時二十八重一切獄主閻 羅天子六道冥官若有四衆比丘比丘尼優婆塞 優婆夷若造此經我當免其罪過送出地獄往生 天宮不令系滯受諸苦惱 爾時閻羅天子說偈白 佛南無阿波羅日渡數千河衆生無定相猶爲水 上波願得智慧風飄與法輪河光明照世界巡曆 悉經過普拔衆生苦降鬼攝諸魔四王行世界傳 佛修多羅凡夫修善少顛倒信邪多持經免地 獄書寫過災呵超度三界難永不見夜叉生處 登高位富貴壽延長至心誦此經天王恒紀錄欲 得無罪過莫信邪師蔔祭鬼煞衆生爲此入地 獄念佛把真經應當自誡勖手把金剛刀斷除 魔種族佛行平等心衆生不具足	閻羅天子, 太山府君, 司命司錄, 五道大神, 地獄官典, 悉來聚集, 禮敬世尊, 合掌而立. 佛告諸大衆 : 閻羅天子于未來世當得作佛, 名曰普賢王如來, 國土嚴淨, 百寶莊嚴. 國名花嚴, 菩薩充滿其國. 多生習善, 爲犯戒故, 退落琰魔天作大魔王. 管攝諸鬼, 科斷閻浮提內十惡五逆一切罪人, 系閉六牢, 日夜受苦, 輪轉其中, 隨業報身, 定生主死. 若複有人修造此經, 受持讀誦, 舍命之後, 必出三途, 不入地獄. 在生之日, 煞父害母, 破戒煞諸牛羊, 雞狗毒蛇, 一切重罪, 應入地獄十劫, 若造此經及諸尊像, 記在業鏡, 閻王歡喜, 判放其人生富貴家, 免其罪過. 若有善男子, 善女人, 比丘, 比丘尼, 優婆塞, 優婆夷, 預修生七齋者, 每月二時, 供養三寶, 祈設十王齋, 修名進狀, 上六曹官, 善業童子奏上天曹地府等, 記在名案, 身到之日, 當便配生快樂之處, 不住中陰四十九日. 待男女追救, 命過十王. 若闕一齋, 乖在一王, 留連受苦, 不得出生, 遲滯一年, 是故勸汝, 作此要事, 祈往生報. 爾時地藏菩薩, 陀羅尼菩薩, 金剛藏菩薩等, 稱歎世尊, 哀憫凡夫, 說此妙經, 拔死救生, 頂禮佛足. 爾時二十八重一切獄主與閻羅天子, 六道冥官, 禮拜發願, 若有衆生, 比丘比丘尼, 優婆塞優婆夷, 若造此經, 讀誦一偈, 當免其罪過, 送出地獄, 往生天道, 不令系滯, 宿夜受苦. 爾時 閻羅天子說偈白佛 : 南無阿婆羅, 日度數千河. 衆生無定相, 猶如水上波. 願得智慧風, 飄與法流河.

Y194 **修福似微塵**造罪如山嶽當修造此經 **能除地獄苦**往生豪族家善神恒守護 造經讀誦人忽而無常至善使自來迎 天王相引接攜手入金城 **爾時佛告阿難**一切龍神八部閻羅天[28]	光明照世界, 巡曆悉經過. 普拔衆生苦, 降鬼攝諸魔. 四王行國界, 傳佛修多羅. 凡夫修善少, 顚倒信邪多, 持經免地獄, 書寫過災河. 超度三界難, 永不見夜叉. 生處登高位, 富貴壽延長. 至心誦此經, 天王恒紀錄. 欲得無罪苦, 莫信邪師蔔. 祭鬼煞衆生, 爲此入地獄. 念佛把真經, 應當自誡勖. 手把金剛刀, 斷除魔衆族. 佛行平等心, 衆生不具足. 修福似微塵, 造罪如山嶽. 欲得命延長, 當修造此經. 能除地獄苦, 往生豪族家. 善神恒守護, 造經讀誦人. 忽爾無常至, 善使自來迎. 天王相引接, 攜手入金城. 爾時佛告阿難, 一切龍神, 八部大神, 閻羅天子, 太山府君, 司命司錄, 五道大神, 地獄官典, 行道天王. 當起慈悲, 法有寬縱, 可容一切罪人. 慈孝男女, 修福追齋, 薦拔亡人, 報育養恩, 七七修齋, 造經造像, 報父母恩, 得生天上. 閻羅法王白佛言 : 世尊, 我發使乘黑馬, 把黑幡, 著黑衣, 撿亡人家造何功德, 准名放牒, 抽出罪人, 不違誓願, 伏願世尊聽說檢齋十王名字 : 一七秦廣王; 二七宋帝王; 三七初江王; 四七五官王; 五七閻羅王; 六七變成王; 七七太山王; 百日平等王;

28) Y226호의 한 파편에는 "**佛告阿難/子太山府君**"이라고 되어 있다.

	一年都市王; 三年五道轉輪王. 十齋具足, 免十惡罪, 放其生天. 我當令四大夜叉王守護此經, 不令陷沒. 稽首世尊, 獄中罪人, 多是用三寶財物, 喧鬧受罪報. 識信之人, 可自誡愼, 勿犯三寶, 業報難容. 見此經者, 應當修學, 出地獄因. 爾時琰魔法王, 歡喜頂禮, 退坐一面. 佛言此經名 『閻羅王授記令四衆逆修生七往生淨土經』, 汝當奉/持, 流傳國界, 依教奉行. 『閻羅王經 一卷

子司命司錄五道大神太山府君地獄冥官等行道天王當起慈悲法有

Y211寬縱可容一切罪人慈孝男女

若報生養之恩七七修齋造像以報

父母恩得生天上閻羅法王白佛言世

尊我發使乘黑馬把黑幡著黑衣撿

亡人家造何功德准名放牒抽出罪人不

違誓願伏願世尊聽說檢十王名字

第一七秦廣王第二七宋帝王第三七初江王

第四七五官王第五七閻羅王第六七變成王

第七七太山王第百日平等王第一年都市王

第十三年五道轉輪王

Y077十齋具足免十惡罪我當令四大夜

叉王守護此經不令陷沒稽首世尊獄中

罪人多是用三寶財物喧鬧受罪報

識信之人可自誡慎勿犯三寶業報難容

得見此經者應當修學出地獄因

爾時琰魔法王歡喜頂禮退坐一

面佛言此經名閻羅王授記四衆

預修生七往生淨土經汝當奉持

流傳國界依教奉行

閻羅王經

2) 과도기적 유형의 게송본偈頌本

이 과도본過渡本은 여러 파편들을 철합하고 정리[綴理]하여 만든 것으로, 중요한 특징을 갖고 있다. 가령, 경전 안에서 스스로 "십재경十齋經"이라 칭하고 있지만, 미제에는 "불설염라왕경"이라고 되어 있다. 앞부분이 많이 손상되었지만 내용은 시왕게송十王偈頌의 문장 구조로 되어 있고, 먼저 "몇 번째 칠일 무슨 왕 아래[甘七某王下]"가 나오며, 『염라왕수기경』 등과 완전히 동일하다. 이어서 "이게송왈以偈頌曰"이라고 되어 있는데 이것은 우리가 흔히 볼 수 있는 찬사이다. 이것은 분명 장천藏川이 서명하기 전의 모습일 것이다.[29)]

29) 藏川은 아마도 "偈頌"을 "贊曰"로 고쳤을 것이며, 면양북산원綿陽北山院 마애摩崖로부터 圖像이 藏川이 한 것이 아님을 알 수 있다. 이것은 오히려 수많은 사람이 이룩한 실재적인 역사에 부합하는 것이며, 많은 사람의 노력으로 비로소 이루어졌지만 한 사람에게 공로를 돌린 것이다. 지금 보아하니, 藏川은 아마도 탁명托名일 가능성이 있다.

Y076+Y0155 +Y0228의 철합정리[綴理]

令閻羅天子及若…

出家弟子若僧 … 饒益衆生

預修十齋方便之時 … 忏悔欲 滅罪

來世一切衆生　　讀經

逆修十齋七分功德 盡皆得之…

墮十惡罪果感生于人…

當同力救…

爾時閻羅王再白世尊 … 佛慈悲齋主 **監察證明 救拔**

(贊曰 : 閻王向佛再陳情, 伏願慈悲作證明.

凡夫死後修功德, 撿齋聽說十王名)

一七秦廣王下以偈頌曰

一七亡人中陰身驅將隊隊數如塵

且向初王齋點檢由來未度奈河津

二七宋帝王下以偈頌曰

二七亡人渡奈河千群萬隊涉江波

引路牛頭肩挾棒催行鬼卒手擎叉

三七日初江王下以偈頌曰(Y0155 사진[30])

亡人三七轉恓惶始覺冥途險路長

各各點名知所在群群驅送五官王

四七五官王下以偈贊曰

30) Y0155호는 행이 정연하나 양측이 손상되었으며, 이 본과 대조하면 실제로 앞행 “引路”과 뒤행 “三七”의 흔적을 알아볼 수 있다.

左右雙童業簿全 五官業秤向空懸[31]

輕重豈由情所願低昂自任昔因緣

五七閻羅王下以偈贊曰：

五七閻羅息诤聲罪人心恨未甘情

策發仰頭看業鏡始知先世事分明

六七變成王下以偈贊曰：

亡人六七滯冥途切怕生人執意愚

盼盼只看功德力天堂地獄在須臾

七七太山王下以偈贊曰

亡人七七讬陰身專求父母會情親

福業此時仍未定更看男女造何因

百日平等王下以偈頌曰

後三所曆渡[32]關津好惡唯憑福業因

不善尚憂千日內胎生産死拔亡身

一年都市王下以偈頌曰

下身六道苦茫茫十惡三塗不易當

努力修齋福業因河沙諸罪自消亡

三年五道轉輪王下以偈頌曰

閻羅退坐一心聽佛更慨勤囑此經

名曰預修生七教汝兼四衆廣流行

---

31) 이 구문은 자주 보이는 순서와 반대되는데 黃征 등의 교록校錄에서 이미 지적하였지만 아직 그 규칙을 알지 못했다.

32) "後"를 "複"라고 잘못하였기에, 바로 잡았다. "渡"는 모든 본에서는 "是"이다.

十齋具足免十惡罪放其生天

佛囑阿難

是侵損三寶財物 喧鬧受罪

發菩提心預修齋……

道爾時琰羅王聞法歡喜退坐

佛此經名『閻羅王授記四衆逆修十齋經』

阿難領受流傳國界信受奉行

佛說閻羅王經

사진. Y076+Y0155호를 연결하여 놓음

특별히 더 설명할 필요가 있는 점은 이 경본들을 철합綴合하는 과정에서 Y0228호는 순전히 시험적 성격으로 철합했다는 점이다. 그러나 Y076+Y0155호를 [철합한 것은] 전혀 의심의 여지가 없다.

Y076호는 이미 이 본의 근본적 특징인 그림은 없고 게찬만 갖추는 특징을 보여주고 있고, 그림과 게찬을 모두 갖추는 돈황본의 형식에 부합되지만 무슨 "王下, 以偈頌曰"이라고 되어 있어, 분명히 이 도찬본의 초기 형식으로 보인다. 이것은 명왕冥王의 순서가 "제이송제第二宋帝" 다음 "제삼초강第三初江"이고, "과過"가 아닌 무슨 왕 "하下"라고 되어 있는데, 이는 모두 『염라왕/수기경』의 특징이다. 이것은 물론 도찬본의 형식은 아니지만, 도찬본에서 가장 중요한 특징인 찬사贊詞를 덧붙이고 삽화를 배치하고 있으며, 왕명의 순서는 "第二初江" 다음에 "第三宋帝"이며, "過"를 "下"로 대체하고 있다. 그리하여 이 경본은 돈황본 『염라왕수기경』과 『불설시왕경』의 과도기적 형태임에 대체로 의심의 여지가 없다. 다만, 이 경은 손상되고 소실된 부분이 많고, Y0228호는 14개의 작은 파편으로 되어있는데, 아마도 경문 앞뒤의 구문처럼 보인다. 비록 어떤 부분은 『수기경』의 구문과 같지만, 많은 부분이 현존하는 경문과 완전히 대응할 수 없고, 아울러 『십재경十齋經』이라는 명칭도 있다. 따라서 이것 [Y0228호]는 연결시켜 철합할 수 있는지를 하나의 가능성으로 시도해 본 것이다.

3) Y014-2호

Y014-2호는 신덕사탑에서 발견된 시왕경 중 가장 완전한 것 중 하나이다. 이 경전의 대부분의 내용이 남아있으며, 그 분류는 그림이 없는 도찬본이며, 문자는 돈황본 『불설시왕경』에 견주어 볼 수 있다. 이것은 아직 기록하여 놓지 않았으며, 그 모습은 본문 뒷부분에 부록으로만 실려 있다.

2. 태주台州 황암黃岩 영석사靈石寺 탑본塔本

절강성浙江省 태주시台州市 황암구黃岩區 영석사靈石寺는 두타진頭陀鎮 조제향潮濟鄉 영석산靈石山 남쪽 기슭에 위치해 있다. 두개의 탑은 북송北宋 건덕乾德 3년(965)에 건립되어, 원래 대웅보전 앞의 동측과 서측에 나뉘어 세워졌는데, 이후 동탑은 청나라 초에 훼손되었고 서탑은 1963년 성급문물보호 단위로 공포되었다. 현존하는 탑의 높이는 21미터이며 6각 7층의 전축磚築 양식이다. 탑이 노후되어 1987년 11월 보수공사를 하게 되면서 각 층마다 고르게 놓여있던 문물들이 발견되었다. 그 가운데 제4층은 남북에 2개의 천궁天宮이 평행하게 배치되어 있었고, 5권 『불설예수시왕생칠경佛說預修十王生七經』은 북부천궁에서 출토되었다.

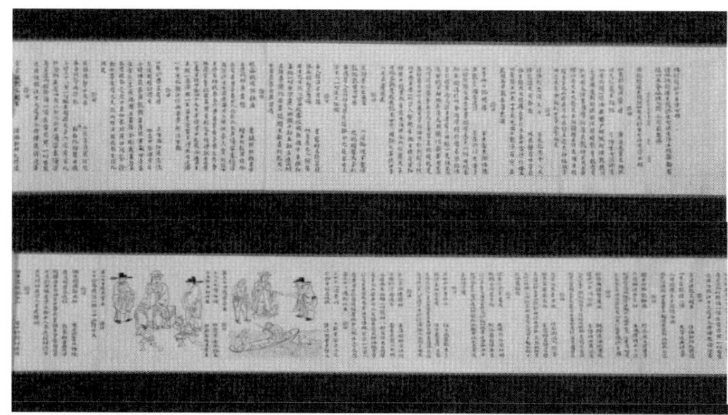

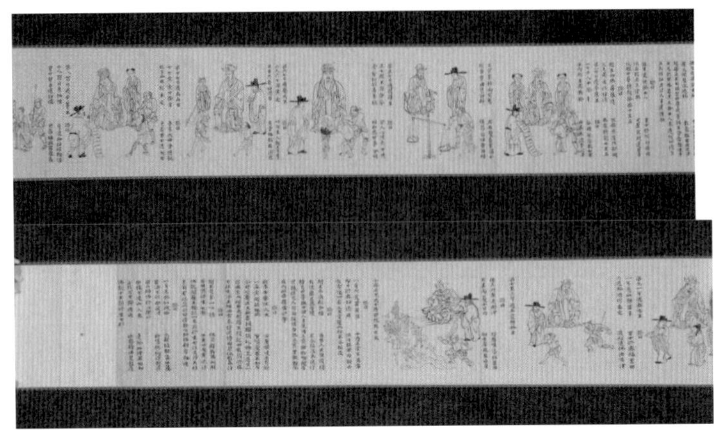

사진. 영석사탑에서 출토된 경권 중 하나. 황암박물관黃岩博物館에서 제공.

사진을 통해 보이는 경권에는 먹으로 선만을 그린[백묘白描] 시왕도화十王圖畫가 있다. 문자는 비록 돈황본 『불설시왕경』과 비슷하나, 일본 고야산보수원高野山寶壽院에서 소장하고 있는 『시왕경』에 더욱 가깝다. 이 경의 수제首題는 『불설예수시왕생칠경』이고 미제尾題는 『불설시왕예수생칠경』이다. 앞의 일본 전래본은 이러한 종류의 제명이 있는데, 가령 『대정장大正藏 · 도상부圖像部』에서 간행한 고야산 소장본 『예수시왕생칠경』을 예로 들 수 있다. 이것에는 일본 관영寬永 4년(1627)에 보수한 기록이 있는데, 이는 명대明代 천계天啓 7년에 해당한다. 일본의 이 경전은 태주台州 화본畫本과 비교할 때 수화首畫[33]가 많으며, 『속장경』의 『예수시왕생칠경』은 경전 말미에 명대明代 성화成化 5년(1469) 6월이라는 기록이 있는데, 이를 통해 이러한 이름이 일찍

33) 대정장 도상부의 이 도권圖卷은 아직 전체를 간행하지 않았으며, 그 뒷부분 輪回圖는 전문적으로 나타낸 것 같지만, 다만 일부만을 나타내고 있다.

이 중국에서도 볼 수 있었음을 알 수 있다. 보수원본寶壽院本의 형태는 분명 중국 당송의 것에서 유래한 것이며, 표제 이외에 "평등왕平等王"이라는 명칭도 두 곳에서 동일하다.

모든 왕마다 하나의 그림[每王一圖]으로 그리는 구성은 경도經圖와 비단에 그린 영파시왕화寧波十王畫를 합친 것이다. 이 본이 발견되기 전, 이미 이 경도經圖에는 전권이 14도圖 혹은 13도圖인 두 형태가 있다는 것을 알고 있었다(대리국본大理國本은 전부는 아님). 그러나 이것은 열명의 왕이 각각 하나의 그림[十王各一圖]으로 그려져 있었고, 일본 전래본과 비교할 때 더욱 간결하였다. 이 경은 대략 북송北宋 건덕乾德에서 함평鹹平 연간으로 귀속될 수 있으며, 그 탑에는 "동쪽에 선사와 화상이 중생을 제도하고 해탈하도록 하는 은혜에 보답하고 … 지금 세상에 예수하고 [5계 10선 등] 세선하여, 그 복덕과 지혜가 쌍으로 통하기를 바라옵니다(東面報先師和尚度脫之恩 … 今世預修來世善, 願其福慧得雙通)"와 "북쪽에 돌아가신 어머니 원삼랑袁三郎의 양육의 은혜를 보답하여, 개보 8년(975) 2월 2일에 시주 경률대덕 사경이 기록합니다(北面報亡妣袁三郎養育之恩, 開寶八年975二月初二日寺主經律大德嗣卿記)"라고 새겨져 있다. 본래 명문銘文은 이 경전의 예수 사상을 직접적으로 체현하고 있으며, 경본의 연대는 마땅히 개보開寶 8년에 가깝다고 미루어 알 수 있고, 일찍이 일본에서 이 경전을 받아 소장했으며, 영파시왕화집寧波十王畫集보다 더 이르다. 영석사와 고야산 경본은 비록 열 명의 왕들이 각각 하나의 그림으로[十王各一圖] 그려져 있고, 전자는 모든 왕에게 공안公案이 없고 의자에 앉아있으며 선악동자善惡童子와 관리와 옥졸들은 옆에 서있으며 그려진 인물은 아름답고 단정하며, 대부분 4명인 경우가 많다. 예를 들어, 초강왕初江王 장면은 한 사람이 작은 배에 올라타 손을 모으고 공손히 인사하고 있으며[揖] 사공과 강 중간에 각각 1명이 있다. 오관왕五官王 장면은 단지 4명뿐이며, 업을 재는 저울[業秤]은 높고 크며, 한 관리가 망자를 재촉하며 저울 위 선악권자善惡卷子의 경중을 관찰하고 있다. 염라왕은 의관과 띠 장식이 다른 왕들과 조금 다르며, 거울에 돼지를 죽이는 장면이 있다. 마지막 오도전륜왕五道轉輪王은 몸 전체가 병기로 장식되어 있고 관리는 두루마리 문서를 펼치고 있고 옥졸은 칼을 들고 있다. 여기에서 알 수 있는 점은 각각의 요소들이 생략되고 시왕화十王畫의 실용적인 구성으로 된 도본圖本이 북송 초기 이미 이러한 형태를 갖추었으며, 또한 영파寧波 부근과 절강浙江에 속하는 태주台州에 있었다는 점이다. 그 밖에 이러한 여러 권들에서 왕들이 앉은 곳에 점차 병풍과 층계 등이 있는데, 이것은 명주화방明州畫坊의 시왕중채분회도十王重彩分繪圖에 편향되어가고 있는 것이다. 비록 작은 흔적이지만, 또한 미세한 것을 통해 본질을 알 수 있는 법이다.

III. 『시왕경』의 발전에 대한 새로운 분석

위에서 나열한 것들은 새롭게 철합하고 정리한 신덕사탑 경본이 가져온 신선한 충격을 보여주고 있다. 영석사 탑본이 세상에 나타나자 많은 사람들은 놀라고 기뻐했으며, 그 경명이 해동본海東本 관련되어 있다고 확실시하였다. 그러나 신덕사본을 철합하고 정리하고 교록

校錄하면서 뜻밖에도 잔편 중에서 과도기적 경본이 나타났으며, 더욱이 『염라왕경』이 기본적 유형임을 증명해주었다. 따라서 시왕경에 3가지 유형이 있고, 『염라왕경』에서 『염라왕수기경』과 『예수시왕경』으로 나눠져 발전하여, 예수에 편중되거나 혹은 망재에 편중되었다고 유추할 수 있다. 더욱이 이 경전이 처음 발생한 곳은 당나라 중심 지역 혹은 그 부근으로 볼 수 있으며, 동서, 남서, 북서 방향으로 각각 널리 퍼지면서 시왕신앙의 분포 모습이 변모되었음을 새로이 알 수 있다.

이 경전을 추적하고 밝힘에 있어서, 경명의 표제(수제미제와 경전을 포함), 왕명의 순서, 보살의 수열, 예수預修와 망재亡齋(상세하거나 간단한 분합), 중요 구절의 변화 등 모두 5개 영역에서 추적 조사할 수 있다. 그 가운데 왕명의 순서와 보살의 수열을 분별하는 것은 대만 왕찌엔추안王見川과 상해사범대학 왕쥬안王娟에 의해서 이미 제기되었으며, 다만 작은 것으로 합리적 결론을 도출하기는 어렵다. 5개 영역을 상호 연결시킬 때 변화하며 바뀔 수 있다. 아주 미세한 점 혹은 일부 부조리한 점을 제외할 때, 비로소 중요한 근본적 규칙이 선명해질 수 있다. 그러나 정련함이나 대표성에서 볼 때, 여전히 경명 표제가 가장 분명하다고 할 수 있다. 그러므로 본문에서는 경명, 특히 미제가 나타내는 것을 경본의 유형을 표시하는데 활용하였고, 아울러 이러한 기초 위에 진화의 규칙을 덧붙여 설명하였다.

종합해 보면, 우리는 시왕경에 세 가지 유형이 있다고 현재 알고 있는데, 그중에는 아류형 변화 등도 있을 수 있지만, 그러나 분명히 『염라왕경』, 『염라왕수기경』, 『예수시왕경』 이 세 가지가 변화한 것이다. 여기서 경명, 왕명의 순서, 보살의 수열, 예수와 망재, 중요 어휘라는 5가지 측면에서 고찰하여 진행하였다. 결론적으로 『염라왕경』이 기준이 되며, 예수와 망재 공덕에 편중하여 나타난 것이 『염라왕수기경』이며, 이것이 돈황본 가운데 가장 많이 보인다는 결론을 얻었다. 망인재亡人齋와 그림을 덧붙인 찬사[添圖畫贊詞], 서명에 성도승成都僧 장천藏川이라는 이름이 있는 것은 남서의 서천마애감상四川摩崖龕像과 돈황 도찬경본圖贊經本에서 두드러지게 많이 존재한다. 동남태주東南台州와 해동제본海東諸本은 비록 비슷한 도찬圖贊이 많이 나오지만 왕명의 순서와 관련 어휘가 돈황본과 동일하지 않으며, 오히려 『염라왕경』을 계승하고 있다. 해동본과 일본본은 이 본과 동일하다. 그러므로 이 계통이 전파되었거나 혹은 이것이 주된 줄기였을 것이다. 아래에서 간략하게 전개하겠다.

1. 다섯 항목의 관계

1) 경명 표제經名標題

이 경명은 상당히 복잡한 특징을 갖고 있다. 십전명왕十殿冥王을 나누어 열거하였고, 예預(역逆)수修와 망인재亡人齋의 시왕경 계통을 설명하고 있으므로 "시왕경"으로 통칭할 수 있으며, 또한 『염라왕수기사중예수생칠재왕생정토경閻羅王授記四衆預修生七齋往生淨土經』이라는 정식 명칭을 포함하고 있다. 그러나 그 문체와 내용 모두 적지 않은 차이가 있다. 장경동에서 출토된 적지 않은 수량의 경본들에는 최소한 문게文偈와 도찬圖贊이라는 두 종류가 있다고 많은 학자들이 동의하였으며, 가령 두또우청杜鬥城의 갑을류 및 대만과 일본의 학자 등(太史文은 권책의 장정裝幀에 편중됨)을 들 수 있으며, 또한 더욱 세분하면 심지어 6가지 분류[34]가 있다. 미제와 서명을 대응시킨 것은 필자의 『염라왕수기경 철보 연고閻羅王授記經綴補研考』[35]에서 한 것이다. 문계본의 미제는 『염라왕수기경』이고 도찬본의 미제는 『불설시왕경』이다. 뿐만 아니라 "성도부 대성자사 사문 장천 씀(成都府大聖慈寺沙門藏川述)"이라는 서명도 포함되어 있다. 이러한 분석은 큰 의의가 있는데, 특히 여러 본에서 모두 장천藏川이라는 유설謬說이 나올 뿐 아니라[36] 유형 사이에 차이가 큰 문자도 모호함이 비슷하여, 베껴 전하여 틀린 것이 많다고 말 할 수 있다. 더욱이 이해할 수 없는 점은 이러한 종류의 유설謬說이 세상에 퍼진 것이 오래되어, 학계에서도 일찍이 새로운 진전을 이루거나 명확히 지적하였다. 가령 Stephen F. Teiser[太史文]의 대작에서 일본 위경을 명확하게 구분한 것을 예로 들 수 있다. 여전히 연구자들이 이어오고 있다. 물론 이것은 제출자와 무관하며 혹은 문물이 없는 사상관념사의 측면에서 볼 때 학계의 발전은 응당 한계가 있을 수밖에 없다. 소위 박사 연구자의 새로운 논문 등은 기본적으로 발전을 고려하지 않으면 안 된다. 당연히 세밀하게 분석해보면 일부 예외가 있지만 허용 가능한 오차 범위에 속한다. 현재 알고 있는 『염라왕수기경』 가운데 단지 제목이 『염라왕경』인

34) 王娟 2019年 六期, 「敦煌本『十王經』文本系統再考察-以經中長行爲中心」, 世界宗教研究.

35) 「閻羅王授記經綴補研考」, 『敦煌吐魯番研究』第5卷, 北京大學出版社 2000. 12.

36) 가령 蕭登福는 일본 위경의 위본 「地藏發心因緣十王經」에 대해서도 藏川에 귀속시키고 있다.

것만이 학술적 유형에서 의의가 있다고 간주해서는 안 된다. 가령 의위경 목록 중 돈황본 수기경과 명대明代 판각版刻 등과 같이, 비록 일부만 광범위하게 대응하고 있으나, 이것은 여전히 한 유형이라 할 수 있다. 도찬본 『예수생칠/시왕경』은 후세에 널리 유행하여 해동海東까지 전파되었고, 또한 도화圖畫를 탈피하고 문자본이 되었다. 그러나 최소한 북송北宋 영석사 탑본은 "예수생칠預修生七"이라는 약칭이 있음을 알 수 있다. 관련지어 보면, 도화의 유무는 근본적 조건이 될 수 없지만, 찬사贊詞의 유무는 표준이 될 수 있다는 것으로 『시왕경』을 분석하였으며[37] 여기에는 스스로 "게송"본이라고 칭하고 있는 신덕사 탑도 포함된다.

그러므로 지금 사용하고 있는 『염라왕경』, 『염라왕수기경』, 『예수생칠/시왕경』이라는 세 종류 미제는 이러한 계통에서의 세 종류 경본에 대응한다. 현재 알고 있는 세 종류 경본 사이에는 변화하는 과도기적 유형도 존재하는데, 가령 위에서 언급한 요주 게송본은 미제가 「불설염라왕경」이라고 되어 있지만 도찬본에 귀속된다. 『염라왕수기경』 역시 한 종류에 속하며 그중에 증출본增出本과 증산본增刪本이 있으며, 『불설염라왕경』(경전 안에서는 「십재경十齋經」이라고 되어 있음)은 과도기적 유형으로, 즉 도찬본의 전신인 찬사는 있으나 그림이 없는 본[有贊無圖本]이다.

---

37) "贊"을 분류의 기준으로 삼는 것은 일찍이 蕭登福 등의 학자들이 주장하였다.

『예수십칠/생칠경預修十七/生七經』

『염라왕경』, 요주돈황제경본耀州敦煌諸經本 및 중국국가도서관 BD00529V.

『염라왕수기경』, 내용상 증출본增出本이며 돈황본 몇 점이 있음.

『염라왕수기경』, 내용상 증산본增刪本이며, 가장 많으며, 그중 3점에 『염라왕경』이라는 제목이 포함되어 있음.

『불설시왕경』, 돈황본 14圖/13圖로 매왕일도본每王一圖本이며, 왕명과 중요 어휘를 변경함.

『예수생칠시왕경』, 영석사 탑본 및 해동본 등으로, 왕명과 어휘를 변경하지 않음.

종합하여 말하면, 우리는 경명의 미제를 그 형태와 내용 등에 대응시켜, 3가지 주류와 내부 아류형을 확정지을 수 있다. 만약 그 과도기적 유형과 별본의 유형을 헤아리지 않으면, 주류에 아류와 부록을 더하여 모두 5종류로, 과도본을 제외한 5종류를 위에서 설명했다. 약칭하면 염라閻羅, 수기증授記增, 수기산授記刪, 돈황시왕敦煌十王, 예수생칠경預修生七經이다. 이에 근거하여 경본이 변화하는 계통의 기원과 발전을 밝힐 수 있다.

2) 왕명王名의 순서

왕찌엔추안王見川은 「近代中國地獄研究之一 : 十王的流傳, 演變與定型」에서 시왕十王의 명칭과 순서 문제에 관심을 기울여, 돈황본이 갑을병 세 계통이라는 주장을 제기하였다. 그 주장은 매우 간단명료하며 합리적이지만, 그들 사이의 관계[38]에 대해서는 언급하지 않았다. 명청明清시기 시왕의 명칭을 정하는 것 등에 있어서 그 주장의 경간은 매우 크지만, 본문에서는 다만 그 앞 단락 돈황본을 병합하고 정리한 표를 제시하였다.

요약표

1. 甲류	2. 乙류	3. 丙병
一七齋秦廣王下 **二七齋宋帝王下** **三七齋初江王下** 四七齋五官王下 五七齋閻羅王下 六七齋變成王下 七七齋太山王下 **百日 齋平正王下** 一年齋都市王下 三年齋五道轉輪王	一七秦廣王 **二七宋帝王** **三七初江王** 四七五官王 五七閻羅王 六七變成王 七七太山王 **百日 平等王** 一年都市王 三年五道轉輪王	一七日, 過秦廣王 **二七日, 過初江王** **三七日, 過宋帝王** 四七日, 過五官王 五七日, 過閻羅王 六七日, 過變成王 七七日, 過太山王 **百日, 過平正王** 一年, 過都市王 三年, 過五道轉輪王
갑류『閻羅王授記令四衆預修生七及新亡人齋功德往生淨土經』	을류『佛说阎罗王授记四众逆修生七往生净土經』	병류『佛說閻羅王授記四衆預修生七往生淨土經』(즉, 藏川述本)

아래 칸에서 왕찌엔츄안은 열거된 명제를 따르고 있는데, 사실 여기에는 작은 오류가 있다. 갑류의 명칭은 경전 안에 나오는 명칭이지만 수제와 미제는 아니며, 또한 그것은 을본에서 많이 나타난다. 을

38) 王見川 2017, 『曆史, 藝術與台灣人文論叢』12輯. 博雅文化公司. 이것의 주된 요지는 저승[地府] 시왕의 명칭과 순서의 변화 발전 등의 문제를 다루고 있으며, 말기까지의 시왕 계통의 정형화에 관하여 발표한 논고이다.

과 병에서 열거된 명제는 모든 본에서 또한 혼용되고 있다. 사실 이러한 세 종류 경전은 본문의 세 종류 미제와 부합하여 각각 대응하고 있으며 돈황의 범주를 초월하고 있다.

상술한 시왕의 명칭의 순서에는 2가지 변화가 있는데, 첫번째는 "제2왕송제第二王宋帝"와 "제3왕초강왕第三王初江王" 혹은 그것의 상반된 순서이고, 두 번째는 제8왕이 "平等王"이거나 "平正王"이라는 점이다. 제왕의 "下"와 "过"의 차이도 볼 수 있다. 더욱 넓은 범위에서 을유형을 살펴보면, 영석사탑과 해동본은 "平等王"이라고 되어 있으며 다른 것들도 모두 일치한다.

『염라왕경』은 "二七宋帝", "三七初江", "百日平等王"이라고 되어 있다. "百日平等"을 제외하고 손상되어 있으며, 사천면양북산원四川綿陽北山院의 시왕지장감十王地藏龛에 새겨진 글자[銘刻] 또한 동일하다. 요주 Y0211호「염라왕경」은 모두 손상되었다. 다만, 과도본은 "二七宋帝王下", "三七初江王下"(Y0155 철입綴入함), "百日平等王下"라고 되어 있다. Y0076+155호는 도찬본에 속하며, 앞 유형의 왕의 이름과 순서를 포함하고 있다.

『염라왕수기경』은 "二七齋宋帝王下", "三七齋初江王下", "百日齋平正王下"라고 되어 있다. 돈황본이 그 수량이 가장 많고 수십 점 모두 이러한 조합이다. 그 가운데 유일하게 S4805 등 3점만이『염라왕경』이라고 적혀 있다.

『예수시왕생칠경』의 돈황본『불설시왕경』(P2003, P2870, S3961호와 董文員繪)은 모두 "平正王"이라고 되어 있지만, 태주台州 영석사 탑본, 일본 보수원본寶壽院本, 고려대장경 판본을 입장한 만속장경은 모두

"平等王"이라고 되어 있다. 따라서 더 큰 시간적 지역적 범주에서 볼 때, 이러한 유형은 "平正王"과 "平等王"이라는 두 분류로 나눌 수 있다.

『염라왕경』	『불설염라왕경』	『염라왕수기경』	시왕경장천藏川/ 예수경
二七宋帝王 三七初江王 百日平等王	二七宋帝王下, 以偈頌曰 三七初江王下, 以偈頌曰 百日平等王下, 以偈頌曰	第二七宋帝王下 第三七初江王下 百日齋平等王下	第二七齋過初江王 第三七齋過宋帝王 第八百日過平正王 영석사탑 및 해동본 第八百日過平等王

필자의 다른 자료인 서애양감시왕지장상西崖兩龕十王地藏像 중에는 "진광왕秦廣王"과 "평정대정平正大正"이라는 제기가 구분되어 나타나 있는데, 참고할 만 하다.

종합해보면 시왕의 명칭과 순서는 처음에는 진광秦廣, 제송帝宋, 초강初江, 오관五官, 염라閻羅, 변성變成, 태산太山, 평등平等, 도시都市, 오도전륜五道轉輪이였으며, 변화하다가 마침내 진광秦廣, 초초강楚初江, 송제宋帝, 오관五官, 염라閻羅, 변성卞成, 태산太山, 평정平正, 도시都市, 오도전륜五道轉輪으로 되었다. 그 사이 바뀐 점은 제2, 제3왕의 순서와 제8왕의 명칭이다.

3) 보살의 수열

왕쥬안王娟은 「『시왕경』 계통 재고찰-장행의 문본을 중심으로『十王經』系統再考察-以長行文本爲中心」에서 새로운 길을 개척하였는데, 4종류 경본들이 3, 5, 6, 11계위 보살로 나뉘어 있다는 것을 통해, 이 경전이 3보살, 5보살, 6보살, 11보살로 변화 발전했다고 주장하였다. 이것은 문게본과 도찬본 사이의 선후 문제와 이것이 아니면 저것이라는 앞의 주장들을 타파하고, 전체적으로 고찰하여 경전 내용은 간단한 것에서 복잡한 것으로 변화하고 그림은 근본에서 뒤로 밀려났다는 관점을 제시했다는 점에서 여전히 가치가 있다. 이 글은 학술사를 정리한 후 표를 나열하고 있다.

표: 4종본의 동이점 일람표

<table>
<tr><th>비교 내용</th><th>三菩薩本</th><th>五菩薩本</th><th>六菩薩本</th><th>十一菩薩本</th></tr>
<tr><td>미제</td><td>閻羅王經</td><td>閻羅王授記經</td><td>十王經</td><td>多爲閻羅王授記經[39]</td></tr>
<tr><td rowspan="4">열거된 보살</td><td>地藏, 陀羅尼, 金剛藏</td><td>地藏, 陀羅尼, 金剛藏</td><td>地藏, 陀羅尼, 金剛藏</td><td>地藏, 陀羅尼, 金剛藏</td></tr>
<tr><td rowspan="3"></td><td rowspan="3">文殊,彌勒</td><td></td><td>文殊, 彌勒</td></tr>
<tr><td rowspan="2">龍樹, 觀音, 常悲</td><td>龍樹, 觀音, 常悲</td></tr>
<tr><td>普廣, 常慘, 普賢</td></tr>
<tr><td>預修生七齋</td><td>√</td><td>√</td><td>√</td><td>√</td></tr>
<tr><td>新亡人齋</td><td>×</td><td>√</td><td>×</td><td>√</td></tr>
<tr><td>齋日不能作齋</td><td>×</td><td>√</td><td>×</td><td>√</td></tr>
<tr><td>作齋功德分配</td><td>×</td><td>×</td><td>×</td><td>√</td></tr>
<tr><td>普廣菩薩贊歎</td><td>×</td><td>×</td><td>×</td><td>√</td></tr>
<tr><td>何謂逆修齋</td><td>×</td><td>√</td><td>×</td><td>×</td></tr>
<tr><td>염라왕이 명계冥界에 머무는 이유</td><td>1종</td><td>1종</td><td>2종</td><td>1종</td></tr>
<tr><td>옥주獄主수량</td><td>二十八重</td><td>二十八重</td><td>十八重</td><td>二十八重</td></tr>
</table>

39) 王娟의 저술에는 미제 17건이 있은데, 그 가운데 14건의 미제는 『閻羅王授記經』이고 3건의 미제는 『閻羅王經』이라고 되어 있다.

명부冥府의 제2, 제3왕	宋帝王, 初江王	宋帝王, 初江王	初江王, 宋帝王	宋帝王, 初江王
명부冥府의 제8왕	平等王	平正王	平正王	平正王
시왕十王의 표술법	某某, 某某王	第某某齋, 某某王下	某某日, 過某某王	某某齋, 某某王下
기설시왕재祈設十王齋	十王齋	十王	十王	十王
부촉付囑 유전流傳한 인원	汝	汝	汝	汝等比丘 比丘尼, 優婆塞優婆夷, 天龍八部鬼神, 諸菩薩等

이 표는 상당히 치밀하게 잘 정리되어 있어 보이며, 형태와 핵심 내용을 통해 그 체계가 비교적 완전하게 정리되어 있다. 다만 그 논리에는 여전히 문제가 있다. 보살의 수량이 많고 적음은 일반적으로 이 경전의 성격과 관련이 없다고 말할 수 있기 때문이다. 그 수가 증가했는지 혹은 감소했는지가 시왕신앙에 어떤 의의가 있겠는가? 혹자는 그 가운데 지장地藏에 더욱 관심을 가질 수도 있다. 만약 보살이 갈수록 증가한다면, 지장보살은 그 분량이 갈수록 감소하는 것과 같은 것인데, 그렇다면 이것은 지장신앙의 상승과는 완전히 상반되는 것과 같다. 게다가 이 경의 근본은 예수預修와 망재亡齋에 있다. 시왕경 계통은 예수재를 쓸 수 있고 또한 망인재를 쓸 수 있다. 위 표가 가진 함의를 분석해보면, 경전에서 예수와 망재의 분포 변화에 대한 이해에 잘못이 있다. 그것은 6 계층, 즉 "예수생칠재預修生七齋, 신망인재新亡人齋, 재일불능작재齋日不能作齋, 작재공덕분배作齋功德分配, 보광보살찬탄普廣菩薩贊歎, 하위역수재何謂逆修齋"로 분류하고 있다.[40] 가

장 큰 문제는 경전에서 제왕의 검재檢齋 전 혹은 "이때 붓다께서 아난과 일체의 용천에게 말씀하시길 … 부모의 은혜에 보답하면 그들이 천계에 태어나게 된다(爾時佛告阿難, 一切龍天 … 以報父母恩, 令得生天)"라는 한 단락을 이해하지 못하고 있다는 점이다. 이것은 망인재로, 또한 부모에게 보답[報父母]하는 것이 중심이 되고 있다. 핵심 문구는 "마땅히 자비를 일으키고 법에는 관종이 있으니 일체죄인을 용서할 수 있다. 자애롭고 효성스러운 남녀들은 복을 닦고 망인을 제도한다(當起慈悲, 法有寬縱, 可容一切罪人, 慈孝男女修福薦拔亡人)"[41]이다. 예수공덕의 분배는 곧 『관정경灌頂經』 중 일부 설법을 덧붙인 것이다. 본경은 실제로 역수와 예수의 문턱을 낮추고 있는데, 원래는 공덕이 있는 자만이 비로소 역수와 예수를 할 수 있지만 이 경은 모든 사람이 부모를 위해 예수할 수 있다.

종합해보면, 『염라왕경』에서 예수와 역수는 자연스럽게 전후에 분포하고 있으며 문장이 간결하며 무미건조하다. 『불설시왕경』은 그것을 계승하고 있다. 『염라왕수기경』은 예수 단락에 큰 단락의 경문을 끼워넣었고, 주로 예수를 설명하고 있으며, 또한 신사망인재新死亡人齋, 공덕의 많고 적음, 간편한 예수법(종이 돈 두 접시[紙錢兩盤]), 보광보살普廣菩薩 축원 등의 내용을 설명하고 있다. 표에서는 5보살을 하나의 별본別本으로 하여, 그중 역수법逆修法을 늘리고 있는데, 이것은 부유하고 권세가 큰 (역)예수법과 흡사하며, 49승려를 모시고 재물을 보

---

40) 그 표제어가 사용하는 "齋日不能作齋"은 무엇을 말하는지 모르겠다.

41) 이 단락은 杜斗城의 교록에서는 표점하여 다음과 같이 "… 行道大王, 當有慈悲法, 有寬縱可容, 一切罪人. 慈孝男女"라고 적고 있는데, 이해하기 어렵다. 『敦煌本『佛說十王經』校錄研究』, 甘肅教育出版社.

시하며 경제적인 측면에서 상반된다. 사본 문헌 연구에서 하나의 별본을 유형으로 간주하는 것은 매우 큰 위험성이 있다. 정리하여 말하면, 증가하는 것을 발전으로 간주할 수는 없다. 만약 이러한 단순한 진화론으로 순서를 나눈다면 경전에서 관건이 되는 예수(역수)와 망인재의 정황들이 오히려 어지럽게 되어 규명할 수 없게 될 것이다.

그러므로 요주 신덕사탑본인 6호가 철합하여 이루어진 『염라왕경』은 돈황에 존재하는 묘복妙福과 장왕張王이 함께한 초본抄本과 완전히 대응하며, 오히려 3보살이 아닌 6보살이 있으며, 또한 도찬본 중의 6보살과 완전히 동일하다. 곧 이것은 보살의 수열을 표준으로 삼는 체계가 동요하거나 무너진 것이다. 이 [신덕사탑]본은 6보살을 포함할 뿐 아니라, "누칠왕생재累七往生齋"도 있고 더욱이 "예수십회누칠황생재預修十會累七往生齋"라는 특정한 칭호가 있기 때문이다. 주지하다시피, 이 경전의 대부분은 예수생칠재이고, 6보살과 이러한 특별한 칭호는 초기 특징을 합하여 설명한 것이다. 사천四川 영주營州 대봉산大蓬山 만당晩唐 문덕文德 원년(888) 보제사普濟寺의 대중은 예수법회預修法會라는 제목을 새겼으며 그 표제가 포함된 "수시왕생칠재修十王生七齋" 또한 유사한 호칭이라는 점이[42] 더욱 증거가 될 수 있다.

4) 예역수와 망인재 단락

이 경은 핵심적 내용을 설명하고 있는데, 사실 경문 가운데 예역수

42) 앞의 주석과 마찬가지로, 王雪梅 2014年 6期의 「四川營山大蓬秀立山普濟寺衆修十王生七齋記校錄整理」『西華師範大學學報[哲社]』.

와 망인재의 변화가 관건이라 할 수 있다. 그러나 이러한 변화는 하나는 문자에 있고 하나는 그림에 있다. 『염라왕경』에서 예수와 망인재는 간결하게 서술되어 있으며, 전후에 분포되어 설해진다. 『염라왕수기경』은 원래의 예역수 단락에 예수의 시일, 새로 죽은 망인재[新死亡人齋]의 시일, 간단하고 쉬운 예수법, 공덕을 얻음에 많고 적음, 선신하주善神下祝 등의 많은 내용을 집어넣었다. 분명한 것은 『대관정경』 권11 『수원왕생경隨願往生經』에서 가져온 것이라는 점이다.

『예수왕생경』 도찬본은 이러한 삽입된 말은 없지만, 『염라왕/수기경』의 문자와 비교할 때 앞쪽에 염라왕이 저승에 들어간 이유가 한 문장[43] 추가되어 있다. 전 경전에 30여 단락의 찬사를 덧붙이고 있을 뿐 아니라, 망인재의 후면後面에 시왕의 도화(혹은 卷道尾圖가 있음)를 덧붙이고 있다. 이로 인하여 이 경전은 두 가지 방향으로 확장되어 간다. 아래 표에서는 세 종류 경본의 변화를 열거하고 있으며, 특히 『수기경』의 증출增出 문구의 내용이 일목요연하게 정리되어 있다.

43) 즉, 불가사의해탈에 머무는 부동지보살不動地菩薩은 지극히 많은 고통을 받는 중생을 교화하고자 염마왕琰摩王 등으로 나타내 보이신 것이다.

표

<table>
<tr><td>염라왕경</td><td>預修
若有善男子, 善女人, 比丘, 比丘尼, 優婆塞, 優婆夷, **預修生七齋者**, 每月二時, 供養三寶, 祈設十王齋, 修名進狀, 上六曹官, 善業童子奏上天曹地府等, 記在業鏡, 身到之日, 當便配生快樂之處, 不住中陰四十九日. 待男女追救, 命過十王. 若闕一齋, 乖在一王, 留連受苦, 不得出生, 遲滯一年, 是故勸汝, 作此要事, 祈往生報</td><td>亡齋
爾時佛告阿難 : 一切龍神, 八部大神, 閻羅天子, 太山府君, 司命司錄, 五道大神, 地獄官典, 行道天王. 當起慈悲, 法有寬縱, 可容一切罪人. 慈孝男女, 修福追齋, 薦拔亡人, 報育養恩, 七七修齋, 造經造像, 報父母恩, 得生天上.</td></tr>
<tr><td rowspan="3">염라왕수기경

예수, 망인재, 및 공덕 등</td><td colspan="2">簡宜預修法
如至齋日到, 無財物或有事忙. 不得作齋請佛延僧建福. 應其齋日, 下食兩盤紙錢喂飼. 新亡之人並歸在一王, 得免冥間業報饑餓之苦.</td></tr>
<tr><td colspan="2">功德獲取
若是在生之日作此齋者, 名爲預修生七齋, 七分功德盡皆得之. 若亡歿已後. 男女六親眷屬, 爲作齋者, 七分功德亡人唯得一分. 六分生人將去. 自種自得, 非關他人與之.</td></tr>
<tr><td colspan="2">善神下祝
爾時普廣菩薩言, 若善男子善女人等, 能修此十王逆修生七及亡人齋, 得善神下來禮敬凡夫. 凡夫雲 : 何得賢聖善神禮我凡夫? 一切善神並閻羅天子及諸菩薩欽敬, 皆生歡喜.</td></tr>
<tr><td>시왕경</td><td>預修
若有善男子, 善女人, 比丘, 比丘尼,優婆塞, 優婆夷,預修生七齋者, 每月二時, 供養三寶, 所設十王, 修名納狀, 奏上六曹, 善惡童子, 奏上天地府官等, 記在名案, 身到之日, 便得配生快樂之處, 不住中陰四十九日, 不待男女追救, 命過十王. 若闕一齋, 滯在一王, 留連受苦, 不得出生, 遲滯
一年, 是故勸汝, 作此要事, 祈往生報
贊曰 : 四衆修齋及有時, 三旬兩供是常儀 …</td><td>亡齋
爾時佛告阿難, 一切龍天八部及諸大神, 閻羅天子, 太山府君, 司命司錄, 五道大神, 地獄官等, 行道大王, 當起慈悲, 法有寬縱, 可容一切罪人. 慈孝男女, 修福薦拔亡人, 報生養之恩、七七修齋造像,
以報父母恩, 令得生天. 贊曰: 佛告閻羅諸大神, 衆生造業具難陳. 應爲開恩容告福. 教蒙離苦出迷津.

插入十王圖畫, 輔以贊詞</td></tr>
</table>

5) 중심 어휘

중심 어휘는 하나의 짝[一組]으로 구성되어 있다. 가령, 업경業鏡/창납唱納/선악善惡/명안名案/역망逆亡/입팔廿八/궁宮과 보업경報業鏡에서 보報로, 일년一年에서 일겁一劫으로, 이십팔중지옥주二十八重地獄主가 일십팔중지옥주一十八重地獄主로 변하는 등, 위에서 언급했던 "평정왕平正王"과 "평등황平等王"의 명칭 역시 같은 것에 속한다. 대다수는 원래 『염라왕경』에 있었고, 돈황본 『불설시왕경』 중에서 고쳐진 부분이 있고, 영석탑본과 해동본은 고쳐지지 않았다. 실제적으로 『염라왕경』은 요주에서 동남지역으로 전해져, 장천藏川이 서명한 도찬본을 거치기도 했으나 그 기본은 바뀌지 않았다. 보기에 별로 논리적이지 않아 보이는 1년, 28중지옥주二十八重地獄主 등은 돈황본에서 많이 고쳐졌다. 전파 경로와 지역 등의 문제를 설명할 수 있을 듯 하다.

2. 『시왕경』이 발전하는 구조 양식

위에서 여러 방면에서의 고찰을 통하여, 시왕경 계통의 변화와 발전에 대하여 기본적으로 명료해졌다. 그 가운데 예수에 편중된 점과 이러한 도표를 통해 한 단계 발전된 설명을 하고자 한다.

『시왕경』 문도증변표文圖增變表

一.『염라왕경』	預修生七齋	亡人齋	十王(명칭)
二.『염라왕수기경』	預修, 新死亡人齋 및 功德, 簡宜法 및 善神贊	부분적으로 남겨둠	十王 下
三.『시왕경』	預修生七齋	亡人齋	过十王 图画赞语
四. 서장문西藏文, 일본『지장시왕경』	預修生七齋	亡人齋	모두 내용이 증가하고, 서장본에 그림이 있음

이 표는 서장문본西藏文本과 일본『지장시왕경地藏十王經』의 정황을 조금 부가하였으며, 구체적인 상황은 필자가 따로 분석하여 소개하였다.

주선主綫	보선輔綫
六身菩薩을 구족하는『염라왕경』 예수와 망재는 전후에 간결히 분포	三身菩薩을 구족하는『염라왕경』 예수와 망재는 전후에 간결히 분포
그림 없이 찬사만 갖춘 경본 『佛說十齋經』	五菩薩을 구족하는 『염라왕수기경』(別本)
그림을 삽입하고 찬사를 갖춘 경본 『불설시왕경』(漢文과 回鶻文)	十一菩薩을 구족하는『염라왕수기경』 뒤에는 망재가 있거나 혹은 없음.
그림을 삽입하고 찬사를 갖춘 경본 『예수시왕생칠경』	
卷首거나 혹은 그림이 없는 경본 『예수시왕생칠경』(印本)	

시왕경 계통의 기원과 초기 유물에 관하여 완벽하게 밝히는 것은 비교적 어려운 문제이다. 돈황경본의 자료가 가장 많지만 그러나 모

두 10세기 유물이다. 유일하게 중국국가도서관 소장한 BD00529V 사본에서 『염라왕경』을 판정할 수 있는 말이 있으며, 현재로서는 그 경전만이 확실하며, 만약 이것이 중당中唐(토번기吐蕃期)사본이 확실하다면, 이 경의 기원은 앞당겨질 수 있다.[44] 또한 다시 살펴보건데, 그 글에서 중中이라고 말하고 있고, 사천四川에는 비교적 이른 시기인 만당晩唐 9세기의 석각 유물石刻遺存이 있으며, 또 장천藏川의 서명 역시 하나의 요인이 된다. 요주 경본의 연대는 확실한 증거는 없지만 만당 시기의 가능성이 있고, 다만 그 내용의 내부적 증거로 볼 때 분명히 가장 이른 시기의 형태일 것이다. (사본에는 초본抄本 연속성이 있음.) 전파와 발전 상황에 대해 다시 말해보면, 주선主綫과 차선次綫의 유무는 곧 주선主綫과 보선輔綫이 전파되는 측면이나 혹은 지역적 요인에서 살펴볼 때, 그 본질적 차이는 곧 예수와 망재의 분포와 논리 전개에 있다. "불설시왕" 혹은 "예수생칠경"은 『염라왕경』과 같이 간결하게 나누어 설명하고 있다. 반면, 『염라왕수기경』은 예수재 단락에 신사망인재新死亡人齋, 간편예수법簡便預修法, 공덕소장분功德所獲分, 선신하주善神下祝 등 모두 4개 층의 함의를 끼워넣었다. 『염라왕수기경』은 돈황본을 주요 경본의 형태로 삼아 체현하고 있다. 돈황 이외 지역의 상황은 예전에는 발견된 것이 많지 않았으나 현재는 적지 않게 발견되고 있다. 종합적으로 살펴보면 경본의 수가 아주 많지는 않지만, 광범위하게 분포되어 있고 시간적 간격 또한 크다. 다만 돈황 "수

44) 이 사본은 『염라왕경』 시왕의 내용을 설명하고 있으며 『관정경』으로 주석을 덧붙였다. 錢光勝의 박사논문은 이 자료를 사용하지만, 그 시대적 의의를 깨닫지는 못했다. 만약 이 본이 확실히 中唐시기의 사본이라면 『염라왕경』이 이 시기에 이미 존재했음을 증명할 수 있다.

기경”의 내용은 많이 없지만, 돈황본 수량이 가장 많은 경본이며, 다른 지역은 비슷하거나 같은 것이 거의 없다. 다만 요주에 일부 손상되거나 부서진 파편이 있는데, 아마도 과도기 유형에 속하는 것 중에 몇 개의 다소 비슷한 문구 인 것 같다. (다만 전체 단락은 여전히 불분명함.) 물론 돈황본이 다른 지역과 전혀 교류가 없었을 수는 없으며, 경본의 발전 역시 완전히 독립적으로 발전할 수는 없다. 그러나 여전히 각 지역에 일부의 독립적 혹은 국소적 발전이 있었을 가능성이 있다. 따라서 돈황 일대를 보선輔綫으로, 요주, 동남東南, 해동海東을 주선主綫으로 하여, 내용은 오히려 간결하고 명료하면서 일부 적당하지 않은 구절을 포함하였을 것이라고 생각한다. 당연히 현재 이러한 연구는 여전히 추측적 성격의 가설이며, 정설이라 할 수 있는 3종 경본 유형에는 미치지 못한다.

3종 경본 관계도

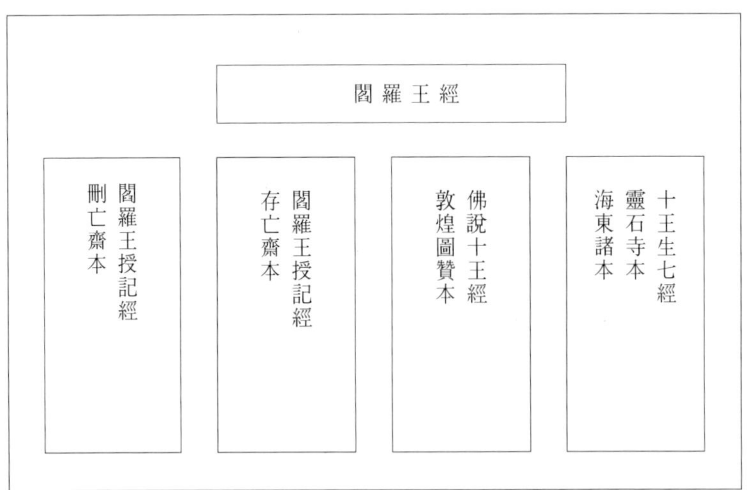

아마도 위에 제시한 간단한 그림은 3종경본의 관계에 대한 비교적 훌륭한 설명일 것이다.

(번역: 신사임)

일본 홍성사興聖寺 소장 『관정도생초혼단절부연경灌頂度星招魂斷絶復連經』 고찰

우샤오지에(伍小劼)

Ⅰ.

일본 고사경古寫經은 근래에 불교 문헌 연구에 있어서 매우 주목받고 있는 대상으로서 연구 작업이 진행됨에 따라 일본 고사경의 가치는 점점 더 많이 알려지고 있다. 예를 들면, 일본 고사경에 전해지는 중국의 실전失傳 불경 문제라든가 중국 불교의 초기 역경譯經 문제, 경전의 이본異本과 여러 계통의 문제, 일본에서 찬술된 경전 문제 등이 그것이다. 그중에서도 일본 고사경에 전해지는 중국 실전 불경 문제는 사람들이 더욱 관심을 기울이는 바이다. 일부의 불경은 중국의 불경 목록에는 기재되어 있지만 역사적인 변천 과정 속에서 중국 땅에서는 이미 실전되었다. 그런데 다행히 일본의 고사경에서 다시 발견되었으며, 이러한 발견으로 불교 문헌학의 공백 부분을 메울 수 있고, 중국 불교사 연구에 촉진 역할을 할 수 있다. 본 논문에서 고찰한 홍성사장『관정도성초혼단절부련경灌頂度星招魂斷絶復連經』(이하 홍성사본『도성경度星經』이라 칭함)이 바로 이러한 경전이다.

홍성사興聖寺는 일본 교토시 상경구上京區에 위치한 임제종臨濟宗 사찰로서 16세기 말에 세워졌으며, 경장慶長 8년(1603)에 현재의 이름으로 바뀌었다. 이 사찰에는 헤이안平安 시대의 사경寫經을 주축으로 하는 대량의 대장경이 보존되어 있다. 1990년대, 일본은 홍성사 사경에 대해 1차 조사를 실시하고『홍성사일체경조사보고서興聖寺一切經調査報告書』를 출판하였으며, 이 보고서에서『도성경』에 대해 기록하였다. 1996년, 나오미 겐테츠直海玄哲는『도성경』과 밀접한 관계에 있는 칠사장『초혼경招魂經』의 번각翻刻, 훈독訓讀, 해제解題 작업을 할 때, 교토 동사東寺 보리원菩提院에 소장된『도성경』을 이용하여『초혼경』의 교감을 진행하였다. 같은 책에서 마스오 신이치로增尾伸一郎은 칠사七寺『초혼경』을 중심으로 하여 먼저『초혼경』과 동사본東寺本『도성경』의 본문을 상세하게 비교 고찰한 후, 이 두 경이 성격은 대체로 유사하지만 경문經文은 서로 차이가 있음을 지적하였다. 아울러 일본 자료를 인용하여 일본 동밀東密의 연명초혼법延命招魂法 및 음양도陰陽道의 초혼제招魂祭에 대해서도 논의하였다. 2013년, 필자는 홍성사장『대관정경大灌頂經』권1『불설관정칠만이천신왕호비구주경佛說灌頂七萬二千神王護比丘呪經』과『도성경』이 한 자리에 필사되어 있는 상황을 고찰하고, 이런 상황에 대하여 나름의 해석을 피력한 바 있다.

상술한 연구 결과를 바탕으로, 본 논문에서는 먼저 목록학상의『도성경』수록 상황을 고찰하고, 이어서 홍성사본『도성경』의 경문 내용을 분석하고, 마지막으로 중국 종교문화상에서의『도성경』의 발전 · 연변

과정을 고찰하고자 한다.

II.

『도성경』은 승우僧祐의 『출삼장기집出三藏記集』 권5의 『신집의경위찬잡록新集疑經僞撰雜錄』에 처음 보이는데 "『정관도성초혼단절부련경』 1권"이라고 기재되어 있다. 아울러 "이상 12부의 경전은 문장의 의리義理가 이치에 벗어나기도 하고 혹은 문장과 게송이 천박한 부분도 있어서 의록疑錄에 넣는다. 거친 것을 제거하여 법보法寶를 드러내기 바란다"라는 기록이 있다. 승우는 『도성경』이 위경僞經이라고 직접 판정하였다. 이 경의 역(작)자譯(作)者에 관해서, 증미신일랑의 소개에 따르면 동사본 『도성경』은 "사유삼장思惟三藏 번역"이라고 하였는데, 필자의 자료에 따르면 이 경에 대해 번역 경전이라고 말하고 또 역자까지 분명하게 밝힌 것은 여기밖에 없다. 승우 이전의 "사유삼장"에 관해서 필자는 현재까지 관련 자료를 찾지 못하였으며 차후 연구를 기다리는 상태이다. 『법경록法經錄』 권4의 기록은 다음과 같다:

> 『관정도성초혼단절부련경』1권: 이 경은 소본小本이 있다. 역시 이 사람이 지었다. … 앞의 53경은 진경眞經과 어긋난다. 처음에는 금언金言이라고 하였으나 끝에서는 요참謠讖을 늘어놓은 것도 있고, 앞에서는 세술世術을 논하고 뒤에서는 법사法詞를 가탁하기도 하였다. 혹은 음양陰陽 길흉吉凶을 인용하기도 하였고 혹은 귀신鬼神 화복禍福을 밝히기도 하였다. 이와 같은

부류는 위망僞妄이 분명하다. 이제 마땅히 숨겨 세상의 근심을 구하고자 한다.

『법경록』에서는, 당시에 『도성경』은 소본小本이 하나 있었으며, 이 역시 같은 사람이 지은 것으로 앞으로 그것이 정전正典에서 삭제되기를 바란다고 하였다. 그 후 『정태록靜泰錄』, 『개원석교록開元釋敎錄』, 『정원록貞元錄』은 모두 『법경록』의 견해를 그대로 계승하였다. 『대당내전록大唐內典錄』, 『대주록大周錄』에는 "소본"에 대한 언급이 없다.

『도성경』과 밀접한 관계에 있는 『초혼경』은 『법경록』에서 처음 보이는데 『조백경照魄經』이라고 기재되어 있다. 『언종록彦琮錄』에서는 『조백경』이 『초혼경』으로 기재되어 있고, 『대주록』에서는 『초백경招魄經』이라고 기재되어 있다. 『개원석교록』의 내용은 다음과 같다.

『초혼백경招魂魄經』 권1 : 『초혼경』이라고도 한다. 『주록周錄』에는 『초백경』이라고 하였다.

지승智昇은 『초혼경』이 바로 『초백경』이고 또 『초혼백경』이기도 하다고 보았다. 『정원록』은 『개원석교록』의 견해를 그대로 계승하였다. 『도성경』이든 혹은 『초혼경』이든 상관없이 『개원석교록』에서 위경이라고 판단하였으므로 대장경에 입장入藏될 수 없었고, 따라서 『도성경』과 『초혼경』은 중국에서 점차 사라지게 되었다.

다행히도 이 두 경전은 모두 일본에 보존되었으며 최근 몇 년 이래 발견되어 연구가 진행되고 있다. 1996년, 나오미 겐테츠는 칠사본 『초혼경』에 대한 해제와 초보적인 연구 작업을 진행할 때, 교토 동사東寺

보리원菩提院 소장 『도성경』을 이용하여 『초혼경』을 교감하였다. 『초혼경』과 『도성경』의 관계에 있어서, 나오미 겐테츠는 『초혼경』이 『도성경』에 비해 일부 내용이 부족하며 이를 근거로 『초혼경』이 바로 『법경록』에서 말하는 『도성경』의 소본이라고 주장하였다. 마스오 신이치로는 동사본 『도성경』의 수제首題가 『불설관정도성초혼단절부련경』이고 미제尾題는 『불설초혼경』인 점을 지적하고, 『초혼경』은 본래의 경명이 『도성경』이라고 하였다. 상술한 두 학자는 칠사본 『초혼경』을 연구할 때 동사본『도성경』을 참조하였다. 이런저런 이유로 두 학자 모두 동사본 『도성경』의 도판을 공개하지 않았고 홍성사본 『도성경』도 참조하지 않았다.

『홍성사일체경조사보고서』에 따르면 『정관도성초혼단절부련경』은 헤이안 시대의 사경寫經으로 천자문 번호는 "慕"이고, 수제는 "불설관정도황초혼단절부련경佛說灌頂度黃招魂斷絶復連經", 미제는 "관정경권제일灌頂經卷第一"이며, 경문의 끝에 "1차 교정하였다(一交了)"라는 세 글자가 쓰여 있다고 하였다.

이 기재 내용을 원권原卷과 대조해보면 『홍성사일체경조사보고서』는 몇 군데 보충해야 할 부분이 있다. 첫째, "度皇"은 "度星"의 오기誤記이다. 둘째, 사경 1쪽의 위쪽 공백 부분에 "圓通山興聖寺"라는 6글자가 있다. 셋째, 이 문헌은 권축장卷軸裝이고 호수제명護首題名은 "灌頂經卷第一"로서 호수제명이 미제와 일치한다. 경문의 수제는 "불설관정도성초혼단절부련경"으로서 호수제명 · 미제가 경문의 수제와 다르다. 사실 이 사경은 두 개의 문헌이 포함된 것으로서 두 종류의 경을 필사한 것이다. 첫 번째 경은 "불설관정도성초혼단절부련경"이고 두 번째 경은 “불설관정칠만이천신왕호비구주경佛說灌頂七萬二千神王護比丘呪經”이다. 그렇다면 이 문헌은 과연 “관정경 권제1”일까 아니면 “관정도성초혼단절부련경”일까? 아니면 다른 어떤 상황이 있는 걸까? 필자는 일찍이 이에 대하여 논문을 쓰고 필자의 1차적인 견해를 제시한 바 있다.

필자는 동사본 『도성경』의 사진은 보지 못하였다. 증미신일랑이 공표한 자료에 따르면 동사본 『도성경』과 칠사본 『초혼경』의 일부 내용의 차이 외에 가장 큰 차이점은 바로 동사본 『도성경』이 칠사본『초혼경』보다 한 단락의 글이 더 많다는 것이다. 그 단락은 다음과 같다.

> 爾時四大天王龍神八部鬼神王等隨佛敕語, 即說呪曰. 東方提頭賴吒天王請印呪曰: 唵(一)地利致羅(上音)瑟吒(二合)囉羅羅波羅(二合)末那多曳(平音)莎訶! 南方毗嚕勒叉天王請印呪曰: 唵(一)毗嚕陀迦(二)藥叉地婆路曳(平)莎訶! 西方毗嚕博叉天王請印呪曰: 唵(一)毗嚕博叉那(去音)加(二)地波路曳(平)莎訶! 北方毗沙門天王請印呪曰: 唵(一)吠賒羅(二合)麼那(二)檀那上[月*弓]胝(平音)陀羅(三)莎(去聲)訶! 天龍八部諸鬼神王集會請印呪曰: 唵(一)薩婆(二)提婆(三)那伽阿那唎(四)娑婆訶!

이 단락의 사대천왕四大天王 주문 및 천룡팔부天龍八部 제귀신왕諸鬼神王 주문은 칠사본 『초혼경』에 없을 뿐만 아니라 홍성사본 『도성경』에도 없다. 이 단락 및 증미신일랑이 발표한 다른 글을 통해 볼 때, 홍성사본 『도성경』과 동사본 『도성경』은 이미 이본異本이 형성되었음을 알 수 있다. 직해현철은 글의 내용의 많고 적음을 근거로 『초혼경』이 “소본”이라고 판정하였는데, 이 표준에 따른다면 홍성사본 『도성경』도

동사본 『도성경』에 비하여 역시 “소본”일 것이다. 따라서 현재의 자료를 근거해 볼 때, 필자는 칠사본 『초혼경』이 『법경록』에서 말하는 “소본”이라고 확정할 수는 없다고 생각한다. 또한, 비록 동사본 『도성경』의 수제가 『관정도성초혼단절부련경』으로서 홍성사본 『도성경』과 같지만, 증미신일랑의 교감을 통해 볼 때 홍성사본에는 있는 “초혼도성법”의 내용이 없다. 따라서 동사본 『도성경』과 홍성사본 『도성경』의 차이점을 통해, 『도성경』은 경문 내용 자체적으로 어떤 변화 과정을 거쳤음을 알 수 있다.

『도성』과 관련된 재의齋儀는 세상에 나타난 후에, 법림法琳의 『변정론辯正論』 및 도선道宣의 『속고승전續高僧傳』에서 언급되었다. 그러나 이후에는 불교장경佛教藏經에서 더 이상의 관련 기록이 나타나지 않는다.

III.

홍성사본 『도성경』의 주요 내용을 개괄하면 다음과 같다. 부처님이 화제국和提國에서 설법을 마치고, 부처님은 중생이 횡사하여 악도惡道에 떨어지면 다시는 사람의 몸을 받을 수 없음을 자념慈念한다. 부처님께서 시방사천왕十方四天王 등에게 말씀하신다. 지금 불제자 아무개가 악도에서 겁수劫數를 이미 마쳤다. 부처님은 제자에게 초혼도성법을 말씀하신다. 부符가 도달하니 여러 신이 아무개의 혼백을 가두지 못하고 아무개를 해방한다. 위로는 천상의 시방불十方佛의 앞에 태어나고 아래로는 세간의 왕후王侯의 집안에 태어난다. 이어서 망자가 속한 28수의 도성수度星數를 열거하고, 그로 하여금 지옥을 벗어나게 한다. 모든 남녀 귀신이 산 사람을 부련復連하지 못하고 악귀는 주인의 집에 머물 수가 없게 된다. 선대의 재액이 소멸하고 망자의 부련이 끊어진다. 마지막에는 간단하게 "불설도성초혼경법"의 내용을 설명하였다.

글 전체를 통틀어 "초혼도성법"이 경문의 주요 내용이며, 그 내용은 다음과 같다.

> 불설도성초혼경법: 28등燈을 사용하고 오색 실을 사용한다. 등법燈法 : 사방으로 각 8척의 넓이이고, 중앙에 또 하나의 등燈을 놓는다. 시방제불十方諸佛 및 천룡귀신왕天龍鬼神王 및 28수宿에 공양한다. 이 공양으로 그 정혼精魂을 뽑아 제도한다.

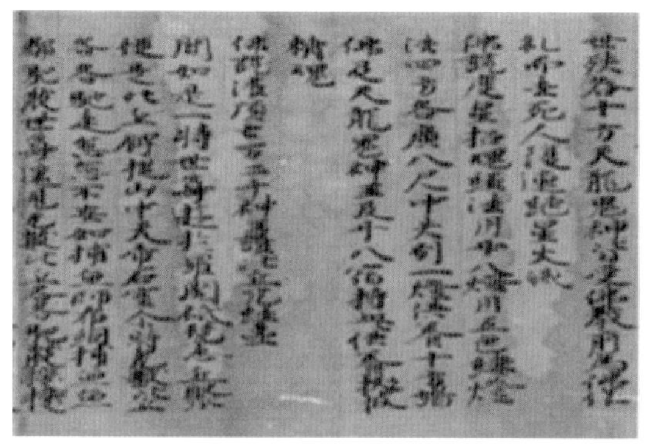

흥성사장『불설관정도성초혼단절부련경』권미

"도성초혼경법"을 통해 망자는 다시 인간의 몸으로 환생하여 위로는 천상에 태어나고 아래로는 왕후의 집안에 태어난다. 동시에 귀신은 다시는 산 사람에게 부련하지 못하고 악귀는 주인의 집에 머물 수 없다. 이렇게 함으로써 선대의 재액을 멸하고 망자의 부련을 끊는다. 경문의 주요 의미는 분명하다. 그렇지만 경문이 간략하고 또 기타 여러 요인으로 인해 일부 내용은 이해하기에 쉽지가 않다. 예를 들어 '여기의 주인은 누구인가', '주인과 산 사람의 관계는 무엇인가', '산 사람과 망자의 관계는 무엇인가', '초혼도성법의 구체적인 내용과 과정은 또 어떠한가', '초혼도성법의 조작자는 누구인가' 등이다.

도교에는 "도성재"와 관련된 재료가 적지 않게 보존되어 있으며, 이는 홍성사본 『도성경』의 내용을 이해하는 데에 도움이 된다. 남북조 시기 구겸지寇謙之는 『노군음송계경老君音誦誡經』에서 다음과 같이 말하였다.

> 世間道官, 遷達亡人度星, 作為二十, 三十紙, 千萬美說於事. 不如修謹善行, 齋練苦身, 香火自纓, 百日功建, 為先亡父母遷度魂靈. 月月單章, 言達齋功, 勝於千通『度星』遊說之事, 齋功不達, 無有感徹之理. 先齋立功, 卻上『度星章』, 無有雜色, 米絲, 紙筆, 正為先亡集賢會, 燒香拔免亡人, 最上可不度星. 煩道不至, 至道不煩, 從今以後, 思尋誦誡. 明慎奉行如律令.

구겸지는 선행善行 고신苦身을 통해 재공齋功에 이를 수 있고 재공에 이르면 신령과 감응할 수 있다고 보았다. 이 주장을 설명하기 위하여 구겸지는 "도성度星"으로 예例를 삼았다. 이를 통해 남북조 시기에

"도성"이 이미 사람들에게 익숙한 의식이었으며 이 의식의 목적은 돌아가신 부모의 혼령을 천도하기 위한 것임을 알 수 있다. 구겸지는 또 당시 세간에 『도성장度星章』이 유행하였다고 하였는데, 현재 『도성장』은 이미 존재하지 않으며 또한 『도성장』과 관련된 다른 기록도 찾아볼 수 없다.

현존하는 도교 경전 가운데 홍성사본 『도성경』의 내용과 가까운 것으로는 『태상동신동연신주치병구장太上洞神洞淵神呪治病口章』이 있다. 이 경은 대체로 육조시기에 형성된 것으로 알려져 있으며 『도성경』의 형성과 같은 시기이다. 『태상동신동연신주치병구장』의 내용은 다음과 같다. 사주事主의 집안에 불길한 일이 있고 택사宅舍가 신통치 않으며 사주 본인도 질병과 재액에 시달린다. 여러 가지 노력을 거쳐 겨우 그 원인이 가친家親 대조부大祖父 36대 이래로 죄를 범했기 때문임을 알게 된다. 망자가 생전에 며느리를 맞아들이거나 이사를 가는 날, 장례를 치르는 날에 금기禁忌를 범했다거나, 혹은 죽은 날이 불길하다거나 성수星宿가 소멸하지 않는다거나 하는 까닭이다. 선대 조상은 삼관三官에 보내졌는데 선대 조상에 의해 해를 입었던 자가 지하에서 선대와 서로 연결되어 산 사람을 취하여 자신을 대신하게 하려고 산 사람에게 위해를 가한다. 그래서 사주는 도관道官을 불러 구장口章을 하고 사주의 집안 7대 조상의 선망후사先亡後死 36대 이래 소속된 28수宿의 각각의 성星과 수宿를 해제解題하고 청탁지장淸濁之將 및 그 종자를 따라 모두 해탈하게 한다. 마침내 악성惡星은 소멸하고 부련이 끊어진다. 여기서 연대가 오래되어 선대의 망자가 어떤 금기를 범했는지 알 수 없으므로, 되도록 많은 금기와 이로 인해 발생하는 악귀와 귀신을 모두 나열한다. 28성수星宿를 언급할 때는 성수도수星宿度數를 열거한다. 『도성경』은 이러한 내용이 모두 있으며, 그중 남방 7수의 성수도수가 빠져 있고 여러 성수의 도수도 서로 다 같지는 않다. 『태상동신동연신주치병구장』 외에 『태상제도장사太上濟度章赦』에도 『단절부련장斷絶復連章』이 한 통 남아 있는데 "도성재용度星齋用"이라고 명시되어 있다. 도관의 재의齋意와 장문章文에 따르면, 망자의 혼이 삼도三途에서 머뭇거리면 친인척 권속이 질병에 걸리게 되고, 재주齋主가 대신하려 하여도 할 수 없고 여전히 집안이 부련된다. 도관이 상장上章하고 옥청도기玉淸道炁가 서리고 영보묘광靈寶妙光하여 망자의 혼이 승천할 수 있게 되고 재주의 집안은 완전히 부련을 끊을 수 있다. 도관은 석안군石安君 등의 신관을 청하여 재주齋主를 위하여 망자에게 고하여 무덤 송사塚訟를 해결하고 집착을 없애고 부련을 끊도록 한다. 또 단주대장군斷蛀大將軍 등의 신관을 청하여 앞으로의 병고病苦로부터 보호하고 망자의 부련을 끊고 망자의 형혼形魂을 이롭고 편안하게 하고 무덤을 평안하게 하여 무덤 송사塚訟를 없애고 망자의 혼이 죄를 용서받고 승천할 수 있도록 한다. 이제 재주의 권속과 친인척은 즐겁고 편안해지며 전염으로부터 멀어지게 된다.

이 두 가지의 도교 경전을 결합하면 도성재度星齋와 『도성경』의 핵심 내용을 알 수 있는데 다음과 같다. 재주 집안의 권속 친인척에게 크고 작은 액이 끊이질 않자 종교 전문가에게 가르침을 청하게 되고, 그 다음에야 비로소 집안의 선대 조상의 부련 때문인 것을 알게 된다. 재주는 "대체代替" 등의 조치를 취했지만 효과가 나타나지 않는다. 후에 도관道官을 청하여 상장上章하는데 주요 목적은 망자의 혼이 다시는 현세의 산 사람에게 집착하지 않고 승천하도록 하기 위함이다. 상장할 때에는 상응하는 신관神官을 청하여 망자의 혼의 생전의 죄과로 인한 무덤 송사를 해결하고, 다시 상응하는 신관을 청하여 망자의 혼을 달래고 무덤을 평안하게 한다. 이 부분의 내용은 『적송자장력赤松子章曆』의 『단망인부련장斷亡人復連章』『총송장塚訟章』『우대총송장又大塚訟章』 등과 결합하면 더욱 상세하게 알 수 있는데, 간단하게 정리하면 다음과 같다. 망혼의 생전의 죄과로 인해 무덤 송사를 초래하였다; 혹은 생전에 죽을 때 금기를 범하거나 해서 무덤이 부정을 타게 되었다. 이런 것들로 인해 망자의 혼은 저승에서 고난을 겪는다. 그래서 망자의 혼은 자손으로 하여금 대체하게 하려고 이 세상의 산 사람에게 부련한다. 도관이 상장하고 신관들에게 청하여 망자의 혼을 승천하도록 하고 무덤 송사를 제거하고 무덤을 평안하게 한다; 동시에 산 사람의 권속 친인척의 안녕을 도모하여 "저승과 이승을 모두 이롭게" 한다.

다시 홍성사본 『도성경』으로 돌아와, 경명 및 내용을 통틀어 상술한 도경과 결합해보면 경명 "관정도성초혼단절부련경"에서 "도성"이란 망자의 혼이 소속된 성수星宿을 말하는 것임을 알 수 있다. "초혼"은 "도성"의 목적이며, 망자의 혼백을 불러 그로 하여금 위로는 천상에 나게 하고 아래로는 왕후의 집안에 나게 하는 것이다. "단절부련"이란 무덤 송사 및 금기를 범해서 야기된 무덤의 부정으로 인한 선대 망인의 부련을 끊는 것이다. 이들 내용에서 홍성사본 『도성경』은 망자가 왜 산 사람을 부련하는가 하는 이 중요한 문제에 대해서는 언급하지 않았다. 도교 경전의 분석을 통해 이 문제를 분명히 하고 나서야 우리는 앞에서 제시한 의문에 부분적으로 답할 수 있다. 여기의 주인은 즉 "재주齋主"

이고 산 사람은 "재주" 및 그 친인척을 포함하며, 망자는 산 사람의 7대 부모 선망후사先亡後死한 36대이다. "도성초혼경법"의 조작자는 법사法師이다.

홍성사본『도성경』"도성초혼경법"은 앞에서 말한 바와 같이 내용이 너무 간단하다. 도교 경전을 참조하여 "초혼도성법"의 구체적인 내용을 알 수 있다. 송원宋元시기의 영전진수宁全真授, 임영소林靈素가 편찬한『영보령교제도금서靈寶領教濟度金書』에는 곳곳에 "도성재"의 내용이 있고 "도성재"의 의식 절차를 해석하고 있는데, 항목 순서, 단상의 배치, 부적 고하기 및 도성존사度星存思 등이다. 이러한 내용은『도성경』이 형성되던 남북조 시기에 비해 더 후기의 것이지만, 의식儀式은 연속성이 강한 것이므로 관련 지식을 충분히 보충할 수 있다. 홍성사본『도성경』속의 "도성초혼경법"의 주요 내용은 단장壇場과 등법燈法의 배치이다.『영보령교제도금서』권1의 "단막제도품壇幕制度品" 내용에 따르면 "도성재"는 그 전용의 단막壇幕이 있다. 다음과 같다.

단등도壇燈圖

동쪽 7숙 33성, 남쪽 7숙 32성, 서쪽 7숙 50성, 북쪽 7숙 63성, 중앙 북두칠성을 강사등絳紗燈 병풍에 묘사한다. 병풍의 뒤에 등을 하나 놓는데 방향에 따라 설치한다. 향초로 법에 따라 공양한다. 그 등은 깨끗한 실로 오색 염색하여 각각 한 더미堆를 만들고 그 위에 등잔을 안장한다. 모두 5등燈이다.

자정막紫庭幕

단의 앞 가까운 곳에 설치한다. 중앙에 위패를 놓고 향기로운 꽃과 등촉으로 법에 따라 공양한다.

인용문의 내용에 따르면, 도성재에는 "단등도壇燈圖"가 있다. 구체적으로 동쪽, 남쪽, 서쪽, 북쪽, 중앙의 다섯 방향에 각각 강사등絳紗燈 병풍이 있고, 동쪽 7수, 남쪽 7수, 서쪽 7수, 북쪽 7수, 중앙 북두칠성을 각각의 상응하는 병풍에 묘사하였다. 병풍의 후면에는 5개의 등불을 설치하는데 등신燈身은 깨끗한 실을 오색으로 염색하여 감쌌다. 등신 위에 등잔을 놓고 향초를 공양한다. 등불이 병풍 위에서 비추어 병풍을 환하게 보이도록 하며, 이렇게 하면 28수 및 북두칠성이 사람들에게 잘 보인다. "단등도" 외에 재단 앞에는 또 "자정막紫庭幕"이란 것을 설치하는데, 그 역할은 위패를 안치安置하기 위한 것이다. 『영보령교제도금서』 권2의 "도성멸죄재삼일절목度星滅罪齋三日節目"의 설법에 따르면 "자정막"에는 "자정관장紫庭官將"을 안치해야 하며, 그의 임무는 재초齋醮를 집행하는 것이다. 마지막에 자정관장에게 기도하고 그를 보낸다. 다른 신위를 더 안치하는지의 여부는 현재의 자료로는 알 수 없다.

『영보령교제도금서』의 "도성재" 단막壇幕 제도는 여러 문헌에서 비교적 후기에 보이지만 역시 전대의 의식을 그대로 계승한 것이다. 상술한 내용을 홍성사본 『도성경』의 "도성초혼경법"과 대조해보면 "28등을 쓴다(用二十八燈)"라는 것은 28수宿에 공양한다는 의미임을 알 수 있다. "오색 실을 쓴다(用五色縷)"란 오색실로 등신을 감싼다는 의미로 추측된다. "등법燈法"에서 말하는 "사방 각 팔 척의 너비(四方各廣八尺)"란 제단의 면적을 말하는 것이다. "중앙에 따로 등이 하나 있다(中央別一燈)"는 『도성경』에는 참조할 만한 내용이 없고 『영보령교제도금서』의 내용에 따르면 아마도 북두칠성을 의미하는 것으로 보인다. "시방제불 및 천룡귀신왕 및 28수에 공양(供養十方諸佛及天龍鬼神王及二十八宿)"이란 것은 위패 공양을 의미하는 것이다. "이것으로 공양하고 정혼을 제도한다(指此供養, 拔彼精魂)"란 "도성초혼경법"을 통해 망자의 정혼을 제도拔度한다는 의미이다. "도성초혼경법"의 "28등"이 어떤 형상을 말하는지, 오색실의 용법과 배치가 어떠한지, "中央別一燈"이 무엇을 나타내는지 등의 세부 항목에 대해서 반드시 『영보령교제도금서』를 참조해야만 비로소 "도성초혼경법"에 대하여 더 잘 이해할 수 있다.

『영보령교제도금서』의 권2에 "도성멸죄재삼일절목度星滅罪齋三日節目" 대목이 있는데, 내용은 다음과 같다. 기일期日에 주奏·신申·첩牒·찰札을 본가의 토지사명土地司命에게 올리고 재의齋儀를 두루 알리고, 혼령의 죄를 용서하고 혼을 풀어주기를 간청하고, 혼령으로 하여금 단 앞으로 와서 수도受度하도록 한다. 이날 막幕을 세우고 표表를 올리고 방榜을 선포하고, 행의行儀하고 개단開壇한다. 여러 관리를 부르고 부적을 나누고[頒篆], 부차를 발행하고[符劄], 분등分燈하고 숙계宿啓보직補職하고 계戒를 말한다. 고부告符하고, 개옥開獄하고 발격發檄한다. 정도正度하고 조상에 원한 품은 망자의 혼을 불러 치료한다. 주문을 읊고 봉안한다.

다음날, 이른 새벽에 표表를 올리고 오시午時가 되면 간簡을 고한다. 초醮를 지내고 "단절부련주장斷絶復連朱章"을 기도한다. 석양에 자정막초紫庭幕醮를 지내고 단에 올라 오두등五斗燈을 끄고 단절법을 행한다.

상수화표上水火表하고 밤에 감로수로 공양을 한다.

셋째 날, 이른 새벽에 단에 올라 경을 낭송하고 "도망령주장度亡靈朱章"을 기도하고 석양에 산단散壇한다. 상언공표上言功表하고 사막謝幕한다. 표를 올리고 송성送聖한다. 영靈을 이끌어 계戒를 전하고 지전을 태운다. 밤이 되면 연도초練度醮를 지내고 밤중에 청성請聖하여 사은초謝恩醮를 지낸다.

다음날 자정관장에게 초례를 올리고 청동소銅牛와 쇠기둥鐵簡을 묻는다. 아울러 "屬考召部"를 명기한다.

이들 항목 속에는 奏·申·牒·札·表·榜·檄 등의 공문서가 포함되어 있는데 각각의 의식 절차마다 풍부한 종교적 의미가 내포되어 있다. 목적은 "부련을 끊고, 선대의 영혼을 천도하며 산 사람을 보호"하는 것으로서, 송원 시기에 이미 "도성멸죄재度星滅罪齋"가 매우 성행하였음을 알 수 있다. 권272에는 "도성재" 전용의 "단시주부斷屍疰符"와 "자정등부紫庭燈符"가 있다. 권291에는 "도성재안진부고문度星齋安鎭符告文"이 있다. 권285에는 "도성존사度星存思"가 있는데 "도성재"의 "관등분선행단법關燈分線行斷法" 및 "도성멸죄재삼일절목度星滅罪齋三日節目"에서 말하는 "동우철간법銅牛鐵簡法"을 다시 소개하고 있다. 내용으로 보면 "관등분선행단법"과 "동우철간법"은 이미 매우 성숙한 것으로 보이며, 이 두 법술에 대해서는 연구가 더 필요하다. 이들 법술과 의식은 홍성사본 『도성경』 "도성초혼경법"의 이후에 발전 변화되어 형성된 것이지만, 그 목적인 "부련을 끊고 선대 망자를 천도하며 현재의 사람을 보호"한다는 것은 서로 일치한다.

홍성사본 『도성경』의 필사는 매우 특이한 점이 있다. 서지학에서는 홍성사본 권1의 호수護首가 "『관정경灌頂經』 권1"이라고 하였지만, 내용을 보면 사실 『관정경』 권1만 있는 것이 아니고 두 종류의 완정한 경을 필사한 것으로서 경제經題 역시 두 가지이다. 첫 번째 경의 경제는 "불설관정도성초혼단절부련경"이고 두 번째 경의 경제는 "불설관정칠만이천신왕호비구주경제일佛說灌頂七萬二千神王護比丘呪經第一"이다. 권1에는 권6의 내용도 일부 들어 있다. 그리고 "불설관정도성초혼단절부련경"이 "불설관정칠만이천신왕호비구주경제1"의 앞쪽에 필사되어 있다. 이러한 현상이 나타나게 된 원인에 관하여 필자는 이전 연구에서 고찰한 바 있다. 이런 현상의 원인은 『대관정경』 권6에서는 횡사한 귀신이 일반 사람의 정혼精魂에 의탁하여 마음을 어지럽히므로, 신주神呪를 사용하여 사람에게 위해를 가하는 그런 횡사한 귀신을 금제禁制하는 방법을 채택한다. 그런데 『도성경』은 비정상적으로 죽은 망자의 혼을 위로하여 그로 하여금 살아있는 사람에게 위해를 끼치지 못하도록 하는 것이다. 이러한 차이는, 『대관정경』 특히 권6은 단지 횡사한 귀신의 기세가 악惡이 되는 문제만을 해결하는 반면, 『도성경』의 주요 내용은 비정상적으로 죽은 사람의 혼을 위로하고 아울러 이를 통해 산 사람이 부련을 당하는 것을 면하게 하는 데서 온다. 그래서 만약 이 두 경의 의식을 배합하여 사용한다면 바로 중국불교에서 사람이 죽은 후에 어떻게 영혼 문제를 처리하는가에 대한 완전한 의식 절차를 구성할 수 있게 된다.

마지막으로, 다시 칠사본 『초혼경』의 내용과 비교하자면, 칠사본 『초혼경』의 목적은 "모든 혼백을 각각 그 몸에 돌아가게 하고 수명을 늘린다(三魂七魄各還其身, 使命增壽算)"로서, 소위 "命增壽算"이란 살아있는 사람을 대상으로 하는 말이다. 홍성사본 『도성경』에서의 초혼招魂이 죽은 사람을 대상으로 하는 것과는 분명히 다르다. 경문 마지막에는 또 다음과 같이 말하였다.

> 초혼을 하려는 자: 마음을 다해 기도하고, 여러 이름난 향을 태우고 경을 7차례 낭송하면, 혼백이 와서 몸에 붙는 것을 알 수 있다. 선신善神이 보호하고 악신惡神이 물러난다. 제자 갑을甲乙의 성재星災가 소멸한다.

경전의 마지막에서는 다시 산 사람을 대하여 말하고 있다. 여기서 말하는 마음을 다해 기도하고 좋은 향을 태우며 경을 7번 낭송하여 혼을 불러오는 것은 가지加持에 더 가까우며, 홍성사본 『도성경』 마지막에 나오는 "도성초혼법" 같은 법술 의식과는 다르다. 이러한 점에서 볼 때, 『도성경』 정확히 말해 홍성사본 『도성경』과 『초혼경』은 비록 경문 내용이 매우 유사하기는 하지만, 실제 내용과 그 대상에 있어서 매우 큰 차이가 있으며, 이는 주의해야 할 부분이다.

IV.

이상의 글에서 필자는 먼저 홍성사본 『도성경』에 대하여 목록학적인 고찰을 하였다. 다음으로 『영보령교제도금서』 등의 도교 자료를 이용하여 『도성경』의 주요 내용인 "도성초혼경법"을 고찰하고, "도성초혼경법"의 단장壇場과 의식 절차에 대하여 보완하였다. 도교의 "도성재"를 "도성초혼경법"의 발전 연변과 비교하여 개괄하였다. 이어서 필자는 홍성사본 『도성경』의 필사본 현황에 대하여 나름의 해석을 부여하였다. 마지막으로 칠사본 『초혼경』의 취지에 대하여 필자의 견해를 제시하였다. 본 논문을 통해 얻은 결론은 다음과 같다.

첫째, 『도성경』은 자체적으로 여러 계통이 있으며, 홍성사본 『도성경』과 동사본 『도성경』은 현저한 차이가 있다. 그간의 관계는 더 많은 자료의 발굴과 연구를 기다려야 할 것이다.

둘째, 현존 자료를 통해 볼 때, 『초혼경』이 『법경록』에서 말하는 『도성경』의 "소본"이라고 확정지을 수는 없다. 칠사본 『초혼경』과 홍성사본 『도성경』의 취지는 분명하게 구분된다.

셋째, 홍성사본 『도성경』의 "도성초혼경법"은 비교적 간략하여 『영보령교구도금서』 등의 도교 경전을 참조함으로써 "도성초혼경법"의 단장등법 배치 및 의식 절차 등을 보완할 수 있고 "도성초혼경법"에 대한 이해를 더 넓힐 수 있다.

넷째, "도성재"는 별도의 계통을 이룬다. 남북조 시기 『도성경』의 "도성초혼경법", 『태상동신동연신주치병구장』의 관련 내용부터 『영보령교구도금서』의 도성재까지 항목이 매우 풍부하며, 또 동시에 "관등분선행단법"과 "동우철간법"의 법술 내용까지 있어서 "도성재"의 내용은 더 풍부해지는 추세이다.

다섯째, 홍성사본 『도성경』과 『대관정경』 권1, 권6은 함께 필사되어 있는데 이는 의식 배합의 필요성에서 기인하였을 가능성이 매우 높다.

홍성사본 『도성경』의 초보 연구를 통해 몇 가지 좋은 아이디어를 얻을 수 있었다. 첫째 이 경에서 구현한 "도성초혼경법"은 도교와 중국 전통 문화에서 연원한 것이 분명하므로, 차후에는 불교 방면의 관련 재료를 적극적으로 수집하여 특별 연구를 진행하고, 불교·도교의 교섭 및 불교 토속화에 대한 이해를 분명하게 드러내야 할 것이다. 다음으로, "도성초혼경법"과 도교의 "도성재"는 모두 종교 의식에 있어서 매우 중요한 "도망의식度亡儀式"에 속하는 것으로서, 불교의 "도성초혼경법" 및 도교의 "도성재"의 발전과 연변에 대한 정리를 통해 "도망의식" 발전의 한 단면을 살펴볼 수 있을 것이므로 앞으로 진일보한 연구가 필요하다.

이 글은 자료수집에서 동료 교수 王招國 부교수의 도움을 받았습니다. 감사의 마음을 전합니다.

(번역: 명혜정)

제3장

동아시아 위의경에 나타난 동아시아 불교의 신앙 양태

영국 소장 서하문西夏文『불정심대다라니경佛頂心大陀羅尼經』의 번역과 해석 그리고 관련 문제 고찰[1)]

추이홍펀(崔紅芬)

위경『불정심대다라니경佛頂心大陀羅尼經』은 전체 이름이『불정심관세음보살대다라니경佛頂心觀世音菩薩大陀羅尼經』으로 상, 중, 하 3권으로 구성되어 있다. 각 권의 명칭은『불정심관세음보살대다라니경佛頂心觀世音菩薩大陀羅尼經』 권상,『불정심관세음보살치병최생법경전佛頂心觀世音菩薩治病催生法經典』 권중,『불정심관세음보살전왕난구경전佛頂心觀世音菩薩前往難救經典』 권하로 서로 다르다. 돈황[2)], 흑수성, 산서 응현應縣 목탑[3)]과 박상석경房山石經[4)] 중에 모두 남아 있으며, 한문, 서하

1) * 본 논문은 2018년도 국가사회기금 중대 소외 학문과 국별사 등 연구의 단계별 성과 중 하나이다.(승인번호 2018VJX009)

2) 돈황 문헌 P.3239, P.3916에 상중하 3권으로 나뉘어 있다.『불정심관세음보살대다라니경佛頂心觀世音菩薩大陀羅尼經』 卷上,『佛頂心觀世音菩薩療病催產方』 卷中,『佛頂心觀世音菩薩救難神驗經』 卷下가 그것이다.

3) 산서 응현 목탑에서 遼代 사본 권축장『불정심관세음보살대다라니경佛頂心觀世音菩薩大陀羅尼經』이 발견되었다.

4) 金 皇統 3년(1143) 석각『불정심관세음보살대다라니경佛頂心觀世音菩薩大陀羅尼經』 三卷과 金의 각석 연대가 없는 三卷.

문, 회골문[5] 등의 서로 다른 판본이 존재한다. 흑수성에서 출토된 서하문 『불정심대다라니경』은 『서하문사본여간문西夏文寫本與刊本』에 처음으로 수록되었으며, 10여 개의 편호로 『불정심관세음보살佛頂心觀世音菩薩』 『불정심관세음보살환의생단법경佛頂心觀世音菩薩患醫生斷法經』 『불정심관세음보살대다라니경佛頂心觀世音菩薩大陀羅尼經』 『불정심다라니경佛頂心陀羅尼經』 등의 명칭이 있고 권호의 표식은 없다.[6] 이후 카차노프가 편저한 『아장흑수성서하문불경문헌서록俄藏黑水城西夏文佛經文獻敍錄』에 수록되었는데 둘의 수록 번호는 차이가 있다.[7] 근래에 장지우링張九玲은 러시아 소장 서하문 『불정심대다라니경』의 출토와 보존 상황에 대해 대략적으로 소개하고,[8] 돈황 한문본을 참조하여 제 908호 서하문에 대해 해석과 교주를 더하였다.[9] 본 논문에서는 기존 연구의 기초 위에서 영국 소장 서하문 『불정심대다라니경』에 대

---

5) 牛汝極은 투르판 문헌센터와 러시아 상트페테르부르크 동방학연구소 코로트코프 소장품 중에 회골문 사본과 인쇄본 『불정심대다라니경佛頂心大陀羅尼經』이 몇 건 있는데 모두 같은 역본이며 그중 회골문 인쇄본은 명대의 重印本일 것이라고 보았다. 牛汝極 2000年 제2期, 『敦煌吐魯番回鶻漢譯疑僞經』, 敦煌學輯刊.

6) 제130, 佛頂心觀世音菩薩, инв. №105, 908, 2827, 2900, 5478, 5693; 제131, 佛頂心觀世音菩薩患醫生斷法經, инв. №3820, 7786; 제132, 佛頂心觀世音菩薩大陀羅尼經, инв. №116, 2827; 제133, 佛頂心陀羅尼經, инв. №57, 4357, 4880, 4887, 4978, 5150. [러]고르바초프 카차노프 저, 白濱 역 1978, 『西夏文寫本和刊本』(러시아어, 1963), 중국사회과학원 민족연구소 역사연구실 자료조 편역, 『民族史譯文集』(3), p.34.

7) Е.И.Кычанов 1999г. Каталог тангутских буддийских памятников. Москва : Университет Киото. стр.467-471.

8) 張九玲 2015年 3期, 「西夏文〈佛頂心觀世音菩薩大陀羅尼經〉述略」, 寧夏社會科學.

9) 張九玲 2015年 1期, 『佛頂心觀世音菩薩大陀羅尼經』的西夏文譯本」, 『寧夏師範學院學報』.

한 해석을 모으고 관련 문제 등에 대한 고증을 진행하였다.

Ⅰ. 영국 소장 흑수성 서하문 『불정심대다라니경佛頂心大陀羅尼經』의 보존

『英藏黑水城文獻』(5책) 중에 Or.12380-2102RV(K.K.II.0243.e), Or.12380-3875(K.K.), Or.12380-3025(K.K.II.0234.b) 편호만이 간행자에 의해 『불정심관세음보살대다라니경佛頂心觀世音菩薩大陀羅尼經』으로 제목이 붙여졌으나, 영국 소장 서하문 불교문헌 5책 전체를 정리한 결과 제목을 아직 정하지 않았거나 잘못 정한 잔경 또한 『불정심대다라니경』임이 확인되었다. 아래에서는 여기에 녹문錄文과 해석을 더하고 판식과 자수 등에 대해 소개하고자 한다.

(1) Or.12380-2102RV(K.K.II.0243.e)호 잔경은 간행자가 『불정심관세음보살대다라니경』으로 제목을 정했다.[10] 필사본이며 2쪽 16행이 남아 있다. 우측 잔결된 부분 위에 2102호가 있다. 그중 좌측 5행과 우측 앞쪽 5행은 함께 이어져 있었던 것이다. 좌측 5행은 우측 5행이 뒤집혀진 글자이며 전체 행은 17-19행으로 일정하지 않다. 찢어진 쪽의 우측 2행 아래에 잔결된 부분이 있다. 위와 아래 칸을 나누는 선이 있다. 잔결된 내용을 러시아 소장본 제105호 각본에 근거하여 보충하면

10) 英國國家圖書館, 西北第二民族學院等編 2005, 『英藏黑水城文獻』(제2책), 上海: 上海古籍出版社, p.333.

다음과 같다.

[illegible]
[illegible]
[illegible]
[illegible]
[illegible]
[illegible]
[illegible]
[illegible]
[illegible]
[illegible]
[illegible]

輪王福具足得應若人香花以此陀羅尼經

典供養者大千界福得此大悲法彼人世界中大

成就得若及善男子善女人若早晨時面佛前

面去妙香好燒是陀羅尼經典誦千遍滿故時

觀世音菩薩阿難身像化作明證爲見問言如

何報以需要說願依悉皆成就令能身口意業

消除佛三昧頂灌智力波羅蜜地勝殊力依滿

足獲得

佛頂心觀世音菩薩經典上卷終

佛頂心觀世音菩薩病治生催法經典中卷

及假若諸女人一切子腹入襟寬闊十月滿足誕

[11](이하 서하 문자는 우측의 잔결된 1-5행을 뒤집어 쓴 것이므로 따로 적지 않는다.)[12]

간행자는 Or.12380-2102RV(K.0K.II.0243.e)에 대해 정확하게 제목을 붙였지만 다소 두루뭉술하다. 내용은 『불정심관세음보살경전佛頂心觀世音菩薩經典』 상권 결미 부분과 『불정심관세음보살치병최생법경전佛頂心觀世音菩薩治病催生法經典』 중권 시작 부분으로 번역은 다음과 같다.

"전륜왕의 복을 구족해야 할 것이다. 만약 사람들이 향화로 이 다라니경에 공양한다면 대천계의 복과 대비법을 얻고, 그 사람은 세계에서 대성취를 얻을 수 있다. 선남자, 선여인이 아침에 부처 앞에서 좋은 향을 사르고 다라니경을 천 번 외우면, 그때마다 관세음보살이 눈에 보이고 아난의 신상이 되어 증명하니, 어떻게 보답해야 할까? 모두들 성취하시어 몸과 입의 의업을 제거하시고 불삼매정관지력바라밀지승수력佛三昧頂灌智力波羅蜜地勝殊力을 득하여 모든 과를 이루시길.

『불정심관세음보살경전佛頂心觀世音菩薩經典』 上卷終

『불정심관세음보살치병최생법경전佛頂心觀世音菩薩治病催生法經典』 中卷

또 일체의 諸女가 육갑 10개월 회임하여 탄생……

11) [illegible] 러시아 소장 흑수성 서하문 館册 제105호에는 (若)자가 없다.(위 서하문의 주석 2번)

12) [illegible] 영국 소장 Or.12380-2102RV(K.K.II.0243.e) 잔엽에는 (前)자가 없다.

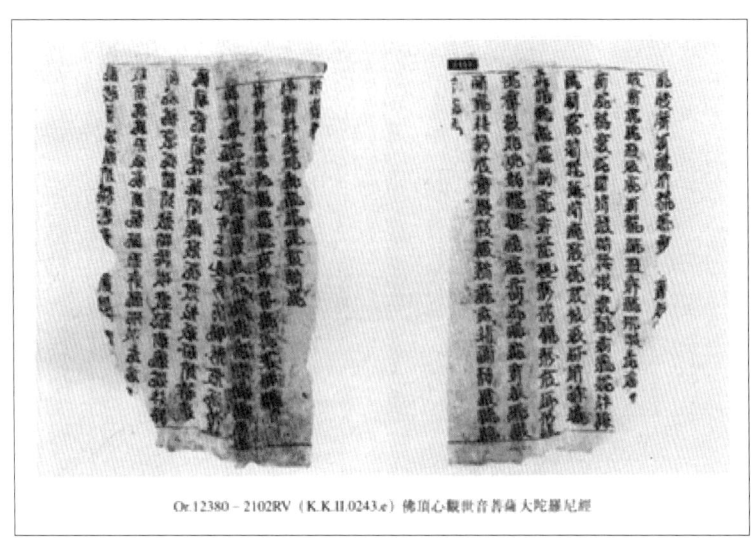

Or.12380－2102RV（K.K.II.0243.e）佛頂心觀世音菩薩大陀羅尼經

(2) Or.12380-3025(K.K.II.0234.b)호 잔경은 간행자가 『불정심관세음보살대다라니경』로 제목을 정했다.[13] 1쪽 6행이 남아 있고, 한 행은 모두 14자이다. 잔엽 위쪽에 3025호가 있으며, 행과 행 사이는 격자가 있어 글자를 나누었다. 위아래에 구분선이 있다. 녹문과 번역은 아래와 같다.

[illegible]
[illegible]

13) 英國國家圖書館, 西北第二民族學院等編 2005,『英藏黑水城文獻』(第3册), p.322.

[illegible]
[illegible]
[illegible]
[illegible]

鄰人咒罵詈無利尋唯鬼惡損害人

家中住橫惱雜令人之方便欲者是

陀羅尼經典與遇所住處各供養

者諸鬼神皆驚走往損害不敢

佛頂心觀世音菩薩經典中卷終

佛頂心觀世音菩薩難救前往經

이 Or.12380-3025(K.K.II.0234.b) 잔엽은 『불정심대다라니경』 중권의 내용에 포함되는 것으로 확정할 수 있다.

누각 주인집의 이웃은 저주하고 욕하여 항상 이익이 없고, 귀신과 악한 은 사람에게 해를 끼쳐 잡다한 번뇌에 싸이게 하니, 인욕의 방편자가 주처에서 각자 이 다리니경을 공양하는 자를 만나게 되면 여러 귀신들이 모두 놀라 달아나며 감히 해를 끼치지 못한다.

『불정심관세음보살결전佛頂心觀世音菩薩經典』 中卷終

『불정심관세음보살전왕난구경佛頂心觀世音菩薩前往難救經』

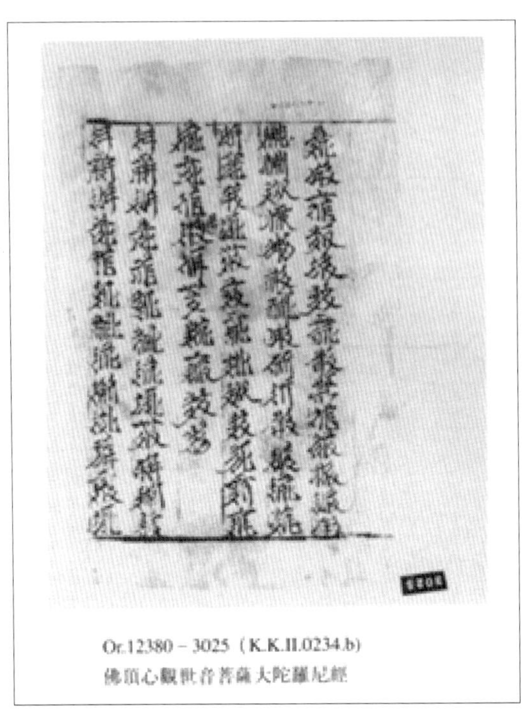

Or.12380 - 3025 (K.K.II.0234.b)
佛頂心觀世音菩薩大陀羅尼經

(3) 서하문 Or.12380-3493(K.K.II.0282.ccc) 殘葉으로 간행자는 '불경佛經' 등으로 제목을 정했다.[14] 사본이며 6행이 남아 있고, 각 행은 14자이다. 잔엽 위쪽에 3493호가 있으며, 행과 행 사이는 격자가 있어 글자를 나누었다. 위아래에 구분선이 있다. 녹문과 번역, 해석은 아래와 같다.

14) 西北第二民族學院, 英國國家圖書館等編 2005,『英藏黑水城文獻』(第4册), p.36, 51, 198.

[illegible]

守護功德者具所說無說彼城主聞
故禮敬懺悔速彼和尚於本請自食
財施人請彼處庭前面千卷寫令道
場中處日夜香花供養彼及後敕出
官高是經典功德者無量邊無也知[15]

Or.12380-3493(K.K.II.0282.ccc) 잔엽은 『불정심대다라니경』 권하卷下의 상응하는 내용을 확인할 수 있다. 번역은 아래와 같다.

…… 수호守護이며, 공덕은 다 말할 수 없다. 저 성의 주인이 듣고는 즉시 예를 올리고 참회하고, 저 화상에게 근본을 청하며 재산을 바치고 사람을 청해 전당 앞에서 천 권을 쓰게 하여 도량에 놓고는 밤낮으로 향화를 공양하였다. 이후 칙명이 나와 관직이 높아지니 경전의 공덕이 무량무변함을 알겠다. 기쁜 마음과 믿음으로 인사 올리며 봉행한다.

---

15) "[illegible]" 서하문(敕任高官)을 漢文본에서는 "改任懷州刺史"로 썼다.

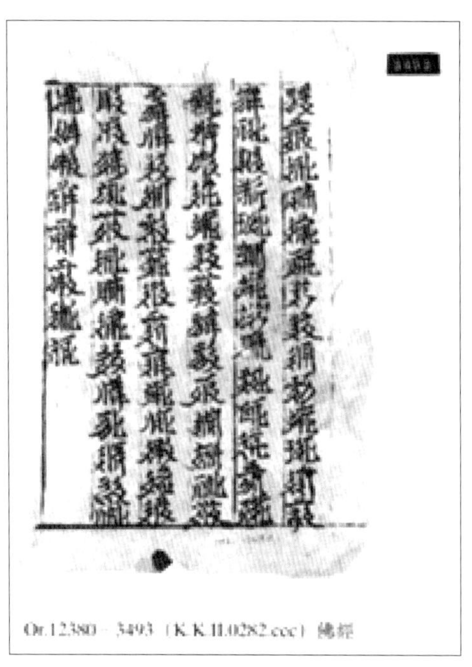

Or.12380－3493（K.K.II.0282.ccc）佛經

Or.12380-3025(K.K.II.0234.b), Or.12380-3493(K.K.II.0282.ccc) 잔엽과 비교해보면 두 잔엽이 같은 부部의 불경임을 알 수 있으며, 두 사본이 서로 이어지진 않는다. Or.12380-3025(K.K.II.0234.b)는 권중卷中의 결미 부분이고, Or.12380-3493(K.K.II.0282.ccc)은 권하卷下의 결미 부분이다.

(4) 서하문 Or.12380-3875(K.K.) 잔엽으로 간행자는 『불정심관세음보살대다라니경전佛頂心觀世音菩薩大陀羅尼經典』(上卷)으로 제목을 확정했다.[16] 권축장의 사본으로서 매 행의 자수는 균등하지 않다. 사실상

16) 北方民族大院, 英國國家圖書館等 編 2010, 『英藏黑水城文獻』(第5册), pp.225-229.

Or.12380-3875(K.K.)는 『불정심관세음보살대다라니경전佛頂心觀世音菩薩大陀羅尼經典』(上卷)으로만 제목을 정할 수는 없다. 왜냐하면 잔경에는 중권과 하권도 포함되어 있고 결미 부분만

[illegible]
[illegible]
[illegible]
[illegible]

내용이 잔결되어 있기 때문이다. 내용이 너무 많아 여기서는 기록하지 않으니 다른 글을 보기 바란다. 필적에서 판단해보건대, Or.12380-3875(K.K.) 잔경은 한 사람이 쓴 것이 아니며 최소한 3인의 필적이 보인다. 권상은 상당히 정돈된 자체이나 결미 부분에는 초체草體가 보인다. 두 사람의 필적으로 볼 수 있다. 권중과 권하 앞에는 또 다른 사람이 쓴 것으로 보이는 영험 고사 두 편이 있다. 서하 문자가 매끄럽지 못하고 상당히 생경한 편이다. 세 번째와 네 번째 영험고사의 초사자는 권상의 초사자와 필적이 같다.

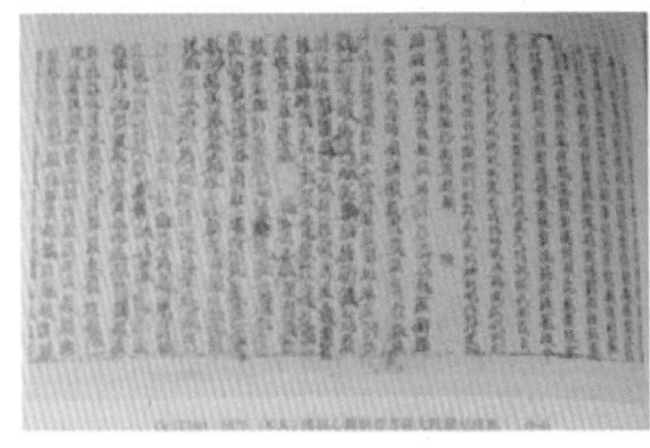

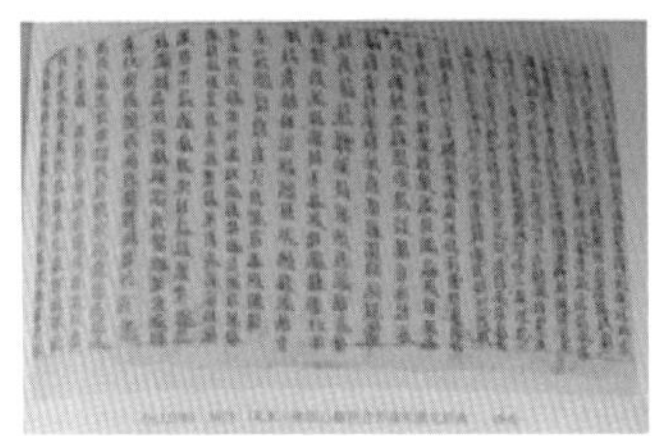

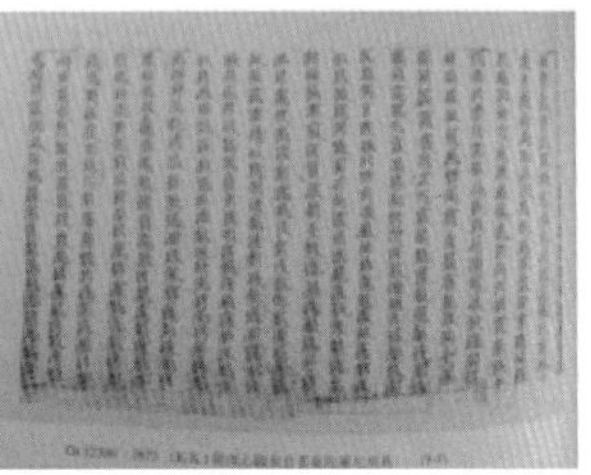

(5) 서하문 Or.12380-0050(K.K.II.0283.ggg)호 잔경으로 간행자는 "佛經"으로 제목을 정했다.[17] 이 문헌은 각본 경절장經折裝이며 1折 6行이 남아 있고 각 행은 14자이다. 좌측 2행 아래는 잔결되어 있으며 위아래에 구분선이 있다. 잔결된 내용을 러시아 소장 제105호에 근거해 보완한 녹문은 아래와 같다.

[illegible]
[illegible]

17) 西北第二民族學院, 英國國家圖書館等 編 2004,『英藏黑水城文獻』(第1册), p.22.

一切斷能恐怖一切滅能眾生一切

此威神功依皆苦離能解脫爾時世

音觀菩薩重釋迦牟尼佛之言說我

今苦惱眾生因魔障滅除苦遇眾生

之救害無令欲自主王智印大陀羅

尼法以苦受眾生一切之救濟疾病

Or.12380-0050(K.K.II.0283.ggg) 잔엽의 해독은 『불정심대다라니경』 권상卷上의 상응하는 내용으로 확인할 수 있다.

모든 속박을 끊을 수 있고, 모든 두려움을 멸할 수 있으며, 모든 중생은 이 위엄의 신공神功에 의탁해 고통에서 벗어나 해탈할 수 있다. 이때 관세음보살은 석가모니의 말씀을 다시 말한다. 나는 이제 고뇌하는 중생을 위해 악마의 장애를 멸하고 고통 받는 중생을 구해 재앙이 없도록 할 것이며, 자재왕지인대다라니법自在王智印大陀羅尼法으로 고통 받는 모든 중생을 구제하고 모든 질병을 없앨 것이다.

Or.12380 – 0050 (K.K.II.0283.ggg) 佛經

(6) 서하문 Or.12380-1099(K.K.II.0244.g)호 잔경으로 간행자는 "불경"으로 명명했다.[18] 필사본이며 1쪽 6행이 남아 있고, 1행은 13 혹은 14자이다. 위아래에 구분선이 있다. 녹문은 다음과 같다.

[illegible]

[illegible]

18) 西北第二民族學院, 英國國家圖書館等 編 2005,『英藏黑水城文獻』(第2册), p.28.

[illegible][2][illegible]
[illegible]
[illegible]
[illegible][3][illegible]

法說滅令若三寶師主父母前面
無敬心起若世世生殺命斷惡業
爲造若三善月中女嫁媳娶妄衆[19]
生殺邊無罪大犯自身於聚集世
日迷冥無知不覺天亦不樂地亦不
許千佛世出罪懺得不是如罪重人[20]

Or.12380-1099(K.K.II.0244.g) 잔경의 해독은 『불정심대다라니경』 권상卷上의 상응하는 내용으로 확정할 수 있다.

비법으로 법을 말하다. 만약 삼보, 스승, 부모 앞에서 존경하지 않는 마음(교만한 마음)이 일어난다면, 만약 대대로 업을 만들어 살생하고 명을 끊는다면, 만약 삼선월 중에 시집가고 장가가고 중생을 헛되이 죽여 무변의 대

---

19) 西夏文 "[illegible]"(三善月)를 漢文에서는 "三朝滿月"로 썼다. '善月'은 1년 중 正月, 五月, 九月 등 세 長齋月을 가리킨다. 이 3개월 동안은 長齋를 유지하고 善事를 행하기 때문에 '善月' 혹은 '三善月'이라 한다. 서하문의 표현이 불교의 원래 의미에 더욱 부합했음을 알 수 있다.
20) "[illegible]" 西夏文(天亦不樂地亦不許), 漢文用 "天不容, 地不載". (위 서하문 주석 3번)

죄를 저질러 자신에게 모이게 한다면, 하루 종일 갈 곳을 잃은 듯 지각하지 못한 채 하늘도 즐겁지 않고 땅도 허락지 않을 것이다. 천불이 세상에 나와도 죄를 참회하지 못하니 이와 같은 이는 중죄인이다.

Or.12380－1099（K.K.II.0244.g）佛經

(7) 서하문 Or.12380-1164(K.K.II.0247.i)호 잔경으로 간행자는 '다라니陀羅尼'로 명명하였다.[21] 사본 경절장이며, 1절 6행이 남아 있다. 1행은 12-13자이며, 위아래에 구분선이 있다. 녹문과 해석은 아래와 같다.

---

21) 西北第二民族學院, 英國國家圖書館 編 2005,『英藏黑水城文獻』(第2冊), p.44.

具足得應若人香花以此陀羅尼
經典供養者大千界福得此大悲
法彼人世界中大成就得若及善
男子善女人早晨時面佛前面去
妙香好燒是陀羅尼經典誦千遍
滿故時觀世音菩薩阿難身像

Or.12380-1164(K.K.II.0247.i) 잔엽을 해독해보면, 이것이 『불정심대다라니경』 권상卷上의 내용임을 알 수 있다. 번역은 아래와 같다.

전륜왕의 복을 구족할 수 있을 것이다. 만약 누군가 향화로 이 다라니경을 공양한다면 이 대천계의 복과 대비법을 얻게 되며, 그 사람은 세계 속에서 대성취를 얻게 된다. 만약 선남자, 선여자가 아침에 부처 앞으로 가서 좋은 향을 사르고 다리니경을 천 번 외우면, 그때마다 관세음보살이 눈에 보이고 아난의 신상이 되어 증명할 것이다.

Or.12380-1099(K.K.II.0244.g)와 Or.12380-1164(K.K.II.0247.i) 잔엽의 비교를 통해 두 편호가 같은 경전에서 남겨진 잔엽임을 알 수 있다. 다만 둘은 바로 이어지진 않고 원래는 그 사이에 7-8쪽이 있었다.

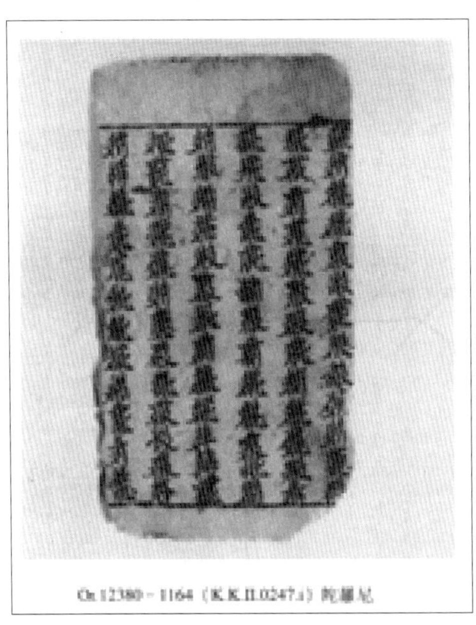

Or.12380－1164（K.K.II.0247.i）乾陽尼

(8) 서하문 Or.12380-2944(K.K.II.0265.e)호 잔엽으로 간행자는 『금강반야바라밀다경金剛般若波羅蜜多經』으로 명명했다.[22] 각본 호접장이며 각 쪽마다 6행이 있고, 각 행은 14자이다. 잔엽 위쪽에 2944호가 있고, 우측 3행 아래는 잔결되어 있다. 위아래에 구분선이 있으며, 좌측

22) 西北第二民族學院, 英國國家圖書館等編 2005, 『英藏黑水城文獻』(第3冊), p.290.

은 단선, 우측은 쌍선이다. 잔결된 서하자를 러시아 소장 제105호에 근거해 보완한 녹문과 번역은 아래와 같다.

一切滅惡業罪重悉皆離令諸善智
一切成就速心願一切滿足能煩惱
障閉眾生一切之利益安樂唯願慈
悲尋求說樂爾時釋迦牟尼佛言汝
大慈悲理依速說時觀世音菩薩法
座上起合掌直立速陀羅尼頌那謨

Or.12380-2944(K.K.II.0265.e) 잔경에 대해 간행자는 제목을 잘못 붙였다. 이 잔경의 내용은 『금강반야바라밀다경金剛般若波羅蜜多經』가 아니라 『불정심대다라니경佛頂心大陀羅尼經』 권상卷上이다. 번역은 다음과 같다.

Or.12380－2944（K.K.II.0265.e）
金剛般若波羅蜜多經

악업의 중죄에서 벗어나 모든 선한 지혜를 속히 성취하고 모든 바람을 만족하며 모든 중생에 이익을 주어 기쁘게 하고 번뇌를 막게 한다. 자비를 바라고 기쁨의 말씀을 찾는다. 이때 석가모니불이 너의 큰 자비를 이치에 따라 속히 말하라 하신다. 그때 관세음보살은 법좌에서 일어나 합장하고 정립하여 다라니경을 급히 읊으며 '나모'라고 말한다.

(9) 서하문 Or.12380-2943RV(K.K.II.0272.h)호 잔경에 간행자는『금강반야바라밀다경金剛般若波羅蜜多經』이라고 제목을 붙였다.[23] 각본 호

23) 西北第二民族學院, 英國國家圖書館等編 2005,『英藏黑水城文獻』(第3册), p.290.

접장이다. 2쪽이 남아 있으며, 각 쪽은 6행, 매 행 14자이다. 잔경 위쪽에 2943 편호가 있으며, 오른쪽에 다른 글자로 잔결된 부분이 있고, 왼쪽 잔엽 좌측 2행 위부분이 잔결되어 있으며, 왼편 바깥쪽과 오른편 바깥쪽에 단선의 구분선이 있고, 좌우 안쪽에 쌍행의 구분선이 있다.

오른쪽 :

食財耗散災惡競起宅城不安若諸

商道蓋閉夢幻急流若疾病遇源依

處無者彼拂曉時恭敬心發是陀羅

尼供養讀誦者觀世音菩薩邊無大

威力金剛密跡日夜隨著宿處是人

之守護思念有者皆願依得圓滿成

왼쪽 :

就若善男子善女人一切願求一切
種智成就欲者自獨淨處坐應眼閉
心中觀世音菩薩之念及他不念是
陀羅尼經典七遍念故願依皆得人
一切皆喜樂應成諸惡趣一切中不
墮此人若坐若臥常諸佛見眼前面

Or.12380-2943RV(K.K.II.0272.h) 잔엽을 해석해보면 그 잔엽이 『금강반야바라밀다경』이 아닌 『불정심대다라니경』 권상卷上에 상응하는 내용임을 확인할 수 있다. 번역은 아래와 같다.

음식과 재물을 다 써버려 재앙과 악이 갑자기 일어나 집과 성이 불안해지고, 상인들이 길이 막혀 몽환이 항상 생기며, 늘 질병에 걸려 의탁할 곳이 없다고 할 때, 이런 사람이 이른 아침 공경심을 발하여 다라니를 공양하고 독송하면 관세음보살과 무대위력의 금강밀적이 밤낮으로 지켜줄 것이며, 이런 생각을 가진 자는 원하는 바를 모두 성취할 것이다. 만약 선남자, 선여자가 일체의 바람을 구하고 모든 지혜를 성취하고자 한다면, 홀로 조용한 곳에 스스로 앉아 눈을 감고 마음으로 관세음보살을 생각하고, 다른 생각을 하지 않은 채 다라니경을 일곱 번 염송한다면 바람대로 모두 이루어지고 인간의 모든 기쁨을 이루고 악취로 떨어지지 않을 것이다. 이런 사람은 앉을 때나 누울 때나 항상 부처님이 눈앞에 있는 듯하다.

Or.12380-2943RV(K.K.II.0272.h)와 Or.12380-2944(K.K.II.0265.e) 잔엽을 비교해보면, 이 자료들이 원래는 같은 불경이며, Or.12380-2944(K.K.II.0265.e) 잔엽의 내용이 앞쪽이고, Or.12380-2943RV(K.K.II.0272.h)가 뒤쪽이며, 중간은 잔결되어 있음을 알 수 있다.

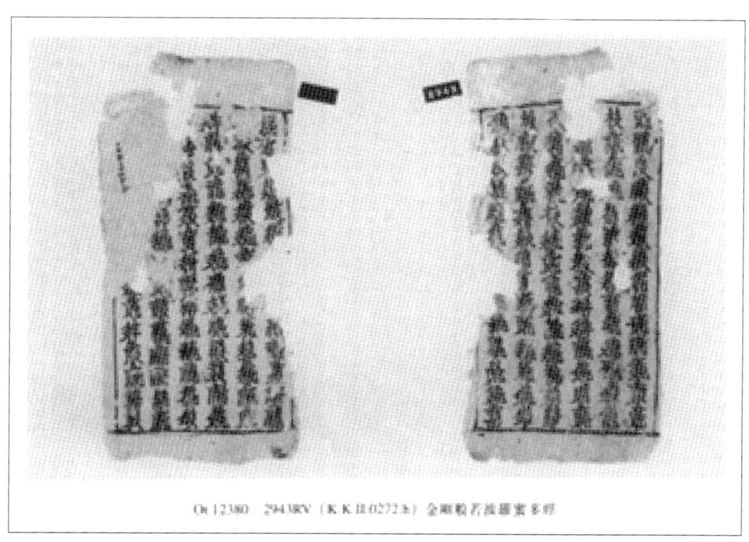

Or.12380 - 2943RV (K.K.II.0272.h) 金剛般若波羅蜜多經

(10) 서하문 Or.12380-1419(K.K.II.0277.o)호 잔경을 간행자는 "색차일삼계索借一衫契"로 제목을 붙였다. 사본이며 5행이 남아 있다. 위아래 모두 잔결되어 있어 각 행의 자수는 알 수 없다. 위아래 모두 구분선이 없다. 잔결된 서하 문자는 러사이 소장 서하문 제105호에 근거하여 보충할 수 있다. 녹문과 번역은 아래와 같다.

光寺院中常住錢百緡與借請敕受於

用爾時寺院主速已借爲一沙彌小所令引

導懷州城中錢取往彼沙彌小立即稅逼者

與共同船上坐水深處至彼夜已宿稅逼

者人惡心所發彼常住錢債不還欲故引者所令

Or.12380-1419(K.K.II.0277.o) 잔경을 해독해보면 그 내용이 "색차일삼계索借一衫契"가 아니라 『불정심대다라니경佛頂心大陀羅尼經』 권하卷下임을 분명히 알 수 있다. 번역은 아래와 같다.

그래서 저 사주泗州 보광사普光寺에서 상주常住의 돈 백 민緡을 빌려 수칙에 쓰기를 청했다. 이때 사원의 주인은 급히 이미 빌려 한 어린 사미에게 회주성懷州城으로 따라가 돈을 가져오도록 했다. 이 어린 사미는 즉시 세금 징수자와 함께 배에 타 심야에 물이 깊은 곳으로 갔다. 악심이 생긴 세금 징수자는 그 상주에게 진 빚을 갚고 싶지 않아져 빚을 진 스님을 체포하도록 했다.

(11) 서하문 Or.12380-1420(K.K.II.0277.n)호 잔경을 간행자는 '다라니陀羅尼'로 명명하였다. 사본으로 5행이 남아 있으며, 위아래가 모두 잔결되어 있고, 위아래에 구분선은 없다. 각 행의 글자 수는 알 수 없으며, 잔결된 서하자를 러시아 소장 서하문 제105호에 근거하여 보충할 경우 녹문과 번역은 아래와 같다.

[illegible]
[illegible]
[illegible]
[illegible]
[illegible]

一布袋中和尚捕裝水中而擲投令

此監債者和尚七歲爲時師依家出常是

佛頂心陀羅尼經典供養不斷自手

與分離未曾乃至處各執持讀誦舍忘

未曾故方官爲城主殺傷而發毛厘許未[24]

Or.12380-1420(K.K.II.0277.n) 잔경을 해독하면 그 내용은 "다라니陀羅尼"만은 아니며 『불정심대다라니경』 권하卷下로 보아야 한다. 번역은 아래와 같다.

> 포대 하나에 담아 물속에 던진다. 스님은 일곱 살 때부터 스승을 따라 출가하여 항상 불정심다라니경전을 끊임없이 공양하며 손에서 떨어지지 않게 하였고, 여러 곳을 다니면서도 항상 가지고 있으면서 독송을 잊지 않았다. 그래서 성주와 관리에게 살상을 당하면서도 전혀 손상된 적이 없었다.

남아 있는 내용을 비교해 고증한 결과 이 두 잔엽은 모두 『불정심대다라니경』 권하卷下 제4칙則 영험고사의 내용이었다.

Or.12380-1419(K.K.II.0277.o)와 Or.12380-1420(K.K.II.0277.n)은 내용이 서로 이어진다. Or.12380-1419(K.K.II.0277.o) 내용이 앞이고 Or.12380-1420(K.K.II.0277.n) 내용이 뒤쪽이다..

---

24) "[illegible]""[illegible]" 西夏文(爲官城主)를 한문에서는 "官人"으로 썼다. 아래 글에서는 서하문(城主)를 썼다. "城主"는 서역의 특색이 보이는 용어로 『天盛律令』에 항상 보인다.

(12) 서하문 Or.12380-2132(K.K.II.0242.g.&h)호 잔경으로, 간행자는 이를 "불경佛經"으로 명명하였다.[25] 필사본이며 5행이 남아 있고 위쪽에 구분선은 없다. 각 행은 20자 좌우이며, 잡연 중간이 끊어져 중간에 글자가 비어 있다. 잔결된 서하 문자는 러시아 소장본 제 105호에 근거하여 보충할 수 있다. 녹문과 번역은 아래와 같다.

[illegible]

寶華雨紛紛亂落此陀羅尼供養名薄伽梵蓮花手

心自在王印若善男子善女人此秘密妙神句章聞

一耳根經身百千萬苦有者悉皆消滅此陀羅尼者

十惡五逆闡提誹謗非法法說滅令若三寶師主父

母前面無敬心起若世世生殺命斷惡業爲造若三[26]

Or.12380-2132(K.K.II.0242.g.&h) 잔엽을 해독하면 『불정심대다라니경』 권상卷上의 관련 내용으로 확정할 수 있다.

---

25) 西北第二民族學院, 英國國家圖書館等編 2005, 『英藏黑水城文獻』(第2冊), p.345.
26) "[illegible]" 西夏文(百千萬苦)를 한문본에서는 "百千萬罪"로 썼다.

하늘비 같은 보화가 어지럽게 내려 이 다라니명박가범연화수자재심왕인陀羅尼名薄伽梵蓮花手自在心王印을 공양한다. 선남자 선여자가 이 비밀스럽고 신묘한 구절을 듣고 귀의 뿌리를 거치게 되면 몸속의 모든 천만의 고통이 다 사라진다. 이 다라니는 멸하게 한다. 만약 삼보, 사주, 부모님 앞에서 공경하지 않는 마음(오만함)이 일어나면 대대로 업을 만들어 살생하고 명을 끊어 삼선三善의 달 안에 있는 듯할 것이다.

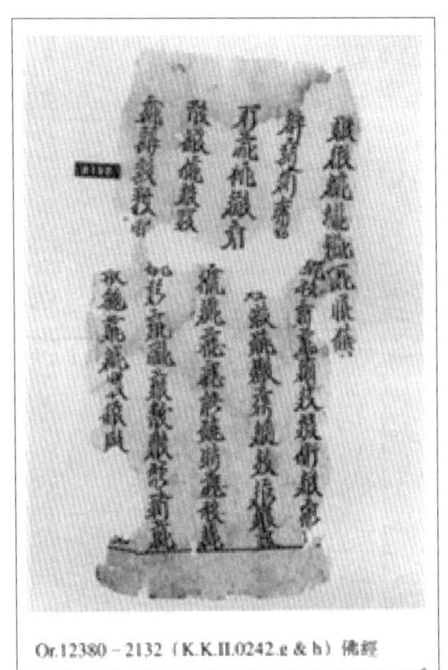

Or.12380－2132（K.K.II.0242.g & h）佛經

(13) 서하문 Or.12380-2761(K.K.II.0255.j)호 잔경을 간행자는 '불경佛經'이라 했다.[27] 각본 경절장이며, 2쪽 총 12행이다. 각 쪽은 6행이며 매 행 14자이다. 이 잔엽은 아랫부분의 잔결이 심하며, 잔결된 서하문자는 러시아 소장 105호에 근거하여 보충할 수 있다. 녹문과 해석

27) 西北第二民族學院, 英國國家圖書館等 編 2005,『英藏黑水城文獻』(第3册), p.219.

은 아래와 같다.

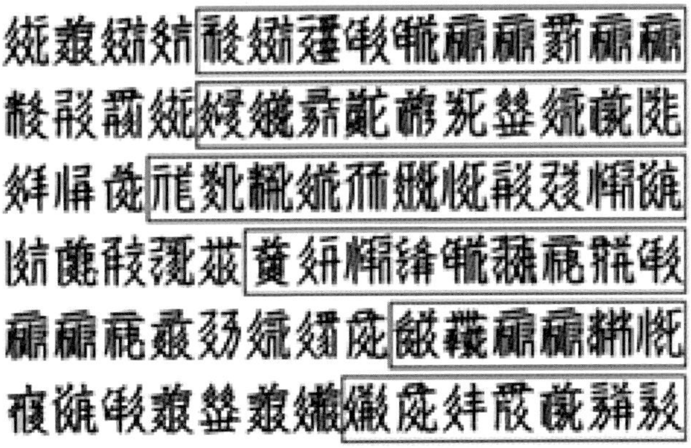

오른쪽 면 :

就若善男子善女人一切願求一切
種智成就欲者自獨淨處坐應眼閉
心中觀世音菩薩之念及他不念是
陀羅尼經典七遍念故願依皆得人
一切皆喜樂應成諸惡趣一切中不
墮此人若坐若臥常諸佛見眼前面

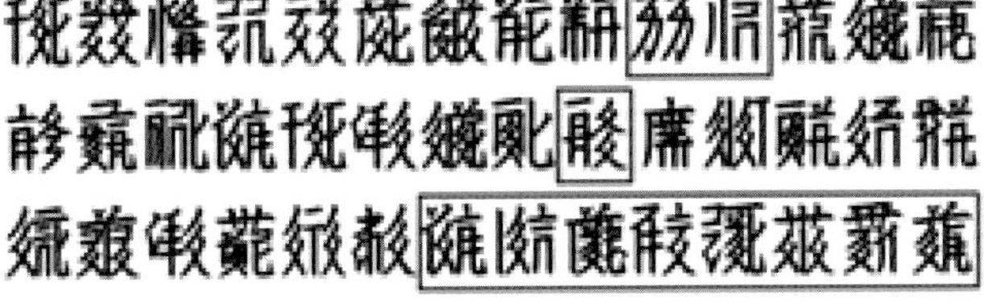

왼쪽 면 :

如無量俱胝諸惡罪過聚集有者皆

消除令此如人者轉輪王福具足得

應若人香花以此陀羅尼經典供養

者大千界福得此大悲法彼人世界

中大成就得若及善男子善女人早

晨時面佛前面去妙香好燒是陀羅

Or.12380-2761(K.K.II.0255.j) 잔경을 해독해보면, 이것이 『불정심대다라니경』 권상卷上과 상응하는 내용임을 확인할 수 있다. 오른쪽 면은 Or.12380-2943RV(K.K.II.0272.h)와 일정 부분 중첩된다. 번역은 아래와 같다.

> 만약 선남자, 선여자가 일체의 바람을 구하고 모든 지혜를 성취하고자 한다면, 홀로 조용한 곳에 스스로 앉아 눈을 감고 마음으로 관세음보살을 생각하고, 다른 생각을 하지 않은 채 다라니경을 일곱 번 염송한다면 바람대로 모두 이루어지고 인간의 모든 기쁨을 이루고 악취로 떨어지지 않을 것이다. 이런 사람은 앉을 때나 누울 때나 항상 부처님이 눈앞에 있는 듯하

다. 무량한 천만의 사람들이 나쁜 죄과가 있는 모든 자들을 모아 그것을 없애도록 한다. 이런 사람들은 전륜왕의 복을 구족해야 할 것이다. 만약 사람들이 향화로 이 다라니경에 공양한다면 대천계의 복과 대비법을 얻고, 그 사람은 세계에서 대성취를 얻을 수 있다. 선남자, 선여인이 아침에 부처 앞에서 좋은 향을 사르고 다라니경을 천 번 외우면.

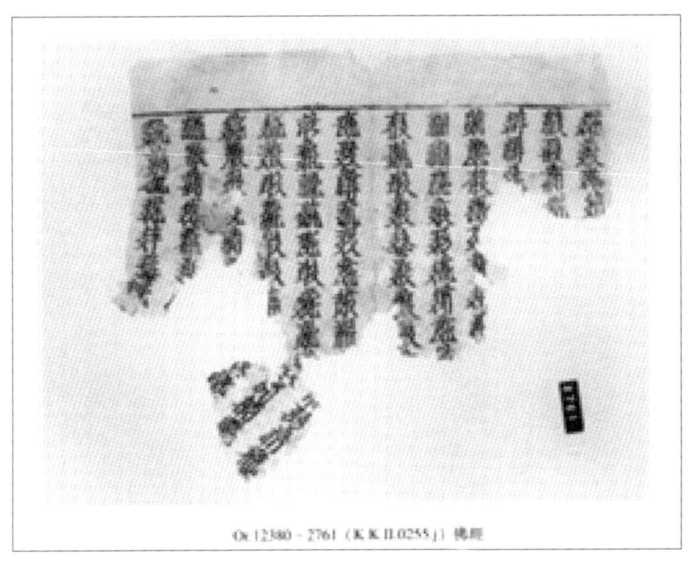

Or.12380 - 2761 (K.K.II.0255.j) 佛經

(14) 서하문 Or.12380-3185(K.K.II.0265.d)호 잔엽을 간행자는 『불설성성모다라니佛說聖星母陀羅尼』로 명명했다.[28] 이 잔엽은 각본 경절장으로, 1절 6행이고, 행마다 14자가 있다. 녹문과 해석은 아래와 같다.

28) 西北第二民族學院, 英國國家圖書館等 編 2005, 『英藏黑水城文獻』(第3冊), p.219.

[illegible]

經典唯造與同說譬如金黃以佛像
成者此陀羅尼經典供養威賢力亦
彼已如及諸善男子善女人樓主家
鄰人咒罵詈無利尋唯鬼惡損害人[29]
家中住橫惱雜令人之方便欲者是
陀羅尼經典與遇所住處各供養者

Or.12380-3185(K.K.II.0265.d) 잔경殘經을 해독해 보면 그 내용이 「불설성성모다라니佛說聖星母陀羅尼』가 아닌 『불정심대다라니경』 권중卷中의 상응함을 알 수 있다.

이 다리나경을 공양하니 그 위엄과 현명한 힘이 또한 이와 같다. 모든 선남자, 선여자, 누각의 주인과 이웃은 비난하고 욕하는 것을 저주하며 잠

29) "[illegible]" 西夏文(樓主家鄰人)를 漢文본에서는 "東鄰西舍"으로 썼다.

시 이익이 없는데, 오로지 악귀만이 거주자의 집에 해를 입히고 머리를 마구 혼란스럽게 하니, 인욕의 방편자는 거주하는 곳에서 만나 각자 이 다라니경을 공양한다.

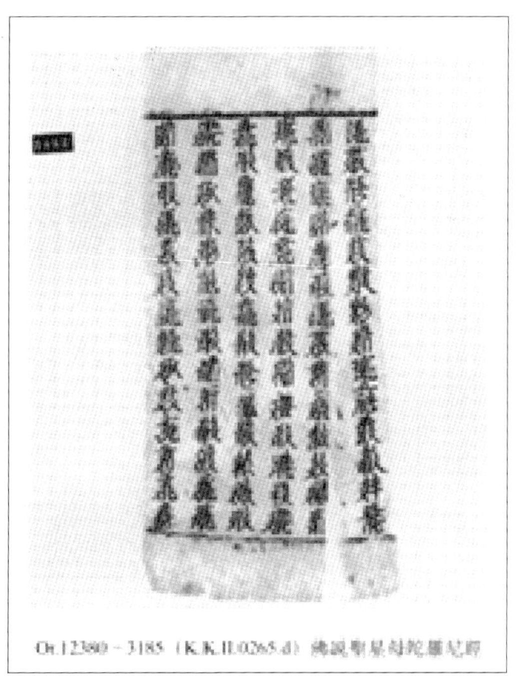

(15) 서하문 Or.12380-3218(K.K.II.0266.k)호 잔엽을 간행자는 '불경佛經'으로 명명했다.[30] 이 잔엽은 각본 호접장이며, 2절 12행에 각 행 14자이다. 잔엽 위쪽에는 3218호가 있고, 오른쪽 면 앞 2행과 왼쪽 면 뒤쪽 3행은 모두 잔결되어 있다. 잔결된 서하 문자를 러시아 소장

30) 西北第二民族學院, 英國國家圖書館等 編 2005,『英藏黑水城文獻』(第4冊), p.51.

105호에 근거하여 보충할 수 있다. 녹문과 해석은 아래와 같다.

[illegible]
[illegible]
[illegible]
[illegible]
[illegible]
[illegible]

오른쪽 면 :

不見此女人涙出雨如而來菩薩之

禮敬立即家回心誓願發衣服賣令

及別書人請千卷寫令受持倍增休

止未曾若九十七歲往死所得秦國

已生男身得若善男子善女人有是

三卷經典書能五種雜絹以袋爲彼[31]

[illegible]
[illegible]

31) "[illegible]" 西夏文(以五色雜絹)를 한문본에서는 "以色雜彩"로 썼다.

왼쪽 면 :

經典裝佛寺院中處乃至身隨供養

者此人若坐若臥畏疑有時彼百千

那羅延金剛密跡力大有及邊無阿

吒鈸拘羅 神有身劍輪持所在 處各

導引守護魔 有皆除災可皆救邪 見

皆斷及往昔 權爲者一有淮州城中

Or.12380-3218(K.K.II.0266.k) 잔경을 해석하면 이것이 『불정심대다라니경』 권하卷下와 상응하는 내용임을 확인할 수 있다.

갑자기 보이지 않더니 이 여인은 비처럼 눈물을 흘리고는 와서 보살에게 예를 올리고 즉시 집으로 돌아가고 싶어 서원을 발하고 의복을 팔아 사람에게 천 권의 글을 쓰도록 하고 수지를 배로 늘리길 그치지 않았다. 97세에 장차 죽으려 함에 자식은 이미 진秦나라를 얻고 남자의 몸을 얻었다. 만약 선남자, 선여자가 세 권의 경전을 쓰고 5종의 명주로 주머니를 만들어 그 경전을 담아 불사에 놓으며, 이를 몸에 지니고 공양하는 자는 앉거나 눕거나 두려움과 의혹이 있을 때 저 백천의 나라연금강밀적대력那罗延金刚密迹大力과 무변아타발无边阿咤钹, 구라신 拘罗神이 몸에 검륜을 지니고 가는 곳마다 지켜주며 악마는 모두 제거해주고 재앙은 모두 구제해주고 삿됨은 모두 끊어지게 할 것이다.

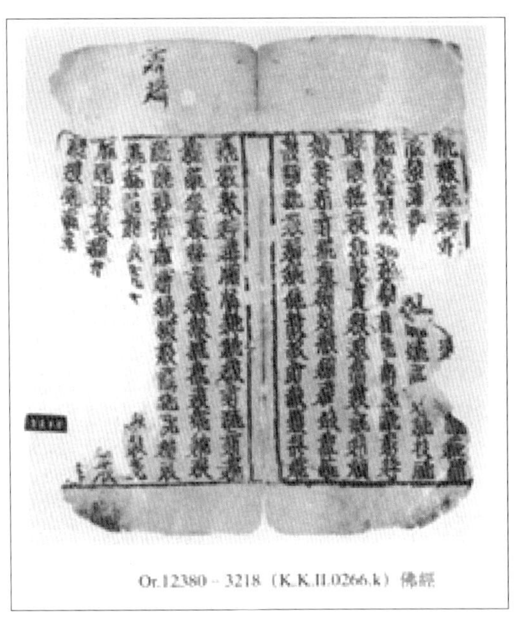

Or.12380 - 3218 (K.K.II.0266.k) 佛經

현재 영국 소장 흑수성 문헌 중 15개 편호가 서하문 『불정심관세음보살다라니경』이며, 3권의 내용이 기본적으로 보존되어 있는데, 그 중에는 사본도 있고 각본도 있다. 장정 형식은 권축장, 경절장, 호접장 등으로 서로 다르다. 『영국 소장 흑수성 문헌英藏黑水城文獻』에서는 Or.12380-2102RV(K.K.II.0243.e), Or.12380-3025(K.K.II.0234.b), Or.12380-3875(K.K.)만 제목을 확정하고 다른 편호에서 제목을 잘못 정한 것을 수정하였다. 서하문과 한문 『불정심대다라니경佛頂心大陀羅尼經』의 내용을 비교하면, 단어를 쓰는 부분에서 약간의 차이만 있을 뿐 서하문과 한문의 내용이 기본적으로 일치한다. 이는 서하문본이 한문본을 번역해서 완성된 것임을 말해준다. 이는 서하 유적에 남아 있는 하夏와 한문 『불정심대다라니경』의 연구에 귀중한 자료를 제공해준다.

II. 『불정심대다라니경佛頂心大陀羅尼經』 내용의 출처

『불정심대다라니경』(3권)은 위경으로서 관음을 믿으면 십악오역죄를 멸하고 천제闡提를 꾸짖고 병을 치료하고 출산을 촉진하고 몸과 말의 업을 제거할 수 있으며, 여자가 남자의 몸으로 바뀌고 부모님의 은혜에 보답하여 지옥에 떨어지지 않게 하고, 병을 없애고 수명을 늘려 서방 극락정토에 왕생하리라는 바람을 실현하게 해준다는 것을 강술한다. 이로써 관음 신앙의 공덕을 선양하는 것이다.

불교는 인생에 관심을 기울이는 종교이며, 중국에서 생산된 위경은 정통 불교경전의 기초 위에서 만들어진 것이자 정통 경전이 전파되는 과정에서 새롭게 만들어지고 발전된 것이다. 위경은 간략하면서도 쉽게 이해할 수 있고 유행도 잘되어 신도들의 일상생활 및 현세의 이익과 밀접하게 관계된다. 『불정심대다라니경』는 관음이 고난을 구제하는 정통 경전과 밀접한 관련이 있다. 아래는 『불정심대다라니경』과 정통 경전의 관계에 대한 간략한 정리이다.

1. 『불정심대다라니경佛頂心大陀羅尼經』 내용의 근원

『불정심대다라니경』 권상卷上의 "이때 관세음보살이 석가모니에게 아뢰었다. '내 전생의 불가사의한 복덕의 인연으로 일체의 중생에게 이익을 주고 대비심大悲心을 발하여 일체의 속박을 끊고 일체의 공포를 멸하고 일체의 중생은 이 위신威神에 의탁해 고통을 벗어나 해탈에 이를 수 있기를 바랍니다'"라는 내용은 당唐 지통智通 역 『천안천비관세음보살다라니신주경千眼前臂觀世音菩薩陀羅尼神咒經』의 "이때 관세음보살마가살이 부처님께 아뢰었다. '세존이시여. 내 전생의 불가사의한 복덕의 인연으로 지금 세존은 제게 수기를 주셔서 일체의 중생에게 이익을 주고 대비심을 일으켜 일체의 속박을 끊고 일체의 두려움을 멸할 수 있도록 하였습니다. 일체 중생은 이 위신을 입고 고통의 원인에서 벗어나 안락과를 얻습니다'"라는 내용과 대체적으로 일치한다. 『불정심대다라니경』 권상卷上의 "이때 관세음보살이 석가모니불에게 다시 아뢰었다. '저는 이제 고뇌하는 중생을 위해 악마의 장애를 멸하고 고통 받는 중생을 구해 재앙이 없도록 할 것이며, 자재왕지인대다라니법自在王智印大陀羅尼法으로 고통 받는 모든 중생을 구제하고 모든 질병을 없앨 것이며, 악업의 중죄에서 벗어나 모든 선한 지혜를 속히 성취하고 모든 바람을 만족하며 모든 중생에 이익을 주어 기쁘게 하고 번뇌를 막게 할 것입니다. 오직 자비를 바라고 기쁨의 말씀을 구합니다'"라는 내용은 당唐 가범달마伽梵達摩 역 『대비심다라니경大悲心陀羅尼經』의 "세존이시여! 저는 대비심다라니를 바라며 지금 말씀을 올리려 합니다. 모든 중생을 위해 안락고安樂故를 얻어 일체의 병고를 없애고 수명고壽命故를 얻고 부요고富饒故를 얻고 일체의 악업과 중죄고重罪故를 없애고, 장난고障難故에서 벗어나 일체의 백법제공덕고白法諸功德故를 늘려 일체의 제선근고諸善根故를 성취하고 일체의 제포외고諸怖畏故를 벗어나 일체의 제희구고諸希求故를 만족시킵니다. 오직 자애로움으로 들어주시길 세존께 바랍니다"라는 내용과 흡사하다.

『불정심대다라니경』의 "만약 또 여자의 몸이 있는데 여자의 몸이 싫어 남자의 몸을 얻고자 하고, 백 세에 명이 다하여 서방정토의 연꽃으로 왕생하고자 한다면 응당 많은 이들을 청해 이 다라니경을 필사하도록 하고, 공경하는 부처님 앞에서 묘향화로 매일 끊임없이 공양하면 반드시 여자의 몸이 남자의 몸으로 바뀔 것이다"에 상응하는 내용이 『대비심다라니경』에도 보인다. 그 경문은 이렇다.

> "만약 여자들이 여자의 몸을 싫어하고 천히 여기며 남자의 몸이 되기를 바란다면 대비다라니의 구절을 외울 것이니, 만약 여자의 몸이 남자의 몸으로 바뀌지 않는다면 나는 깨달음을 이루지 못할 것이다."[32]

『천안천비관세음보살다라니신주경千眼千臂觀世音菩薩陀羅尼神呪經』에도 상응하는 내용이 있다. "만약 선남자, 선여자가 아침 삼시에 한 번씩 외우면 이는 십억의 제불에게 공양을 드리는 것과 다를 바가 없

32) (唐) 伽梵達摩譯, 『千手千眼觀世音菩薩廣大圓滿無礙大悲心陀羅尼經』(T20, no. 1060, p.107a16)

어 영원히 여자의 몸을 받지 않을 것이고 명이 다한 후 영원히 삼도를 벗어나 아미타불국에서 왕생하게 될 것이다."[33]

『불정심대다라니경』 권상卷上의 내용이 『천안천비관세음보살다라니신주경』, 『대비심다라니경』 등의 영향을 일정 정도 받았음을 알 수 있다.

2. 『불정심관세음보살병치생최법경 佛頂心觀世音菩薩病治生催法經』

『불정심관세음보살병치생최법경佛頂心觀世音菩薩病治生催法經』 권중卷中은 다라니는 독송 공양하거나 필사하면 여자의 난산을 구제하고 병을 없애 수명을 늘려주고 갖가지 질병과 빈곤, 기아 등에서 구원할 수 있으며, 필사한 다라니를 태워서 그 재를 복용하거나 불상을 만들면 각종 질병을 없애줄 뿐 아니라 갖가지 바람을 모두 실현할 수 있으며, 명이 끝날 때 중음中陰에 머무르지 않고 서방정토에 왕생하여 아미타불을 만날 수 있음을 주로 강술한다.

『불정심관세음보살다라니경佛頂心觀世音菩薩陀羅尼經』을 독송 공양하면 분만을 재촉하여 난산을 해결해줄 수 있다고 했는데, 唐 智通이 번역한 『천안천비관세음보살다라니신주경千眼千臂觀世音菩薩陀羅尼神咒經』에도 유사한 내용이 있다. "또 법에 만약 여인이 출산에 임박하여 큰 고통을 받을 때 연유를 스무한 번 빌고 그것을 먹게 하면 반드시 안락해지고 태어난 남녀 아이가 모두 대상호를 갖게 되며, 모든 선으

33) (唐) 智通譯, 『千眼前臂觀世音菩薩陀羅尼神咒經』卷下 (T20, no.1057b, p.94b)

로 장엄하고 덕의 근본을 깊이 심어 사람들이 사랑하고 공경토록 하여 항상 사람들 사이에서 큰 즐거움을 받게 된다."[34]

보리유지菩提流志 역 『천수천안관세음보살모다라니경千手千眼觀世音菩薩姥陀羅尼經』에도 비슷한 기록이 있다. "만약 여인이 출산에 임박하여 큰 고통을 받을 때 연유를 스무한 번 빌고 그것을 먹게 하면 반드시 목숨을 보전하고 편안하게 아이를 낳도록 한다. 태어난 남녀 아이가 모두 대상호를 갖게 되며, 모든 선으로 장엄하고 덕의 근본을 깊이 심어 사람들이 사랑하고 공경토록 하여 항상 사람들 사이에서 큰 즐거움을 받게 된다."[35] 의정義淨 역 『약사유리광칠불본원공덕경藥師琉璃光七佛本願功德經』 제3대원第三大願에서도 이렇게 말한다. "바라노니, 내세에 내가 시방계에서 보리를 얻을 때 만약 여자라면 탐욕과 음란과 번뇌가 항상 그 마음을 뒤집어 놓고 뒤이어 임신을 하게 되면 심히 악랄해져서 출산할 때 큰 고통을 받게 된다. 만약 나의 이름이 잠시 그 귀를 거치거나 이를 다시 외우게 되면 이 힘으로 인해 모든 고통이 사라지고 이 몸은 버려 항상 남자가 되고 보리에까지 이르게 된다."[36]

여성이 아이를 낳아 기르는 것에 관심을 갖고 여자의 몸이 남자의 몸으로 된다는 의견은 여러 경전에서 선양하는 내용이다. 불교에서는 인간의 생로병사에 대해 관심을 갖는다. 과거에는 의료 수준이 낮고 의약이 부족했기 때문에 많은 사람들이 병에 걸려도 치료할 수가 없어 생명에 큰 위협이 되었다. 여자들의 임신과 출산의 위험은 더욱

34) (唐) 智通譯, 『千眼前臂觀世音菩薩陀羅尼神咒經』 卷上 (T20, no.1057b, p.93b10)
35) (唐) 菩提流志譯 : 『千手千眼觀世音菩薩姥陀羅尼經』 (T20, no.1058, p.101a23)
36) (唐) 義淨譯 : 『藥師琉璃光七佛功德本願經』 (T14, no.451, p.410a29)

켰기 때문에 사람들은 『불정심대다라니경』을 외우고 필사하고 공양하여 산모와 아이가 모두 편안할 수 있기를 바랐다.

흑수성 문헌 중에는 하한문夏漢文 『불정심관세음보살병치생최법경佛頂心觀世音菩薩病治生催法經』뿐 아니라 『성육자증수대음왕다라니경聖六字增壽大陰王陀羅尼經』(第235號, 館册第570號) 발원문도 있다. 이 발원문에서는 여성 발원자인 嵬移氏 富任이 자본을 내어 경문을 필사하는데, 그 목적은 자신의 선행으로 인해 보살이 가족들을 돌봐주고 자신의 딸들을 보호해주길 바라는 것이었다. 제기에서는 Гхиэ Нин-лдиэ가 돼지해 8월 6일 밤에 분만하였고, Гхиэ Гхиэ-лхон가 소의 해 5월 27일 밤에 분망했다고 밝혔다. 이 경문을 독송하는 목적이 가족들의 행복과 안녕임을 분명히 보여주는 것이다.

돈황 문헌 중에는 『불정심관세음보살병치생최법경』 외에 S.1441vb, S.1441vk, S.5561, S.5593b, S.5957 등의 『환난월문患難月文』과 P.4514 『구산난다라니救產難陀羅尼』 등도 있다. 그중 S.1441vb의 首題에는 "이것으로 공덕을 베풀고 경문을 외고 향을 사르며 출산을 걱정하니, 오직 산일이 다가오고 달이 차면 기이한 신이 생겨나 모자 모두 평안하고 근심하는 액운이 없기만을 바란다. 관음이 머리에 물을 뿌려서 불사의 신방을 받아 약을 갈아서 장생의 맛을 베풀면 어머니는 고통이 없어지고 밤낮으로 항상 편안하게 선동을 낳으니, 마치 이어진 연꽃을 걸치고 현시하는 것 같다"라는 내용이 있다.[37] 여성의 출산은 목숨과 관련된 것이라 고대 사람들의 관심을 받았음을 알 수 있다.

3.『불정심관세음보살전왕난구경전 佛頂心觀世音菩薩前往難救經』

『불정심관세음보살전왕난구경전』 권하卷下에서는 주로 관음신앙의 영험고사 네 편을 강술하는데, 그 중 두 편은 국외에서, 다른 두 편은 중국 내에서 발생한 고사이다. 제3권의 영험고사는 앞에서 서술한 경문과 서로 호응하며 경전의 유행을 추동했다.

첫 번째 영험고사는 계빈국罽賓國에서 유래한 전염병에 관한 내용이다. 이 전염병에 걸린 사람은 하루이틀 사이에 죽고 마는데, 관세음보살이 자비심을 발해 백의거사로 변하여 직접 병자를 치료할 뿐아니라 사람들을 시켜 『불정심대다라니』(三卷)를 필사하고 성심으로 공양하여 병자의 목숨을 구하고 재난까지 없애준다.

『천안천비관세음보살다라니신주경』은 다라니를 이용해 어떻게 질병을 예방하는지에 관한 내용이다. "'만약 전염병이 유행하면 4주肘의 만다라를 만들고 좋은 연유를 가져다가 108번을 빌고 불 속에 태우면 모든 전염병이 소멸된다. 또 약간의 연유를 가져다가 전염병에 걸린 사람에게 먹이면 즉시 병에서 낫는다. 옛날 계빈국에서 전염병이 유행해 병에 걸린 자는 하루이틀 만에 죽었다. 어느 바라문 진제真諦가 대자비심을 발해 이 범문을 베풀어 한 나라를 치료해주어 전염병은 즉시 사라졌다. 그때 병을 유행시킨 귀왕鬼王이 즉시 국경 밖으

37) 敦煌研究編 2002,『敦煌遺書總目索引新編』, 北京; 中華書局, 第43頁.

로 나갔기 때문에 영험함이 있음을 알게 되었다."[38]

비슷한 내용이 당唐 보리유지菩提流志가 번역한 『천수천안관세음보살모다라니경千手千眼觀世音菩薩姥陀羅尼經』에도 기록되어 있다. "만약 마을에 전염병이 유행하면 4주肘의 만다라를 만들고 좋은 연유를 가져다가 108번 빌고 한 번 빌면서 한 번 태우기를 108번 하면 모든 전염병이 소멸될 것이다. 또 약간의 연유를 가져다가 전염병에 걸린 사람에게 먹이면 바로 병에서 낫게 된다. 옛날 계빈국에서 전염병이 유행해 병에 걸린 자는 하루이틀만에 바로 죽었다. 어느 바라문 진체가 대자비를 일으켜 이 법문을 베풀어 한 나라의 전염병에 걸린 사람들을 구제해주니 즉시 병은 소멸되고 병을 유행시킨 귀신도 바로 나라 밖으로 나가 그 영험함을 알게 되었다."[39]

『천수천안관세음보살모다라니경』과 『천안천비관세음보살다라니신주경』은 같은 경전의 다른 번역으로서 당唐 역본의 "바라문진제婆羅門真諦"만 위경에서 "관세음보살觀世音菩薩"로 바뀌었을 뿐이다.

두 번째 영험고사는 바라나국波羅柰國에서 발생한 사건으로 다라니를 외우고 베끼고 공양하면 병을 없애 수명을 누릴 수 있다는 공덕에 대해 주로 이야기한다. 이 영험고사는 당唐 지통 역 『천안전비관세음보살다라니신주경』에 일정 부분 체현되어 있다. "옛날 바라내국에 한 장자가 있었는데 그의 하나뿐인 아들의 수명은 딱 16세였다. 아들이 15세가 되었을 때 한 바라문이 집집마다 돌아다니며 걸식을 하다가 장자가 근심에 쌓여 있고 부부가 초췌한 채 얼굴에 광택이 없는 것을

38) (唐) 智通譯, 『千眼前臂觀世音菩薩陀羅尼神咒經』 卷上 (T20, no. 1057b, p.93b01)
39) (唐) 菩提流志譯, 『千手千眼觀世音菩薩姥陀羅尼經』 (T20, no. 1058, p.100c23)

보게 되었다. 바라문이 물었다. '장자께서는 어찌하여 즐겁지 못하십니까?' 장자는 그 연유를 말해주었다. 바라문은 이렇게 답했다. '장자께서는 근심할 필요가 없습니다. 제가 하라는 대로만 하시면 아드님의 수명은 길게 늘어날 것입니다.' 이에 바라문이 이 법문法門을 하루 밤낮으로 짓자 다음과 같이 염라왕이 알려왔다. '장자의 아들은 수명이 16세인데 이미 15세가 되어 1년밖에 남지 않았다. 지금은 선연善緣으로 인해 80세가 되어 이렇게 와서 알려준다.' 이때 장자 부부는 뛸 듯이 기뻐서 가산을 모두 털어 불과 법과 여러 승려들에게 보시하였다. 이 법의 불가사의가 위대한 신험을 구비한 것임을 알아야 할 것이다. 대도회大都會의 삼만다라 금강도량으로 들어간 자는 만다라를 만들 필요 없이 오직 결인結印하고 암송하면 기원이 없고 과果를 맺지 않아도 바로 성불하게 될 것이다."[40]

보리유지菩提流志 역『천수천안관세음보살모다라니경』에 이런 기록이 있다. "옛날 바라내국에 한 장자가 있었는데 그의 하나뿐인 아들의 수명은 딱 16세였다. 아들이 15세가 되자 장자 부부는 근심에 싸여 초췌한 채 얼굴에는 광택도 없게 되었다. 한 바라문이 집집마다 돌아다니며 걸식하다가 우연히 장자를 만나 '어찌하여 즐겁지 못하십니까?'라고 물었다. 장자가 그 연유를 자세히 말해 주자, 바라문은 이렇게 답했다. '장자께서는 근심할 필요가 없습니다. 제가 말씀드리는 법도만 따르시면 아드님의 수명은 길게 늘어나 요절하지 않을 것입니다.' 이에 바라문이 이 법문法門을 지어 7일째 되는 날 밤이 되자 다음과 같이 염라왕이 알려왔다. '장자의 아들은 수명이 16세인데 이

---

40) (唐) 智通譯,『千眼前臂觀世音菩薩陀羅尼神咒經』卷上 (T20, no. 1057b, p.93b10)

미 15세가 되어 1년밖에 남지 않았다. 지금은 선연善緣으로 인해 80세가 되었기에 이렇게 와서 알려준다.' 이때 장자 부부는 뛸 뜻이 기뻐서 가산을 모두 털어 불법승에 보시하였다. 이 법의 불가사의가 위대한 신험을 구비한 것임을 알아야 할 것이다. 이미 도회都會의 삼만나라三曼拏羅 금강도량으로 들어간 자는 대만나라를 만들 필요 없이 오직 결인結印하고 암송하면 기원이 없고 과果를 맺지 않아도 바로 성불하게 될 것이다."[41]

『불정심관세음보살다라니경』에서 언급한 내용이 『천안전비관세음보살다라니신주경』, 『천수천안관세음보살모다라니경』의 관련 내용에 근거한 것임을 알 수 있다. 다만 정통 경전에서는 "바라문婆羅門"을 "관세음보살觀世音菩薩"로 바꾸고, 장자 아들의 수명을 "팔십세八十歲"에서 "구십세九十歲"로 바꾸었다.

세 번째 영험고사는 삼생 이전에 어느 사람을 독살한 한 부인에 관한 이야기이다. 이 사건으로 인해 억울한 일을 당한 집안에서는 복수를 위해 세 번의 윤회를 통해 그 부인을 죽이려 하나 부인이 항상 『불정심대다라니경』를 지니고 있어 원수를 갚지 못한다. 관세음이 한 승려가 되어 이 원한을 풀어준다. 이를 위해 부인은 더욱 경건하게 부처에게 예를 올리고 공경의 마음으로 다라니를 공양하여 97세까지 장수를 누리고, 죽어서는 진국秦國에서 남자의 몸으로 태어난다. 그리고 원한이 있는 집안은 관세음보살의 예에 따른 수기를 받는다.

네 번째 영험고사는 회주懷州로 가서 현령이 된 한 관리에 관한 이야기이다. 그는 여비가 없어서 사주泗州 보광사普光寺에 머물며 돈도

41) (唐) 菩提流志譯, 『千手千眼觀世音菩薩姥陀羅尼經』 (T20, no. 1058, p.107a07)

백 관을 빌린다. 사찰의 주지는 사미 한 명을 보내 회주로 가서 빌린 돈을 받아오도록 한다. 그러나 도중에 관리는 재물을 자기가 갖고 사미도 죽여 버리겠다는 악한 마음을 품는다. 그래서 사미를 자루에 넣어 강물에 던져버린다. 그러나 사미는 다라니 세 권을 휴대하고 있었기 때문에 조금도 해를 입지 않았고, 어두운 길에서 다른 사람에게 이끌린 듯 회주에 도착해 관아의 대청까지 이른다. 관리는 이 연유를 알게 된 후 이 다라니를 예로써 공양하여 큰 공덕을 얻고 현령에서 자사로 관직이 오르게 된다.

『불정심대다라니경』이 정통 경전과도 밀접한 관계가 밀접했음을 알 수 있다. 그 내용은 당唐 지통 역 『천안전비관세음보살다라니신주경』과 당 보리유지 역 『천수천안관세음보살모다라니경』에서 온 것이며, 여기에 중국적 특색을 녹여 중국인의 생활 습속에 더욱 부합하도록 했다. 특히 네 편의 관음 영험고사는 『천안전비관세음보살다라니신주경』 혹은 『천수천안관세음보살모다라니경』이 전파되는 과정에서의 감응기感應記로도 볼 수 있다. 서하문 『불정심대다라니경』(三卷)에서는 당항인黨項人의 특징이 보이는 단어도 보여 해당 민족 신도들의 수요에 더 부합하였다. 서로 다른 판본에서는 사용하는 용어가 다소 다르긴 하지만 신도들이 추구하는 현세의 이익과 바람들에는 변화가 없었다. 이는 불교 신앙의 세속화, 민중화를 반영하며, 이것이 바로 위경이 무한한 생명력을 가지는 이유이기도 하다.

III. 서하문 『불정심대다라니경 佛頂心大陀羅尼經』의 번역 연대

한문漢文 『불정심대다라니경』에는 작자와 연대가 없다. 정아차이(鄭阿財)는 돈황 문헌의 여러 단서들에 근거하여 이 경문의 성립 시기를 중당中唐 때로 보았다.[42] 이때부터 『불정심대다라니경』이 점차 전파되어 돈황 투르판 문헌, 흑수성 문헌, 요응현遼應縣 목탑, 요금 방산각경房山刻經 중에 모두 남아있게 된 것이다.

1. 『불정심대다라니경佛頂心大陀羅尼經』의 서하 전파

서하의 불경은 주로 송宋나라에 구매를 요청했던 불경이다. 서하는 총 여섯 차례에 걸쳐 송에게 말을 바치고 불경을 구해줄 것을 요청했다. 첫 번째로 천성天聖 9년(1031)에 덕명德明이 말 70필을 바치면서 불경 1장藏을 하사해줄 것을 청하자 인종仁宗이 이를 따랐다. 두 번째로는 경우景祐 2년 혹은 하 광운光運 2년(1035)에 원호元昊가 사신을 보내 50필의 말을 바치면서 불경 1장을 구해줄 것을 청했고 인종이 특별히 하사해주었다. 세 번째는 복성승도福聖承道 3년(1055)에 양조諒祚가 사신을 보내 공물을 바치자 인종이 『대장경』을 하사하여 위로했다. 네 번째는 차도䄇都 2년(1058)에 양조가 말 70필을 인조공印造

42) 鄭阿財 2000, 『敦煌寫本〈佛頂心觀世音菩薩大陀羅尼經〉研究』, 2000年 敦煌學國際學術討論會文集, 蘭州; 甘肅民族出版社, p.8.

工의 값으로 충당하고 경전을 하사해줄 것을 청했다. 다섯 번째는 차도 6년(1062)에 양조가 다시 말 70필을 바치며 불경과 바꿔줄 것을 청했다. 여섯 번째는 천사예성국경天賜禮盛國慶 4년(1073)에 병상秉常이 말을 바치며 불경을 청하자 조서를 내려 불경을 하사하고 말은 돌려주었다.[43)]

서하에서 말을 바치며 송나라에 하사해 달라고 요청한 불경은 장경에 포함된 경전이었을 것이다. 따라서 위경인 『불정심대다라니경』이 관방에서 하사를 요청하는 방식을 통했을 가능성은 크지 않다. 그 밖에 서하는 하서 지역에서 유행한 불경을 직접 계승하거나 혹은 송, 하, 요, 금의 민간에서 서로 교류하고 몰래 유통시키는 방법으로 서하의 경내로 들어왔을 수도 있다. 송에서는 금지된 『점찰선업경占察善業經』이 흑수성 문헌에 오히려 남아있는 것이 그 예가 될 수 있다.

송, 요, 금 시대에는 『불정심대다라니경』이 꽤 유행했다. 상해도서관 소장 823825호 『불정심대다라니경』 남송 잔본 1건, 산서 응현應縣 목탑에 보존된 요대 『불정심대다라니경』[44)], 북경방산房山 운거사雲居寺 방산석경房山石經 중, 금대 황통皇統 3년(1143) 각석과 각석 연대를 표시하지 않은 『불정심대다라니경佛頂心大陀羅經』 3권 등이 있다. 그중 요대 응현 목탑은 요 청녕淸寧 2년(1056)에 지어졌으며, 탑 안에서

43) 崔紅芬 2010,『西夏河西佛教研究』, 北京; 民族出版社, pp.193-198 참고.

44)『應縣木塔遼代密藏』(文物出版社, 1991, p.56)에 64, 65호 『佛頂心觀世音菩薩大陀羅尼』 卷軸裝을 보존하고 있다. 64호의 보존상태가 더 좋아서 끝부분 약간만 잔결되어 있다. 각 쪽 15, 16행이며, 1행은 18, 19자로 균등하지 않다. 저자는 없으며 내용은 대부분 唐 總持寺 沙門 智通 역『千眼千臂觀世音菩薩陀羅尼神咒經』을 고친 것이다. 문자가 다 일치하진 않는 점으로 볼 때, 여의 승려가 경문을 빌어 질병의 치료, 해산 촉진, 재난의 구제 등의 내용을 뽑은 것으로 보인다. 65호와 64호는 같은 경전의 서로 다른 초사본이다.

발견된 경전은 청녕 2년(1056) 이전 혹은 탑이 완공된 그 시기에 초사 혹은 각인하여 완성된 것이다. 이는 도종道宗 이전에 『불정심대다라니경』이 요의 경내에서 이미 매우 유행했음을 말해준다. 『불정심대다라니경』이 요에서 흘러들어왔는지에 대해 명확한 기록은 없다.

그러나 계천繼遷이 귀족과 요의 혼인 정책을 통해서 점차 발전해 가서 결국 함평咸平 원년(998)에는 은銀, 하夏, 수綏, 유宥, 정靜의 5주를 다시 차지하게 된다.[45] 요 경복景福 2년(1032) 원호元昊 때는 요나라의 공주와 결혼한다. 『요사遼史』의 관련 기록은 이렇다. "이 해에 흥평공주를 하나라 이덕소(이덕명일 것이다)의 아들 원호에게 시집보내고 원하를 하국공, 부마도위로 삼았다."(是歲以興平公主下嫁夏國王李德昭子元昊, 以元昊爲夏國公, 駙馬尉.)[46] 건순乾順 때는 다시 한 번 요에 공주를 아내로 달라고 요청한다. 관련하여 『요사』 卷26 「도종본기道宗本紀」에서는 "무자에 하나라 국왕 이건순이 사신을 보내 공주를 아내로 달라고 요청했다"(戊子, 夏國王李乾順遣使請尚公主)라고 기록했다. 또 『요사』 卷27 「천조본기天祚本紀」에서는 "(건통 2년) 병오에 하나라 왕 이건순이 다시 공주를 아내로 달라고 요청했다."([乾統二年]丙午, 夏國王李乾順複遣使請尚公主.)고 했다. (건통 3년) 6월 신유辛酉에 하나라 왕 이건순은 다시 공주를 아내로 달라고 청한다. (건통 5년) 3월 임신壬申에 족녀族女인 남선南仙을 성안공주成安公主로 봉해 하나라 이건순에게 시집보낸다. (건통 8년) 임인壬寅에는 하나라 이건순이 성안공주가 아들을 낳은 일을 사신을 보내 알려온다.[47] 하와 요 두 나라의 혼인은 양국의

45) 崔紅芬 2010,『西夏河西佛教研究』, 北京, 民族出版社, p.22.
46) (元) 脫脫等撰,『遼史』 卷18 "興宗本紀"(一), 北京: 中華書局標點本, 2000, p.213.
47) (元) 脫脫等撰,『遼史』 卷27 "天祚皇帝本紀"(一), 北京: 中華書局標點本, 2000,

관계를 밀접하게 할 뿐 아니라 두 나라의 종교와 문화 교류의 촉진에도 일정한 영향을 미쳤다. 공화拱化 5년(1067)과 천우민안天祐民安 5년(1095)에 양조諒祚와 건순乾順은 요와의 관계를 더욱 발전시키기 위해 두 차례에 걸쳐 요나라에 회골의 승려와 그들이 번역한 경문을 바쳤다. 함옹咸雍 3년(1067) 겨울 11월 임진壬辰에 하나라는 사신을 보내 회골의 승려와 금불, 범각경梵覺經을 바쳤다.[48] 천우민안 5년(1094) 건순乾順 때 서하는 두 차례에 걸쳐 요에 회골의 승려와 그들이 번역한 불경을 바쳤다. 수륭壽隆 원년(1095) 갑신甲申에 하나라는 패다엽貝多葉 불경을 바쳤다.[49] 요와 하의 문화 교류는 불교 경전의 전파를 촉진하였다.

위경 『불정심대다라니경』는 돈황 투르판 문헌에도 들어가 있다. P.3236, P.3916f, P.3916 등이 그 예이다. 장건이 서역으로 가는 길을 뚫어 실크로드를 개척한 이래로 불교는 끊임없이 하서주랑을 통해 중원지역으로 들어왔고 돈황은 다양한 문화가 모여드는 곳이 되었다. 불교가 홍성하여 불경을 번역하고 석굴을 만들고 불상을 제작하는 활동이 천여 년 동안 지속되었으며, 오대 송초에 하서 지역에 양주토번涼州吐蕃, 감주회골甘州回鶻, 과사귀의군瓜沙歸義軍 등의 정권이 존재할 때도 불교는 여전히 홍성하였다. 그래서 송 천성天聖 6년(1028) 원호가 감주를 점령하고, 송 명도明道 원년(1032)에 다시 양주涼州를 점

---

pp.319-321, 324.

48) (元) 脫脫等撰 ;『遼史』卷22 "道宗本紀"(二), 北京: 中華書局標點本, 2000, p.267.

49) (元) 脫脫等撰 ;『遼史』卷26 "道宗本紀"(六), 北京: 中華書局標點本, 2000, p.308.

령하고, 경우景祐 3년1036에 과瓜, 사沙, 숙肅 3주를 차지할 때까지, 즉 원호가 정식으로 황제를 칭하기 전까지 이미 하서 지역 전체를 차지하게 되었다. 서하의 통치자가 숭불정책을 펴서 서하 시대 불교가 계속 발전할 수 있었기 때문에 『불정시대다라니경佛頂心大羅尼經』가 하서와 요로부터 서하로 전파되었을 가능성이 상당히 크다. 대략 서하가 하서를 점령한 시기 혹은 요 도종道宗 시기 전에 서하 경내로 들어왔을 것이다.

2. 서하문 『불정심대다라니경佛頂心大陀羅尼經』의 번역 연대

『불정심대다라니경』은 언제 서하문으로 번역되었을까? 영국 소장 흑수성 문헌에 남아 있는 서하문 『불정심대다라니경』은 잔결이 심하여 연대와 역경자가 보이지 않는다. 그러나 러시아 소장 흑수성 문헌 중의 서하문 『불정심대다라니경』(서하 특별소장 132호, 館冊 제116호)의 경제에는 "(講經論律沙門法律敕依所譯 Циэ Ндзие Фа Люй)奉敕譯"으로 되어 있고, 館冊 제6535호에 남아 있는 상권上卷 각본 경절장의 경제 다음에는 "(講經論律沙門法律敕依所譯 Циэ Ндзие Фа Люй)奉敕譯."으로 되어 있다.

강경론률講經論律 사문인 법률은 서하의 승려로서 서하문에 정통하여 『불정심대다라니경』(三卷)을 서하문으로 번역했을 것이다. 그러나 서하문의 다른 문헌 중에는 강경론률 사문인 법률은 출현하지 않기 때문에 법률 법사의 생졸에 대해서는 더욱 알 수가 없다.

러시아 소장 서하문 관책 제5357호는 하권『불정심관세음보살전왕난구경전佛頂心觀世音菩薩前往難救經典』의 두루마리 사본으로서 결미 부분에 경제와 날짜를 다시 밝히고 있다. "天盛丙戌十八年(1166)三月十四日(抄畢[50]), 發願者, 寫經者, 善男子布由訛玉".[51]

관책 제4887호 하권은『불정심관세음보살전왕난구경전佛頂心觀世音菩薩前往難救經典』두루마리 사본으로, 결미 부분에 경제와 다라니가 중복되어 있고 초서체로 "천성십칠년天盛十七年"(1165年)이라고 날짜를 썼다.[52]

천성天盛은 서하 제5대 황제 인효仁孝의 연호로서 총 20년이다. 인효 천성 17-18년에 이미 서하문『불정심대다라니경』기록이 있다는 것은 그 전에 이미 이 경문이 서하문으로 번역되어 사람들 사이에서 전파되었음을 말해준다.

『불정심대다라니』제기 중에는 두 사람의 인물도 출현한다. 불경의 발원자인 (布由訛玉)은 천성 18년(1166)『불정심대다라니경』의 제기에 나온다. 또 한 사람은 교감자인 (平盈氏)이다. 평영씨平盈氏와 포유와옥布由訛玉이 동시대 사람으로서 함께 발원하고 교감하여 다라니 필사의 공덕을 완성했음을 알 수 있다.

러시아 소장 흑수성 문헌 중에는 서로 다른 모양의 장정과 판식의

---

50) "[illegible]""[illegible]" 이곳의 (子, 鼠)는 오자로 보인다. 天盛 18년은 丙戌년이다. 이 글자는 (戌)가 되어야 한다.

51) 天盛 18년 3월 14일은 火鼠年(1166. 7. 8.)이다.

52) Е.И.Кычанов 1999г. Каталог тангутских буддийских памятников. Москва : Университет Киото. стр.467-471.

『불정심대다라니경』이 남아 있지만 황제나 황후의 봉호는 없다. 민간이나 사원에서 출자하고 발원하여 서하문으로 번역하였는데, 그 시대는 천성 연간 이전, 즉 건순乾順 혹은 인효仁孝 초반인 것으로 보인다.

서하문 『불정심대다라니경』은 사본 두루마리, 사본 경절장, 각본 호접장, 각본 경장經藏 등의 형태로 남아 있다. 러시아 소장 漢文TK-174 『불정심대다라니경』(卷上)과 『불정심관세음보살구난신험경佛頂心觀世音菩薩救難神驗經』(卷下)는 각본 경절장으로서 1면 5행, 매 행 14자이다. 러시아 소장 서하문 『불정심대다라니경』 관책館册 제105호는 각본 경절장으로, 각 절 6행, 매 행 14자이다. 관책 제2900호는 각본 경절장으로, 각 절 6행, 매 행 14자이다. 관책 제7053호는 각본 경절장으로, 각 절 6행, 매 행 14자이다. 관책 제3820호는 각본 경절장으로, 각 절 6행, 매 행 14자이다. 관책 제6535호는 각본 경절장으로, 각 절 6행, 매 행 14자이다. 영국 소장 서하문 『불정심대다라니경』 Or.12380-0050(K.K.II.0283.ggg)은 각본 경절장으로, 각 절 6행, 매 행 14자이다. Or.12380-2944(K.K.II.0265.e)호 잔경은 각본 경절장으로, 각 절 6행, 매 행 14자이다. Or.12380-2761(K.K.II.0255.j)호 잔경은 각본 경절장으로, 각 절 6행, 매 행 14자이다. Or.12380-3185(K.K.II.0265.d)호 잔엽은 각본 경절장으로, 1절 6행이 남아 있고, 각 행은 14자이다.

흑수성에 보존된 각본 경절장은 송대 경절장의 영향을 받은 것으로 보인다. 경절장은 송대 복주福州 동선등각원東禪等覺院에서 간각한 「숭녕장崇寧藏」에서 시작되었다. 이 각본은 북송 원풍元豐 3년(1080) 이전에 새겨져 정화政和 2년(1112)에 간행이 완료되었으며, 장정 형식은 송대 「개보장開寶藏」과 요대 「계단장契丹藏」의 두루마리 장정을 경절장으로 바꾸었다. 각 절은 5-6행, 매 행 17자로 바꾸었다. 경절장이 서하로 들어온 후 종이 문제 때문에 판식에 변화가 왔다.

서하가 각본 경절장의 장정을 받아들여 활용한 것은 「숭녕장」의 간행을 완성한 후, 즉 정화政和 2년(1112) 서하 정관貞觀 12년 이후일 것이다. 정관은 서하 건순乾順황제의 연호로 총 13년(1101-1113)이다. 이 역시 『불정심대다라니경』이 서하문으로 번역되고 간행된 것이 건순황제와 인효황제 사이임을 좀 더 분명하게 말해준다. 중국국가도서관 소장 서하문 『과거장엄겁천불명경過去莊嚴劫千佛名經』 발원문에서는 원호元昊 무인(戊寅, 1038-1048) 때부터 건순乾順 민안(民安, 1090-1097) 초년까지 총 53년에 걸쳐 대소삼승大小三乘, 반만법개유창전半滿法皆有昌傳을 번역하여 이미 362질, 812부를 완성했다고 기록하였다. 서하 건순황제는 서하의 역경사업이 고조에 이를 때로서, 대단히 많은 경전이 주로 건순 전에 서하문으로 번역되었으며, 이후 인효 시대에는 소량의 번역작업도 했지만 대부분은 불경의 교감작업이었다. 이러한 사정을 종합했을 때 우리는 서하문 『불정심대다라니경佛頂心大陀羅尼經』의 번역이 건순 때 완료되어 다시 서하지역 전체로 퍼졌다고 좀 더 분명히 확언할 수 있다.

이상의 내용을 종합해보면, 본 논문은 우선 영국 소장 흑수성 서하문 『불정심대다라니경』에 대해 번역, 해석, 결합하고 새로운 제목을 부여하거나 기존의 제목을 수정하였다. 번역과 해석의 기초 위에서 위경의 내용이 주로 당 지통 역 『천안천비관세음보살다라니신주경』, 당 보리유지 역 『천수천안관세음보살모다라니경』, 가범달마伽梵達摩 역 『천수천안관세음보살광대원만무애대비심다라니경千手千眼觀世音菩

薩廣大圓滿無礙大悲心陀羅尼經』에 의거했으며, 이것이 천안천비관세음보살신앙의 유통기로서 늦어도 건순 때에는 서하문으로 번역되어 한하문漢夏文본과는 다른 판식으로 서하 경내에서 전파되었음을 증명하였다.

(번역: 전광훈)

『지장대도심구책법地藏大道心驅策法』에서의 '귀鬼'

이토마코토(伊藤 真)

Ⅰ. 머리말

본 논문에서는 무주武周 왕조 시기 경에 중국에서 찬술된 '위경僞經'이라고 이야기되는 지장경전地藏經典인 『지장대도심구책법地藏大道心驅策法』(1권, T20, No. 1159A)의 특징을 고찰한다. 본 경전은 다라니가 설해지는 등 이른바 '잡밀雜密'적인 특징을 가지고 있지만,[1] 내용

1) 다라니 문헌을 '잡밀'이라고 부르는 것은 뒤의 『大日經』와 『金剛頂經』 양부의 '본격적인' '순밀'의 전 단계로서 미정비 상태의 밀교라는 이미지를 환기시킨다. 예컨대 尹富는 "밀교의 기원은 대승불교 중의 다라니에 있고, 다라니의 진화가 밀교의 형성을 이끈 것이고, 가장 이르게 형성된 밀교는 다라니 밀교이다"라고 서술하고 있다. 尹富(2009, p.233). 그러나 Zhiru Ng는 Gregory Schopen의 제언을 힌트로, 다라니는 반드시 '원시밀교'가 아니라, (밀교에 한정되지 않고) 대승불교사상의 발전사 중에 위치시켜서 연구해야 한다고 지적하고 있다(Zhiru 2007, p.91, fn. 47, Schopen 2005, p.337). 덧붙여서, Zhiru Ng 법사가 저서에는 'Zhiru'라는 이름으로 간행되어 있기 때문에 본 논문의 서지적인 정보에서는 'Zhiru'라고 한다. Zhiru Ng의 저작 중에 『地藏大道心驅策法』의 고찰은 최근 연구에서는 가장 잘 정리된 것으로서 통찰이 풍부하기도 하다.

의 중심은 지장보살이 악귀 구책법驅策法을 설한다고 하는 특이한 것이어서, 도교적인 색채가 농후하다는 것이 지적되고 있다. 중국에서 유포된 지장경전의 다수가 오늘날의 문헌학적인 연구에서는 '위경'이라고 생각되고 있는데, 이 경전에 '위경'으로서의 특징이 있다고 한다면 어떠한 점이 있을지 함께 고찰해보고자 한다. 이 경전에서 '귀鬼'를 둘러싼 교설을 살펴봄으로써 그 특징을 조명하고, 중국불교사에서 '위경' 성립의 의의를 고려하는 데 일조하고자 한다.

II. 중국에서 지장신앙과 지장경전

중국에서 지장신앙이 언제 어떻게 발생했는지는 상세하게 알려져 있지 않다.[2] 츠카모토 젠류塚本善隆가 행한, 룽먼龍門 석굴의 조상彫像 사례에 관한 연구에 의하면 지장보살의 조상 사례는 북위北魏 시대에는 전혀 없고, 당나라 때 인덕 원년麟德 元年(664)을 효시로 하여 고종高宗과 무측천武則天 시대에는 조상 작성 사례가 많다. 하야미 다스쿠

일본의 연구에서는 새롭지는 않지만 현재에도 가치가 있는 長部和雄의 논고를 주로 참조하였다.

2) 지장보살(kṣitigarbha)의 기원이 인도 고대에 대지의 여신(pṛtivī)이나, 뒤의 십이천十二天이나 팔대보살八大菩薩과 관계된다고 보는 방식은 矢吹 1927, pp.651-652;, 真鍋 1960, pp.2-3;, 速水 1975, pp.10-11을 참조하라. 또한 중앙아시아 점성술 문화와의 관련에 대해서는 Wang-Toutain 1998, pp.87-88 등을 참조하라. 또한 필자의 논문에서도 약간 논하였다(伊藤 2018, pp.34-36). 덧붙여서 말하자면, 인도나 중앙아시아의 자료는 8세기 이후의 것이어서 중국에서 지장신앙의 발생(6세기)보다도 늦어서, Zhiru Ng는 기존의 자료에서 지장보살의 인도 내지는 중앙아시아 기원설을 논증하는 것은 불가능하다고 서술하고 있다(Zhiru 2007, pp 225-239, Appendix1, 2).

(速水 侑)는 이에 대하여 돈황에서도 당나라 이전에는 지장 벽화가 존재하지 않는 것을 아울러 지적하고 중국의 지장 신앙이 7세기에 발달했다고 서술하고 있다.[3)]

경전의 면에서는 지장보살이 일정한 역할을 하는 경전으로서 북제北齊의 나련제야사那連提耶舍가 번역한 『대방등대집경수미장분大方等大集經須彌藏分』(T13, No. 397)이 있지만, 단독으로 역할을 하는 경전으로서는 일반적으로 북량北涼의 실역失譯이라고 되어 있는 『대방광십륜경大方廣十輪經』(8권, T13, No. 410)이 가장 이른 사례일 것이다.[4)] 이 경전은 법경法經의 『중경목록衆經目錄』(594년)과 비장방費長房의 『역대삼보기歷代三寶紀』(597년)에는 실역失譯이라고 기재되어 있는데, 삼계교三階教의 신행信行이 인용한 사례가 있으므로, 적어도 6세기 말에는 중국에 유포되어 있었을 것이다. 다만 '보불법普佛法과 '보경普敬' 을 설하는 삼계교에서는 지장보살을 단독으로 신앙하지는 않았을 것이다.[5)] 그 위에 북량역北涼譯이라는 점에 관해서는, 『개원석교록開元釋教錄』(730년)과 『정원신정석교록貞元新定釋教錄』(799년)에 "失譯人名, 今附北涼錄"이라고 되어 있는데,[6)] Zhiru Ng는 당나라 때에 창작된 설이라고 지적하고 있다.[7)] 이 경전은 현장玄奘에 의하여 『대승대집지장

3) 塚本 1969, p.380, 592;, 速水 1975, pp.30-32.

4) 『大方等大集經須弥蔵分』과 『十輪經』에서 地蔵菩薩과 禪観(및 陀羅尼)의 관계에 대해서는 西(1966), pp.242-248를 참조하라.

5) 『衆經目録』(T55, 120b), 『歴代三宝紀』(T49, 112b). 矢吹慶喜는 "三階普法의 教義는 別尊地蔵의 偏信을 용인할 수 없다"라고 서술하고 있다. (矢吹 1927, p.641).

6) 『開元録』(T55, 588c), 『貞観録』(T55, 917b). 『大周刊定衆經目録』에 "大方廣十輪經一部八巻或七巻. 右北涼沙門曇無讖於姑臧譯. 出長房録."(T55, 384a)라는 기술이 있지만, 長房録은 '失訳'이라고 한다.

7) Zhiru 2007, p.227.

십륜경大乘大集地藏十輪經』(10권, T13, No. 411)으로 새롭게 역출되어 있으므로, 『대집경수미장분大集經須彌藏分』과 함께 중국 밖으로부터 전해진 한역漢譯 지장경전이라고 간주해야 할 것이다.[8] 당나라 때에는 물론이고 수나라 때에도 '위경僞經'이라고 이야기된 보리등역菩提登譯『점찰선악업보경占察善惡業報經』(2권, T17, No. 839)은 『대주간정중경목록大周刊定衆經目録』에 '정경正經'이라고 기재되었다. 이 경전은 목륜木輪이라는 작은 도구를 사용하여 업보를 점치는 경전이다.[9] 그 위에, 실차난타역實叉難陀譯이라고 하지만 성립 상황이 불분명하고 '위경'이라고도 이야기되는 『지장보살본원경地藏菩薩本願經』(2권, T13, No. 412)도 당나라 때에 성립했을 가능성이 고려된다.[10] 이 경전은 모친을 지옥에서 구해내는 지장보살의 전생담前生譚이 유명하고, 현대에도 '효도'를 설하는 경전으로서 중국과 대만에서 널리 신봉되고 있다. 이상 3부의 경전은 선행 연구에서는 종종 '지장삼경地藏三經'이라고 불리면서 중시되어 왔는데,[11] 이와 같이 경전의 면에서 무주왕조武周王朝의

---

8) Zhiru Ng는 北涼・失譯의 『十輪經』의 經録上의 기재를 분석한 결과 이 경전이 인도 내지는 중앙아시아의 경전을 한역한 것이라고 확정할 수는 없다고 한다(Zhiru 2007, p.228).

9) "右外國沙門菩提登譯. 天册萬歲元年[695年]十月二十四日奉勅編行"(T55, 379a). 이에 대하여 『歷代三宝紀』는 "檢群録無目. 而經首題云, 菩提登在外國譯. 文似近代所出. 今諸藏内並寫流傳."(T49, 106c)라고 하고, 이 경전에 기초하여 廣州에서 유행하고 있던 '塔懺法'과 함께 이 경전이 금압되었다는 것을 기록하고 있다. '塔懺法'과의 관계에 대해서는 師(2011), 그 외에 선행연구에 대해서는 Ito(2016A), fn. 1를 참조하라. 덧붙여서, 이 『占察經』에 대해서는 앞에 필자의 논문 외에 Ito(2017)와 伊藤(2019)에서도 검토하였다.

10) 이 경전이 實叉難陀譯이라는 것은 의문시되고 있고 선행연구에 의하면 문헌적인 존재를 확인할 수 있는 것은 10세기 초 이후이다 그러나 내용적으로는 당나라 때 8세기 중엽 즈음의 지장신앙과 통하는 면이 있다(Ito 2016B, pp.206-208를 참조하라).

11) 真鍋 1960, p.73, 速水 1975, p.12 등. '地藏三經'이라는 표현의 출전은 불분명

시기를 포함하는 당나라 때 지장신앙의 발전을 엿볼 수 있다.

본 논문에서 검토하는 『지장대도심구책법地藏大道心驅策法』 역시 무주왕조 시기 즈음에 성립된 것으로 생각된다. 이 점에서는 중국에서 바야흐로 지장신앙이 고양되고 있던 시기의 경전으로서 그 교설의 검토 의의가 충분할 것이다. 또한 내용적으로 공통점이 보이는 다라니 문헌 등의 지장경전도 아울러서 검토하고자 한다.

III. 『지장대도심구책법地藏大道心驅策法』이란

1. 『지장대도심구책법』의 성립

1) 『지장대도심구책법』의 유포에 관한 자료

『지장대도심구책법』은 대정신수대장경의 제 20권(밀교부. T20, No. 1159A, 652c-655a)에 수록되어 있다. 저본은 대일본속장경大日本続蔵經에 수록(第一輯第三套第五册)되어 있는데, 관치 원년(寬治 元年, 1087년)에 히에이산 수능엄원首楞嚴院에서 필사된 원본을 향보享保 3년(1718년)에 필사하고 교정한 것이다.[12] 이 경전은 역자와 역출 연대조차 불분명하지만 요나라 때 비탁非濁의 『삼보감응요략록三寶感應要略録』에 "出

하다. 明代에 地藏信仰을 고취한 靈峰藕益大師智旭의 『讚礼地藏菩薩懺願儀』에서는 "一心頂禮地藏菩薩本願經, 大乘大集地藏十輪經, 佔察善惡業報經及三世一切法藏"(X74, 585a)라고 이 三經이 열거되고 있다(拙論, Ito 2019, fn. 19).

12) 傳法師慶有阿闍梨, 首楞嚴院書之. 寬治元年七月二十五日未時書了. 亨保三年秋, 以栂尾山藏本令武親字, 然藏本蠹損, 頗難見讀得善本校正耳. (T20, 655a)

地藏大道心驅策法等文(『지장대도심구책법』 등의 글에 나오는)"이라고 되어 있고, 이 경전에 나오는 고제장자高提長者의 이야기가 「교제장자물어喬提長者物語」로 수록되어 있고, 송나라 때 상근常謹의 『지장보살상영험기地藏菩薩像靈驗記』(989년 편찬)에도 「거사이신사봉지장면귀난기(居士李信思奉地藏免鬼難記, '거사 이신사가 지장을 신봉하여 귀난을 면한 기록')」 중에 동일한 에피소드에 대한 언급이 있다.[13] 따라서 10-11세기에는 중국에서도 유포되어 있었던 것이 된다.

2) 『지장대도심구책법』과 측천문자則天文字

이 경전에서 또 하나의 큰 특징은 대정대장경에서 경전 제목이 『埊圀大道心驅策法』라고 되어 있다는 점일 것이다. 선행연구에서는 모두 '埊圀'를 '地藏'의 측천문자라고 하면서 이 경전의 성립 시기를 추정하는 근거로 삼고 있다. 마나베 고사이(真鍋廣済)는 "도부道符의 내용이라든가, '西国三月一日, 爲初年, 東次毘漢国, 正月爲初年' 등의 문구가 있는 것에서, 그리고 이 경전 제목에 '埊圀大道心驅策法'이라고 되어 있는 문자에서 고찰하건대, 당나라 때에 불교와 도교가 혼합된 결과의 산물"이지 않을까라는 『불서해설대사전佛書解說大辞典』(神林流浄)의 설을 소개한 뒤에 "서명書名을 비롯해서 그 형태 및 내용에서 … 적어도 당나라 중엽까지는 찬술되어 있었을 것이다"라고 추정한다. 또한 오사베 가즈오(長部 和雄)도 이 문자를 측천문자로 간주하고 "측천무후의 시대에 성립되었음을 의심할 수 없을 듯하다

13) 『三寶感應要略録』(T51, 855a-b)에 대해서는 真鍋 1960, p.115, 『地藏菩薩像靈驗記』(X87, 589b)는 尹 2009, p.241 참조. 『地藏菩薩像靈驗記』에서는 '高提長者'가 '橋提長者'라고 되어 있다.

고 생각된다"라고 말한다. 다만 오무라 세가이(大村 西崖)는 "蓋當時之作歟, 頗可疑焉"라고 하여서 측천무후 시대 찬술설에 의문을 나타낸다.[14] 또한 간바야시 류죠(神林 流浄)가 경전 제목의 '埊[illegible]'라는 문자를 중국찬술설로 근거로 삼고 있지만, 경전 제목에 당시의 특수한 문자가 사용되고 있다고 하더라도 내용까지 당나라 시대 중국의 창작이라고 확정할 수 있는 것은 아니다. 오히려 간바야시도 지적하듯이 인도와 중국의 달력에서 정월正月의 차이를 서술한 "西国三月一日, 爲初年 …"을 근거로 삼아야 할 것이다(이것도 역자와 후대의 가필 가능성을 완전히 배제할 수 없지만).

측천문자는 대초 원년戴初 元年(690년)의 12 문자를 시작으로 중종中宗이 즉위한 신룡 원년神龍 元年(705년) 2월까지 17 내지 19 문자가 제정되었다고 한다. 도키와 다이죠(常盤 大定)는 새로운 글자 모두가 불교 경전을 서사書寫하는 데 사용되었다고 한다.[15] 그러나 선행 연구에서 확인되고 있는 측천 문자 중에 '埊'은 포함되어 있지만, '[illegible]'은 포함되어 있지 않다. 오사베 가즈오는 이 문자에 관하여 아마도 "이 경문에서 나오는 것이 유일한 실제 사례일 것이다"라고 추정하고, 이 문자가 지금까지 연구되지 않은 것은 "불교 경전에 어두운" 동양학자들이 주목하지 못하였던 것이라고 지적한다. 다만 이 문자가 정식으로 제정된 측천문자인지 여부는 불분명하다. 구라나카 스스무(蔵中進)는 무측천武則天이 개원(改元, 戴初 元年[689년]부터 聖曆 元年[697년]의 改

14) 真鍋 1960, pp.115-116. 長部 1975, 34上. 大村 1918, p348. 덧붙여서, 真鍋는 真鍋 1937, p.93上-下에서는 "물론 위경이라는 것에 하등의 의심을 품을 여지가 없다고 생각된다"라고 단정하고 있다.
15) 蔵中 1995, p.9, 23, 常盤 1943, p.398.

元까지)이나 기념비의 조영(証聖 元年 [695년]) 등을 계기로 새로운 글자를 제정했다고 추정하고 있는데, 그 증성証聖 원년에서 4년의 세월을 들여서 역출된 당역唐譯 80권『화엄경華嚴經』에 대해서 무측천이 직접 서문을 썼다.『화엄경』에 "斯乃諸佛之密藏"(T10, 001a)이라고 이야기하는 일절이 있으므로, 이 서문에서 만약 당초에 측천문자가 사용되고 있었다고 한다면 '圀'라는 문자도 사용되고 있었을까?

한편으로 별도의 가능성도 고려해 보자. 세키 유린関 悠倫은『석마하연론釋摩訶衍論』의 주呪에 측천문자와 유사한 독자적인 문자가 다수 사용되고 있음을 지적하는 가운데, 그 문자들에는 "측천문자에서 착상하여 창작된 문자도 있다고 볼 수 있다"라고 한다. 그리고 "다라니라고 하는 크게 불가사의한 상징적 문자에 매료된『석론釋論』의 작자가 그것을 의식한 중국 권역 내에는 없는 언어를 제시하는 것에 의하여 인도 성립을 강고히 하기 위하여 활용한 듯이 보인다"라고 추정한다.[16)]

선행 연구는 모두 이『지장대도심구책법』을 중국 찬술이라고 하는데, 그 근거로 이 경전이 극히 도교적인 내용을 풍부하게 포함하고 있다는 점도 들고 있다. 예컨대 인푸(尹富)는 이 경전이 "신주神呪적인 행법 중에 다수의 도교적인 서부염승지법書符厭勝之法"을 포함하고 있기 때문에 "중국 내의 위찬僞撰임에 의심의 여지가 없다"라고 한다('書符厭勝之法'이란 호부護符를 써서 주술에 의하여 악귀나 재난을 제거하는 행

16) 関 2018, pp.102-103.『釋論』중 독자적인 문자에 대해서 関은 "森田 竜僊은 則天文字 類의 漢字라고 하고, 石井 公成은 則天文字의 연장에서 유사한 문자라고 분석하고 있다"라고 보고하고 있다(関 2018, p.103). 전거는 森田 竜僊 1992,『釋摩訶衍論之研究』(うしお書店, pp.746-749), 石井 公成1998,「『釋摩訶衍論』の成立事情」(『中国の佛教と文化』, 大蔵出版, pp.362-363).

법).[17]

도교에서는 주지하다시피 악귀 부류를 물리치는 방법으로서 문자와 같은 불가사의한 도형을 기록한 부적(呪符・護符)을 사용한다거나 주문 등을 사용하는데,[18] 이것은 언어나 문자로 초월적인 영력을 인식시키는 것이라고 말할 수 있을 것이다. 뒤에 보겠지만, 무측천은 불교 속의 도교적인 요소를 배제하는 정책을 채택하였는데,[19] 이것은 역으로 당나라 때에 도교가 유행했음을 말해준다. 또한 무측천이 "원호元号에 대한 일종의 주술적인 신앙"을 갖고 있었고, 그 위에 "측천무후 일류의 문자관 내지 문자 신앙이 엿보이는데, 이것이 측천문자 제정의 직접적인 동기의 하나였음은 틀림없다"라고 구라나카는 지적하고 있다.[20] 곧 무주 왕조 시대에 도교 및 도교와 상통하는 주술적인 신앙 및 문자 관념이 나타났다고 말할 수 있겠다. 그렇다면 앞에서 『석마하연론釋摩訶衍論』에 포함된 독자적인 문자에 관한 세키의 지적과 아울러서 고찰할 때 『埊圕大道心驅策法』에서 '圕藏'이라는 문자도 반드시 측천문자인 것은 아니고, 어떤 종류의 영력을 기대하여 만들어진 "측천문자와 유사한" 문자였다고 하더라도 이상한 것이 아니다. 만약 그렇다고 한다면 이 문자는 세키가 『석론釋論』에 관하여 추정하였듯이 경전의 '인도 성립'을 위장하기 위한 것이 아니라 오히려 중국 내의 소식과 트렌드에 부응하여 도입되었다고도 추측할 수 있을 것이다. 다만 『석론釋論』에서는 측천문자와 유사한 특수문자가 주

---

17) 尹 2009, p.242.
18) 山田 2002, pp.191-193;, 横手 2015, pp.52-54 등.
19) 長部 1975, pp.30-31.
20) 蔵中 1995, p.10.

문呪文 가운데 사용되고 있는 것과 대조적으로 이 경전에서는 경전의 제목뿐이다.

3) 『지장대도심구책법』과 『불설지장보살다라니경佛說地藏菩薩陀羅尼經』

『지장대도심구책법』은 대정대장경에서 2쪽 반 정도의 짧은 경전이다. 경전번호 No. 1159A라고 되어 있고, 마침 다음에 수록되어 있는 No. 1159B 『불설지장보살다라니경佛說地藏菩薩陀羅尼經』과 동본이역同本異譯 같은 형태로 되어 있다. 오사베 가즈오도 양자를 비교하면서 "B본에 반해서 A본 쪽은 전체가 현저하게 도교풍이다"라고 서술하고 있는데, 양자는 전혀 별도의 경전이라고 보아야 할 것이다. 그 이유는 대정대장경에서 5쪽 분량의 『불설지장보살다라니경』은 마지막 20여 행을 제외한다면 대부분이 북량 실역北涼 失訳 『대방광십륜경大方廣十輪經』의 서품序品 전체와 「제천녀문사대품諸天女問四大品」의 서두 3행을 그대로 베낀 것에 지나지 않기 때문이다. 더욱이 나머지의 마지막 20여 행에는 "병자나 곤궁한 사람 등, 귀매에 들린 사람이 … 지극한 마음으로 이 주문을 지송하면(… 疾病困苦鬼魅所著者 … 至心誦持此呪)" "만약 이 경의 다라니주를 수지독송하면 飛尸를 조복하고, 鳥鳴百怪 등 일체의 온갖 악은 모두 다 소멸한다(若有受持讀誦此經陀羅尼呪, 有飛尸伏注鳥鳴百怪一切諸惡悉皆消滅.)"(T20, 660a) 등으로, 『지장대도심구책법』과 유사한 도교풍의 내용도 포함되어 있다. 하지만 붓다가 아난에게 삼취정계三聚浄戒와 오계五戒, 참회, 발보리심発菩提心을 설하는 등 설법의 양상은 크게 다르다.

『불설지장보살다라니경』이 『지장대도심구책법』의 동본이역이 아니라 대부분이 『대방광십륜경』을 베낀 것이라는 점은 기존의 선행 연구에서는 그다지 중시되지 않았다.[21] 그중에서 Zhiru Ng는 『십륜경』의 인용 뒤 부가 부분에 주목하여 『불설지장보살다라니경』이 『십륜경』을 지장신앙에서 (주문을 사용하는 등) 의례적인 측면을 부각시키는 경전으로 변용시켰다고 지적하면서, 지장경전의 발전사에 있어서의 의의를 인정한다. 한편으로 인푸(尹富)는 『십륜경』으로부터 다라니를 인용하는 부분에 문자의 착오가 많다고 하면서, 더군다나 중국의 경록과 중국에 구법승으로 간 일본인 승려의 청래목록류請来目録類에도 보이지 않는다는 점에서 『불설지장보살다라니경』이 일본인이 '위조'하였을 가능성을 지적한다.[22]

어하튼 『지장대도심구책법』과 『불설지장보살다라니경』은 공통의 경전 번호를 부여받을 정도로 밀접한 관계가 있는 경전이라고 생각하기는 어렵다.

---

21) 예컨대 『国訳一切經 · 印度撰述部 · 大集部五』(大東出版, 1936)의 矢吹 慶喜에 의한 解題(pp.9-10)에서도, 본 경전을 논한 真鍋 1960, p.131에서도 『十輪經』에 대한 언급은 없다. 한편으로 西 義雄은 『十輪經』의 서두와 "전적으로 동일하여, 그 別出에 지나지 않으므로 … 논하지 않는다"(西 1966, p.242)라고 서술하고 있다. 또한 Wang-Toutain 1998, pp.37-38도 『十輪經』과의 관계를 언급한다.

22) Zhiru 2007, pp.65-67;, 尹 2009, p.235. 덧붙여서, 大正大蔵經은 東寺가 소장하는 写本을 底本으로 하고 있다. 尹이 지적하는 『十輪經』의 陀羅尼 문구와의 어긋남을 구체적으로 조사해 보면, '菴羅闍浮'→ '菴婆闍浮', '鞞婆盧伽叉摩闍浮'→'鞞婆婆盧伽反摩闍浮', '摩醯梨'→'摩醯利' 등 誤写라고 생각되는 相違가 이외에도 다수 있다(T20, 659b).

2. 『지장대도심구책법地藏大道心驅策法』의 개요

다음으로 이 경전의 개요를 서술하겠다. 설법 장소는 영취산에서 붓다가 설법하는 법좌인데, 비부라산毘富羅山 아래로 유행하고 있던 지장보살이 '등신騰身'하여 여래의 처소로 온다. 그는 '고제장자高提長者'의 집 부근을 유행하는 중에 아래와 같은 사태에 직면한다고 한다.

> 그 장자의 집 사람들은 온갖 악귀에 의하여 정기를 빼앗기고 있었다. 그 집에는 500명이 있었는데, 모두가 마찬가지로 괴로워서 기절하여 정신을 잃고 있었다. 10일이 지났을 때 지장보살이 이것을 보고 다음과 같이 생각하였다. "실로 괴롭고 아픈 것이다. 세간에는 이와 같이 말할 수 없는 일이 있는 것이다. 나는 이 사람들을 불쌍하게 생각하므로, 구제해주자"라고.
>
> 其長者家内, 被諸惡鬼奪其精氣. 其家有五百人, 並皆悶絶而不覺悟. 經于旬日時, 地藏菩薩見是事已, 即作是念言. "實可苦哉實可痛哉. 世間有如是等不可說事. 我愍此衆生而作救濟." (T20, 652c)

그곳에서 지장보살은 "오직 세존이시여, 바라옵나니 (괴로워하고 있는) 사람들에게서 온갖 악귀를 제복除伏시켜서, 여러 행자들이 생각하듯이 (이 법을) 구사하고, 또한, (고제)장자를 다시 회복시키기 위하여 제가 이 구제법을 설하는 것을 허락하여 주십시오(唯願世尊, 許我說此救濟之法, 令諸惡鬼除伏於人, 令諸行者隨意驅使, 復令長者還得如故) (T20, 652c-653a)"라고 하면서 구제의 법을 설하고 싶다는 서원을 내고, 허가를 얻어서 다음과 같이 설하기 시작한다.

세존이시여, 저에게는 지금, 하나의 신주가 있습니다. (이것에 의해서) 삿된 마음을 물러가게 할 수 있습니다. 또한 (이것에 의해서) 제 악귀 등을 구사할 수 있고, 일체 중생 모두에게 다 통달하도록 할 수 있습니다. 만약 수행자가 온갖 마에 괴롭힘을 당하고 있다면, 실로 저의 이 법을 반드시 실천해야 합니다. 만약 일체의 귀신을 구사하고 싶다고 생각한다면, 생각날 때마다 각각(의 귀신)에게 알맞게 대응해야 합니다. 만약 이 주문을 독송하고, 이 법을 (실천)하면, 사흘 낮 사흘 밤으로 성취할 수 있을 것입니다. 세존이시여 (그렇게 한다면), 만약 (귀신을) 구역驅役하고 재화災禍를 제거할 것을 발의하고, 미래의 일을 알고 싶다고 생각하고, 또한 숙명지宿命智와 자연지自然智를 통달하고 싶다고 생각하고, 이 세 가지(소원)를 온전히 갖출 수 있을 것입니다. 만약 아직 (이 가르침에) 합치하지 않는 자가 있다면 합치시키고, 아직 안(주)하고 있지 못한 자는 안(주)하도록 할 것입니다. 만약 재가와 출가의 수행자가 그 주처에서 이 법을 실천하면 성취하지 못하는 일이 없을 것입니다.

世尊, 我今有一神呪. 能去邪心. 復能驅使諸惡鬼等, 令一切衆生悉皆通達. 若修行人被諸魔惱者, 當作我此法不違. 一切鬼神若欲驅使, 隨意所須一一當辦. 若誦此呪及此法者, 三日三夜令得成就. 世尊, 若有人發意驅役除去災禍, 欲知未來事者, 及通宿命智自然智, 具此三, 又令未合者令合, 未安者令安. 若修行人在家出家, 隨所住處作此法無不成也. (T20, 653a)

서두 부분뿐이지만 이 경전이 특이한 내용으로 이루어져 있음을 알 수 있다. 우선 고제장자 일족 500인이 "온갖 악귀에 의하여 정기를 빼앗기고 … 모두가 마찬가지로 괴로워서 기절하여 정신을 잃고 있었다(被諸惡鬼奪其精氣 … 並皆悶絶而不覺悟)"라고 하는 것이 이미 이상한 상황이기도 하고, 그 상황을 구제하는 법을 설하도록 허락을 얻기 위하여 지장보살이 붓다가 설법하는 법좌에 '등신騰身'해서 온다.

그 뒤에 지장보살은 "삿된 마음을 물러가게 할 수 있습니다. 또한 (이것에 의해서) 제 악귀 등을 구사할 수 있고, 일체 중생 모두에게 다 통달하도록 할 수 있습니다(能去邪心. 復能驅使諸惡鬼等, 令一切衆生悉皆通達)"이라는 '신주神呪'를 알고 있다고 말하면서 그 경위를 이야기한다. 그 경위란 무량한 과거세에 '등광왕灯光王'이라는 붓다가 멸도한 뒤의 상법像法 시대에 범부지凡夫地에 있던 자신은 "중생이 온갖 악귀의 괴롭힘을 받는 것이 그 장자 집안과 다름이 없다(衆生被諸惡鬼所惱, 如彼長者家無異也)"라는 사태를 목격하고, '선해도술善解道術'의 '일선인一仙人'에게 '피선방법彼仙方法'을 배워서 체득하였다고 하는 것이다. 게다가 주문을 읊어서 지옥 중생의 괴로움을 잠시 멈추게 하는 등 신적인 힘을 보여서 선인에게 '수기授記'를 받았다고 한다.

> 모든 곳의 소식과 선악을 알지어다. 또한 나의 처소에 모인 일체의 악귀를 스승에게서 배운 법에 의해 조복하고, 그들의 마음에 도에 대한 뜻을 일으켰다. 또한 이 주문을 독송하여 일순간에 지옥에서 고통을 받고 있는 일체의 중생이 각각 연꽃을 타고 온갖 괴로움을 멈추었다. 이때 선인은 내가 이와 같은 신력을 획득한 것을 보고 나에게 수기를 내리기를 다음과 같이 하였다. "그대는 무량무변의 세계에서 붓다에게 수기를 받고 있다. (수기가

실현된 때에는) 이름을 '지장'이라고 할 것이다. 오탁난세의 사람들과 신들을 위하여, 지장은 항상 화신하여 중생을 제도하고 재난으로부터 벗어나게 할 것이다." 이 선인이 나를 위하여 수기를 내려주시니, 마음을 더욱 정진하여서 이 법을 수행한 것입니다.

須知萬里消息善惡. 又一切惡鬼並集我所, 依師法教調伏其心令發道意. 復誦此呪, 於須臾間一切地獄受苦衆生各乘[23]蓮華, 諸苦停息. 爾時仙人見我得如是神力, 與我授記而作是言. "汝於無量無邊世, 佛與授記. 名曰地藏. 於五濁難世中人天, 地藏常化身救度衆生, 令出災難." 彼仙與我授記, 心更精進修行此法. (T20, 653a-b)

그리고 지금 고제장자 일족의 어려운 상황을 보고 "만약 수행자가 이 법을 실천하면 뜻에 따라 수지할 수 있을 것입니다. 온갖 귀가 일제히 다 출현해서, 그것을 뜻대로 사역할 수 있는 것은 나의(내가 행하는) 작법과 전혀 차이가 없을 것입니다(若修行人作此法者, 隨意諮受.… 諸鬼一時盡現, 隨意所使, 如我作法等無有異)"라고 권하고 우선 "南謨那羅三婆陀耶俱留婆摩糝都滿 娑婆訶"라는 주문을 설한다(T20, 653b).[24] 그 뒤의 상세한 내용은 다음 절에서 검토하겠지만, 지장보살은 각종 향의 조합, 지장이라는 이름의 칭명, '소제귀명(召諸鬼名, 온갖 귀의 이름을 (불러서) 소환하는 것)', '사촉귀(使促鬼, 귀를 사촉하는 것)'의 방법과 '서부(書

23) 大正大藏經의 注에 따라 '承'을 '乘'으로 고쳤다. 이 경전은 문자의 탈락·혼란이 많지만, 본 논문에서는 문제가 없는 한 大正大藏經의 注에 따라 수정한 문구를 제시하고, 원칙적으로 注記하지 않는다.

24) 덧붙여서, 정확히는 大正大藏經에서는 "南謨那羅三婆陀耶俱留婆摩糝都滿 三 娑婆訶 四"라고 되어 있기 때문에, 이 다라니의 전반부가 결락되어 있을 가능성이 있다.

符, 護符를 쓰는 것)의 법 등, 그리고 '환귀(患鬼, 귀에 의하여 앓는 것)', '귀매병(鬼魅病, 귀나 魑魅魍魎에 의한 병)' 등의 대처법을 누누이 설한다. 그리고 마지막으로 40종의 '주사서부(朱沙書符, 주사를 사용하여 호부를 쓰는 것)'의 법을 설하고, 이것에 의하여 '外親近五族, 並得悟無生法忍, 各騰身而去(먼 친척과 가까운 친척 모두를 모아서 無生法印을 깨달을 수 있게 되어, 각각 騰身해서 간다)'(T20, 655a)라는 것이 가능하다고 설한다.

그러자 정기를 회복한 고제장자가 '종종음식種種飮食'으로 붓다를 공양하러 영취산에 온다. 그리고 "왜 우리가 갑자기 소생하였습니까?"라고 묻는 것에 대하여 붓다는 일의 경과를 이야기한다. 마지막으로 "이 장자들은 (지장의) 법을 듣고 환희하고, 오래 되어서 아라한과를 얻고 등신해서 갔다. 이때 (그 회좌에 있던) 4중의 체는 공중에 머물고, 공중에서 佛足을 예배하고 환희하면서 봉행하였다(是長者等聞法歡喜, 久得羅漢, 騰身而去. 爾時四衆身處空, 空中頂禮佛足歡喜奉行)."T20, 655a 라는 놀라운 장면에서 이 경전은 막을 내린다.[25)]

IV. 『지장대도심구책법地藏大道心驅策法』에서의 '귀鬼'

『지장대도심구책법』에서는 고제장자 일족이 "온갖 악귀에 의하여 정기를 빼앗기고 있었다. 그 집에는 500명이 있었는데, 모두가 마찬

25) "四衆身處空"은 "四衆騰身(而)處(虛)空"이라고 고치는 쪽이 문장으로서는 매듭이 좋을지도 모르겠다.

가지로 괴로워서 기절하여 정신을 잃고 있었다(被諸惡鬼奪其精氣. 其家有五百人, 並皆悶絶而不覺悟)"라는 사태에 빠졌다는 것에서 지장보살이 악귀의 '구책법驅策法'을 설하게 되었다. 본 절에서는 이 '악귀'를 단서로 ① 중국 유불도의 귀신관에 관한 예비적인 확인작업을 한 뒤에 ② 본 경전의 도교적인 표현에 관하여 구체적으로 검토하겠다.

1. 『지장대도심구책법地藏大道心驅策法』의 도교적인 표현과 밀교적인 내용

이 경전의 서두와 말미에는 지장보살과 고제장자 등이 '등신騰身'한다고 하는 기술이 있다. 붓다가 설법하는 회좌會座에 타방세계에서 여러 보살중이 '내예來詣'하는 것은 다른 경전에서도 보인다. 그렇지만 '등신騰身'이라는 용어가 3회나 사용되고 있는 것은 특수하다고 느껴진다. '등신'이란 예컨대 도교 경전인 『원시천존설십일요대소재신주경元始天尊說十一曜大消災神呪經』의 신주神呪에 "어馭를 얻어서 안개(하)로 날아가서 자미에 등신할 수 있다(得馭飛霞 騰身紫微)."('紫微'란 天帝가 머무는 '紫微宮')라고 하듯이 도교의 선인仙人을 생각하게 하는 용어이기도 하다.[26] 당나라 때 불교 측의 자료에서도 예컨대 『고청량전古清涼伝』에는 도술을 체득한 성자가 불교 승려들의 눈 앞에서 "騰空而去(허공에 등신해서 가다)"(T51, 1094b)하였다는 표현을 볼 수 있다.[27]

---

26) DZ29, 洞真部本文類, 『元始天尊說十一曜大消災神呪經』 2b.
27) 다만 '騰身'이라는 용어는 仙人 등과는 전혀 관계 없이 "騰身虛空以偈讃佛"(『大智度論』, T25, 579c), "猶若鵝王騰身空界作十八變"(『根本說一切有部毘奈耶』, T23, 860a)와 같은 사례가 漢訳佛典 중에 비교적 많이 보인다.

『지장대도심구책법』에서는 '도술'을 통달한 '일선인一仙人'이 '주(呪, 곧 다라니)'를 포함하는 '피선방법(彼仙方法, 그 선인의 방법)'을 배웠다고 말하고 있으므로, 도교적인 색채가 현저하다.[28)]

다만 뒤에 살펴보는 바와 같이 본 경전에는 '등신' 이외에도 도교적인 성격이 짙은 용어가 빈번히 나타나는 한편, 다라니를 설하는 것은 인도에서 전래된 주법呪法이고, 단지 주문呪文적인 것에 의하여 악귀를 대처하는 것은 어느 쪽에서도 보인다. 이 경전에는 중국적이고 도교적인 이미지가 강한 요소와 인도적이고 밀교적인 요소, 그리고 어느 쪽에도 공통적인 요소가 혼재한다. 이 점에 관하여, 오사베 가즈오는 (『불공견색다라니경不空羂索陀羅尼經』을 예로 들어서) '주선呪仙 · 제선중諸仙衆 · 지주지인持呪之人 · 선인仙人' 등의 명칭에 관하여 "'주呪'나 '선仙'만으로는 도교와 밀교의 구별이 전적으로 곤란하다"라고 말하면서, '등공騰空 · 승공昇空 · 은형隱形 등 자유자재의 업業' 등도 도교와 밀교 쌍방의 경문에 공통적이기 때문에 유래를 구별하는 것이 무리라고 지적하고, "도교색이라고 하더라도 그것은 인도 밀교의 내용과 전적으로 동질의 것이 많으므로 논의하는 것이 상당히 어렵다"라고 이야기한다.[29)] 경청해야 할 지적이고, 본 논문에서도 유의하여 고찰을 진행하고자 한다.

---

28) 만약 '仙人'이 'ṛṣi', '道術'이 'mantra-caryā' 등 어떤 범어의 한역이었다고 하더라도 한역 용어가 도교적인 것을 상기시키는 용어인 이상, 도교적인 색채를 띤다는 것은 부정할 수 없다.

29) 長部 1975, p.32下.

2. 중국 유불도에서의 귀신관

계속해서 중국 유불도 삼교의 일반적인 귀신관을 선행 연구에 기초하여 개관해보자.

[불교의 귀신관]

불전에서는 일반적으로 이른바 천룡팔부중天龍八部衆의 무리를 '귀신'이라고 부르는 경우가 있다(뚜렷하게 나누면 천부天部는 '신'이고, 인천人天 이외의 욕계欲界 중생의 일부가 '귀'이다). 유불도 삼교의 귀신관을 비교한 미치바타 료슈(道端良秀)의 고찰에 의하면, 중국불교에서는 '귀신' 중에서 야차夜叉와 귀鬼와 아귀餓鬼 등의 '귀鬼'(원어는 piśāca, 아귀는 preta)에 중점이 있고, "위해를 가하는 악귀가 주종이지만, … 불법을 호지하는 선신"도 있다고 한다.[30] 그 선신에는 야차와 귀왕鬼王이 포함되는 경우도 있다. 대승경전에서는 붓다가 설법하는 회좌에 참석하는 보살이나 중생의 일부로서 '선신善神'인 귀신이 등장하는 경우가 있음은 주지하는 바와 같다고 할 것이다.[31]

---

30) 道端 1979, pp.107-108. 시험 삼아 '悪鬼'라는 漢訳語를 大正大蔵經 데이터베이스에서 검색해 보면 阿含經典을 비롯해서 전체 佛典·經論類 중에 1400건 이상 확인할 수 있다. "被諸惡鬼奪其精氣"와 유사한 것으로서는 예컨대 "惡鬼入其身罵詈毀辱我."(『妙法蓮華經』「勸持品」T9, 36c), "夫食肉者諸天遠離 .… 睡夢不安, 覺已憂悚, 夜叉惡鬼奪其精氣. 心多驚怖,食不知足."(『大乘入楞伽經』「変化品」T16, 623c) 등의 예가 있다.

31) 예컨대 唐訳 80巻『華嚴經』「世主妙嚴品」의 서두에는 무수한 菩薩과 主地神·主水神·主風神·主夜神 등의 신들과 함께, "善能救攝衆生" "勤守護一切衆生"인 樓羅王, 緊那羅王, 夜叉王, 大龍王 등이 등장한다(T10, 4a-b). 이 신들에 대해서는 伊藤 2018을 참조하라.

불전에서의 귀신관은 선악이 섞여 있고, 지장경전에서도 『지장보살본원경地藏菩薩本願經』 「염라왕중찬탄품閻羅王衆讚歎品」에 '악독귀왕惡毒鬼王'이라는 귀왕이 권속을 이끌고 등장한다. 이 무서운 이름의 귀왕들은 "혹은 사람들을 이롭게 하고 혹은 해롭게 하는데, 각각 다르다(或利益人或損害人, 各各不同)"라고 하지만, 약간의 향이나 꽃이나 경전의 한 구절이나 한 게송으로 불보살상을 공양하는 '수모발선사(修毛髮善事, 모발 등과 같이 사소하게 선한 일을 수양하는)'의 남녀를 보면 "이 사람을 예경하니 마치 과거와 현재와 미래의 모든 붓다에게처럼 한다(敬禮是人如過去現在未來諸佛)"라고 하므로 '선신'이다.[32] 게다가 악독귀왕의 권속 중에 '주명主命'이라는 귀왕이 있어서 (이 귀왕은 뒤에 다시 검토하겠다) 출산 때에나 임종 때에 사람들이 조우하게 되는 '악귀 및 망량정매魍魎精魅'나 '제마귀신諸魔鬼神'으로부터 수호할 것을 서약한다.[33]

이와 같은 불전에서 귀신의 존재 방식과 대조적으로, 뒤에 서술하겠지만 『지장대도심구책법』에서는 기본적으로 귀신이 사악한 존재로서 '구책驅策'의 대상이지만, 마지막 절에서 서술하는 대로, 역시 단순한 악귀라고 할 것은 아니다.

---

32) 爾時惡毒鬼王合掌恭敬白佛言. "世尊.我等諸鬼王. 其數無量在閻浮提.或利益人或損害人, 各各不同.… 或有男子女人, 修毛髮善事乃至懸一旛一蓋, 少香少華供養佛像及菩薩像, 或轉讀尊經,燒香供養一句一偈, 我等鬼王, 敬禮是人如過去現在未來諸佛."(T13, 785a-b)

33) 是産難時, 有無數惡鬼及魍魎精魅, 欲食腥血. 是我早令舍宅土地靈祇荷護子母. 使令安樂而得利益. (T13, 785b)／是閻浮提行善之人, 臨命終時, 亦有百千惡道鬼神, 或變作父母乃至諸眷屬, 引接亡人令落惡道. 是諸眷屬當須設大供養, 轉讀尊經, 念佛菩薩名號. 如是善緣, 能令亡者離諸惡道. 諸魔鬼神悉皆退散. (T13, 785b-c)

[유교의 귀신관]

다음으로 중국 고래의 귀신관은 어떠한 것일까? 미치바타 료슈(道端良秀)는 "유교에서 '귀'란 죽은 이에게 명명된 것이다"라고 하고, 『예기禮記』 제의편祭儀篇의 잘 알려진 다음과 같은 단락을 예로 제시한다.[34]

> 기라는 것은 신이 성한 것이다. 백이란 귀가 성한 것이다. 귀와 신을 합하여서 (모시는 것은) 가르침의 극치이다. 중생은 반드시 죽고, 죽으면 반드시 흙으로 돌아간다. 이것을 귀라고 부른다. 골육은 아래로 斃하고, 음은 들의 흙이 되고, 그 기는 위로 발양하여 밝게 빛난다.
>
> 気也者神之盛也. 魄也者鬼之盛也. 合鬼与神, 教之至也. 衆生必死, 死必帰土. 此之謂鬼, 骨肉斃于下, 陰為野土, 其気発揚于上, 為昭明.

이러한 '혼백이분론魂魄二分論'은 도교문헌에서도 볼 수 있는데, 구미 연구자들은 최근 이것이 중국인 고래古來의 (또는 고유의) '영혼'(soul) 관념이라는 입장에 대하여 이론을 제기하고 있다.

'혼백이분론'은 음양 관념에 기초한 엘리트 층의 학술적인 이해에 지나지 않고, 민중 일반은 그렇게 명확한 구별을 하지 않았다는 것이다. 그리고 일반적으로 죽은 이의 '영혼'(단수든 복수든 유교의 일반적인 용어로는 '鬼')은 사람들에게 탈이 나게 하는 경우가 있다고 이야기된다.[35] 중국 고유의 영혼 관념은 모호해서, Zhiru Ng는 '마魔'와 '귀鬼'

---

34) 道端 1979, p.120.

35) Bokenkamp 2007, p.62, 66. Bokenkamp가 선행연구로 제시하고 있는 Brashier 1996가 구미에서의 '魂魄二分論'에의 의문 제기 경위와 내용을 잘

의 구별도 불명확하다고 하면서, 사후에 사체로부터 분리되는 존재도 사악한 '마魔'나 악령도 일반적으로 널리 '귀'라고 불린다고 지적한다.[36]

게다가, 사자의 '영혼'으로서의 '귀'는 불교문헌에도 보인다. 예컨대 법장法藏의 『화엄경전기華嚴經傳記』에는 지옥에 떨어져 있던 약장수 아용사阿容師의 일화가 실려 있다. 아용사는 그 유족이 『화엄경華嚴經』을 필사한 공덕으로 (사자의 '영혼'으로서) 700명의 '귀'들과 함께 지옥에서 구출되어 그 유족의 재회齋會에 나타나서, 예배하고 참회하고 수계하고서 갔다고 한다.[37]

[도교의 귀신관]

마지막으로 도교의 귀신관은 어떠한가? 가미츠카 요시코(神塚 淑子)는 중국의 '귀'가 사자의 영혼을 가리키지만, 산수목석山水木石 등의 이매망량魑魅魍魎의 부류도 넓은 의미에서는 포함된다고 하면서, 한편으로 정正과 사邪를 아울러 갖고 있는 '신'과 그 '사邪'의 부분을 대표하는 '귀'는 모두 살아 있는 이들에게 작용하는 영적인 존재(靈氣)라고 한다. 미치바타는 귀신이 인간에게 위해를 가하는 경우가 많다고 하면서, 도사道士의 역할은 "악한 귀신의 위해를 제거하고 사람들에게 행복을 가져오는 것"이라고 한다. 『지장대도심구책법地藏大道心驅策法』의 한 시대 전 그 성립의 기초가 형성되었다고 할 시대에 관하여 기쿠치 노리타카(菊地 章太)는 "육조六朝 시대 사람들의 사고방식 중

정리하고 있다.

36) Zhiru 2007, p.90.

37) 『華嚴經伝記』(T51, 171c-172a). 이 일화에 대해서는 伊藤 2014, pp.23-24 참조.

에는 일상의 여러 재액이 귀에 의하여 초래된다고 하는 관념이 있다. … 여기에서 귀를 제압하는 것, 곧 핵귀劾鬼야말로 … 유효한 수단이라고 여겨졌다"라고 지적한다.[38)]

한편으로 요코테 유타카(横手 裕)는 "귀신이란 기본적으로 사람이 직접 지각할 수 없는 영적이고 초월적인 존재를 가리키는 말이고, 원칙적으로 귀란 사람이 죽어서 되는 영혼, 신이란 하늘과 땅의 자연적인 신을 일컫는다"라고 말한다. 게다가 『주례周禮』의 '천신天神', '지기地祇', 그리고 '인귀人鬼'에서 '天-神・地-祇・人-鬼'의 대응을 제시하고, 도교에서는 이것이 '仙・人・鬼'의 세 부분으로 이루어진 세계관이 된다고 한다. 또한 고바야시 마사미(小林 正美)에 의하면 "仙・人・鬼는 죄의 유무에 의하여 생존 형태가 달라진다. 사람(人)이 죄를 범하고 죽으면 '귀'가 되고, 귀가 되어서라도 죄가 소멸하면 다시 사람으로 되고, 더욱 선행을 쌓으면 신선仙이 된다"라고 한다. 이 점은 『지장대도심구책법地藏大道心驅策法』의 귀 관념에도 관련되는 것이므로 뒤에 살펴볼 것이다.[39)]

지금까지 유불도 삼교의 귀신관을 개관하였다. 그 양상은 복잡하다. 당연히 본 논문의 짧은 요약으로 다 정리되었다고 할 수는 없다. 그러나 지금은 이러한 개관을 기초로 『지장대도심구책법地藏大道心驅策法』의 귀신관에 대한 고찰로 나아가기로 하자.

---

38) 神塚 1999, pp.215-217;, 道端 1979, pp.104-106;, 菊地 2009, p.148.

39) 横手 2015, pp.50-51;, 小林 1998, pp.164-165, 182-183. Friederike Assandri는 儒道佛의 死後観을 비교하는 중에, 死者는 일단 冥界에 가고 나서 昇天한다는 생각이 六朝 이후 형성되고, 여기에서는 道佛 二教의 教說의 차이나 우열은 거의 문제가 되지 않는다는 점을 지적한다(Assandri 2013, pp.33-34).

3.『지장대도심구책법地藏大道心驅策法』에서의 귀鬼

[여러 악귀에게 정기를 빼앗김被諸惡鬼奪其精氣]

『지장대도심구책법』에서는 "온갖 악귀에 의하여 정기를 빼앗기고 있었다. 그 집에는 500명이 있었는데, 모두가 마찬가지로 괴로워서 기절하여 정신을 잃고 있었다(被諸惡鬼奪其精氣. 其家有五百人, 並皆悶絶而不覺悟)"라는 상황에서 지장보살의 교설이 인도되는 것이었다. 지장보살은 "南謨那羅三婆陀耶俱留婆摩糝都滿 娑婆訶"라는 다라니(경문에서는 '呪'라고 불린다)를 설하고, '지장'이라는 이름의 칭명에 이어서 5종의 향을 준비하고, "향을 사용하고, 귀들의 이름을 불러 소환하고 다라니를 영창한다(此香召諸鬼名, 曰'那邏速那邏速')"이라는 것을 설한다. 이 다라니와 짧은 주문을 수백 번 반복해서 영창하면 3일째에 '세간의 모든 온갖 귀신 등(世間一切諸鬼神等)'이 아련히 모습을 나타낸다. 더욱 종종의 행법을 반복하면 선명하게 현현하고, 마지막으로 "돌돌. 여기에 오기 전에는 무엇이었는가? 나에게는 악귀를 제거할 수 있는 신주가 있다. 만약 제거되거나 항복하지 않는다면, 일순간에 즉사하도록 하겠다. 돌돌(咄咄. 汝是何人至此. 我有神呪能除惡鬼. 若不除降伏, 須臾即死. 咄咄.)"(T20, 653b-c)라고 협박하면, 귀는 두려움을 내며 다음과 같이 이야기한다고 한다.

> 대사여, 나는 귀의 몸입니다. 극히 무거운 과보를 받고, 항상 일체 중생을 괴롭힙니다. 사람들의 약점을 추궁하고, 항상 중생의 피와 살을 씹습니

다. 아직 일찍이 잠시도 멈출 수가 없습니다. 지금 대사의 이 위력으로 나를 섭수하여, 여기에 이르러서 도심을 일으키게 되었습니다. 내가 장차 이 몸을 파쇄하여 미진이 된다고 하더라도 대사의 은혜에 보답하는 것은 다할 수가 없습니다. 다만 바라는 것은, 대사여, 나를 위하여 멸죄의 법을 설하여 이 악신에서 몸을 돌리게 해 주십시오.

大士, 我是鬼身. 受報極重, 恒相惱亂一切衆. 伺求人短, 常噉衆生血宍, 未曾暫停. 今, 蒙大士以此威力攝我, 至此令發道心. 我將此身碎爲微塵, 報大士恩亦難得盡. 唯願大士, 爲我說滅罪之法, 轉此惡身. (T20, 653c)

이 귀는 '과보를 받는 것이 극히 엄중하기(受報極重)' 때문에 귀가 되어 있다고 하므로 사자死者라기보다는 다른 부류의 중생인데(이 점에서는 불교적이다), '소귀召鬼'되어 현현하는 점에서는 도교적인 초월적 존재이다. 이름을 부르고 향에 의하여 소환하는 것은 도교의 신을 초치하는 기법의 하나이다.[40] 하지만 여기에서 소환되는 것은 "사람들의 약점을 추궁하고, 항상 중생의 피와 살을 씹습니다. 아직 일찍이 잠시도 멈출 수가 없습니다(恒相惱亂一切衆. 伺求人短, 常噉衆生血宍, 未曾暫停.)"라고 하여서 무서운 재난을 초래하는 악귀이고, 도교에서 두려움의 대상으로서 도사가 항복시켜야 할 악귀에 가까운 이미지이다. 이외에도 "만약 귀기를 앓는다면(若人患鬼気者)"와 "만약 수행자가 귀

---

40) 浅野 2003, pp.126-131. 浅野 春二는 이 기법에 불교의 영향도 생각될 수 있다고 판단한 뒤에 불교 전래 이전의 요소도 포함된다는 것을 선행연구를 들어서 설명하고 있다. 菊地 章太는 4세기 즈음 성립된 도교 경전인 『女青鬼律』를 예로 들면서 "鬼의 이름을 알면, 이것을 제압할 수 있다는 사고방식은 일찍부터 도교 경전에서 설해지고 있었다"라고 말한다(菊地 2009, p.47). 또한 神塚 1999, p.248, 그리고 Mollier 2008, p.90도 참조.

매에 의한 병을 치료하고자 한다면(若行人治患鬼魅病者)"(T20, 654a, 654b) 등으로 악귀에 의한 병에 관한 언급이 있고, 이러한 현세의 신체적인 관심도 도교적이라고 말할 수 있을지도 모르겠다.[41]

실제로 "온갖 악귀에 의하여 그 정기를 빼앗겨(被諸惡鬼奪其精氣)"나 위에 기술된 일절에 극히 가까운 문장이 도교 경전에도 있다. 예컨대 당송唐宋 시기에 성립되었다고 생각되는 『동현영보상사설구호신명경洞玄靈宝上師說救護身命經』에 다음과 같은 내용이 있다.

> 스승이 弟子族姓 등에게 고하기를, "내가 (이 세상을) 떠난 뒤 500년이 되었을 때 일체 중생은 실로 악귀나 衆邪蠱道가 그 사람의 정기를 빼앗아서, 사람의 길고 짧음을 구하여, 횡액으로 사람을 죽이는 것일 것이다. … 그대들 중에서 일심으로 (이 경전을) 독송하는 자는 온갖 마귀신들에게 굳이 협박 받지 않고, 이 경의 신력은 또한 이와 같은 것일 것입니다.
>
> 이 사람은 자기가 사는 곳에서 이 법전을 받으면, (이 법전은 그 사람을) 항상 잘 수호하고, 주야로 그 주위를 떠나지 않고, 이 사람을 옹호하고, 여러 마나 악귀는 그 정기를 빼앗을 수 없고, 횡액으로 그 명을 끊을 수도 없고, 횡액으로 어지럽히거나 해할 수도 없고, 그 길고 짧음을 구할 수도 없고, 접촉해서 혐오스러운 생각을 하게 할 수도 없고, 독을 행사하도록 할 수 없을 것이다.

41) Zhiru Ng는 중국에서 불교 전래 이전부터 몸 상태가 안 좋거나 병이 드는 것을 "악귀가 들렸다"라고 설명하고, 무서운 魔나 鬼의 구제와 절복이 도교의 큰 관심사였음을 지적한다(Zhiru 2007, p.90). Mu-chou Poo에 의하면 귀를 달래어 다가오지 못하게 하는 다양한 수법이 일찍이 商王朝期부터 보이고, 六朝期에는 귀나 마(spirits)의 존재가 널리 사회적으로 믿어지고 있었다고 한다(Poo 1997, pp.90-91).

師告弟子族姓等, 於我去之後五百世中, 一切衆生當惡鬼衆邪蠱道, 奪人精氣, 求人長短, 橫來殺者. … 汝等一心讀誦之者, 諸魔鬼神不敢迴視, 此經神力, 亦復如是. 是人所住之處, 受此法典, 常當守護, 晝夜不離其四面, 擁護是人, 衆魔惡鬼不得奪其精氣, 不得橫來絕命, 不得橫來擾害, 不得求其長短, 不得觸厭, 令毒不行. (DZ179, 洞玄部本文類, 『洞玄靈宝上師說救護身命經』 p. 1a-2a, 4a-b.)

이 도교경전은 상사上師가 승천한 뒤 500년이 지났을 때 중생이 "惡鬼衆邪蠱道"의 재난을 받는데, 이 경전의 독송으로 그 재난을 피할 수 있다고 하는 등, 불교의 영향이 엿보인다.[42] 그러나 이 경전은 반복해서 '衆邪惡鬼', '諸魔神', 그리고 '魍魅' 등의 사성邪性을 언급하고, "사람의 정기를 빼앗아서, 사람의 길고 짧음을 구하여, 횡액으로 사람을 죽인다(奪人精氣, 求人長短, 橫來殺.)"라고 하는 악귀의 모습도 그러한 이 경전 전체의 귀신관에서 보아야 할 것이다. 그리고 『지장대도심구책법地藏大道心驅策法』의 유사한 문장에서도, 그 배경으로서 이러한 도교적인 악귀의 이미지를 볼 수 있는 것이 아닐까?

다만 Zhiru Ng에 의하면 악귀 부류가 '생명의 따뜻함'(ojah)을 빼앗는 '奪精気'에 유사한 경우는 인도 대승불전에도 보인다고 한다.[43]

42) 더 뒤쪽에서는 "往生文昌宮, 宿即生蓮華中, 身体神仙備足, 五通, 無礙智慧, 身受八萬八千歲 …"(p.6a)라고 하여, 浄土教의 영향도 엿보인다. 坂出 祥伸에 의하면 霊宝派는 예전에는 呪符信仰을 중심으로 하고, 4세기 경에 『霊宝經』이 성립된 뒤, "一切衆生의 済度라는 大乗思想도 받아들이고 … 救済思想도 형성하게 된다"(坂出 2005, p.219). 그리하여 5세기 이후 서민 구제를 설하는 많은 경전이 제작되어 많은 신자를 모았다고 한다(山田 2002, p.70).

43) Zhiru Ng는 G. Schopen의 연구 사례인 Bhaiṣajyaguru-sūtra를 예로 들고 있다(Zhiru 2007, p.91, fn. 46). 薬師如来에 관한 漢訳 經典이 다수 있고, 지금은

게다가 Christine Mollier의 지적에 의하면, 원수에 의한 저주를 언급하는 불전에서는 종종 저주하는 사람이 악귀와 결탁해서 귀병鬼病을 초래하는데, 그 대표적인 증상이 치매(dementia) 상태라고 한다.[44] 『지장대도심구책법地藏大道心驅策法』에는 도교적인 귀신관이 있는 것이 확실하지만, 단순히 "도교의 요소를 편입하였다"라고 단언하는 것은 불충분할 것이다.

[여러 악귀를 구사함驅使諸惡鬼]

『지장대도심구책법』에서 지장보살은 앞에 서술한 대로 "세존이시여, 저에게는 지금, 하나의 신주가 있습니다. … 또한 (이것에 의해서) 제 악귀 등을 구사할 수 있고, 일체 중생 모두에게 다 통달하도록 할 수 있습니다. … 만약 일체의 귀신을 구사하고 싶다고 생각한다면, 생각날 때마다 각각(의 귀신)에게 알맞게 대응해야 합니다(世尊, 我今有一神呪 … 復能驅使諸惡鬼等, 令一切衆生悉皆通達. … 一切鬼神若欲驅使, 隨意所須一一當辦)"(T20, 653a)라고 설한다. 여기에서 주목하고자 하는 것은 "온갖 악귀 등을 구사하는 것(驅使諸惡鬼等)" 및 "일체의 귀신도 만약 구사하고자 한다면(一切鬼神若欲驅使)"의 단락이다. 악귀는 '구사驅

Schopen의 원래 논문을 아직 보지 못했기에 어디에 해당할지 불분명하지만, 예컨대『藥師琉璃光王七佛本願功德經念誦儀軌』에는 "又願我等及諸有情, 若爲藥叉諸惡鬼神之所嬈亂, 奪其精氣, 受種種病及諸苦惱, 惟願我等乃至證得無上菩提. 諸惡藥叉及諸鬼神, 悉皆退散, 各起慈心, 所奪精氣復得如本."라는 일절이 있다(T19, 37a).

44) Mollier 2008, p.62. Mollier는 더욱이『虛空藏菩薩問七佛陀羅尼呪經』(T21, No. 1333)의 "此一比丘爲惡病所持出是音聲. 又一比丘爲惡鬼所持露形而走."(T21, 561c)라는 기술도 예시하는데, 이것은 '奪精気(dementia)'라고 하기보다는 '鬼所持'에 의한 '錯乱(delirium)'의 사례라고 할 수 있다.

使'하는 것이 아니라 '구제驅除'나 '구축驅逐' 내지는 절복시키거나 개심시켜야 하는 것이 아닐까? 경전 제목의 '구책법驅策法'도 '구사하는 방법'이라는 의미이다. 여기에도 도교적인 귀의 존재방식이 투영되어 있다고 볼 수 있다.

Zhiru Ng는 이 경전에서 지장보살의 교설이 '초귀招鬼', '견귀무외見鬼無畏', 그리고 '사촉귀使促鬼'의 3단계로 이루어져 있다고 하면서, 이것은 중세 초기 도교의례를 채택한 것이라고 서술하고 있다. 그 뿌리는 한나라 시대 및 그 이전의 치료적인 귀신학(therapeutic demonology)와 장송의례葬送儀礼에 있다고 한다.[45] 이 경전에서는 앞에서 서술한 것과 같이 소환되어 나타나는 악귀들이 지장보살에게 포섭되어 '도심道心'을 발하는데, 그 뒤에 여러 방식으로 '구사驅使'된다. 이 '사촉귀'를 구체적으로 살펴보자.

『지장대도심구책법』에는 다음과 같은 일절도 있다.

> 만약 수행자가 이 법을 실천해서 수지하고자 한다면, 나는 그(수행자의) 처소에 도달하여, (귀들을) 모아서 등록하고, 그 온갖 귀들은 일제히 다 출현하여, (그것을) 생각대로 사역할 수 있는 것은 나의 (내가 행하는) 작법과 전혀 차이가 없을 것이다.
>
> 만약 수행자가 귀를 사촉하고자 한다면, 주사로 이 부적을 쓰지 않으면 안 된다. 그 뒤에 세 번 봉인해서 9매를 삼키고 (체내에) 휴대해 주십시오. 그 뒤에 이 작법을 행하여, 귀를 시켜서 신속하게 여러 곳으로 행하여 사촉하도록 해 주시오.

45) Zhiru 2007, p.92.

若修行人作此法者, 隨意諮受. 我到其所爲其集録, 諸鬼一時盡現, 隨意所使. 若行人欲使促鬼, 當朱沙書此符. 後三印呑帯九牧. 然後作法, 使鬼迅速處處使促. (T20, 653b, 654a)

도교의 세계관에서는 태상노군(太上老君, 老子), 뒤에는 '원시천존元始天尊'의 지배하에 현무대제(玄武大帝, 北極星), 문창제군(文昌帝君, 文藝神) 등 외에, 토지신, 재신財神, 명계冥界를 담당하는 태산신泰山神 등의 신들이 속해 있고, 귀신은 그 신들의 '최하위에 위치하는 신'이라고 일컬어진다.[46] 아사노 하루지(浅野 春二)에 의하면 도사들은 그러한 신들과 "맹약하는 것으로 다양한 의례를 행하는" "천계天界의 심부름꾼"이고, 신들을 "사역使役할 수가 있다". 도사들은 "천계의 관청의 이름으로 명령을 내어 하위의 신들을 사역하거나 한다"라고 한다.[47]

『지장대도심구책법』에서도 다양한 목적으로 귀가 '사촉使促'된다.

만약 수행자가 귀를 부려서 (과거와 현재와 미래의) 삼세의 일을 알릴 수 있도록 시켰다면, 귀를 소환하여 물어보면, 순간적인 시간에 (귀는) 호오의 응보에 관하여 보고할 것이다.

若行人使鬼令知三世事, 召鬼問, 須臾即報好惡.

만약 수행자가 큰 바다에 들어가서 보물을 캐려고 하고, 온갖 악한 독룡과 악한 짐승과 자라와 악어 등이 와서 방해하는 것이 있다면, 귀를 소환하

46) 道端 1979, pp.105-106, 129. 六朝時代부터 이미 숭배되고 있었다고 생각되는 太上老君은 "5세기 말에 元始天尊의 숭배가 시작될 때까지 계속해서 고위의 신격이었다"고 하지만, 얼마 안 있어서 元始天尊이 최고위로 되었다고 菊地章太는 지적한다(菊地 2009, p.109).

47) 浅野 2003, p.70, 72.

여 (그 일을) 전한다면, 온갖 악한 짐승 등은 모두 진흙 속에 빠지고, 다시 나오는 일이 없을 것이다.

若行人入大海採寶, 諸惡毒龍惡獸黿鼉等欲來害者, 召鬼與語, 諸惡獸等並沒泥, 下不更復出. (T20, p.654a)

이외에도 타인의 저주를 당한다거나 원수나 도적에게 핍박을 받는다거나 기근, 역병, 겁화劫火, 수난水難, 풍병風病, 그 외에 앞에 언급한 '환귀기患鬼気'나 '귀매병鬼魅病'조차도 "귀를 소환하여 함께 이야기하면" 해결된다고 한다. 이와 같이 귀와 관계하는 방식은 일반적인 불전에서는 볼 수 없는 도교적인 특이한 요소라고 말할 수 있을 것이다. 그러나 이 귀들은 앞에서 서술한 대로 지장보살의 가르침에 '섭수되어' '도심道心'을 발한 자들이다. 이들을 사역한다고 하는 것은 어떠한 것인가? 이 점은 마지막에 다시 검토하겠다.

[그 외의 도교적인 사례]

앞의 항에서는 귀의 '구사'와 '사촉'이라고 하는 것에서 『지장대도심구책법』에서 도교적인 요소를 발견했는데, 여기에서는 그 외에 도교적인 색채가 강한 구체적인 요소를 간단히 살펴보자.

* 침뱉기唾吐, 이를 맞부딪히기叩齒, 탄지彈指

지장보살은 귀를 소환하여 호출하는 과정의 여러 작법을 이야기하는데, 그중에 "귀를 향하여 맑은 물을 뱉는다"取清水向鬼噀之라는 동작이나 "귀와 말하고자 하면 15회 치아를 딱딱 부딪히면 말할 수 있다"(作法已欲共鬼語, 叩齒三五)라는 동작이 있다(모두 T20, 653c).

전자에 관하여서는 Zhiru Ng가 마왕퇴묘馬王堆墓 출토 『오십이병방五十二病方』이라는 자료에 의거하여 '고치叩齒'와 함께 도교의 의례적인 작법(ritual spitting)과 동일하다고 지적한다. 주문을 영창하기 전에 침과 숨을 뱉는 것은 전한前漢 시기까지 소급할 수 있는 의례이고, 현재에도 도사들이 사용하고 있음을 Christine Mollier도 지적한다.[48)]

'고치'에 관해서는 이미 앙리 마스페로Henri Maspero가 흥미깊은 보고를 하고 있다. 첫째로 심장 상의 '황실黃室'에 있는 체내신体内神을 방문하는 데에는 "고치를 두 번 하는 것을 7회" 반복하고 주문을 영창하는 것을 제시한다. 둘째로 고치는 체내신에 있어서는 천뢰天雷와 같아서, 어떤 노인이 턱이 빠져서 항상 치아가 울리고 있어서, 체내신이 무서워서 몸밖으로 나가지 못하고, 사명司命이 보낸 심부름꾼신도 다가가지 못하여서 그 노인은 수백 년을 살았다는 일화를 제시한다.[49)]

또한 이 경전에는 아래와 같은 일절이 있다.

> 곧 (귀들을) 소환하기 전에 (부르는) 이름으로 세 번 이것을 부르면, 귀들은 모여서 모습을 나타낸다. (귀들이) 수행자를 두려워하는 것이 있다면,

48) Zhiru 2007, pp.94-95;, Mollier 2008, p.91. 덧붙여서, Mollier는 Donald Harper의 Early Chinese Medical Literature(1998: Kegan Paul International)을 전거로 하는데, 본 논문의 필자는 아직 보지 못하였다.

49) Maspero 2005(初版 1937) pp.152-153. 이 자료(마스페로의 講演録)의 일본어 번역자인 川勝 義雄은 老人 에피소드의 출전을 『真誥』 第15巻이라고 추정한다. 거기에서는 '치아를 맞부딪히는 것'(마스페로의 원서에서는 les grincements de dents)이 '琢歯', '切拍', '叩歯'라고 되어 있다(邦訳, p.439, 注17).

출현해 있을 때에 앞에서 (독송한) 주문을 독송해야 하고, ㅁ一遍指其鬼, 모여서 앉아 묵묵히 무언일 것이다.

即召前名三呼之, 其鬼並來現身. 令人怕懼, 當現時即誦前呪, 一遍指其鬼, 並坐默然無言. (T20, 653c)

대정대장경의 주注에 의하면 문자가 결락된 부분은 "呪一遍指其鬼"("呪하는 것 한 번, 그 귀를 가리킨다")로 앞의 일절로 보아 "其鬼"는 다음의 "並坐默然無言"의 서두에 붙어서 "그 귀는 아울러 조용히 말이 없을 것이다"라고 되어야 할 것이다. 이 경우 "ㅁ一遍指"가 문제가 되는데, 이곳은 "한 번 손가락을 튕기면, 그 귀들은 모여 앉아서 묵묵히 무언일 것이다(弾一遍指, 其鬼並坐默然無言)" (또는 '弾指一遍(손가락을 튕기는 것을 한 번)'이라고 정정)이라면 의미가 통할지도 모르겠다. 예컨대 도장道藏 동현부洞玄部의 『태일구고호신묘경太一救苦護身妙經』에서는 천존天尊이 주呪를 영창하기 전에 "폐목閉目, 정신定神, 탄지弾指, 고두叩頭"했다고 되어 있다. '탄지'도 '수인手印 · 수결手訣'이라고 불리는 도교 의례에서의 행법 중 하나이다.[50] 이 부분의 직전에는 '도섭인都攝印'과 '수심구섭인随心救攝印'이라는 '수인'이라고 생각되는 행법이 구체적인 손가락의 움직임까지 포함하여 이야기되고 있다. "엄

---

50) DZ177, 洞玄部本文類, 『太一救苦護身妙經』 p.4a. 이 경전은 六朝中晩期에 성립되었다고 하지만, '太一(太乙)救苦天尊'은 '道教에서 地獄의 教主'이고, 地藏菩薩이 地獄의 救済者로 되는 것은 이 영향이라고, 蕭 登福는 지적한다(蕭 2006, pp.259-263). 다만 蕭는 論証中에 『地藏菩薩本願經』과 『佛說地藏十王經』(二種)을 언급하는데, 이들의 성립사적인 문제나 연대적인 문제는 다루지 않고 있는 등, 자료 비판의 점에서 문제가 있다. 太一信仰과 『十王經』에 대해서는 본 논문의 필자는 전혀 조사해본 적이 없기 때문에 앞으로의 검토과제로 할 수밖에 없다.

지손가락으로 집게 손가락을 쥐고, 손가락 마디 위를 눌러준다(大母指掌頭指押下節文上)"(T20. 653c)라는 표현은 도교의 '지인指印'과 '수결手訣'도 생각할 수 있지만, 지금은 필자로서는 상세하게 검토하지 않겠다.[51]

* 서부書符와 탄부呑符

호부護符의 사용은 주문呪文과 함께 악귀 등에 대처하는 도교 행법의 중요한 요소이다. 『지장대도심구책법地藏大道心驅策法』에서도 반복해서 등장한다.

ㅇ 먼저 주문을 지송한 뒤에, 부적을 써서 이것을 휴대하고 이곳저곳에서 행법을 한다면, 모두 다 효험이 있을 것이다.

先須呪誦後, 書苻帶之, 處處作之, 皆盡有驗.[52]

ㅇ 이 행법을 닦는 수행자는 병이나 재액으로 괴로워하고 있는 사람을 본다면 부적을 써서 천리를 날아서 죽음의 (가치가 있는) 보답을 얻게 하고, (죽어서) 하루를 지난 사람이라도 그렇게 쓴 부적을 심장 위에 두면 소생할 것이다.

修法人 … 見苦病患及厄難者, 書苻使飛千里報酬死. 經一日, 書苻心上者便得還活.

ㅇ 행법을 실천할 때, 그 해 첫날에 (부적을) 쓰면 성취하지 못하는 것이 없다. 그 (첫)날에 천 매ㅁㅁ쓴다면, 한 해 분의 실천에 족할 것이다.

---

51) 唐代의 '手訣'에 대해서는 三田村(1998)을 참조하였다.

52) 이곳은 大正大藏經에서는 "先須ㅁㅁ後等ㅁ苻帶之處處作之ㅁㅁㅁㅁ."라고 되어 있는데 불분명한 문자가 많지만 同大藏經의 注에 따른다.

若作法時, 即於年初日, 書之無不成也. 於其日書千枚ㅁㅁ枚須書, 足一年行用也.

그 부적은 그 해의 첫날부터 해당하는 날까지 사용하면 크게 효험이 있을 것이다.

其苻初年日至此日, 作之大驗.

○ 이 이상에 관해서는 40도부道苻가 있고, 그중 20종은 (그) 신부神苻를 사용하면 일체의 쇠환을 제거할 수 있다. 만약 이 행법을 수행하는 사람이 중생의 병고를 치료하고자 한다면, 일천 매의 부적을 써라.

此已上四十道苻, 上二十道, 修神苻能除一切衰患. 若修法人療治衆生病苦, 書一千枚符

이것을 써서 ㅁ 삼켜서 (체내에) 휴대하고, 온갖 악병악창에는 주사로 부적을 써서 그 사람에게 사용하면 차도가 있을 것이다.

書之ㅁ呑帶, 所有惡病惡瘡朱沙書苻, 向之即差. (以上, T20, 654b-c)

○ 부적을 쓰면 곧 효과가 있을 것이다. 만약 효과가 없다면 나는 여래 앞에서 보살의 몸을 버리고 중생 대신에 괴로움을 받겠다.

已苻書之即効. 若無効者, 我於如來前, 捨菩薩身, 代衆生苦.

○ 다음의 20도부道苻는 수십 일 동안의 쇠환을 제거하는 것이고, 이 행법을 수행하는 사람이 주사로 부적을 써서 41일 휴대하면 큰 신통력이 갖추어질 것이다.

次下二十道苻, 有除若干数旬衰患, 若修法人, 已朱書之符, 帶四十一日, 具大神通, 得四無礙智. 超過生死出於淤泥.

○ 이 행법을 수행하는 사람이 (이 부적을) 휴대해서 50일에 이르면 신체도 새끼손가락까지도 아울러 광명을 발하고, 그 신체는 자연히 깨끗한 유

리와 같이 되어 안도 밖도 투명하게 될 것이다.

修法人帶至五十日, 身小指並放光明, 其身自然如淨琉璃內外明徹. (以上, T20, 655a)

호부의 부류는 제귀諸鬼를 소환해 내고 제압한 뒤에, 그들을 구사驅使・사촉使促하는 단계에서 사용된다. 기본은 [구사제악귀驅使諸惡鬼]의 항목에서 제시된 "만약 수행자가 귀를 사촉하고자 한다면, 주사로 이 부적을 쓰지 않으면 안 된다. 그 뒤에 세 번 봉인해서 9매를 삼키고 (체내에) 휴대해 주십시오. 그 뒤에 이 작법을 행하여, 귀를 시켜서 신속하게 여러 곳으로 행하여 사촉하도록 해 주시오(若行人欲使促鬼, 當朱沙書此苻. 後三印呑帶九牧. 然後作法, 使鬼迅速處處使促.)"(T20, 654a)이다. '주사朱沙'로 부符를 쓰는 것은 주지하듯이 도교의 기본적인 작법이기도 하고, 그것을 삼키는(체내에 휴대하는) 것은 현재에도 행해지는 행법이다. 야마다 도시아키(山田 利明)는 부符에 종종 '칙령勅令'이라고 쓰여지는 것을 제시하면서, 이것은 "최고신으로부터의 칙령이고, 어떠한 신이나 귀신도 배반해서는 안 된다는 의미"라고 말한다.[53]

도교 신들의 세계는 원시천존元始天尊을 정점으로 맨 아래의 귀신까지 수직적인 위계가 있음은 이미 서술하였는데, 이 세계는 현실 세계의 관료제를 반영하고 있다.[54] 이 때문에 문서도 중요하게 되는 셈인데, 도사는 "정해진 형식에 따라 문서를 작성하고, 천계의 관청을

53) 山田 2002, p.192.

54) 菊地 章太에 의하면, 鬼의 세계에도 人間과 같은 관료제가 있고, "鬼의 두목에 명하여 하급의 鬼들도 따르게 하여『道』에 봉사하게 한다고 하는 사상"도 劉宋期 이후 道教經典에 빈번하게 나온다고 한다(菊地 2009, p.160).

통해서 천계의 황제에 상응하는 고위의 … 신들에게 바라는 일을 상주한다거나, 천계의 관청의 이름으로 명령을 내어서 하위의 신들을 심부름 시키거나 하는" 것이라고 아사노 하루지(浅野 春二)는 이야기 한다.[55] 『지장대도심구책법地藏大道心驅策法』에는 유감스럽게도 부符의 형식이나 구체적인 서법書法이 기록되어 있지 않아서 불분명하지만, 앞에 기술된 것과 같은 천계의 이미지와 이에 기초한 귀신관을 인정하지 않으면 성립되지 않는 측면일 것이다.

지금까지 침밸기 이하 몇 개의 도교적인 요소를 보아 왔는데, 지극히 구체적인 도교 행법을 설하고 있다고 말할 수 있을 것이다.

Ⅴ. 『지장대도심구책법地藏大道心驅策法』의 특징과 그 의의

여기까지 『지장대도심구책법』에서의 '귀'에 관하여 주로 그 도교적인 측면을 경전 본문에 기초해서 구체적으로 보아 왔다. 악귀에 의한 재액의 배제 내지 방지라는 목적은 불교와 도교에 공통적인 것이라고 말할 수 있다. 그러한 취지의 불전인 이 경전에 다라니의 송주誦呪나 절복된 귀의 발심 등, 불교적인 교설이 있다는 것은 당연할 것이다. 하지만 Zhiru Ng가 지적하듯이 악귀 구축에서 '초귀招鬼', '견귀무외見鬼無畏', 그리고 '사촉귀使促鬼'의 구조 자체가 도교에서 유래할 뿐만 아니라, 본 논문에서 보아 왔듯이, 향과 고치叩齒, 주서朱書의

55) 浅野 2003, p.72.

호부護符와 탄부呑符 등 구체적인 행법은 도교의 행법 그 자체라고 말해도 좋을 것이다. 그러하다면 이 경전의 이와 같은 특징은 어떻게 해석할 수 있을까?

1. 귀신의 '구책驅策'이라는 것

『지장대도심구책법』의 목적은 귀신에 의한 재액의 배제 · 방지라는 당시 사람들의 필요에 응하는 것일 것이다.[56] 하지만 이것은 단순히 악귀의 제압이나 박멸이 아니라 경전의 제목대로 악귀의 '구책'이라는 것이 된다. 그것은 최종적으로는 부符와, 행자와 귀의 대화('召鬼與語')에 의해 소기의 목적을 귀에게 명하여 시키는 것으로 실현된다. 이 경우 실제로 명하는 것은 지장의 행법을 실천하는 행자이지만, '명령' 그 자체는 지장보살 또는 붓다에게서 오는 것이 될 것이다. 그러면 구책법이 본래 도교의 계층적인 세계관에 기초하고 있다고 하는 것이 문제가 된다. 곧 본래는 귀신구책의 명령을 내리는 것은 도교에서 고위의 신들이고, 그것을 실제로 전달하는 것은 도사일 것이므로, 『지장대도심구책법』은 도교의 세계관 중 천계의 계층적인 구조는 택하면서도, 그 상위의 신들을 버리고 (불보살로 대체하고), 하위의 귀신들(및 도사)의 부분만은 그대로 두었다고 하는 것이 된다. 하지만 이 경전의 이와 같은 세계관은 불가사의하게도(불가사의하다고 말해야겠지만), 육도 중생이 사는 욕계를 최하위로 하는 삼계 사상과 그 삼계에는 붓

56) 長部 和雄는 인도의 베다에서 除災 · 降伏의 대상이 국가의 怨敵인 것과 대조적으로, 본 경전의 대상은 사적인, 그리고 중생을 괴롭히는 악귀의 항복이라고 분석한다(長部 1975, p.37上-下).

다와 대보살 이하 많은 보살중과 천룡팔부중이 존재한다고 하는, 불교적인 계층적 세계관과도 어긋남이 없이 성립한다. 경전의 서두는 "박가범(薄伽梵, 붓다)은 나무 아래의 사자좌에 앉아 계셨다. 백천만억 나유타의 무리가 모두 관정을 받고 불퇴전의 경지에 있어서 … 묵묵히 앉아 있었다. … 이때 (지장) 보살은 여러 나라를 유행하며 중생을 교화하고 있어 …(薄伽樹下師子座坐. 有百千萬億那由他衆, 皆是灌頂轉不退輪.… 黙念而坐. 是時[地藏]菩薩遊行諸國教化衆生 …)"으로 시작하고, 경전의 말미도 "이때 4중의 몸은 허공에 머물고, 공중에서 붓다의 발에 예배하고, 환희하며 봉행하였다(時四衆身處空.空中頂禮佛足, 歡喜奉行.)"라고 끝나고(T20, 652c, 655a, 약간 당돌하기도 하고 담백하기도 하지만) 위화감 없이 대승불전다운 붓다와 중생의 세계를 묘사하고 있다. 여기에는 "도교풍으로 불교를 설하였다"라고 하는, 불교와 도교의 '절충' 내지 '융합' 이상의, 어떤 종류의 일체성이 느껴지는 것은 아닐까?

2. 귀신이 '도심道心'을 발한다는 것

『지장대도심구책법』에서는 악귀가 지장보살에게 소환되어 나타나고, "돌돌. 여기에 오기 전에는 무엇이었는가? 나에게는 악귀를 제거할 수 있는 신주가 있다. 만약 제거되거나 항복하지 않는다면, 일순간에 즉사하도록 하겠다. 돌돌 (咄咄. 汝是何人至此. 我有神呪能除惡鬼. 若不除降伏, 須臾即死. 咄咄)"이라고 협박당하면, "그 귀들은 무서워서 얼굴을 숙이고, 일심으로 마음을 바르게 하여서 각각 삿된 마음을 버리고 (其鬼仆面怕懼. 一心正念各捨邪心)"이 되어, 지장보살에 대하여 "지금

대사의 이 위력으로 나를 섭수하여, 여기에 이르러서 도심을 일으키게 되었습니다. 내가 장차 이 몸을 파쇄하여 미진이 된다고 하더라도 대사의 은혜에 보답하는 것은 다할 수가 없습니다. 다만 바라는 것은, 대사여, 나를 위하여 멸죄의 법을 설하여 이 악신에서 몸을 돌리게 해 주십시오 (今, 蒙大士以此威力攝我, 至此令發道心. 唯願大士爲我說滅罪之法, 轉此惡身)"라고 서원을 낸다. 이 악귀의 '발도심'은 본 논문에서도 지금까지 불교적인 요소로서 언급해 왔다. 다만 지금은 다시 돌이켜서 도교적인 교설과의 정합성을 생각해 본다면, 신선과 사람과 귀의 세계는 죄의 유무에 의하여 왕래할 수 있다고 하는, 고바야시 마사미가 지적하는 도교의 세계관에 합치한다고 볼 수도 있다. 여기에서도 또한 불교적인 세계관과 도교적인 세계관의 일치점에서 이 경전의 교설이 전개되고 있다는 것을 볼 수 있을 것이다.

VI. 정리와 전망

1. 사상사적인 시각에서

여기에서 주목하고 싶은 것은 오사베 가즈오가 지적하는 무주조武周朝의 불교정책이다. 오사베는 무측천이 『대주간정중경목록大周刊定衆經目錄』을 편찬하도록 한 목적이 "경전 제목의 진위 판정을 위하여 간행한다"는 데 있다고 이야기한다. 곧 도교적인 경전류를 배제하는 목적이었다고 한다. 그러나 오사베는 (『불공견색다라니경不空羂索陀

羅尼經』의 분석에서) "문교文教의 시정施政 방침인 도교색의 불식"이 철저하지 못하여 "육조六朝 이래 중국풍의 밀교 형성에서 대세"인 "도교적 취향"을 배제하는 시도는 "무주조의 정령政令이라고 하더라도 효과가 없었다"라고 지적한다.[57] 본 논문에서 보아 왔듯이 이것은 그대로 『지장대도심구책법』에도 해당한다. 오사베는 귀신의 "항복이나 최마摧魔는 당시 중생들이 가장 소망하고 있었던 큰 수법修法이었다"고도 서술한다.[58] 그렇다면 불교의 교설과 불전에 의하여 그와 같은 민중의 필요에 가장 효과적으로 응답한 것이 도교의 행법이나 교설의 도입이었다는 것이고, 따라서 칙령으로 금해도 용이하게 배제할 수 없었던 것이 아니었을까?

그렇다면 이러한 특징을 새삼스럽게 중국불교사 중에 위치 지어 보는 경우 어떻게 될 것인가? 종래와 같이 '잡밀雜密' 경전이라고 본다면 오사베가 지적하듯이 『지장대도심구책법』은 "단순히 도교풍으로 조복調伏을 설하는 잡밀 의궤儀軌"라는 것이 되고 마찬가지로 도교풍의 성향이 있는 뒤의 불공不空 『수구즉득진언의궤隨求即得真言儀軌』가 "화엄華嚴 · 범망梵網 · 법화法華를 도입하고" "비로자나지법신毘盧遮那智法身 · 일체지지一切智智 · 삼밀법三密法 등 순밀純密의 요소도 더하여, 종합적인 설상說相을 제시한다"는 것과 비교하여 낮은 평가를 받게 될 것이다(이 경우 가장 발전한 형태는 '순밀'일 것이다).[59] 다만 오사베 자신은 밀교적인 교설과 행법에는 도교와 동질인 것도 많아

57) 長部 1975, p.30下-31上, 33上, 34上. 武則天 자신이 도교에 강한 관심을 갖고 있었다는 점에 대해서는 神塚 淑子의 논고(神塚 2000)를 참조.

58) 長部 1975, p.38上.

59) 長部 1975, p.40上.

서, 엄격하게 구별하는 것이 어렵다고 지적하고 있다. 이 점에 관하여서는 Zhiru Ng도 마찬가지로 이 경전의 불교적인 측면을 경시하고 도교적인 성격을 강조하는 것은 오류라고 주장한다. 그리고 "결과적으로 『구책법』의 놀랄만한 성과는 도교와 불교 양방의 목소리를 매끄럽게 혼합(seamless blending)한 것이다"라고 이야기한다.[60] 이 경전이 당시 민중의 필요에 부응하기 위하여 찬술된 '위경僞經'이라고 한다면, 이것을 (밀교사에 있어서의) 과도기적인 미완성의 형태로 보기보다는 당시 불자(들)로부터 하나의 탁월한 응답이라고 보아야 할 것이다. 다만 불교적인 것과 도교적인 요소를 '혼합(blend)'했다고 보는 방식은, 확실히 그렇다고 할 수 있지만, 감히 의문을 제기하고 싶다.

Zhiru Ng 자신도 지적하고 있듯이 "당나라 때 불교의 상황은 명확히 구분된 계통으로 나뉘어 있던 것이 아니라, 상이한 종교 형태 사이에 틀을 넘어서 교섭, 실험, 그리고 변화를 받아들이는 유동성을 지니고 있었다"[61]고 말한다. 그리고 이것은 '불교'와 '도교'라는 종교 그 자체에 관해서도 이야기할 수 있을 것이다. 로버트 샤프Robert Sharf는 우리들이 중국불교를 "인도와 중국의 조우"(Encounter)와 "융합"(syncretism)의 역사로 파악하는 시각에 의문을 제기한다. 종래 "불교는 인도에서 발상한 자율적인 종교체계이고, 그것이 아시아를 횡단함에 따라서 지역적으로 다양한 전통이나 컬트cult를 동화同化하거나 자체가 동화되었다고 해석되어 왔다"고 샤프는 말한다. 그러나 이 융합이라는 개념은 "융합에 의한 혼효물混淆物이 형성되기 이전에 명

60) Zhiru 2007, p 95.
61) Zhiru 2007, p.224.

확히 구분된 종교적 통일체가 존재하고 있는 것이 전제로 된다." 곧 『지장대도심구책법』은 '인도에서 발상한 불교'가 '중국의 도교'와 만나서 융합되었다고 하는 것이 될 것이다. 그러나 중국에서 중국 사람들의 불교와의 '조우'와 '대화'는 "거의 전면적으로 중국인들끼리 중국 국내에서 중국어로 행해졌다"는 것이고, "중국 불교는 중국문화의 정당한 산물이라고 보아야 한다"라고 샤프는 제안한다.[62]

『지장대도심구책법』과 공통되는 단락과 교설이 나오는 도교 경전을 보면 이 시기에는 양자 사이에 밀접한 교류가 있었다고 추정할 수 있다. 밀교적인 요소와 도교적인 요소의 엄격한 구별은 어렵다는 오사베의 지적이 있지만, 그것은 당시의 중국에서 형성되고 있던 불교와 도교가 상당한 정도의 동질성과 공통성, 그리고 유동성을 가지고 있었기 때문일 것이다. 『지장대도심구책법』도 종래의 의미에서 '불교적'이나 '도교적'이라고 엄격히 구별되는 종교체계라는 틀을 넘어서, 당시의 이른바 불교와 도교라는 두 종교에 상통하는 (또는 상섭相涉하는), 당나라 때 중국인들의 귀신관이나 관심사가 반영되어 있다고 볼 수 있지 않을까? 그렇다면 이 경전에 붓다와 보살과 중생의 삼계三界·육도六道의 세계관과 천존들 내지 신들(仙)·사람·귀신의 관료제적인 세계관이 일견 위화감 없이 공존하고 있는 것도 불가사의한 것이 아닐 것이다.

62) Sharf 2002, p.2, 9, pp.15-16.

2. 현대적인 시각에서

마지막으로 우리들이 오늘날 『지장대도심구책법』이라는 '위경'에 관심을 가지는 것의 의미(또는 의의)를 검토하면서 본 논문을 마치고자 한다.

최근의 불교학에서는 이른바 '위경僞經'을 '진경眞經'보다 열등하고 속되고 어정쩡한 것으로 취급하는 것을 부정하고, 민중 경전으로 재평가하는 기운이 있다고 말할 수 있을 것이다. 그러나 마키타 다이료(牧田 諦亮)가 일찍이 지적하였듯이 애초에 중국에서는 도안道安의 시대부터 '의경疑經'이 (후대에는 '위경僞經'도) 문제로 되고, 그 판단 기준은 우선 "번역된 경전인지 여부에 중점이 두어졌다"는 것이고,[63] 앞 절에서 본 것과 같은 '인도적인' 불교를 엄격히 구별해서 보존하고 계승하려는 노력이 적어도 당시의 정권이나 불교 교단(특히 지식인층)에 있었음은 부정할 수 없다. 그러나 이것은 역으로, 많은 '의경'이나 '위경'이 계속해서 창작된 것은 '진경眞經'의 전통적이고 보편적인 성격에서는 포괄할 수 없는 민중 신앙 상의 필요가 있었음을 입증하는 것일 것이다. 그 때문에 마키타가 지적하듯이 "시기에 상응하는 것을 주요 목적"으로 하는 의경은 "수용하는 사람들에게도" "어느 쪽인가 하면 지식 수준이 낮은 사람들"이라고 하는 "한정이 있고", "영구하게 그 생명을 유지할 필연성"도 "지속성"도 없는 것이 실태이다.[64] 그

63) 牧田 2014 (初版 1971), pp.15-16.

64) 牧田 2014, p.102. 덧붙여서, 牧田는 疑經을 1. 主權者의 뜻에 부응하고자 한 것, 2. 主權者의 施政을 비판한 것, 3. 中国伝統思想과의 조화나 우열을 고

렇다면 당나라 때 사람들에게 귀의 항복이나 재난의 제거에 대한 희망에 부응하였다고 생각되는 『지장대도심구책법』이 다행히 오늘날의 우리들도 읽을 수 있게 전해지고, 실제로 우리들이 읽고 연구하는 의의는 (역사적이고 서지적인 연구 이상으로) 어디에 있는 것일까?

여기에서 다시 지장보살에게 제압당한 악귀가 '도심'을 발하고 그것을 지장보살이나 행자가 '구책'한다고 하는 점에 한정해서 고찰해 보자.

이 귀는 '돌돌咄咄' 운운하는 것으로 지장보살에게 압박당하고 마침내는 두려움을 느껴서 항복하게 된다(彼鬼神生怖畏). 그렇다면 지장보살은 '무외인無畏印'을 지어서 귀를 기쁘게 하고, 귀는 "대사여, 나는 귀의 몸입니다. 다만 바라는 것은, 대사여, 나를 위하여 멸죄의 법을 설하여 이 악신에서 몸을 돌리게 해 주십시오(大士我是鬼身.… 唯願大士, 爲我說滅罪之法, 轉此惡身)"이라고 청하는 것이다.(T20, 653c) 보통이라면 여기에서 귀가 대승보살도에 들어서는 것으로 끝나는 것이겠지만, 그 뒤에 지장보살(또는 행자)에 의하여 이렇게 개심한 귀들을 사촉使促하는 행법이 누누이 설해지게 된다. 여기에서 귀들은 초발심初發心 보살로서 변함없이 천계의 수직적인 위계에서 하위의 존재로서 사역되는 귀신이라고 하는, 이중의 정체성이라는 곤경에 처하게 될 법하다. 그런데 이 경전에서는 교묘하게 지장보살의 행법을 실천하는 행자에게 다음과 같이 제시한다.

려한 것, 4. 특정한 교의나 신앙을 고취한 것, 5. 현존하는 특정 개인의 이름을 기린 것, 6. 병을 치료하고 복을 맞이하기 위한, 단순한 미신과 유사한 것으로 분류하고 있다(同, p.51). 『地藏大道心驅策經』은 3(道教的 鬼神觀과의 조화), 4(地藏信仰), 6(除災招福)의 측면을 아울러 지닌다고 말할 수 있다.

수행자는 그때 순간적으로 (귀들에게) 말하여 이른다. "그대들 온갖 귀들이여, 두려워할 것 없다. 나는 그대들과 더불어, 항상 선한 벗이 되어 중생을 구제하고, 일체중생의 마음이 바라는 것에 따라서, 나는 평등하게 그대들과 더불어 베풀고자 하는 것이 아닌가?" 또한 이렇게도 말한다. "만약 종종이 지혜나 종종의 법술을 구하는 중생이 있다면, 나는 평등하게 그대들과 더불어, 가서 그 사람에게 가르쳐 주겠다. 그가 바라고 구하는 것에 따라서, 모두 충족시켜 주겠다는 것이 아닌가? 만약 종종의 괴로움이나 재액을 몸에 받고 있는 중생이 있으면, (또는) 만약 왕이나 관리에 의하여 형벌로 그 몸이 살육될 것 같은 중생이 있다면, (또는) 만약 물이나 불의 재해를 만나고 있는 중생이 있다면, (또는) 악한 금수나 독룡이나 원적이나 절도범이 있는 등, 이와 같은 일이 있다면, 나는 틀림없이 그대들과 더불어 가서 (그 사람들을) 구하고, 해탈을 얻게 하지 않겠는가? (중생이) 사용하고 싶어하는 것 같은 것이 있다면, 기쁘게 베풀어서 안락을 얻게 하지 않겠는가?"

行人須臾即語云. "汝等諸鬼愼勿怖. 我共汝,[65] 常爲善友救衆生, 隨一切衆生心之所樂, 我等共汝施與". 復言. "若有衆生求種種智種種法術, 我等共汝, 往彼教授. 隨意諮問, 悉令充足. 若有衆生受種種苦厄身, 若有衆生被王官刑戮其身, 若有衆生被水火所災, 成有惡禽獸毒龍怨賊竊盜, 如是等事, 我當共汝, 往救令得解脫, 所須之物隨喜施與, 令得安樂." (T20, 653c-654a)

지장보살은 개심한 귀에게 함께 중생 제도를 하자고 권유하고 있다.

65) 大正大藏經에는 "汝一"이라는 문구가 있고, "一汝"인지에 관한 주석이 있지만("汝와 一이 되어"라고도 읽을 것인가), 여기는 誤写로서 삭제하는 것이 문의가 통하기 쉬울 것이다.

Zhiru Ng는 이 경전이 여기에서 항복한 귀를 교묘하게 지장과 마찬가지로 구제자의 신격 속으로 끌어들이고 있다고 해석한다.[66] 그러나 여기에서는 오히려 이러한 중생 구제 행위가 보살의 자리이타행에서 (자리적인) 이타행이라고 해석하고자 한다. 그것은 첫째로 이 귀가 '도심'을 발한 이른바 초발심의 보살이기 때문이고 (따라서 초월적인 구제자의 신전에 진좌鎭座하는 입장은 아니다), 둘째로 『십륜경』 『대집경수미장분』은 물론이고, 『지장보살본원경』이나 『점찰경』 등 중국 찬술의 (또는 그럴 가능성이 높은) 지장 경전에서도 지장보살이 일관되게 계속해서 스스로 보리를 목표로 하는 자리이타의 보살이기 때문이다.[67] 지장이라고 하면 스스로의 성불을 미루어 두고 영원히 중생 제도를 계속하는 초월적인 '일천제보살一闡提菩薩'의 이미지가 강하다. 그러나 필자는 지금까지 한 수행자로서의, 그리고 이러한 의미에서 대승보살도를 걷는 수행자의 롤 모델로서의 지장보살이라는 측면이 지장경전에 보이는 것에 주목해 왔다.[68] 그리고 위에 기술된 약간의 부분에서도 보이지만, 이 『지장대도심구책법』에도 수행자(이 경우는 경전의 등장인물로서는 귀)와 더불어 이타행을 격려하고, 초발심의 보살인 귀를 이끄는 롤 모델(또는 선지식)으로서의, 깊은 자비심을 지닌 지혜로운 존재로서 지장보살의 모습을 볼 수 있는 것은 아닐까?

---

66) Zhiru 2007, p.96. Zhiru Ng도 道教에서 天尊에 의한 鬼의 改心을 간단히 다루고 있는데, 鬼가 天尊의 經을 듣고 改心되어, 세상의 혼란을 다스리는 데 협력하게 된다(『神咒經』)는 사례는 神塚 淑子의 논고에 상세하다(神塚 1999, pp.221-234).

67) 地藏菩薩이 당초부터 自利利他의 行者인 菩薩로서의 성격을 일관되게 갖고 있음은 『地藏菩薩本願經』의 고찰에 기초하여 Zhiru Ng도 지적하고 있고 (Zhiru 2007, p.117), 필자도 전적으로 찬동한다.

68) Ito 2016A, 2016B, 2017 등을 참조.

초월적인 구제자나 비범한 구제력이 신빙성을 가지기 어렵게 됨과 동시에 지금 더욱 점이나 주문 같은 것에 대한 서민적인 희구가 강한 현대에, 이른바 '진경'이나 '위경'이 묘사해온 대승보살의 캐릭터로서 지장보살의 의의, 그리고 지장 경전을 읽는 의의는 어디에서 찾을 수 있을까? 이것을 생각할 경우 기존의 종교적인 틀의 유동성에 교묘하게 올라타서 자유자재로 변환하면서 중생의 필요에 부응하고, 스스로 그리고 일체중생을 위하여 대승보살로서의 자리이타행을 이끄는『지장대도심구책법地藏大道心驅策法』의 지장보살은 우리들이 스스로의 삶의 방식을 생각하는 경우에도 어떤 암시를 줄 수 있는 것은 아닐까?

(번역 : 류제동)

| 약호 및 참고문헌 |

약호

T： 大正新脩大蔵經(大蔵出版)

X： 新纂大日本続蔵經(国書刊行会)

DZ： 正統道蔵(芸文印書館 涵芬楼版)

또한 위의 문헌들에서는 간행본과 아울러서 아래의 전자판을 함께 참조 및 이용하였다.

SAT大正新脩大蔵經データベース(http://21dzk.l.u-tokyo.ac.jp/SAT/index.html), SAT大蔵經

テキストデータベース研究会

CBETA電子佛典集成 卍続蔵(http://tripitaka.cbeta.org/X),CBETA 中華電子佛典協会

Chinese Text Project (中国哲学書電子化計画)(https://ctext.org), Dr. Donald Sturgeon

2차 자료

Assandri, Friederike. 2013. "Examples of Buddhist Taoist interaction," *The electronic Journal of East and Central Asian Religions* 1, Asian Studies at the University of Edinburgh. http:// journals.ed.ac.uk/ejecar/article/view/726 (accessed March 20, 2019)

Bokenkamp, Stephen R. 2007. *Ancestors and Anxiety*. University of California Press.

Brashier, K. E. 1996. "Han Thanatology and the Division of Souls," Early *China* 21, Society for the Study of Early China. https://www.jstor.org/stable/23351733 (accessed May 5, 2019)

Ito, Makoto. 2016A. "The Role of Dizang Bodhisattva in the *Zhancha jing*." 印度学佛教学研究 64(3).

Ito, Makoto. 2016B. "Sentient Beings and Their Salvation in the *Dizang pusa benyuan jing*." 佛教学会紀要21(佛教大学佛教学会).

__________. 2017. "The Saving Role of Jizō Bodhisattva in Two Jizō Sutras." *The Japan Mission Journal* 71(3).

Maspero, Henri. 1937. "Les dieux taoïstes: Comment on communique avec eux," in *Le Taoïsme Essais*, e-book edition, Collection 《Les auteur(e)s classiques》, Université du Québec à Chicoutimi. http://dx.doi.org/doi:10.1522/cla.mah.tao (accessed May 7, 2019). (川勝義雄訳『道教』, 平凡社, 2000年).

Mollier, Christine. 2008. *Buddhism and Taoism Face to Face*. University of Hawaii Press.

Poo, Mu-chou. 1997. "The Completion of an Ideal World: The Human Ghost in Medieval China." *Asia Major* Third Series 10(1/2), Institute of History and Philosophy, Academia Sinica. http://www2.ihp.sinica.edu.tw/file/1532qZpAEav.pdf (accessed March 20, 2019)

Schopen, Gregory. 2005. "The *Bodhigarhalaṅkāralakṣa* and *Vimaloṣṇīṣa Dhāranīs* in Indian Inscriptions." *Figments and Fragments of Mahayana Buddhism in India*. University of Hawaii Press.

Sharf, Robert H. 2002. *Coming to Terms with Chinese Buddhism*.

University of Hawaii Press.

Wang-Toutain, Françoise. 1998. *Le Bodhisattva Kṣitigarbha en Chine du Ve au XIIIe Siècle. Paris*: Presses de l' École Française d' Extrême-Orient.

Zhiru. 2007. *The Making of Savior Bodhisattva*. Kuroda Institute Studies in Asian Buddhism 21, University of Hawaii Press.

伊藤真, 2014.「法蔵『華嚴經伝記』の俗人たち」,『佛教学会紀要』19.

______, 2018.「李通玄における『華嚴經』の善知識・安住地神の理解」,『佛教学会紀要』23.

______, 2019.「『華嚴經』と『占察經』における十善十不善業道の比較考察」,『第八届華嚴専宗国際学術研討会論文集』(2019 年秋, 刊行予定).

長部和雄, 1975.「則天武后時代の密教」,『密教文化』111.

神塚敏子, 2000.「則天武后期の道教」, 吉川忠夫編,『唐代の宗教』所収, 朋友書店.

関悠倫, 2018.「『釈摩訶衍論』の成立事情」,『密教学研究』50.

西義雄, 1966.「地蔵菩薩の源流思想の研究」,『印度学佛教学論集・金倉博士古稀記念』所収, 平楽寺書店.

真鍋廣済, 1937.「地蔵菩菩薩俗談」,『密教研究』61.

三田村圭子, 1998.「科儀書に見える手訣の変容」, 東方宗教192.

矢吹慶輝, 1936.『国訳一切經・印度撰述部・大集部五』「解題」, 大東出版.

浅野春二, 2003.『シリーズ道教の世界4　飛翔天界』, 春秋社.

大村西崖, 1972(初版1918).『密教發達志』, 国書刊行会.

神塚敏子, 1999.『六朝道教思想の研究』, 創文社.

菊地章太, 2009.『神咒經研究』, 研文出版.

蔵中進, 1995.『則天文字の研究』, 翰林書房.

小林正美, 1998.『中国の道教』, 中国学芸叢書, 創文社.

坂出祥伸, 2005.『道教とは何か』, 中公叢書, 中央公論新社.

蕭登福, 2006.『道教地獄教主 太一救苦天尊』, 新文豊出版.

塚本善隆, 1969 (初版1942).『支那佛教史研究』, 清水弘文堂書房.

常盤大定, 1943.『支那佛教の研究 第三』, 春秋社.

速水侑, 1975.『地蔵信仰』, 塙書房.

牧田諦亮, 2014(初版1971).『疑經研究』(『牧田諦亮著作集 第一巻』所収), 臨川書店.

真鍋廣済, 1960.『地蔵菩薩の研究』, 三密堂書店.

道端良秀, 1979.『中国佛教思想史の研究』, 平楽寺書店.

矢吹慶輝. 1927.『三階教之研究』, 岩波書店.

尹富. 2009.『中國地藏信仰研究』, 四川出版集團.

山田利明. 2002.『シリーズ道教の世界2 道法変遷』, 春秋社.

横手裕. 2015.『宗教の世界史6 道教の歴史』, 山川出版社.

『불설주매경佛說呪魅經』 약론

장윈쟝(張云江)

Ⅰ.

『불설주매경』에 관한 현대적 학술연구로는 돈황연구원 편집부 왕우규王友奎의 『돈황사본 「주매경」 연구(敦煌寫本「呪魅經」硏究)』가 있다. 저자는 해당 경전의 주요 내용은 "부처께서 중생에게 주문을 통한 귀신 퇴치법을 강술하고 있다"라고 하였다. 본 논문은 6종의 돈황 전본傳本 체계 문본의 차이에 대해 비교를 진행하는 한편, 문본의 형성과 전파 과정에서 중국 본토문화, 불교의 다라니경주陀羅尼經呪 및 『불설불명경佛說佛名經』 등의 영향을 받은 상황을 분석하였다.[1)]

해당 '경전'의 전파 상황에 대해 왕우규는 다음과 같이 주장하고 있다.

1) 王友奎 :「敦煌写本〈咒魅经〉研究」,『敦煌研究』 2012年 第2期.

> 『주매경』은 수나라 개황 13년(593) 이전에 이미 출현하였고 전파되었는데, 법경의 『중경목록』에는 '『주매경』 일권'이라는 기록이 있다…. 이를 위망僞妄류로 분류하였다. 이후 수나라 인수 연간 언종의 『중경목록』, 당 용삭 3년(663) 정태의 『중경목록』, 당 인덕 원년(664) 도선의 『대당내전록』에는 모두 해당 경전이 수록되어 있으며 이를 의위경으로 판정하였다.[2)]

여기서 보충해야 할 부분은 『대주간정중경목록大周刊定衆經目錄』 권15 '위경목록'(228부 419권)[3)]에서도 『주매경』을 '위경'에 올렸다는 점이다.

수나라 법경法經 등이 『중경목록』을 편찬하며 『주매경』을 '의위경'으로 판정한 이유로 "시작 부분에서는 금언金言을 훔쳐오고, 끝부분에 요참謠讖을 말하니, 세간의 술법을 논하다가 뒤에는 불법에 관한 말을 의탁한다. 음양길흉을 인용하거나, 신귀화복을 밝히니 이와 같은 제반 내용들은 모두 위망僞妄에서 비롯한 것이다."[4)] 『대주간정중경목록』에서는 "예로부터 전해져 내려온 것은 모두 거짓이고 틀린 것으로, 그 글과 말은 번잡하고, 뜻은 경박하니, 비록 불설의 이름을 빌렸지만 결국 사람이 꾸며냈다는 것이 드러난다."[5)] 여기에서 謨는

---

2) "『咒魅經』在隋代開皇十三年(593)以前已經出現並流傳, 法經『衆經目錄』著錄, 『咒媚經』一卷' …… 將其判爲僞妄一類. 之後的隋仁壽間彦琮『衆經目錄』, 唐龍朔三年(663)静泰『衆經目錄』, 唐麟德元年(664)道宣『大唐內典錄』等經錄均將此經判定爲疑僞經.

3) 『開元释教錄』, 『贞元新定释教目錄』 등 경전의 위경목록僞經目錄의 숫자 역시 이와 같다.

4) "首掠金言, 而末申謠讖, 或論世術, 後託法詞, 或引陰陽吉凶, 或明神鬼禍福, 諸如此比, 僞妄灼然."

5) "古來相傳, 皆雲僞謬, 觀其文言冗雜, 理義澆浮, 雖偷佛說之名, 終露人謨之狀."

謀로서, "꾸미다"라는 뜻이다.

II.

현재 우리가 볼 수 있는 『대정신수대장경大正新修大藏經』 중의 『불설주매경』 문본은 『돈황유서』S.418을 기반으로 S.2516을 참조하여 보충 수록하여 완성된 것이다.[6] 한 부의 불경은 '서분序分', '정종분正宗分', '유통분流通分'을 갖춰야 한다는 점에서 볼 때, 본 '경'의 순서는 다소 어지러운데 필자는 이것이 전파 과정에서 일어난 초사의 오류 혹은 의도적인 곡해에서 비롯된 것이라고 본다.[7]

현존하는 판본에는 주로 다음과 같은 두 가지 문제가 있다. 첫째는 본래 '서분'에 속해야 할 '대력보살大力菩薩의 청불설법請佛說法' 부분은 중간 부분에 매우 뜬금없이 나타난다는 것이며, 둘째는 오방제왕五方帝王을 청해 매인魅人을 먹게 하는 장면이 전후 맥락과 어울리지 않는다는 점이다.[8] 따라서 필자는 해당 '경'의 '본래 면모'는 다음

---

6) 王友奎 2012年 第2期, 「敦煌写本〈咒魅经〉研究」, 『敦煌研究』.

7) 왕우경은 총 10종의 『주매경』의 온전한 혹은 대부분 온전한 사본들은 내용상에서 큰 차이가 없고, 구조적으로도 기본적으로 동일하기 때문에 동일한 전본체계로 귀납할 수 있다고 보았다. 이 중 글자와 단어, 보살 명호名號가 상이한 부분이 많다는 것은 전사傳寫 과정 중에 상당한 자유도가 있었다고 이해할 수 있다.

8) 『돈황사본「주매경」연구(敦煌寫本「呪魅經」硏究)』에서는 '천진예술박물관 193-3 적초본翟抄本'을 예시로, 『주매경』의 내용을 다음과 같이 나누었다.
 a. 부처께서 사위국 묘룡궁에서 일체 중생을 위해 『주매경』를 설한다.
 b. 공왕불에 대해 말씀할 적에 급고독원의 늙은 암여우가 매고魅蠱를 만든 것을 강술하고, 그 갖가지 행적들을 말한 후, 오방제신을 청해 매인魅人을 잡아

과 같을 것이라고 추측한다.

그때 부처께서 사위국 묘룡궁 안에서 아래를 향해 살펴보니, 일체 중생의 죄악들이 다 말할 수 없을 정도로 많았다. 【(그때) 무리 속에 보살 한 분이 계셨는데, 이름은 대력大力이라 하였으니, 옷 매무새를 다듬고 부처께 예를 올리고 말씀을 올렸다. "세존이시여, 제자는 죄와 복을 이해하지 못하겠사오니 오늘날 세간의 중생들이 오역五逆을 저지르고 수도首道를 믿지 않으며, 서로 잡아먹듯이 하고 항시 사악한 생각을 가지고 있으니, 천당으로 환생하여 누리는 즐거움을 모르고, 지옥의 근심과 고통을 모르니, 서로 지지고 볶으며 괴롭히고, 선한 이들을 귀신과 독충으로 저주하니 오직 세존께 바라는 것은 제자에게 각기 나누어 풀이하고 말씀해주시어 도적道迹을 얻고 모든 것을 도탈度脫하게 해주시옵소서. 그때 부처께서 대락보살에게 "네가 지금 이해를 못하겠다고 하니 내가 너를 위해 각기 나누어 풀어 말해주겠으니, 너는 이제 잘 듣거라】 이제 너를 위해 과거와 미래의 일을 말해주겠다." (여기까지 '서분'에 속한다)[9]

먹게 한다.

c. 대력보살이 부처께 도탈度脫의 도를 묻는다.

d. 부처께서 주문의 첫 번째 부분을 수여하니, 거기에는 매공魅公과 매모魅母의 이름이 적혀 있으며, 불타佛陀, 용왕龍王, 아방阿傍을 청해 매인에게 주술을 거는 내용이다.

e. 부처께서 주문의 두 번째 부분을 수여하니, 보살, 오방제신을 통해 매인에게 주술을 걸고, 오방신수를 불러 매인을 잡아먹게 하고, 매인을 급히 타지로 쫓아낸다.

f. 『주매경』의 이익공덕을 수지受持하고 전독轉讀한다.

9) "爾時佛在舍衛國妙龍宮中向下玄看, 見一切衆生作罪不可論盡. 【(爾時)衆中有一菩薩, 名爲大力, 整衣爲佛作禮, 白佛言 : 世尊, 弟子不解罪福, 今見世間衆生, 多有五逆不信首道, 共相魚肉, 有常惡念, 不知生天堂受樂, 不知有地獄憂苦, 共相煎煮, 魅蠱良善, 唯愿世尊, 乃爲弟子分別解說, 令得道跡, 度脫一切. 爾時佛

내가 예전에 공왕불을 찾아가려 갔을 때 급고독원에 어떤 늙은 야생 암여우가 있었는데, 굴 앞에서 그 지화脂火를 불태우고 있었다. … 혹은 소, 양, 돼지, 개의 형태로 변했다.

나는 사천왕 등을 아래 세상에 보내 멈추지 않는 백악百惡을 치료하고, 급하게 천리 밖 먼 곳으로 보내 버려 악에서 벗어날 수 있을 것이다. 그 주문은 다음과 같다. "매공자 반영두, 매모자 반석노, 지금 네 성과 자를 알고, 성과 이름을 아니, 매고를 행한다면 도리어 그 재앙을 받을 것이니, 다른 이들에게 수작질을 하면 몸은 스스로 멸하고 없어질 것이다."[10)]

【매魅를 만드는 이는 생사에 길이 없고, 선량한 이를 강제로 죽이니, 이것이 생기면 수많은 재앙과 죄가 생기니, 만든 이가 스스로 감당해야 하며, 삼량육주三樑六柱는 본래 주인에게 돌아가고 수많은 죄와 재앙은 다시 스스로 멸망하니, 급히 3610리 저 멀리 가버리고 나서야 멈출 것이며, 여기서 오래 머무르지 말 것이다.】

내 지금 사천신왕을 모셔와 사람을 홀리는 이(魅人)의 이름을 적어, 내 지금 매인의 머리가 마치 아리수 나무와 같이 칠등분으로 부서질 것으로 저주하니, 지금 네 이름을 아니 급히 다른 곳으로 멈추지 말고 떠나거라. 지금 응당 남방불타를 모셔와 매인의 머리가 마치 아리수 나무와 같이 칠등분으로 부서질 것으로 저주하니, 지금 응당 사천용왕을 모셔와 매인의 머리가 마치 아리수 나무와 같이 칠등분으로 부서질 것으로 저주하니, … 지

告大力菩薩：汝今未解，吾爲汝等分別解說，汝今諦聽.】今爲汝說過去，未來之事.(此屬"序分")"

10) "吾見往昔空王佛時給孤獨園中有一老母野狐，穴前燒其脂火，…… 或作牛羊豬狗形. 吾遣四天王等令下世間，療治百惡不得停止，急去千里可得免脫. 咒曰：魅公字盤永都，魅母字盤石奴，今知汝姓字，知汝姓名，若作魅蠱者，返受其殃，汝教他作，身自滅亡."

금 응당 남방불타를 모셔와 매인의 머리가 마치 아리수 나무와 같이 일곱으로 나뉘어 부서질 것으로 저주한다.[11]

【지금 동방 청제신을 모셔와 매인의 배를 먹게 하고, 지금 서방 백제신을 모셔와 매인의 머리를 먹게 하고, 지금 남방 적제신을 모셔와 매인의 눈을 먹게 하고, 지금 북방 흑제신을 모셔와 매인의 발을 먹게 하고, 지금 중앙성제를 모셔와 매인의 손을 먹게 하노라.】[12]

지금 응당 동방 청세신을 모셔와 매인을 멈출 수 없도록 저주하며, 지금 응당 남방 적세신을 모셔와 매인을 멈출 수 없도록 저주하며, 지금 응당 북방 흑제신을 모셔와 매인을 멈출 수 없도록 저주하며, 지금 응당 일월오성이십팔수를 모셔와 매인을 멈출 수 없도록 저주하며, 급히 천리 밖으로 쫓아버리니, 동방 대수大狩로 하여금 매인의 몸을 먹게 하고, 남방 오공蜈蚣으로 하여금 매인의 눈을 먹게 하고, 서방의 백상白象으로 하여금 매인의 머리를 먹게 하고, 북방의 흑상黑象으로 매인의 심장을 쪼아 먹게 하고, 중앙의 황제黃帝의 신룡神龍으로 하여금 매인의 정신을 먹게 한다.

내가 보니 매인의 눈과 동공이 열리고, 미친 듯한 모습이 사람의 형상 같지 않으니 … 내가 지금 네 성과 이름을 아니, 급히 다른 곳으로 보내게 하는 것을 멈추지 못하니, 여기 앉아 있음 없어져 버리고, 서 있음 소멸되어

---

11) 【造魅之人, 生死無道, 強煞良善, 若敎作, 千殃萬罪, 造者自當, 三樑六柱, 還着本主, 萬罪央還自滅亡, 急去三千六百一十里止, 不得久停.】"吾今請四天神王來錄魅人名字, 吾今咒魅人頭破作七分如阿黎樹枝, 今當知汝姓名, 急去他方不得停止, 今當請南方佛陀來咒魅人頭破作七分如阿梨樹枝, 今當請四天龍王來咒魅人頭破作七分如阿梨樹枝,……今當請地動菩薩來咒魅人頭破作七分如阿梨樹枝."

12) 【今請東方青帝神王來食魅人腹, 今請西方白帝神王來食魅人頭, 今請南方赤帝神王來食魅人眼, 今請北方黑帝神王來食魅人腳, 今請中央皇帝 神王來食魅人手.】

버려, 머리는 아리수 가지처럼 칠등분될 것이니, 붉은 입과 붉은 혀가 생겨난다면 보살의 주문으로 없어지게 할 것이니, 급히 떠나 오래 머무르지 말거라. (여기는 '정종분'에 속한다)

그때 세존이 말씀하시길, "내가 지금 시방 중생들에게 고하노니 … 그때의 법회 때 일체 중생은 기쁘게 우러러보며 부처를 향해 예를 올리고 지념하고 봉행하였다." (여기는 '유통분'에 속한다)[13]

【 】안의 내용은 필자가 원전으로부터 다소 크게 위치 조정을 한 부분이다. 이와 같은 경문의 '정종분'을 통해서 볼 때, 해당 경전은 주로 다음과 같은 두 부분의 내용으로 구성되어 있음을 알 수 있다. 첫째는 부처가 매고魅蠱의 기원을 알려주는 것으로, 즉 예전에 공왕불에게 찾아갔을 때 급고독원에 '늙은 야생 암여우'가 있었는데, 야밤에 자신의 굴 앞에서 그 지화를 불태우며 일월오성 아래에서 매고를 만드는 모습을 보았다. 여우는 천신天神을 끌어오고, 백귀百鬼를 불러 매고를 만든 것이다. 둘째는 부처께서 주문을 외워 매고를 없애는 방

13) "今當請東方青帝神王來咒魅人不得停止, 今當請南方赤帝神王來咒魅人不得停止, 今當請西方白帝神王來咒魅人不得停止, 今當請北方黑帝神王來咒魅人不得停止, 今當呼日月五星二十八宿來攝魅人不得停止, 急去千里, 東方大狩來食魅人身, 南方蜈蚣來食魅人眼, 西方白象來食魅人頭, 北方黑象來啄魅人心藏, 中央黃帝神龍王來食魅人神.

吾見魅人眼目角張, 或作猖狂不似人形 …… 吾今知汝姓名, 不得停止急去他方, 若坐滅亡, 若立消滅, 頭破作七分如阿梨樹枝, 若生赤口赤舌, 菩薩咒令消滅, 急去不得久留.(此屬 "正宗分")

爾時世尊言 : 我今告十方衆生等 …… 爾時一會一切衆生聞經歡仰爲佛作禮持念奉行.(此屬 "流通分")"

주: 해당 '경' 문본의 면모에 대해선 본문 뒤에 부록으로 첨부한 국가도서관 돈황사경 사본을 참조할 수 있다.(該"經"文本面貌, 可参考文后附錄的國图敦煌寫經部分復印件.)

법을 알려주는 것으로, 여기서 말하고 주문은 대략 6, 7종이 있다.

III.

『불설주매경』에서 매고를 물리치는 주문들은 당시 사회에서 유행했던 각종 고정 형식일 가능성이 높다.

① "지금 응당 누구누구를 모셔와 매인의 머리가 마치 아리수 나무와 같이 칠등분으로 부서질 것으로 저주하니(今当请某某来咒魅人头破作七分如阿梨树枝)" 해당 경전에서는 이와 같은 주문을 가장 많이 사용하고 있으며, 대부분 『불설불명경』에 나타난 보살의 명호名號이다. 이와 같은 주문은 도나굴다闍那崛多의 『종종잡주경種種雜呪經』에는 "내 주문에 따르지 않고, 법사를 어지럽게 현혹한다면 머리는 마치 아리수나무 가지처럼 칠등분될 것이다"라고 『법화경法華經』「다라니품陀羅尼品」에는 "내 주문에 따르지 않고, 설법사를 어지럽게 현혹한다면, 머리는 마치 아리수나무 가지처럼 칠등분될 것이다"라고 소개되어 있다. 이와 같이 불교에서 비롯된 주문은 훗날 축유과祝由科에게 이르러 "36귀에게 침을 뱉고, 큰 귀신은 머리를 때려 마치 아리수나무 가지와 같이 칠등분으로 나누어 부숴버린다"(『천금익방千金翼方』)로 발전하였으며, 이는 또한 선문禪門의 숙어 중 하나이기도 하였다. 예를 들어 『고존숙어록古尊宿語錄』에서는 "이 두 노한의 잘못이 어디에 있는가 말해보라 하니 '머리는 깨져 칠등분이 되어 마치 아리수나무의 가지와 같습니다'라고 양 씨가 대답하였다"[14]라고 되어 있다.

② 매공 자 반영두, 매모 자 반석노, 지금 네 성과 자를 알고, 성과 이름을 아니, 매고를 행한다면 도리어 그 재앙을 받을 것이니, 다른 이들에게 수작질을 하면 몸은 스스로 멸하고 없어질 것이다. (魅公字盘永都, 魅母字盘石奴, 今知汝姓字, 知汝姓名, 若作魅蛊者, 返受其殃, 汝教他作, 身自灭亡)

BD780 사본에는 매공 가족 전체의 성명이 더욱 상세하게 나열되어 있다.

> 매공 자 반포노, 매모 자 귀곡거, 큰 아들 용중오, 작은 아들 노자은, 큰 딸 측자추, 작은 딸 귀미망, 내 지금 네 성과 이름을 알고 네 성과 자를 알게 되었으니, 오늘 갑경시부터 매고가 움직이지 못하고 내일 갑오시에 매고는 말을 못하게 될 것이다.[15]

이는 손사막孫思邈의 『천금익방千金翼方』 중 「주고독문呪蠱毒文」과 유사하다.

> 독부 용반추, 독모 용반지, 독손 무도, 독자 용반아, 만약 지네,거미, 말똥구리, 사마귀 같은 벌레라면 네 원래 있던 곳으로 돌아가고, 하완蝦掜, 뱀,

14) 闍那崛多 『種種雜咒經』: "若不順我咒, 惱亂法師者, 頭破作七分, 如阿梨樹枝." 『法華經 · 陀羅尼品』: "若不順我咒, 惱亂說法者, 頭破作七分, 如阿梨樹枝." 祝由科 『千金翼方』: "唾三十六鬼, 大鬼打頭, 破作七分, 如阿梨樹枝." 『古尊宿語錄』: "且道這二老漢過在什麼處?" 楊雲 : "頭破作七分. 如阿梨樹枝.

15) "魅公字盤布奴, 魅母字鬼谷居, 大兒字龍重吾, 小兒字路子恩, 大女字側子推, 小女字鬼魅方, 吾今知汝姓名, 得女姓字, 今日甲庚, 魅蠱不行, 明日甲午, 魅蠱不語."

도마뱀이라면 네 있던 곳간으로 돌아가라. 오늘 갑을시에 고독蠱毒은 나타나야 할 것이고, 갑인시에 고독은 능력이 없어지고, 병정시에 고독은 힘을 못쓸 것이며, 병오시에 본래 몸으로 돌아가니, 비록 죽지 않더라도 허리와 등이 굽을 것이다. 급급여율령.[16)]

일반적으로 손사막이 기록한 금주술禁呪術로 병을 치료하는 방법은 한나라 이래 전통 축유술祝由術의 영향을 받은 것이라고 여기고 있다. 따라서 이와 같은 주문 순서는 그 유래가 깊다고 할 수 있다.

③ 매를 만드는 이는 생사에 무도하고, 선량한 이를 강제로 죽이니, 이것이 생기면 수많은 재앙과 죄가 생기니, 만든 이가 스스로 감당해야 하며, 삼량육주는 본래 주인에게 돌아가고 수많은 죄와 재앙은 다시 스스로 멸망할 것이다. (造魅之人, 生死无道, 强煞良善, 若教作, 千殃万罪, 造者自当, 三梁六柱, 还着本主, 万罪央还自灭亡.)

이는 『축유십삼과祝由十三科』 속 '염고魘蠱를 통한 저주와 그 풀이법'에 실린 다음과 내용과 같다.

하늘에선 들보가 사라지고, 땅에선 기둥이 사라지니, 나를 염고하는 이는 그 원래 주인에게 돌아가라. 한 경이 지나면 염고는 움직이지 못하고, 한 오가 지나면 염고는 말을 하지 못하니, 높고 밝은 태산이 매들을 하나하나 모두 죽여나갈 것이니, 매옹은 죽고, 매모는 없어지며, 크고 작은 염고들

---

16) "毒父龍盤推, 毒母龍盤脂, 毒孫無度, 毒子龍盤牙, 若是蛆蛛蜣蜋, 還汝本鄉, 蝦捥蛇蜥, 還汝槽櫪, 今日甲乙, 蠱毒須出, 今日甲寅蠱毒不神, 今日丙丁, 蠱毒不行, 今日丙午, 還着本主, 雖然不死, 腰脊僂拒, 急急如律令."

은 모두 끓는 가마에 들어가게 될 것이다. 급급여율령.[17]

『태상원시천존설보월광홍후성모천존공작명왕경太上元始天尊说宝月光皇后圣母天尊孔雀明王經』에도 다음과 같은 기록이 있다.

큰 법은 당당하니, 하늘은 둥글고 땅은 모나다. 하늘에는 아홉 기둥이 있고, 땅은 아홉 들보가 있다. 저주를 거는 이는 그 재앙을 스스로 돌려받아라. 육주삼량의 염고는 모두 사라져라. 삼량육주는 모두 원래 주인에게 돌아가라. 육갑육을에 염고는 속히 나올 것이고, 육병육정에 염고는 움직이지 못할 것이며, 육술육기에 염고는 일어나지 못할 것이며, 육경육신에 염고는 남아있지 못하고, 육임육계에 염고는 스스로 죽을 것이다. 저주여 속히 풀리거라. 급급여율령![18]

④ 지금 동방 청제신을 모셔와 매인의 배를 먹게 하고, 지금 서방 백제신을 모셔와 매인의 머리를 먹게 하고, 지금 남방 적제신을 모셔와 매인의 눈을 먹게 하고, 지금 북방 흑제신을 모셔와 매인의 발을 먹게 하고, 지금 중앙성제를 모셔와 매인의 손을 먹게 하노라. (今请东方青帝神王来食魅人腹, 今请西方白帝神王来食魅人头, 今请南方赤帝神王来食魅人眼, 今请北方黑帝神王来食魅人脚, 今请中央皇帝神王来食魅人手)

17) "天無樑, 地無柱, 魘蠱我者, 還着本主, 一更魘蠱不能行, 一午魘蠱不能語, 太山昂昂逐殺魅光, 魅翁死, 魅母亡, 魘蠱大小, 驅將入鑊湯, 急急如律令."

18) "大法堂堂, 天圓地方. 天有九柱, 地有九樑. 厭咒之人, 自受其殃. 六柱三樑, 厭蠱消亡. 三樑六柱, 還其本主. 六甲六乙, 厭蠱速出. 六丙六丁, 厭蠱不行. 六戊六己, 厭蠱不起. 六庚六辛, 厭蠱不真. 六壬六癸, 厭蠱自死. 咒詛速解, 急急如律令!"

손사막孫思邈『천금익방千金翼方』의 내용은 다음과 같다.

> 동방 청제는 인귀를 염하고, 남방 적제는 인귀를 염하고, 서방 백제는 인귀를 염하고, 북방 흑제는 인귀를 염하고, 중앙 황제는 인귀를 염하라. 염공의 자는 아강이고, 염모의 자는 아방이니, 나를 염하여 저주하는 이는 본래 있던 곳으로 돌아가고, 염을 이칠 일 읽으면 귀신이 있던 곳에서 나오고, 염을 삼구 일 읽으면 염귀가 본래 주인에게 돌아가느니 만약 가지 않는다면 나는 다시 북두를 읽을 것이다. 급급여율령![19]

하지만 아래와 같은 주문 혹은 유사한 순서는 필자는 아직 검색해 내지 못했다.

> 동방 대수大狩로 하여금 매인의 몸을 먹게 하고, 남방 오공蜈蚣으로 하여금 매인의 눈을 먹게 하고, 서방의 백상白象으로 하여금 매인의 머리를 먹게 하고, 북방의 흑상黑象으로 매인의 심장을 쪼아 먹게 하고, 중앙의 황제黃帝의 신룡神龍으로 하여금 매인의 정신을 먹게 한다.[20]

전반적으로 『불설주매경』은 불설에 탁명하고 불교 문본형식으로 당시 유행했던 각종 매고를 물리치는 주술들을 한 곳에 수집, 편찬한

---

19) "東方青帝魘人鬼, 南方赤帝魘人鬼, 西方白帝魘人鬼, 北方黑帝魘人鬼, 中央黃帝魘人鬼, 魘公字阿強, 魘母字阿防, 有人魘我者, 還令着本鄉, 誦魘二七鬼走出, 誦魘三九魘鬼還向本主走, 若當不走, 吾語北斗, 急急如律令."

20) "東方大狩來食魅人身, 南方蜈蚣來食魅人眼, 西方白象來食魅人頭, 北方黑象來啄魅人心藏, 中央黃帝神龍王來食魅人神."

것이라고 할 수 있다.

IV.

『불설주매경』은 의심할 여지없는 한 부의 '위경'이다. 하지만 필자는 이와 같이 불교 전통 본위주의에서 출발한 정의는 다소 간단하고 소극적인 측면이 있다고 생각한다.

예를 들어 『불설주매경』과 같은 유형의 문본들은 비록 불설에 탁명하거나 불교 요소가 가득하지만 그 내용을 살펴보면 사실 불교에 속하지 않으며,[21] 국가종교(state religion)와 민중신앙(popular religion)을 포함한 실질적으로는 불교적 특징을 갖춘 중국 전통종교 범위에 속하는 중국 전통종교의 경전 문본이라고 할 수 있다. 그 창작자는 불문 승려 혹은 불교 신도인 일반 백성, 심지어 신귀神鬼에 씌인 자가 암송한 것일 수도 있다. 그 창작 동기는 불교 설교 형식과 부처, 보살의 신통력에서 나아가 당시 유행하는 도교 부적, 주술 요소를 통해 믿을 만한 문본형식을 구축하여 백성들이 사회생활 속에서 마주하는 갖가지 문제들을 해결하고자 하는 데에 있으며, 불교의 기본 교의사상, 수행관념과 방식, 윤리적 실천 등등을 선양하는 데에는 있지 않다

21) 왕원王文은 『주매경』이 형성되고 유포되는 과정에 도교道教가 지대한 영향을 끼쳤으며, 심지어 『주매경』에는 도교 용어들로 가득 차 있다고 할 수 있을 정도이며, 불교의 병甁에 도교의 술(酒)을 담은 것이라고 주장하고 있다. 그러나 결과적으로 본다면 이것은 여전히 하나의 불교 경전이며, 불교신앙이라는 환경 속에서 형성된 텍스트인 것이다.

고 볼 수 있다. 예를 들어 『불설주매경』이 강술하고 있는 내용은 곧 주문을 통해 매를 행하는 이들의 '법술'을 압제하는 방법을 알려주는 데에 있는, '불경'의 표상만 있으며 '불경'의 실질적 내용은 없는 경전이다. 이를 '위경'이라 부른다는 것은 비록 '위조'라는 인식이 있지만 여전히 해당 경전이 '불경'임을 인정한다는 혐의가 담겨있으니, 이는 그 실질과 부합하지 않을 뿐만 아니라 상호 모순되는 점이기도 하다.[22)]

필자는 중국 전통종교의 기본 이념과 신앙 구조는 대체적으로 '양으로 음을 제압하다以陽制陰'로 개괄할 수 있다고 본다. 즉 이는 신력神力(양)을 빌려 귀신과 도깨비(음) 등이 세상에서 일으키는 갖가지 해악과 재난을 없애 현실의 복을 보우하고자 하는 것이다. 반면 불교의 기본 이념과 신앙 구조는 대체적으로 '음을 빌려 양으로 들어간다借陰入陽'로 개괄할 수 있다. 즉 세간에서 갖가지 유위有爲의 수양, 행지行持(음)를 통해 속세 밖의 무위, 청정(양) 혹은 세상의 상승, 원만함(양)을 추구한다. 그렇다면 불교에서 말하는 소위 '의위경'의 내용으로부터 분석을 해보면 기본 이념과 신앙 구조가 '이양제음'에 속하는 것은 중국 전통종교 혹은 민중종교, 민간신앙의 범주로 구분하여 불교 특징을 지닌 민간(민중)신앙의 문본으로 정의할 수 있으며, 오직 '차음입양'이라는 범주에 부합하는 것만이 불교 문본의 범주에 들어갈 수 있는 것이다. 그러므로 진정한 불교 '의위경'은 부처, 보살의 말에 탁명하여 그 주지主旨는 불교의 기본 교의사상, 수행관념 및 방식, 윤리

22) 재밌는 비교로는 도장道藏에서 노자 혹은 태상노군에 탁명한 경문은 대부분 위조된 것인데도 도교에는 '의위경'이라는 개념이 없다는 점이 있다.

실천 등을 선양하는 데에 있는, 그 유래가 불분명하거나 정통사상에 대치되거나 편향적인 문본에 국한하여야 할 것이다.

민중신앙의 '이양제음'과 정통불교의 '차음입양'의 교집은 불교에서 말하는 '방편方便'에서 이루어진다.

주지하다시피, 초기불교는 주술 같은 것들을 엄격하게 금지하였다. 예를 들어 『장아함경長阿含經』 13에는 다음과 같이 말하고 있다.

> 도법을 행하고 가리며, 그릇된 방법으로 살아가려 하고, 사람에게 저주를 내리고 병을 걸리게 하여, 혹은 악한 술법을 걸고, 혹은 선한 주문을 외우거나, 혹은 의방, 침구, 약석으로 사람들의 병을 치료한다. 우리 법문에 들어오는 이들에겐 이러한 이들은 없다.[23)]

『사분률四分律』에는 "도법을 방해하고 그릇된 방법으로 살아가는(行妨道法邪命自活)" 계율에서 다음과 같이 말하고 있다.

> 귀신을 소환하거나 갖가지 염과 기도를 행한다. … 혹은 불로, 행위로 주술을 걸며 길함을 구하는데, 혹은 살리주를, 혹은 조주를, 혹은 지절주를, 혹은 안치사택부주를 외우며. 만약 불로 쥐가 갉아먹은 물건을 태우면 그 저주를 풀 수 있으며, 혹은 별사생서를, 혹은 별몽서를 외운다. 혹은 손과 어깨를 마주하고 천인문을 외우거나, 별조수음성서를 외우거나 … 이와 같은 그릇된 법술들을 없애고 끊어야 한다.[24)]

---

23) "行遮道法, 邪命自活, 爲人呪病, 或誦惡術, 或爲善咒, 或爲醫方, 鍼灸, 藥石, 療治衆病. 入我法者, 無如是事."

24) "召喚鬼神或復驅遣種種厭禱 …… 或咒火, 或咒行來令吉利, 或誦刹利咒, 或誦

대승경전 『출요경出曜經』 「무방일품無放逸品」에는 다음과 같이 말하고 있다.

> 만약 외도의 이단학문, 부서, 주술, 진압, 양일 구하기, 귀신 부리기, 환술 부리기 등을 배운다면, 이와 같은 부류의 것들은 모두 사악한 술법이니, 눈이 있는 이라면 배우면 안 된다.[25]

반면 『대방등대집경大方等大集經』에 이르러서는 다음과 같이 말하고 있다.

> 만약 중생이 중병에 걸리면, 사자가죽을 취해 주문을 통해 주술을 걸어 병자에게 준다. 만약 가죽이 없다면 살과 뼈가 있을 것이요, 만약 살과 뼈가 없으면, 분뇨를 취해 땅에 바를 것이요, 만약 분뇨가 없으면 주문을 통해 줄을 묶을 것이다. 혹은 부적을 적이 병자에게 주면 병은 즉시 없어지고 나을 것이다. 만약 나무에 꽃과 과일이 열리지 않으면 주문으로 비를 불러 관개하게 하니 꽃과 과일을 얻을 수 있다. 가뭄이 들 적에는 거북이 심장을 찾아 다섯 차례 반복하여 주문을 걸어 용천에 놔두면 큰 비가 내리게 된다. … 내가 이와 같은 무량방편으로 중생을 조복調伏하여 그들로 하여금 육바라밀을 수행하고 모으게 하여, 끝에는 아누다라 삼묘삼보리를 얻게 해

鳥呪, 或誦枝節呪, 或誦安置舍宅符呪, 若火燒鼠齧物能爲解呪, 或誦別死生書, 或誦別夢書. 或相手相肩, 或誦天人問, 或誦別鳥獸音聲書, …… 除斷如是邪命法.."

25) "若習外道異學, 符書, 呪術, 鎮壓, 求覓良日, 役使鬼神, 幻現奇術, 如此輩事皆爲邪術, 有目之士不當修習也."

준다.[26)]

『대보적경大寶積經』에도 다음과 같이 말하고 있다.

> 보살께선 삼천대천세계에 계시면 모르는 일이 하나도 없으시다. 예를 들면 게偈, 사변, 응변, 주술, 희소戲笑, 가무작락, 공교工巧를 모두 알고 계시다. 보살은 태어날 적부터 일체 선을 아셨으니, 그리하여 그 이름은 보살마하살께서 방편을 행한다고 하는 것이다.[27)]

하지만 불교에서 진정으로 방편을 행할 수 있는 이는 오지五地 및 그 이상의 보살밖에 없다고 여기고 있다. 『화엄경』에는 다음과 같이 말하고 있다.

> 보살마하살은 여기 제오난승지에 거처하신다. … 이는 중생에게 이로움을 주기 위함으로, 세간의 기예는 배우지 않아야 할 것이 없으니, 소위 문학, 산술, 도서, 인새印璽, 지수화풍 등등 제반 이론들을 모두 통달하고 계시다. 또한 방약方藥에 능하시어 모든 병을 치료하시니, 간질과 광증을 완전히 없애시고, 귀매고독鬼魅蠱毒들을 모두 제거하고 끊어버릴 수 있다. … 다만

---

26) "若有衆生遇大重病, 取師子皮, 以咒咒之, 持與病者. 如其無皮, 若肉若骨 ; 若無肉骨, 若取糞塗及屎處土 ; 若無糞土, 以咒結索. 或作符書以與病者, 病即除愈. 若樹無華果, 以咒雨水, 持以溉灌, 便得華果. 若亢旱時, 求覓龜心, 五返咒之, 置龍泉中, 則降大雨 …… 我以如是無量方便調伏衆生, 令得修集六波羅蜜, 乃至得阿耨多羅三藐三菩提."

27) "菩薩於三千大千世界中, 無有一事而不知者 : 若偈, 若辭辯, 若應辯, 若咒術, 若戲笑, 若歌舞作樂, 若工巧. 菩薩生時, 已一切善知, 是名菩薩摩訶薩行於方便."

> 중생들이 이를 배우며 머리를 상하지 않게 하시니, 그들에게 이로움을 주기 위함으로, 모두 열어 보여주시니, 그들이 점차 무상불법에 안주하게 해주기 위함이다.[28)]

이와 유사한 설법은 『인왕호국반야바라밀다仁王護國般若波羅蜜多經』에도 있다.

전반적으로 볼 때, 보살이 방편을 행할 때는 주술류의 방술方術을 학습하고 사용하는 것에서 넘어 나아가 전수를 할 수도 있는데, 그 목적은 '속세들의 생명들에게 도움을 주는 것(涉俗利生)'에 있어, 중생들로 하여금 '점차 무상불법에 안주'하거나 '무상보리에 안주'하도록 유도하는 데 있다. 이는 곧 그 목적은 속세를 벗어나게 하도록 있는 데에 있음을 의미하니 '차음입양借陰入陽'이지 '이양제음以陽制陰'이 아닌 것이다. 그러므로 부적과 주술에 대해 강설하고 있는 불교 경문일지라도 그 최종 목적을 통해서 살펴보면 불교적 특징을 가지고 있는 중국 전통 종교류 경전과 구분할 수 있게 된다.

불교의 이와 같은 '방편'은 국가종교 및 민중신앙을 포함한 중국 전통 종교로 하여금 '방편'이라는 문을 열어주게 하였으며, 후자는 이로 인해 불교 신앙체계에서 각종 요소, 예를 들면 불경 문본형식, 부처 보살의 명호名號, 불교에서 자주 보이는 술어術語, 숙어熟語에서 나아가 부처 보살의 소통 방식 등을 차용할 수 있는 충분한 이유가 생

---

28) "菩薩摩訶薩住此第五難勝地……, 爲利益衆生故, 世間技藝, 靡不該習, 所謂文字, 算數, 圖書, 印璽, 地水火風, 種種諸論, 鹹所通達. 又善方藥, 療治諸病, 顛狂幹消, 鬼魅蠱毒, 悉能除斷. …… 但於衆生, 不爲損惱, 爲利益故, 鹹悉開示, 漸令安住無上佛法."

기게 되어, 본래 가지고 있던 귀신을 쫓고 사악함을 피하는 방술方術들이 유효한 합법적 증거로 삼을 수 있게 되었다.

'불경의 중국화'라는 여정에 있어 중국 전통 종교의 불교 신앙 요소에 대한 이와 같은 창조적 흡수와 전환이 없었다면, 혹은 불교가 해당 영역에 대해 적극적인 삼투를 행하지 않았다면, 불교 자신의 순수한 의리義理와 관념, 수행방식으로는 중국 사회생활 속에 이와 같이 견고한 뿌리를 내리고 성공적인 발전을 이루게 되었을 것이라고 상상하긴 어려울 것이다.

또한 두 가지 인정해야 될 사실은 『불설주매경』류의 소위 불교 '의위경'과 그것이 구현하고 있는 신앙 관념은 중국 역사에서 항상 광범위한 신도들을 확보한 반면, 순수 불법을 믿고 이를 따라 수행하는 이들은 언제나 소수였다는 점이 첫째이며, 『불설주매경』과 그것이 구현하고 있는 신앙 관념, 실천방법 등은 중국 불교사원과 불교도의 실제 사회생활에도 무시할 수 없는 영향을 주었다는 점이 둘째이다.[29)]

이는 필자가 불교 전통 본위주의라는 관점에서 유사 문본을 '의위경'으로 정의하고 제한하는 것은 다소 간단하고 소극적이라고 판단하는 이유이기도 하다.

(번역 : 홍성초)

---

29) 불경 초사를 예로 들면, 절대 다수의 신도의 초경 목적은 부처와 보살의 신통력을 통해 재난을 해소하는 것을 기도하고 구하는 데에 있음을 알 수 있다. 예를 들어 적본翟本 『주매경』은 본래 적봉달翟奉達이 돌아가신 어머니 마씨를 위해 칠칠재에 추복追福하며 초사한 7종의 불경 중의 하나였던 것이다.

부록: 중국국가도서관 소장 돈황사본 부분 사본

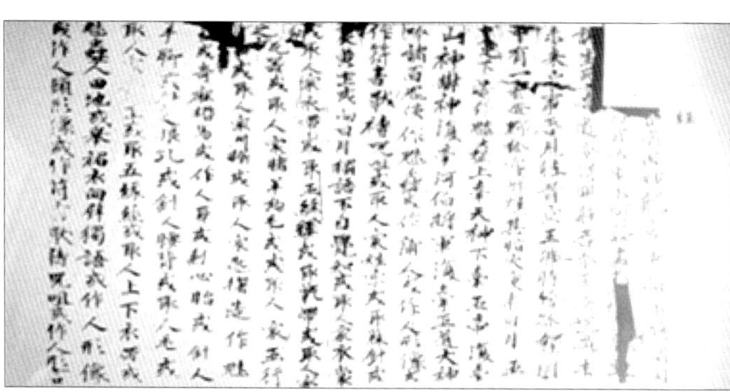

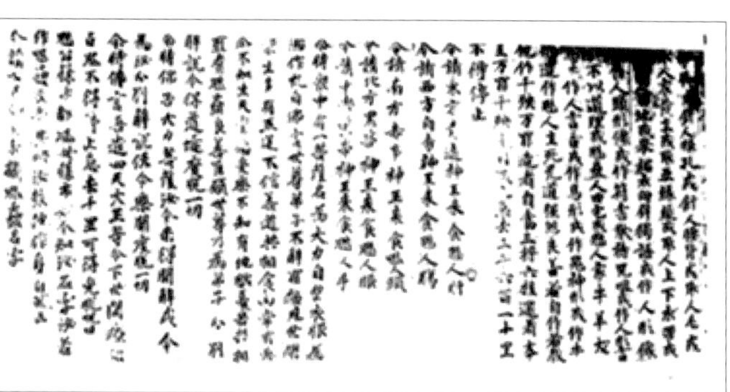

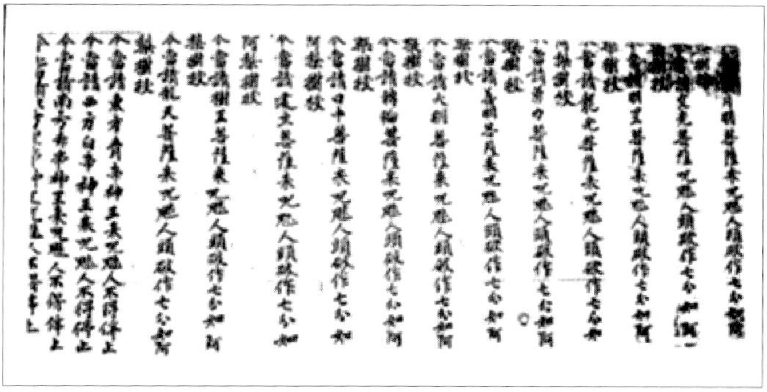

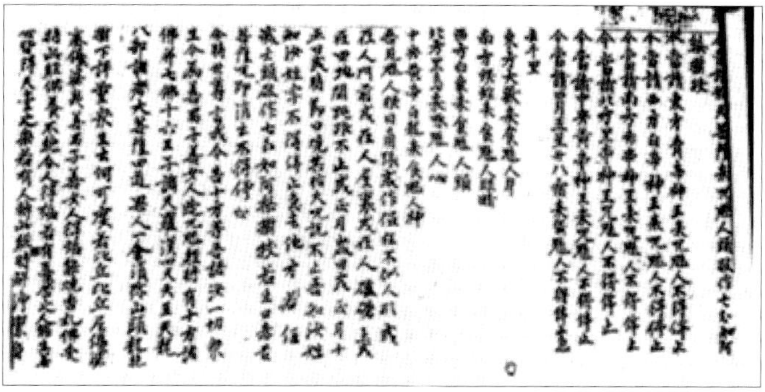

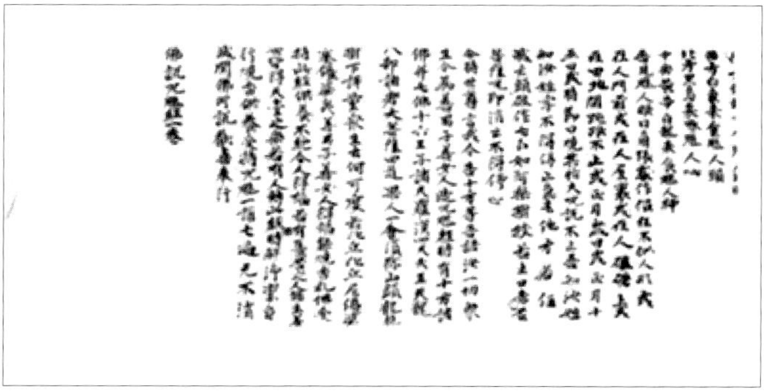

佛說呪魅經一卷

조선반도에서 위경『천지팔양신주경天地八陽神呪經』의 유통과 특징

사토아츠시(佐藤厚)

Ⅰ. 문제의 소재

1. 들어가며

'동아시아의 위경'이라는 학회 테마 아래, 필자는 조선반도의 위경을 다루려 한다. 조선반도에서 위경이라고 하는 경우 ① 조선반도에서 성립한 위경[1]이라는 의미와, ② 중국에서 성립한 위경이 조선반도에서 유통하였다는 두 가지 해석이 가능한데, 본 논문에서는 후자를 취급한다. 중국에서 성립된 위경이 조선반도에서 성행한 문헌으

---

1) 이 방면의 연구상황을 소개하면, 조선 불교의 대표적 위경인『금강삼매경金剛三昧經』,『현행서방경現行西方經』,『염불인유경念佛因由經』,『천수경千手經』을 취급한 연구로는 한보광(1996)이 있다. 이 가운데 고려시대의『현행서방경現行西方經』에 대해서는 남동신(2005), 야마나카 유키오山中行雄(2009)가 연구를 진행하고 있다. 조선시대의『신중경神衆經』 연구로는 남동신(1993)이,『상법멸의경像法滅義經』의 연구로는 남동신(2001)이 있다.

로는 『부모은중경父母恩重經』이 잘 알려져 있지만, 본고에서는 위경인 『천지팔양신주경天地八陽神呪經』(이하 본경本經)을 연구대상으로 삼는다.

본경은 현재 대정장경 85권 고일부古逸部 · 의사부疑似部에 수록되어 있으며 분량은 3쪽 정도로 길지 않다. 내용을 보면 사람이 집을 신축하거나 장례식과 결혼식 날짜를 정할 때에 민간에 전해지는 신이나 도교의 신을 두려워하거나, 혹은 점술 따위에 의지하지 않고 본경을 독송하면 행복을 얻을 수 있다는 것이다. 이처럼 본경은 고매한 불교사상을 설하는 것이 아니라, 현실 생활 속에서 장례나 결혼의 택일로 고민하거나 방위나 토지의 좋고 나쁨을 신경 쓰지 않으면서도 행복을 바라는 사람들의 요구에 응한 것이다. 이는 8세기경 중국에서 성립되었다고 알려져 있으며, 조선반도, 일본, 베트남에도 수용되었고, 나아가 티베트어, 터키어, 몽골어, 서하어西夏語로도 번역되는 등 동아시아에서 중앙아시아에 이르기까지 광범위한 지역으로 전파되었다.

이 중에서도 조선반도에서는 특히 중시되었다. 조선시대에는 다수의 간본, 사본이 제작되어 19세기에는 본경의 유일한 주석도 작성되었다. 또한 본경은 승려만이 아니라 무당이나 맹승盲僧 등에 의해서도 읽혔다. 그것을 상징하듯 한국어로는 "소경 팔양경 외듯"이라는 속담이 있다.[2] 이는 '의미도 모르면서 중얼중얼 말하고 있다'는 의미이다. 이 속담의 성립 시기는 알 수 없지만 본경의 유행을 말해 주는 증거이다. 더욱이 본경의 유행은 현재 한국에서도 계속되고 있다. 2000년 이후로 한정해도 독송이나 사경용 혹은 해설본이 6권 간

2) 원문은 "소경 팔양경 외듯"(출전은 Naver 국어사전).

행되었고, 승려의 독경 카세트 테이프와 CD도 8종류가 발매되어 있다. 또한 불교계 신문에 의하면 본경은 재가신자가 독송 혹은 공부하는 경전 제7위라고 한다.[3] 이러한 사실로 보았을 때 본경은 조선시대에서 현재에 이르기까지 한국불교의 신앙형태에서 하나의 축을 이루고 있으며, 따라서 그에 대한 해명은 한국불교 자체의 해명과 연결되는 중요한 작업이라고 할 수 있다.

이하에서는 본경의 연구사를 개관한 후, 본 논문의 문제의 소재로 나아가려 한다.

2. 위경『팔양경八陽經』연구사 개관

본경이 처음으로 학회에서 주목된 것은 1915년 하네다 토오루(羽田亨)의 연구에 의해서이다. 하네다는 한 위구르어 불전을 연구하던 중 그것이 본경의 번역이라는 점을 해명하였다. 그 후 1960년대부터 오다 주텐(小田壽典)이 터키어본『팔양경』의 연구를 개시하였다.[4] 1981년에는 니시오카 소슈(西岡祖秀)가 티베트어역 둔황 사본에 대해 보고하였다. 1997년에는 키무라 키요타카(木村清孝)가 한문 텍스트에 초점을 맞추어 둔황본과 속장본續藏本의 대조를 통해 본경의 성립과 변용에

---

3)『법보신문』2004년 8월 10일 전자판에 의하면, 재가신자가 독송 혹은 공부하고 있는 경전 베스트 10은 다음과 같다. 1위 천수경千手經, 2위 금강경金剛經, 3위 반야심경般若心經, 4위 법화경法華經, 5위 지장경地藏經, 6위 화엄경華嚴經, 7위 천지팔양경天地八陽經, 8위 관음경觀音經, 9위 아미타경阿弥陀經, 10위 그 외 경전.

4) 오다(小田)는 1966년에「위구르문자 터키어 천지팔양신주경에 대해ウイグル文トルコ語天地八陽神呪經について」를 발표하였다. 小田壽典(2010) 연구편, p.383.

대해 논했다. 2010년에는 오다 주텐이 『불설천지팔양신주경 1권 터키어역 연구(佛說天地八陽神呪經一巻 トルコ語訳の研究)』를 출간하였다.

중국에서의 유통에 대해서는 2008년에 겐 유키코(玄幸子)가 둔황 사본을 바탕으로 송대宋代 사회에서의 수용을 논하였다. 둔황 문헌을 중심으로 한 문헌연구는 장용후안(張涌泉), 루오무준(羅慕君 2014) 등 중국에서 연구가 진행되었으며, 2015년에는 루오무준이 「둔황 『팔양경』 한문사본고(敦煌『八陽經』漢文写本考)」를 발표하였다.

조선반도에서는 1931년에 타카하시 토오루(高橋亨)가 「조선분묘의 재궁과 천지팔양경(朝鮮墳墓の斎宮と天地八陽經)」이라는 논문을 발표하였다. 그후 60년 가까이 지난 1997년에 마스오 신이치로(増尾伸一郎)가 「조선본 『천지팔양신주경』과 그 유전(朝鮮本『天地八陽神呪經』とその流伝)」을 발표하였다. 또한 조선반도에서는 19세기에 승려 경화(敬華, 1786~1848)가 본경의 유일한 주석을 지었는데, 그에 대해서는 1977년에 권기종權奇悰이 「경화의 천지팔양신주경 주석고(敬華の天地八陽神呪經註釈考)」를 발표한 바 있다.

일본에서의 유통에 대해서는 1994년에 마스오 신이치로가 「일본 고대 『천지팔양신주경』의 수용(日本古代における『天地八陽神呪經』の受容)」이라는 제목의 논문을 발표하였다. 1995년에는 카시와다니 나오키(柏谷直樹)가 고잔지(高山寺) 호코다이(法鼓臺) 소장 『불설천지팔양신주경佛說天地八陽神咒經』에 대해 보고하고 있다.

간단하게 연구사를 살펴보았는데, 마지막으로 오다(小田 2015 : 68)가 제시한 '팔양경 텍스트의 전파 가설도'를 게재하며 본경의 확산을 보여주고자 한다.

팔양경 텍스트의 전파 가설도

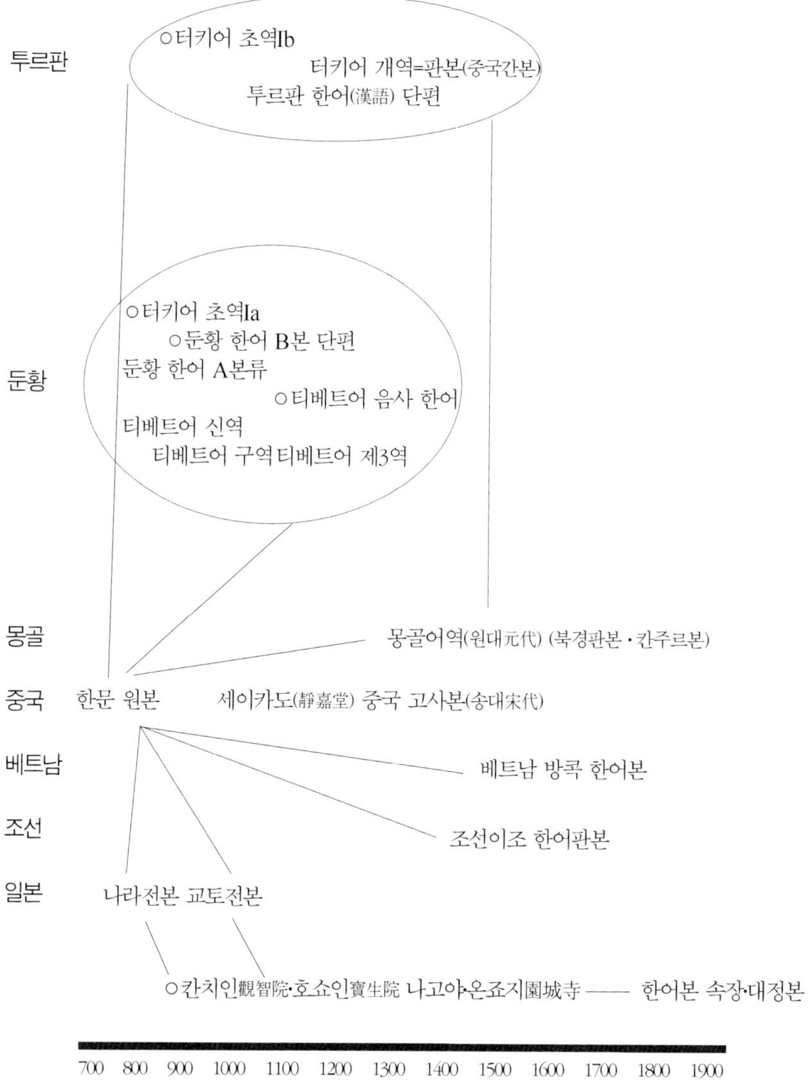

투르판
○터키어 초역Ib
터키어 개역=판본(중국간본)
투르판 한어(漢語) 단편
둔황
○터키어 초역Ia
○둔황 한어 B본 단편
둔황 한어 A본류
○티베트어 음사 한어
티베트어 신역
티베트어 구역티베트어 제3역
몽골
몽골어역(원대元代) (북경판본・칸주르본)
중국
한문 원본
세이카도(靜嘉堂) 중국 고사본(송대宋代)
베트남
베트남 방콕 한어본
조선
조선이조 한어판본
일본
나라전본 교토전본
○칸치인觀智院·호쇼인寶生院 나고야·온죠지園城寺 —— 한어본 속장·대정본
700 800 900 1000 1100 1200 1300 1400 1500 1600 1700 1800 1900

3. 문제의 소재

여기에서는 먼저 선행연구인 타카하시 토오루(高橋亨)와 마스오 신이치로(増尾伸一郎)의 연구를 소개한 후, 필자가 생각하는 문제의 소재를 밝히고자 한다.

타카하시 토오루의 연구(1931)는 1. 조선분묘의 재궁齋宮, 2. 천지팔양경 두 가지로 나누어진다. 후자에서는 먼저 조선시대의 사원에서 『팔양경』에 바탕을 둔 의식을 소개한다. 매년 구력旧暦 2월과 10월 중에 3일간 가람신伽藍神을 위해 대제재大祭斎를 설행하고, 신중단神衆壇의 신장神将 등에 공양을 행하는 전통이 있으며, 이를 설행하는 가운데 『팔양경』을 독송하고 있었는데, 1910년 한국이 일본에 병합되자 조선총독부가 금지하였다고 한다. 이어서 『팔양경』의 성립을 논한 후, 마지막으로 조선에서 본경이 유행한 이유로서 조선 사회에 큰 영향력을 지니는 풍수지리설이 주창하는 흉재凶災를 사원 세력이 불교의 수행법과 법력을 통해 제거하고 길상을 부르는 것이 가능하다고 강조해 온 점에 있다고 설한다.

마스오의 연구(1997)는 1. 조선본 『천지팔양신주경』의 제본諸本, 2. 조선본 『천지팔양신주경』의 간기刊記, 3. 『천지팔양신주경』의 수용상으로 구성되어 있다. 1은 조선시대의 간본에 관한 문헌론이다. 2에서는 각 간본에 기록된 간기를 분석하고, 조선본에는 부모의 공양과 일족의 번영, 혹은 왕조의 융성 등을 기원하는 예가 많다고 전하며, 조선본과 둔황 사본을 비교하여 수용 방식의 차이를 고찰하였다. 3은 전래 시기에 대하여, 이 경전을 포함하는 의위경집疑僞經集『육경합부六經合部』가 15세기부터 조판되어 간행되었다는 점에서 고려시대에는 상당히 유포되어 있었다고 추측한다. 이어서 조선의 사원에서의 유행에 대해 서술하는데, 이것은 앞의 타카하시의 이론에 따른 것이다.

마스오의 연구(1998)는 17세기에 활발하게 간행된 『불설광본태세경佛說廣本太歲經』을 다루면서, 도교, 불교, 무속의 교류를 탐구한다. 이 경전은 독송에 의해 일체의 기원이 성취되고, 여러 가지 재액을 회피하며 장수가 이루어지는 것을 설한다. 동시에 이 경전의 이름을 표제로 하는 위의경전류가 합철合綴되어 있는데, 이 가운데 본경도 포함되어 있다. 또한 이 경전의 간행과 수록경전을 정리하고 있다.

이들 성과에 기반하여, 본론에서는 본경의 간본에 초점을 맞추어 연구를 진행한다. 논술의 순서는 다음과 같다. 첫째로, 본경의 성립과 내용에 대해 개관한다. 둘째로, 마스오의 연구를 발전시킨 형태로 조선시대의 간본을 정리하고, 간행 연대, 형태(문자, 행 자수)의 변화 등을 통해 본경의 유통 변화를 해명한다. 셋째로, 조선간본에만 존재하는 서문과, 더욱이 그중 한 개의 간본에서만 나타나는 영험담靈驗譚『천지팔양경밀전天地八陽經密伝』을 해독하여 그 의미를 탐구한다.

본 연구에 의해, 본경의 유통사라는 면에서는 조선반도라는 지역적 특징을 지적하는 것이 가능하다. 또한 한국불교 연구라는 면에서는 조선시대 후기, 주로 17세기 이후의 불교 상황을 해명하는 단서가 될 것이다. 이 두 가지 측면에서 본 연구는 의의를 지닌다고 생각된다.

II. 위경『팔양경』의 성립과 개요

1. 위경『팔양경』의 성립

현재 대정장경 85권에 수록된 본경『천지팔양신주경天地八陽神呪經』(No.2897)의 성립 연구로는 키무라 키요타카(木村清孝)의 연구(1997)가 있다. 키무라는 먼저 일본에서의 사경 상황을 통해 본경의 성립을 720년부터 760년 사이로 추정한다.[5] 그리고 현재 본경의 성립에 대해 다음의 두 가지 단계가 있다고 전한다.

첫째로, 본경은 제목과 내용면이 유사하다는 점에서 축법호竺法護 역『팔양신주경八陽神呪經』(T14, No.428)을 표준으로 삼아 작성되었다.

둘째로 같은『천지팔양신주경』에서도 발전단계가 있다. 본경의 텍스트에는 돈황 사본이 다수 존재하는데, 그중에서도 펠리오본 2098이 원형으로 생각된다. 그에 대한 발전형이 대정장본의 바탕이 되었던 속장본이다. 양자를 비교하면, 후자는 전자보다도 내용이 증가되어 사상적으로도 차이를 보인다.

그 차이는 발전형 쪽이 정통적인 대승불교 경전으로서의 색이 농후하며, 체재를 정비하고 있다는 점에 있다.[6] 특히 그는『유마경維摩經』과의 관계를 지적한다. 그리고 '불교사상으로는 여래장계 · 중관계 · 유식계 · 밀교계를, 중국사상으로는 유교계 · 도교계 · 민속신앙계

5) 木村清孝(1997), p.474
6) 同前, p.482

를 정교하고도 균형감 있게 받아들여서 '신주神呪'로서 정리한 본경을 높이 평가하여 수용하면서도, 중국에서 가장 인기가 있는 경전 가운데 하나인 『유마경』의 구상과 사상이 채용되어 있지 않은 점에 불만을 지닌 일군의 '불교도들의 손'에 의해 작성되었다고 서술하고 있다.[7)]

2. 위경 『팔양경』의 개요

이어서 본경의 개요에 대해 서술하겠다. 이는 후에 서문을 검토할 때의 자료로 삼기 위해 분과分科하여 기록하고, 전체적으로 적용되는 번호를 붙였다. 이 분과는 필자가 판단한 대략적인 구분이다. 충실한 번역은 아니지만, 참고를 위해 대정장 85권의 쪽번호와 단을 괄호 안에 표시하였다.

1) 설법의 무대

1 (1422b) 이와 같이 들었다. 어느 때에 붓다께서 비야달마성毘耶達摩城의 요확택寥廓宅에 계시니, 사중四衆이 둘러싸고 있었다.

2 법회 자리에 계신 무애보살無礙菩薩이 질문한다. 중생 가운데에는 식자識者가 적고, 무식자無識者가 많으며, 염불자念佛者가 적고 불염불자不念佛者가 많으며, 또한 뛰어난 자가 적고 어리석은 자가 많습니다. 그리하여 갖가지 고통이 있는데, 그것은 사도邪倒의 견見을 믿고 있기 때문입니다. 붓다여, 중생을 위해 정견正見의 법을 설해 주십시오.

---

7) 同前, p.484

2) 인간이 가장 뛰어나다

3 (1422c) 붓다께서 설하셨다. 무애보살이여. 그대를 위해 천지팔양신주경을 설한다. 이것은 과거, 현재, 미래의 부처가 설하는 것이다. 하늘과 땅 사이에서 인간이 가장 뛰어나다. 사람이란 진실하며 바르다. 마음에 허망은 없고, 몸으로는 정진正真을 행한다. [사람이라고 하는 문자를 분해하면] 좌측의 'ノ'을 진실됨真으로 하고, 우측의 '㇏'을 바름正으로 한다.

3) 『팔양경』의 여러 가지 공덕

4 무애보살이여. 중생은 인간의 몸을 얻어서도 악업을 짓고 사후에는 갖가지 죄를 받는다. 그러나 만일 이 경전을 듣고, 믿어 받아들이며 거스르지 않는다면 고해苦海로부터 해탈하고, 선신善神의 가호를 받아, 수명이 연장되고 요절하는 일은 없다. 그것은 믿음의 힘이다. 그 외에 서사書写, 수지受持, 독송読誦하면 매우 효과가 있어 수명이 다한 후에 성불한다.

5 붓다께서 무애보살에게 이른다. 만일 중생이 사도의 견을 믿고 있으면 사마외도邪魔外道, 이매망량魑魅魍魎 등에게 괴롭힘을 당한다. 그에 반해 선지식을 지녀 이 경을 세 번 읽으면 악귀 등은 소멸한다. 만일 중생이 음욕 등이 많은 경우, 이 경을 세 번 읽으면 소멸한다.

6 만일 선남자, 선여인이 유위법을 홍하게 하려 하여 먼저 이 경을 세 번 읽고 집 등의 건물을 세우려 하면(1423a), 일유월살日遊月殺, 대장군大将軍, 태세太歳, 황번표미黄幡豹尾, 오토지신五土地神, 청룡백호주작현무青龍白虎朱雀玄武, 육갑금휘六甲禁諱, 십이제신十二諸神 등 [민간신앙과 도교에서의 신들]과 일체 귀신은 모두 숨어버려 대길리大吉利를 얻는다. 그 후에 집은 평안하고 무사하며, 부귀는 구하지 않아도 온다.

7 만일 종군하여도 벼슬을 얻어서도 흥하고, 좋은 일이 생기게 된다. 가문이 흥성하고 사람은 귀해지며, 자손이 번영한다.

8 만일 중생이 관리나 도적에게 붙잡혀서도, 이 경을 세 번 읽으면 해결된다. 그 외에 수지, 독송하거나 타인을 위해 서사書写하면 물이나 불에 들어가서도 빠지거나 타는 일이 없다.

9 만일 사람에게 망어妄語, 기어綺語, 악구悪口, 양설両舌 등의 문제가 있어도 수지, 독송하면 해결된다.

10 부모에게 죄가 있어 지옥에 떨어지도록 정해져도, 그 자식이 이 경을 일곱 번 읽으면 부모는 지옥을 벗어나 천상에 태어나며, 붓다를 뵙고 법을 들어 성불하게 된다.

11 붓다는 무애보살에게 이른다. 비바사불毘婆尸佛의 때에, 우바새優婆塞, 우바이優婆夷가 불법을 공경하고 숭앙하니, 『팔양경』을 서사하고 수지 독송하여 보리도를 이루고, 보광여래응정등각普光如来応正等覚이라 이름 붙이며, 겁劫을 대루大漏라고 하여, 나라를 무변無辺이라 하였다.

12 또한 무애보살이여. 『팔양경』은 염부제閻浮提에서 행해지며, 어디에나 팔보살八菩薩과 제범천왕諸梵天王이 있어(1423b), 이 경을 에워싸고 있다.

13 붓다는 무애보살에게 이른다. 선남자, 선여인이 중생을 위해 이 경을 강설하여 깊이 실상에 다다르면, 그 몸과 마음은 부처가 몸, 법이 마음이라는 점을 알게 된다. 눈은 무진無尽의 색을 보지만, 색色은 공空, 공은 색이다. 즉 안眼은 묘색신여래妙色身如来이다. 마찬가지로, 이耳는 묘음성여래妙音声如来, 비鼻는 향적여래香積如来, 설舌은 법희여래法喜如来, 신身은 지명여래智明如来, 의意는 법명여래法明如来이다.

14 선남자여, 이 육근이 현현하는 것을 봄에 있어 인간은 모두 덧없이

이것을 설한다. 만일 선한 말을 하면 선법善法이 언제나 올바로 움직여 성도聖道를 이룬다. 삿된 말이라면 거슬러 지옥에 떨어진다. 인간의 심신은 불법의 그릇, 12부의 대경권大經巻이니, 먼 옛날부터 읽어도 다함이 없는 여래장의 경이다. 다만 [그것은] 마음에 새겨 성性을 보는 자만이 아는 것이며, 성문声聞이나 범부凡夫가 아는 것이 아니다.

15 그때, 오백 명의 천자天子가 법안정法眼浄을 얻어 아뇩다라삼먁삼보리심阿耨多羅三藐三菩提心을 발하였다.

4) 빈장殯葬과 출산出産 등에 대하여

16 무애보살이 붓다께 묻는다. 사람의 생사에 있어서는 시간을 선택할 수 없습니다. 어찌하여 빈장의 때에는 날을 고르는 것입니까? (1423c) 그리고 그러한 것에도 관계없이 가난한 사람이 많은 것은 어째서입니까?

17 붓다께서 답한다. 천지天地는 광대하고도 맑고, 일월은 광명하고도 밝으며, 시년時年은 선미善美하여 다름이 없다. 선남자여, 인왕보살人王菩薩은 중생을 위해 인간의 주인이 되고, 속인을 위해 역曆을 만들어 배포하였다. 어리석은 사람은 문자를 신용하여 그 재난을 받는다. 또한 삿된 스승에 의해 삿된 신을 모시거나 아귀를 숭배하거나 한다. 그 사람은 사후에 고통을 겪는다.

18 선남자여. 아이를 낳을 때, 이 경전을 세 번 읊으면 간단하게 태어난다. 선남자여. 일일日日은 대호일大好日, 월월月月은 대호월大好月, 연년年年은 대호년大好年이다. 죽을 때, 이 경을 세 번 외우면 문제가 없고 복덕을 얻는다. 빈장의 날에 이 경을 일곱 번 외우면, 문제가 없고 복덕을 얻는다. 또한 빈장의 장소에 대해 동서남북 등의 방위는 관계없다. 이 경을 세 번

외우면 문제가 없고 복덕을 얻는다.

19 붓다가 앞의 내용을 게송으로 설한다. (1424a)

20 그때, 칠만칠천 명이 아뇩다라삼먁삼보리심을 발하였다.

5) 결혼에 대하여

21 무애보살이 붓다께 묻는다. 범부는 결혼할 때, 점술사에게 보여 결혼 날을 잡는 것을 정하는데, 결혼하여 부귀한 채로 늙는 사람은 적고, 가난하고 사별하는 사람이 많은 것은 어째서 입니까?

22 붓다가 답한다. 천지, 월일, 수화, 여남이 각각 음양을 구성하고, 그러한 천지의 기가 어울려 일체 만물이 생한다. 이것이 천의 상도常道, 자연의 이치, 세속제의 법이다. 어리석은 사람은 무지하기 때문에 삿된 스승을 믿고 점을 보지만, 선을 행하지 않고 악업을 짓는다. [그 때문에] 명이 다한 후에 사람의 몸을 얻는 자는 적고, 지옥, 아귀로 가는 사람은 너무도 많다. 또한 사람의 몸을 얻었다고 하여도 바르게 믿고 선을 닦는(正信修善) 자는 적고, 악업을 짓는 자는 너무도 많다. 혼인관계를 맺으려 할 때, [오행설의] 수화의 상극 등을 묻는 것을 하지 말라. 다만 녹명서祿命書만을 보고 복덕의 많고 적음을 알아라. 그리하여 불러 맞이하는 날에 이 경전을 세 번 외우는 예를 행하라. 이것에 의해 행복이 찾아온다.

6) 팔보살八菩薩의 서원

23 이때 팔보살이 있어, 붓다의 위신을 이어 대총지大總持를 얻고, 언제나 인간에게 머물러 화광동진和光同塵하며 파사입정破邪立正한다. 그것은 발타라보살누진화跋陀羅菩薩漏尽和 등(1424b)의 팔보살이다. 그리고 팔보살은

붓다에게 자신들이 붓다의 곁에서 얻은 다라니신주를 설하여, 『팔양경』을 독송하는 사람을 옹호할 것을 서원한다. 그리고 '아거니阿佉尼, 니거니尼佉尼, 아비라阿毘羅, 만례曼隸, 만다례曼多隸, 사바하娑婆訶'라는 다라니를 설한다. 그리고 독경법사讀經法師를 괴롭히는 사람이 있으면, 자신들은 이 신주를 설하여, 그 사람의 머리를 부순다고 하였다.

7) 팔양경으로 이름을 붙인 이유 등

24 무변신보살이 붓다께 팔양경이라 이름하는 이유를 묻는다.

25 붓다는, '팔'이란 분별, '양'이란 명해明解의 의미이다. 그것은 대승공무大乘空無의 이치를 '명해'하여 팔식인연공무소득八識因緣空無所得을 '분별'하는 것이다. 이어서 팔식을 설하면서 그것을 천天, 여래와 결합시킨다. 즉 양안兩眼-광명천光明天-일월광명세존日月光明世尊, 양이兩耳-성문천声聞天-무량성여래無量声如来, 양비兩鼻-불향천佛香天-향적여래香積如来(1424c), 구口-법미천法味天-법희여래法喜如来, 신身-노사나천盧舍那天-노사나불盧舍那佛, 노사나경상불盧舍那鏡像佛, 노사나광명불盧舍那光明佛, 의意-무분별천無分別天-부동여래不動如来, 대광명불大光明佛, 심心-법계천法界天-공왕여래空王如来이다. 그리고 제7식인 함장식含蔵識에서는 『아함경阿含經』과 『대반열반경大般涅槃經』이 나오며, 제8식인 아뢰야식에서는 『지도론智度論』과 『유가론瑜伽論』이 나온다. 그리고 불佛은 법法, 법은 불이며, 합하여 한 모양[一相]이 되고, 대통지승여래大通智勝如来를 나타낸다.

26 붓다가 이 경을 설하자, 대지는 여섯 가지로 진동하는 등, 일체의 죄인은 고통을 벗어나 모두 무상보리심無上菩提心을 발하였다.

27 그때, 팔만팔천의 보살은 일시에 성불하고, 공왕여래응정등각空王如

来応正等覚으로 이름 붙이고, 겁劫을 이고離苦라 하고, 국国을 무변이라 이름 붙였다. 일체 백성은(1425a) 보살의 육바라밀을 행하고 무소득의 법을 얻으며, 육만육천의 비구, 비구니, 우바새, 우바이는 대총지大総持를 얻어 불이법문不二法門에 들었다. 또한 무수한 천天, 용龍, 야차夜叉들은 법안정法眼浄을 얻어 보살도를 행하였다.

28 선남자여, 관리가 되어 등청하는 날, 혹은 새집에 입거하는 날에 이 경을 세 번 읽으면, 대길리大吉利로 선신善神은 가호하고, 수명은 길어진다.

29 선남자여, 만일 이 경을 한 번 읽으면 일체경을 한 번 읽는 것이 되며, 만일 한 권을 서사한다면 일체경을 서사한 것이 된다. 그 공덕은 헤아릴 수 없다.

8) 『팔양경』을 비방하면 어떻게 되는가

30 무변신보살이여, 이 경전을 비방하고, 불설이 아니라고 말하는 사람이 있으면 그 사람은 현세에 나병(백나병白癩病)에 걸리며, 악성 종기와 피고름이 몸에 퍼지고, 비린내가 나서 다른 사람에게 혐오를 받는다. 사후에는 아비무간지옥阿鼻無間地獄에 떨어져 무시무시한 고통을 받는다.

31 붓다께서 죄인을 위해 게송을 설한다. 몸이나 오체五体는 자연의 존재이다. 그들은 자연에서 성장하고, 나이 들며, 죽어 간다. 장단長短을 구하려 해도 할 수 없다. 고락苦楽은 당신 자신이 떠맡은 것이며, 사정邪正은 당신에 의한 것이다. 유위의 공功을 구하려 한다면 경전을 읽으라, 스승에게는 묻지 말지어다.

32 붓다께서 이 경전을 설하시기를 마치니, 일체 중생은 미증유未曾有를 얻었다.

33 (1425a) 보살성중菩薩聖衆, 천신지기天神地祇는 모두 환희봉행하였다.

3. 사상

본경의 사상에 대해서는 키무라(1997), 오다(2010)의 연구가 있으며, 여기에서는 그들을 참고로 하면서 필자 나름대로 그것을 두 가지로 정리한다.

첫째로, 본경의 독송 등에 의해 생기는 힘의 강조이다. 그 경우는 ① 인간을 괴롭히는 상황(개요 8 · 관리나 도적에 의한 포박, 불과 물에 의한 피해, 개요 10 · 사후 부모의 타지옥墮地獄)으로부터의 탈각, ② 음욕이나 구업 등 인간 자신이 끌어안은 문제의 개선(개요 4 · 조업조악造業造惡, 개요 5 · 음욕, 개요 9 · 구업), ③ 인간에게 해를 끼칠지도 모르는 존재의 대치対治(개요 5 · 사마외도邪魔外道, 이매망량魑魅魍魎 등, 개요6 · 일유월살日遊月殺 등), ④ 결혼(개요 21-22), 출산, 장례(개요 16부터 18), 첫 등청(初登庁), 새로운 주거로 입거入居 (개요 28)와 같이 인생의 고비에서의 행복으로 나누어진다.

이 가운데 ①에 대해서는 『관음경觀音經』과 같은 취지인 것이 많으며, 본경이 대승경전 속 중생구제의 흐름을 이어받았다는 점을 알 수 있다.

이 경전이 독자성을 지니는 것은 ③, ④이다. ③에서는 서민이 두려워하는 악귀나 민간신앙과 도교에서의 신들을 대상으로 하여, 그보다도 본경의 힘이 강하다는 것을 설한다.

④는 점술이나 풍수지리설 등 토속적 주술에 대한 비판을 행한다.

그 전제가 되는 것이 자연의 섭리와의 대비이다. 이것을 빈장殯葬에 관한 기술을 통해 확인해 보겠다.

먼저 무애보살이 인간이 빈장을 위해 날을 택하는데도 어째서 복을 가져오지 않고 빈곤한 사람이 많은지를 질문한다. 그에 대해 붓다는 먼저 천지는 광대, 일월은 광명, 시년時年은 선미善美라고 하며, 이른바 자연의 섭리를 설한다. 그리하여 '시時', 즉 인간이 사용하는 역曆이란 보살이 인간들의 생활을 위해 만든 것이다. 그러나 인간은 문자에 집착하여, 더욱이 그것에 기반하는 점술사를 구해 아귀를 믿고, 그 때문에 사후에 고통을 맛보는 것이라고 설한다. 이처럼 자연의 섭리와 인간의 점술을 대비하면서 점술을 부정하는 것이다. 그리하여 본경을 읊으면 그 문제는 해결된다고 한다. 이에 대해 키무라 키요타카(1997:480)는 '유불도 3교의 본래적 일체성을 확신하며, 현실 세계의 있는 그대로를 그대로 긍정하고 있다'고 지적하면서, '본경의 작자들은 마치 장자莊子처럼 '사생死生은 명命이다'라고 달관하고, 중국불교를 특징짓는 현실 긍정과 3교 조화론의 큰 흐름 속에 몸을 맡기면서 여기에 불교의 업사상을 결부시킨다. 이후 선사상에서 솔직하고도 명확하게 도출되는 '"일일호일日日好日, 월월호월月月好月, 연년호년年年好年"의 인생을 희구하고 있는 것으로 생각된다'고 기술하고 있다.

둘째로, 인간지상관人間至上觀과 특이한 불교사상이다. 인간지상관이란 최초 부처의 설시로서 '천지간에 인간이 가장 뛰어나다'(개요 3)라고 설하며, 존재물 가운데에 인간의 우월성을 설하고 있다. 이에 대해 키무라는 그 인간지상주의 사상이 『원인原人』을 저술한 한유韓愈나, 『원인론原人論』을 저술한 종밀宗密보다도 앞서 나타난 것은 중

요하다고 지적한다.[8)]

이어서 이와 관련되었다고 생각되는 것이 인체와 부처를 결합시키는 불교사상이다. 개요 13에서는 사람의 신심身心은, 부처가 몸, 마음이 법이라고 하여 부처와의 본래적 일체성을 설한다. 그 예로써 눈을 묘색신여래妙色身如来로 여기는 등 5근과 여래의 일치를 설한다. 개요14에서는 사람의 신심은 불법의 그릇이며, 12부의 대경권大經巻이라고 기술한다. 또한 후반의 개요25에서는 8식설八識說을 설하면서, 6식六識까지는 앞과는 다른 형태로 인체는 하늘이나 여래와 결합된다. 그리고 제7식부터는 『아함경』과 『열반경』이 나오고, 제8식부터는 『지도론』과 『유가론』이 나온다. 이러한 본경의 불교사상에 대해서는 본경의 유통이나 연구 속에서 거의 문제가 되지 않지만, 필자는 이후 이에 대해 주목해야 한다고 생각한다.[9)]

본경의 불교사상의 배경에 대해 오다 주텐(2010)은 본경의 어구 속에서 참고가 될 법한 경전을 조사하고 있다.[10)] 여기에서 경전명만을 발췌하면, 『묘법연화경妙法蓮華經』『관음경觀音經』『정법화경正法華經』『반야심경般若心經』『관정경灌頂經』『불설불명경佛說佛名經』『다라니잡집陀羅尼雜集』『불설주토경佛說呪土經』『불설안택신주경佛說安宅神呪經』『현재현겁천불명경現在賢劫千佛名經』『유마힐소설경維摩詰所説經』『대반열반경大般涅槃經』『불설칭양제불공덕경佛說称揚諸佛功德經』『오천오

8) 同前, pp.480-481

9) 5근과 여래를 대응시키는 설은 현재 청정程正이 북종선北宗禪과의 관계를 연구하고 있는 『금사론金沙論』이라는 문헌에도 등장한다. 우연의 일치인지는 모르겠지만 주의를 기울여 두고 싶다.

10) 小田壽典(2010) 연구편 「제4절 불교어와 터키어 주석(第四節 佛教語とトルコ語の註)」, pp.214-230

백불명신주제장멸죄경五千五百佛名神呪除障滅罪經』『불설관불삼매해경佛說觀佛三昧海經』이다.

III. 조선에서의 유통

1. 제 텍스트 가운데 조선본의 자리매김

먼저 오다(2010:46-47)의 연구에서, 제 텍스트 가운데 조선본의 위치를 소개한다. 여기에서 오다가 말하는 조선본이란 후술하는 간본 가운데 1807년 간행된 웅진사본熊津寺本이다.

오다는 12종의 텍스트(1 일본고사본, 2 둔황B본, 3 티베트어 음사본, 4 터키어역본, 5 티베트구본, 6 티베트신본, 7 둔황A류본, 8 중국 정고靜古본, 9 몽골어역본, 10 조선본, 11 월남본, 12 속장본)을 대조하고, 어구의 차이를 바탕으로 이들을 그룹으로 나눈다. 제1 그룹은 2, 3, 4이다. 제2 그룹은 5, 6, 7이다. 제3 그룹은 8부터 12이며, 조선본도 여기에 속한다. 이는 큰 구분이며, 세세하게 보면 제3 그룹에서도 문자의 차이가 있다.

이에 대해 오다는 조선본이 투르판 출토 한어문헌과 일치하는 점을 지적한다. 즉 '투르판 지방이 위구르 시대에 요遼나라와 빈번하게 교류가 있었던 점을 보았을 때, 조선본의 원류가 요나라 불교에 있다는 점을 추측하게 한다'는 오다(2015:54)의 기술은, 조선본의 원형이 요나라 시대 불교의 텍스트일 가능성을 시사하고 있다. 그러면 본경의 조선반도 전래는 11세기 내지 12세기라고 생각할 수 있을까? 당시 조선반도는 고려시대이다. 이는 현재, 다른 자료로는 증명되지 않지만 흥미로운 가설이다.

2. 위의경전군偽疑經典群에서 『팔양경』의 지위 변화

근대 이전, 본경은 단독으로 유통한 예는 적으며, 대부분이 『불설광본태세경佛說廣本太歲經』, 『불설지심다라니경佛說地心陀羅尼經』 등의 위의경전류와 합철되어 간행되었다. 『불설광본태세경』은 독송에 의해 일체의 서원이 성취되고, 갖가지 재액을 회피하며 장수가 성취되는 것을 설하는 경전이다. 『불설지심다라니경』은 일본에서도 맹승에 의해 낭송되는 경전이다[11].

필자는 목록과 국립중앙도서관, 문화재청 사이트 등에서 얻을 수 있었던 서지정보를 기반으로, 조선시대 간본有刊記 18본을 간행 연대순으로 정리하고, 〈표1〉, 〈표2〉를 작성하였다. 전거는 〈표2〉의 1번 우측에 기입하였다.

다음에서 보이는 〈표1〉의 항목은 간행 연도, 간행 사원, 간행지, 외제外題, 수록 경전 수, 수록 경전이다. 정보를 얻지 못한 항목은 물음표로 기록하였다.

11) 일본에서는 『불설지신다라니경佛說地神陀羅尼經』으로서 '심心'이 '신神'으로 되어 있다. 이 경전에 대해서는 맹승盲僧과 관련하여 많은 연구가 되어 있는데, 근래의 것으로는 호시노 카즈유키(星野和幸) 「맹승의 소지경전-『지신경』을 둘러싸고(-盲僧の所持經典-『地神經』をめぐって-)」(『駒沢大学佛教文学』 18号, 2015), 이시이 코우세이(石井公成) 「맹승의 독송경전의 원류-에다문고본 『불설지심다라니경』 역주-(상)(盲僧の読誦經典の源流-江田文庫本 『佛說地心陀羅尼經』訳注-(上))」(『駒澤大学佛教文学』 18号, 2015)이 있다. 이 가운데 이시이가 의거한 에다문고본은 본 논문 가운데 1657년 개판된 천관산본 『불설광본태세경』에 수록된 텍스트이다.

〈표 1〉 조선반도에서 위경 『팔양경』 간본 일람(현존본 · 유간기有刊記) (1)

No	간행 연도	간행 사원	간행지	외제外題	경 수	수록 경전
1	1549	신흥사	경남:보주	천지팔양신주경(天地八陽神呪經)	15	팔양, 태세, 지심, 조왕, 환조, 안택, 백살, 금신, 용왕, 패목, 도액, 오성, 돌굴, 명당, 구호
2	1609	송광사	전남:순천	불설천지팔양신주경(佛說天地八陽神呪經)	15	팔양, 태세, 지심, 조왕, 환조, 안택, 백살, 용왕, 패목, 도액, 오성, 돌굴, 명당, 구호, 우마
3	1635	용장사	전북:태인	불설광본태세경(佛說廣本太歲經)	16	태세, 지심, 팔양, 조왕, 환조, 안택, 백살, 금신, 용왕, 패목, 도액, 오성, 돌굴, 명당, 구호, 우마
4	1657	천관산	전남:장흥	불설광본태세경	16	태세, 지심, 팔양, 조왕, 환조, 안택, 백살, 금신, 용왕, 패목, 도액, 오성, 돌굴, 명당, 구호, 우마
5	1666	동화사	경북:낙안	불설광본태세경	15	태세, 지심, 팔양, 조왕, 환조, 안택, 백살, 금신, 용왕, 패목, 도액, 오성, 돌굴, 명당, 구호

6	1670	신흥사	강원:속초	불설광본태세경	15	태세, 지심, 팔양, 조왕, 환조, 안택, 백살, 금신, 용왕, 패목, 도액, 오성, 돌굴, 명당, 구호
7	1731	보현사	평북:영변	천지팔양신주경서 天地八陽神呪經序	2	팔양, 태세
8	1733	불지암	?	불설천지팔양신주경	*2	팔양, 칠성청의문 七星請儀文 외1
9	1769	봉정사	경북:안동	천지팔양신주경	1	팔양
10	1791	송광사	전남:순천	팔양경	3	팔양, 조왕, 환조
11	1795	불암사	경기:양주	팔양경	7	팔양, 명당, 조왕, 환조, 안택, 부모, 참선
12	1796	불암사	경기:양주	팔양경	7	팔양, 환조, 조왕, 명당, 안택, 장수, 수생
13	1797	불암사	경기:양주	육경합부六經合部	7	팔양, 조왕, 환조, 안택, 명당, 수생, 십이
14	1807	웅진사	경남:창원	천지팔양경 天地八陽經	1	팔양
15	1856	태은사	인천:강화	팔양경 (* 저본은 불암사본)	4	팔양, 조왕, 환조, 안택, 명당
16	1861	적천사	경북:청도	불설천지팔양신주경	?	?
17	1881	불암사	경기:양주	팔양경	1	팔양
18	1908	* 강재희 (姜在喜)	불명不明	천지팔양신주경 (* 저본은 불암사본)	3	팔양, 참선, 권선勸禪

* 수록경전약호

팔양八陽 = 천지팔양신주경天地八陽神呪經, 태세太歲 = 불설광본태세경佛說廣本太歲經, 지심地心 = 불설지심다라니경佛說地心陀羅尼經, 조왕竈王 = 불설조왕경佛說竈王經, 환조歡竈 = 불설환희조왕경佛說歡喜竈王經, 안택安宅 = 불설안택신주경佛說安宅神呪經, 백살百殺 = 불설백살신주경佛說百殺神呪經, 금신金神 = 불설금신칠살경佛說金神七殺經, 용왕龍王 = 불설용왕삼매경佛說龍王三昧經, 패목敗目 = 불설패목신주경佛說敗目神呪經, 도액度厄 = 불설도액경佛說度厄經, 오성五姓 = 불설오성반지경佛說五姓反支經, 돌굴堗堀 = 불설돌굴경佛說堗堀經, 명당明堂 = 불설명당신경佛說明堂神經, 구호救護 = 불설구호신명경佛說救護身命經, 우마牛馬 = 불설우마장생경佛說牛馬長生經, 삼재三災 = 불설삼재소멸경佛說三災消滅經, 수생壽生 = 불설수생경초佛說壽生經抄, 십이十二 = 불설십이마하반야바라밀다경佛說十二摩訶般若波羅蜜多經, 부모父母 = 부모은중경父母恩重經, 장수長壽 = 장수멸죄호제동자다라니경長壽滅罪護諸童子陀羅尼經, 참선參禪 = 참선곡參禪曲, 권선勸禪 = 권선곡勸禪曲

이하 〈표1〉을 바탕으로 본경 간행의 시대적 특징을 지적하겠다.

첫째로 가장 오래된 간본에 대해서이다. 현존하는 가장 오래된 간본은 1549년 신흥사본이다. 이에 대해서는 종래의 연구에서는 다루고 있지 않다. 더욱이 본경의 간행과 유통의 관계에 대해 마스오는, 경전집성인 『육경합부六經合部』에 본경이 수록되어 그 서명이 15세기에 나타나는 점으로 보아, 『팔양경』도 그 직전의 왕조인 고려시대에 상당히 유통되고 있었다[12]고 서술하고 있는데, 이것은 오해에 기반한 추

12) 增尾伸一郎(2017), 「제17장 조선본 『천지팔양신주경』과 그 유전(第17章 朝鮮本『天地八陽神呪經』とその流伝)」 p.612

론이다.

마스오가 말하는 『육경합부』란 〈표1〉 13 불암사본(1797년)을 가리키며, 거기에는 확실히 본경이 포함되어 있다. 그러나 일반적으로 조선시대의 『육경합부』로 말하자면, 『금강반야바라밀다경金剛般若波羅蜜經』 『대방광불화엄경입불사의해탈경계보현행원품大方廣佛華嚴經入不思議解脱境界普賢行願品』 『대불정수능엄신주大佛頂首楞嚴神呪』 『불설아미타경佛說阿弥陀經』 『관세음보살예문觀世音菩薩礼文』 『묘법연화경관세음보살보문품妙法蓮華經觀世音菩薩普門品』이라는 6개의 경전을 모아 한 권으로 만든 것이다. 이것은 1424년에 성달생成達生이 서사한 것에 바탕을 두고 안심사安心寺에서 간행된 것을 시작으로 하여, 수많은 간본이 만들어졌다[13]. 즉 제목은 동일하지만 내용이 다른 것이다. 마스오는 같은 표제를 지닌 『금강경』 등이 수록된 『육경합부六經合部』도 본경이 수록된 경전집성이라고 오해하고, 그것이 15세기 초반에 간행되었기 때문에 본경의 간행도 그 시기로 거슬러 올라간다고 생각했던 것이다[14].

둘째로, '경 수'를 보면, 대부분이 다른 경전과 합철되어 간행되고 있는 것을 알 수 있다. 그 수는 1 신흥사본부터 6 신흥사본까지는 15-16본의 경전이 합철되어 유통하고 있었지만, 7 보현사본 이후, 합

---

13) 송일기, 김유리(2012)를 참조.

14) 참고로 불암사에서는 1796년에 『불설대보부모은중경佛說大報父母恩重經』, 『불설장수멸죄호제동자다라니경佛說長壽滅罪護諸童子陀羅尼經』, 『불설수생경초佛說壽生經抄』를 합철하여 『삼경합부三經合部』로 부르고 있다. 또한 『팔양경』과 『불설광본대세경佛說廣本大歲經』을 합철하여 『팔양합부八陽合部』로 부르는 본(간행 연도 미상, 국립중앙도서관 소장)도 있다. 또한 『금강경』 등이 수록된 『육경합부』 안에『금강경』, 『화엄경보현행원품』, 『아미타경』이라는 세 개의 경전만을 합철하여 『삼경합부』로 부르는 예도 있다.(황해도: 자비령사慈悲嶺寺, 1459)

철되는 경전의 수가 적어지게 되고, 많아봤자 11 불암사본의 7본이 가장 많은 수이다. 이것은 아마도 경전군의 지위가 변했던 것은 아닐까 생각된다. 6 신흥사본까지는 순번의 차이가 있지만 『태세경』, 『지심다라니경』, 본경까지 3개의 경전이 비교적 긴 경전으로, 그 외 『조왕경竈王經』 등은 짧은 경전이다. 이들이 한 개의 세트가 되어 기도용, 혹은 독송용 경전군을 이루고 있었으나, 18세기 7 보현사본부터는 그러한 형태가 나타나지 않게 되었다. 불암사본은 얼마 간 당초의 것에 가까운 것으로 보이지만, 그렇다 해도 15본의 경전이 모여 있지 않다. 이 배경에 무언가 있는지는 알 수 없지만, 어떤 의례 형태 등의 변화가 있었던 것은 아닐까. 마지막으로 단간單刊의 예는 9 봉정사본, 14 웅진사본, 17 불암사본뿐이다.

셋째로, 간행 연도에 의한 본경의 지위 변화를 보겠다. 먼저 외제에 주목해 보자. 이것은 합철된 경전 가운데 어떤 경전이 가장 처음 왔는지의 차이이며, 3가지 변화가 있다. ① 16세기부터 17세기초의 1 신흥사본과 2 송광사본에는 『천지팔양신주경』, ② 17세기의 3 용장사본부터 6 신흥사본까지는 『불설광본태세경』, ③ 18세기의 7 보현사본 이후는 『천지팔양신주경』을 외제로 삼고 있다.

이 가운데 ①부터 ②로의 변화 이유는 알 수 없다. 한편, ②부터 ③으로의 변화는 18세기 이후 본경이 다른 위의경전군 속에서 중시되어 온 상황을 반영한다고 생각할 수 있다. 이것을 판식版式의 변화로 설명하겠다. ②의 경전 배열은 용장사본을 예로 들면 『태세경』-『지심다라니경』-본경의 순서이다. 이 가운데 『지심다라니경』과 본경의 관계를 판목版木으로 보면, 우측 5행째에 '불설지심다라니경', 6

행째에 '불설천지팔양신주경서'라는 문구가 나온다(그림1). 그에 대해 7 보현사본(1731)을 보면, 같은 판식이지만 5행째까지의 『지심다라니경』이 있어야 할 부분은 경계선만을 그어 문자는 공백이고, 6행째에 '불설천지팔양신주경'이 새겨져 있어 부자연스러운 형태로 되어 있다(그림2). 이는 아마도 용장사본 등과 같은 판목을 사용하면서도 『지심다라니경』과의 연속을 피하고, 본경을 강조하는 의도가 작용하고 있기 때문이라고 생각된다. 이 증좌가 된다고 생각되는 것이 보현사본의 후발문後跋이다. 거기에는 "大哉, 八陽神呪經者, 佛臨滅度, 顧使神鬼, 安寧人世, 說流於世"라고 하여 본경이 "신과 귀신을 사용하여 인세를 안녕하게 하는" 경전이라고 설하고 있다. 이와 같은 주력呪力을 인정한 점에서 본경을 강조하고 싶다는 의도가 생겨나고, 그것이 종래의 판식을 부자연스러운 형태이더라도 고치는 동기가 되었던 것은 아닐까.

이와 관련하여 논문의 첫머리에 "소경이 팔양경 외듯"이라는 속담을 소개하였는데, 『일성록日省錄』[15] 1762년 4월 25일 조에는 "옛 사람의 서적을 읽어도 자신의 것으로 할 수 없다면, 이른바 팔양경이다"[16] 라는 문장이 있다. 여기에서 팔양경의 의미는 속담과 같은 "의미를 모르고서 입으로 읊을 뿐"이라는 것이다. 이 기록은 보현사본 간행부터 30년 후의 일이지만, 여기에서도 본경의 유행을 간파하는 것이 가능할 것이다.

---

15) 1760년부터 1910년까지의 국정운영의 내용을 이씨 조선의 국왕(1897년 이후는 대한제국의 황제)의 일기 형식을 채용하여 정리한 문서.

16) 원문은 "讀古人書, 若書自我自, 則諺所謂八陽經矣, 何益之有." 해석은 한국고전종합DB의 번역을 참조로 하였다.

보현사본 뒤에 간행된 간본 가운데 봉정사본(1769)은 독자적 판식을 지니는데, 송광사본(1791)을 보면 흥미로운 점을 알 수 있다. 이는 보현사본과 마찬가지로 그 이전의 판식을 계승하며, 한 장 째의 좌측 1행부터 서문이 시작하는데, 그 바로 우측의 "천지팔양신주경서"라는 한글 음사 부분이 공백이 되어 있다. 더욱이 이전 판본에서 우측에 "천지팔양신주경서"라고 기입된 부분은 그것이 동일하게 새겨져 있으면서도, 동시에 본경의 영험담인 "팔양경밀전八陽經密伝"이 적혀 있다(그림3). 후술하겠지만, 이것은 본경 독송의 효과를 강조하는 것이며, 본경이 유행한 시대상 속에서 만들어진 설화라고 생각된다. 여기에서 18세기 말에도 본경은 유행하고 있었다고 생각되는데, 더욱이 그 4년 후부터는 불암사본(1795)이 3년 연속으로 간행된다. 또한 1856년 봉은사본은 그것의 중간重刊이며, 1908년 강재희 간행본도 불암사본을 저본으로 하고 있다.[17] 이를 통해 18세기 후반부터 20세기 초반에 걸쳐 본경이 활발하게 간행되었던 것을 알 수 있다. 다만 불암사본의 판식은 이전과는 차이가 있다(그림4).

17) 강재희姜在喜(1860-?)에 대해서는 이상백(2016)의 연구가 있다. 그에 따르면 그는 조선시대 말기부터 대한제국 시대에 활동한 관료이다. 대한제국 시대에 황제의 명을 받아, 부친과 함께 불화佛画, 불상佛像의 제작과 불서 간행을 행한 인물이다. 그가 간행한 불서는 19종에 이르며, 본경도 그중 하나이다. 그는 불화 제작과 관련하여 불암사와 관련이 있으며, 그곳에서 불암사에 소장되어 있던 본경의 판목을 바탕으로 간행을 행했다고 한다. 간행에 즈음하여 그는 1795년판 제작을 주관했던 지영智瑩이 만든 불교가사佛教歌詞인 '참선곡參禪曲'과 '권선곡勸禪曲'을 모아 간행하였다.

3. 현존 조선본 『팔양경』의 서식형태 변화

〈표2〉는 〈표1〉에서 정리한 위의경전 가운데, 본경의 형태적 특징을 찾기 위해 행과 글자수行字数, 한문 옆에 한글이 병기되어 있는지 여부, 경전 처음에 서문이 실려 있는지 여부, 팔양경밀전이 실려 있는지 여부를 정리한 것이다.

〈표2〉 조선반도에서 위경 『팔양경』 간본 일람(2) (현존본 · 유간기)

No	간행연도	간행사원	간행지	『팔양경』 행자수	한글	서문	밀전	소장	전거
1	1549	신흥사	경남:보주	8행 19자	×	○	×	동국	중앙
2	1609	송광사	전남:순천	8행 19자	×	○	×	보림사2	문화
3	1635	용장사	전북:태인	6행 14자	○	○	×	중앙	중앙
4	1657	천관산	전남:장흥	6행 14자	○	○	×	중앙	중앙
5	1666	동화사	경북:안동	?	?	?	?	성암	중앙
6	1670	신흥사	강원:속초	6행 14자	○	○	?	신흥사	유근자 (2015)
7	1731	보현사	평북:영변	6행 14자	○	○	×	중앙 외	중앙
8	1733	불지사	?	6행 15자	?	?	?	단국	중앙
9	1769	봉정사	경북:안동	8행 14자	×	○	×	중앙 외	중앙
10	1791	송광사	전남:순천	6행 14자	○	○	○	중앙 외	중앙
11	1795	불암사	경기:양주	11행 22자	○	×	×	규장	중앙
12	1796	불암사	경기:양주	11행 22자	○	×	×	프라동	중앙
13	1797	불암사	경기:양주	11행 22자	?	?	?	고려	중앙
14	1807	웅진사	경남:창원	8행 16자	?	?	?	동문	중앙

15	1856	봉은사	인천:강화	11행 22자	○	×	×	숙대	중앙
16	1861	적천사	경북:청도	8행 16자	?	?	?	계명	중앙
17	1881	불암사	경기:양주	11행 22자	?	?	?	성암	중앙
18	1908	*강재희	?	11행 22자	○	×	×	중앙 외	중앙

* 소장, 전거 약호 (참고문헌에 표시한 것 이외)

중앙 = 한국중앙도서관검색, 문화 = 문화재청문화유산 포털, 성암 = 성암고서박물관, 고려 = 고려대학교도서관, 단국 = 단국대학교 율곡기념도서관, 안동 = 안동대학교도서관, 계명 = 계명대학교 동산도서관 소장본, 프라국 = 프랑스 국립도서관, 전남 = 전남대학교도서관, 동문 = 동양문고, 동경 = 동경대학교 종합도서관 아천문고阿川文庫, 규장 = 서울대학교 규장각, 프라동 = 프랑스 동양언어문화학교, 숙대 = 숙명여자대학교도서관

여기에는 간본의 형태에 주목하여 시대에 따른 본경의 서식 변화를 정리한다. A부터 D, 그리고 그 외 다른 그룹으로 나누었다.

〈표3〉 문자, 행자수에 따른 분류

	간본명	문자, 행 자수	간행 시기
A	1 신흥사본, 2 송광사본	한자 행 자수는 8행 19자	16세기 중반부터 17세기

B	3 용장사본, 4 천관산본, 6 신흥사본, 7 보현사본, 10 송광사본	한자, 작은 한글 행 자수는 6행 14자	17세기 전반부터 18세기
C	9 봉정사본	한자만 행 자수는 8행 14자	18세기 후반
D	11 불암사본, 12 불암사본, 13 불암사본, 15 봉은사본, 17 불암사본, 18 강재희본	한자, 한자와 같은 크기의 한글 행 자수는 11행 22자	18세기 말부터 20세기 초
미상	5 동화사본, 8 불지암본, 14 웅진사본, 16 적천사본		

A 그룹의 특징은 한자만으로 이루어진 텍스트로 행 자수가 8행 19자라는 점이다(권말 그림5). B 그룹의 특징은 반엽半葉에 6개의 경계선이 그어진 한자 좌측에 약간 작게 한글이 병기되어 있다는 점이다(권말 그림1). 행 자수는 6행 14자이다. C 그룹의 특징은 반엽에 7개의 경계선이 그어지고 한문만으로 8행 14자로 되어 있다는 점이다(권말 그림6). D 그룹의 특징은 반엽에 10개의 경계선이 그어지고 한글 문자가 한문과 같은 정도의 크기로 되어 있다는 점이다(그림4). 행 자수는 11행 22자이다. 그 외 제본에 대해서는 그림을 보지 못했기 때문에 알 수 없다.

이것을 시대의 변천으로 생각해 보겠다. 먼저 16세기 중반부터 17세기 초반에 걸쳐서는 A 그룹의 한문만으로 되어 있는 것이 처음으로 유통되고, 이어서 17세기 중반부터 18세기 후반에 걸쳐서는 B 그룹의 작은 한글이 병기된 것이 유통되었으며, 그리고 18세기 후반부터 D 그룹의 한자와 한글이 같은 크기로 되어 있는 것이 유통되었다. 그 외에 C 그룹과 같이 한문으로만 된 것도 만들어졌다.

이 가운데 A, B, D로의 변화에 주목하면, 이는 독송을 위해 한글이 강조되어 왔던 과정이라고 생각된다. 한글이 기재된 B와 D를 비교하면, D에서는 한글이 한자와 같은 크기가 되어, 한자를 보지 않고도 한글만으로도 읽어 가는 것이 좀더 쉬워진다. 즉 더욱 독송경전화가 진행되었다는 점을 말할 수 있을 것이다.

마지막으로, 그룹 A, B, C에는 서문이 있는데, D 그룹에는 실려 있지 않다. 그 이유는 알 수 없다. 불암사본의 간기에는 본경을 포함한 6종의 경전은 본래 경판이 존재하였으나 닳아버렸기 때문에 거듭하여 새겼다고 되어 있다[18]. 이제 본래 존재한 경판에 서문이 있었는지 없었는지가 의문점이 되지만, 자료가 없기 때문에 알 수 없다.

IV. 조선 간본의 독자적인 교설

여기에서는 조선 간본에서만 보이는 독자적인 교설을 두 가지 검토한다. 첫째로는 전술한 A, B, D 그룹 간본에 수록된 서문이다. 둘째로는 송광사 간본(1791)에만 실려 있는 영험담이다.

18) 불암사 간기 "八陽經, 恩重經, 高王經, 竈王經, 歓喜竈王經, 明堂神經, 此六種, 原有刊板, 而歳久刓剥故, 重為鋟梓也."

1. 서문

이것은 가장 오래된 간본인 1549년 신흥사본부터 1791년 송광사본까지 보이며, 1795년 불암사본부터는 실려 있지 않다. 내용은 대구를 사용하면서 본경의 주력을 강조한 것이다. 여기에서는 현대어 역을 기재하며 원문은 각주로 달았다.[19] 또한 이해의 편의를 돕고자 분과를 위한 기호를 붙였다. [ ]는 현대어 역 이해를 위한 보조이다.

불설천지팔양신주경이란, (A1) 일월성수는 밝고 사계절(춘하추동)을 나타내며, (A2) 팔부신장은 위엄을 지니며 [목, 화, 토, 금, 수의] 오행과 [도교의 호법신인] 육갑을 나타낸다. (B1) [일월성수의 속성인] 명명明明은 허공에서 빛나며, [그것에 의해] 일체 이매鬼魅는 외계로 완전히 소멸한다. (B2) [팔부신장의 속성인] 엄엄嚴嚴은 오방(중앙과 동·

19) "佛說天地八陽神呪經者, (A1) 夫日月星宿, 明明示於四節, (A2) 八部神将, 嚴嚴顕於五行六甲. (B1) 明明, 朗曜於虛空, 一切鬼魅, 殄滅於界外, (B2) 嚴嚴, 列敷於五方, 悪賊怨敵, 求息於家裡. (C1) 是故無礙菩薩, 欲興有為法, 啓於長短諸事, 佛以解脱方便答, (C2) 無辺身菩薩, 欲除疑悔心, 請於經巻勝益, 佛以讃毀罪福說. (D1) 加叉, 敬信人, 解脱諸悪過難, 消滅瘵腫, (D2) 受持者, 永離邪鬼横神, 致容富貴. (E1) 是故, 欲令遠離懸官之繫執, 父母三途苦, 般若利刀, (E2) 欲令獲得殯葬之日時, 産生易速事, 無礙仙薬. (F1) 読此經, 然後, 交会婚媾, 不和姓氏, 男女当百歳, 和穆長遠, (F2) 作礼拝, 已竟, 成造墓田, 不問方地, 世福定古祥, 家富人興. (G1) 今此經者, 斯乃大地諸聖, 所帰敬, (G2) 護家神王, 所仰信也. (H1) 是故, 八大菩薩頂戴於經巻, 衛護読經法師, (H2)見執邪神, 宣暢於神呪, 摧伏穢身悪心. (I1) 是故依於此經, 如法之後, 無有悪方害地, (I2) 周於三巻, 七徧之次, 永無凶日禍時. (J1) 然後, 動土築垣, 而邪神不住, (J2) 捨古建新, 而悪鬼不至. (K1) 退於禍害, 進於絶命, 無不吉德. (K2) 犯於大歳, 執於歳破, 不能損害. (L1) 天地蕩蕩, 並勝業所感, (L2) 八方曠曠, 皆殊福所致. 曰佛說天地八陽神呪經."

서 · 남 · 북)에 나란히 펼쳐지며, [그것에 의해] 악적원적惡賊怨敵은 가리家裡에서 쉬는 것을 구하게 된다.

(C1) 그로 말미암아 [『팔양경』에서 질문자로 등장하는] 무애보살이 유위법을 홍하게 하고자 장단長短의 모든 일을 서술하자, [그에 대해] 부처는 해탈방편을 지니고 대답하였다. (C2) 한편, [또 한 사람의 질문자인] 무변신보살은 의회疑悔의 마음을 없애려 하여 [붓다에게] 경권의 뛰어난 이익勝益을 청하고, 붓다는 찬훼죄복讚毁罪福을 지니고 설하였다.

(D1) 또한, [이 경전을] 공경하고 믿는 사람은 모든 악, 과난過難을 해탈하고, 요종療腫을 소멸한다. (D2) 한편, [이 경전을] 수지受持하는 사람은 영원히 사귀邪鬼, 횡신橫神을 떠나 부귀하게 된다.

(E1) 그 때문에 [이 경전은] 관리에게 포박당하거나, 부모가 삼도三途의 괴로움을 겪는 것을 물리치는 반야의 날카로운 칼이며, (E2) 빈장殯葬의 일시와 산생産生이 간단하고 조속히 행해지는 무애의 선약仙藥인 것이다.

(F1) 이 경전을 읽고, 그 후에 결혼하면 만일 [점괘에서] 성씨가 맞지 않아도 남녀는 백 세까지 살며, 사이 좋은 일이 길게 이어진다. (F2) [이 경전을] 예배하면 그후 묘를 조성할 때에 [점괘에서의] 방위 등을 묻는 일 없이, 이 세상의 복은 정히 길상하여, 집은 부유하고 사람은 홍한다.

(G1) 지금 이 경전은 천지의 제성諸聖이 귀경하는 것이며, (G2) 호가신왕護家神王이 우러러 믿는 것이다. (H1) 그 때문에 팔대보살은 경권을 머리에 이고서 독경의 법사를 위호하니, (H2) 견집見執의 사신邪

神은 신주神呪를 선창宣暢하고 더러운 몸[穢身]의 악심惡心을 부수어 조복시킨다.

(I1) 그 때문에 이 경전에 의해, 그 가르침을 통하여 행한다면, 나쁜 방위나 사람을 해하는 토지 등은 존재하지 않으며, (I2) 세 번 독송하고, 일곱 번 독송한 후에는 흉일凶日, 화시禍時는 영원히 존재하지 않는다.

(J1) 그 후에 토지를 옮기거나 담을 쌓거나 하여도 삿된 신邪神은 머물지 않으며, (J2) 오래된 집을 버리고 새로운 건물을 세워도 악귀가 들지 않는다. (K1) 화해禍害를 물리치고, 절명絶命으로 나아가더라도 길덕吉德하지 않은 것이 없다. (K2) [음양가陰陽家에서 말하는 팔장군의 하나로, 목성을 관장하거나 악한 방위를 보여주는] 태세를 범한다 해도, [토성을 관장하고 승선乘船, 이사 등을 꺼린다고 여겨지는] 세파歲破에 집착한다 하여도 해를 입는 일은 없다.

(L1) 천지는 광대하고 [그것은] 뛰어난 업의 결과이니, (L2) 팔방은 광활하고, [그것은] 모두 달리 복이 다다른 바이다.

그러므로 천지팔양신주경이라고 하는 것이다.

이상의 내용을 개관하면서 본문과의 대응을 살펴보겠다. 먼저 처음 (A1) 일월성수와 (A2) 팔부신장은 이 문장의 근본원리를 나타낸다. 이어서 각각의 성질을 (B1) 명명, (B2) 엄엄이라는 말로 표현하며, 그것들이 사악한 것을 대치対治한다고 설한다. 이 가운데 일월은 개요 17, 18에 나오는 것으로, 앞서 서술한 자연의 섭리에 해당한다. 그에 대해 팔부신장은 이를 팔부중이라고 생각하면 개요 27 마지막에 나오지만, 여기서 설해지는 것처럼 활약하고 있지는 않다. 또한 그것이 (A2)에서는 오행, 육갑을 나타내는데, 이는 본경에서는 물리친 점술이라고 생각되며, 내용과 합치하지 않는 것으로 생각된다. 이에 대해 필자는 이 팔부신장이란 불교적으로 보인 신장신앙이지 않을까 생각한다. 신장이란 도교에서 유래하여 오방신장으로 불리며 동·서·남·북·중앙의 오방을 수호한다. 이와 같이 생각하면, (B2)에 나오는 '오방'과도 통하는 것으로 여겨진다.

(C1), (C2)에서는 붓다에게 질문하는 보살인 무애보살과 무변신보살이 나온다. 이는 경전과 동일하다. (D1), (D2)에서는 각각 공경하고 믿는 사람, 수지하는 사람에 대한 공덕이 설해진다.

(E1), (E2)에서도 공덕이 설해진다. (E1)의 '관리에게 붙잡히는 것'은 개요 8, '부모의 삼도의 고통'은 개요 10에서 설해진다. (E2)의 '빈장의 일시'와 '산생이 쉽고 빠른 것'은 개요 18에서 설해진다. (F1), (F2)에서도 공덕이 설해진다. (F1)의 결혼에 관한 것은 개요 22, (F2) 묘의 조성에 관해서는 개요 18에서 다뤄진다.

(G1), (G2)는 본경을 수호하는 존재에 대해 서술한다. (G1)에서는 천지 제성諸聖, (G2)에서는 호가신왕護家神王이다. 이 호가신왕은 본문에서는 나오지 않는다. (H1), (H2)는 그 구체적인 예이다. (H1)에는 팔대보살이 나오는데, 그것은 개요 12와 23에 나온다. (H2)의 견집의 사신이란 무엇을 가리키는지 불명확하다.

(I1), (I2)는 공덕의 집성이다. (I1)에서는 토지라는 공간적인 면을 말하며, (I2)에서는 독송하면 흉일, 화시는 없다는 시간적인 면을 말한다. (J1), (J2)는 토지와 가옥에 대한 공덕이며 개요 6에 해당한다.

(K1) (K2)도 공덕이다. (L1), (L2)는 전체의 집성이다. (L1)에서는 천지의 광대함, (L2)에서는 팔방의 광대함을 설한다.

이상, 서문의 내용을 본문과 대조한 결과, 그 내용은 대체로 본문 속에서 설해지는 것에 바탕을 두고 있었다. 다만 (A2) 팔부신장, (G2) 호가신왕, (H2) 견집사신에 대해서는 본문의 내용과는 관계가 없는 듯하다. 여기에서 앞의 보현사본 발문을 떠올려 보면, 거기에서는 본경을 '신귀를 사용하여 인세를 안녕하게 만드는' 경전이라고 설하고 있었다. 여기에서 이들은 본경의 독송에 의해 활동하는 캐릭터를 이미지로 하여 부가한 것이 아닐까 생각할 수 있다. 또한 본경의 불교 교학에 관한 부분은 제외되어 있는 점도 지나칠 수 없다.

따라서 이 서문은 주술경전으로서의 본경의 내용에 독자적인 캐릭터를 가미하여 완성한 것이라고 말할 수 있다.

2.『팔양경밀전八陽經密伝』

계속해서 1791년 간행된 송광사본에서만 나타나는『팔양경밀전』을 다루고자 한다. 내용을 현대어로 번역하고, 원문은 각주로 달았다.[20] 또한 이해의 편의를 도모하고자 분과를 위한 기호를 붙였다.

---

20)『天地八陽經密伝』, (A) 新羅国三朝法師, 入唐国, 伝得西天国大聖国義浄三蔵教文. (B1) 大聖国大富長者, 年二十, 附此法, 読八陽經, 般若心經各三万巻, 居四百年, 命終後, 生兜利天, 在世, 有富一万三千石. (B2) 唐国塩和尚, 附此法, 読八陽十万巻, 見佛真身, 得八位. (B3) 唐国則員相公言, 我生前, 附此法, 読八陽經三十万巻, 即得神通, 往来天上, 無礙大蔵, 衆神倍奉, 明知三世. (B4) 西天国真表王, 時年二十八, 居宝位, 附此法読八陽經百万巻, 居宝位三百年, 終身後, 生大梵天王. (B5) 唐登州金顔娘, 年十八, 附此法, 読八陽經, 般若心經, 三年内, 各読一万巻, 在世一百二年, 儲合穀食四十万石. (C) 義浄三蔵和尚, 文殊菩薩化

천지팔양경밀전

(A) 신라국의 삼조법사三朝法師가 당나라에 들어가, 서천국西天国, 대성국大聖国의 의정삼장義浄三蔵의 교문教文을 전하였다.

(B1) 대성국의 대부장자大富長者는 20세 때 이 법을 따라 『팔양경』과 『반야심경』을 각각 삼만 권 읽고 4백 년을 지내니, 명이 다한 후에는 도리천에 태어났다. 생전에는 부 1만3천 석을 지니고 있었다.

(B2) 당나라의 염화상塩和尚은 이 법을 따라 『팔양경』을 십만 권 읽고, 붓다의 진신을 배알하여 팔위八位를 얻었다.

(B3) 당나라의 칙원則員 상공은 말하였다. "나는 생전, 이 법을 따라 『팔양경』을 삼십만 권 읽자, 신통력을 얻어 천상을 왕래하고, 대장경에 대해 걸리는 것이 없었다. 신중은 배가 되고 나를 모시니, 명백히 삼세를 알았다"라고.

(B4) 서천국西天国의 진표왕真表王은 28세에 보위에 올라 이 법을 따라 『팔양경』 백만 권을 읽자, 보위에 삼백 년을 머물렀다. 몸이 다한 후에는 대범천왕으로서 태어났다.

(B5) 당나라 등주登州의 김안金顔의 딸은 18세에 이 법을 따라 『팔양경』, 『반야심경』을 3년 동안 각각 일만 권 읽었다. 세상에 머무른 것이 일백이 년으로, 곡식을 40만 석 쌓았다.

(C) 의정삼장 화상은 문수보살의 화명化名이다.

먼저 (A)에서는 본경이 조선반도로 전래되는 것을 기술한다. 입당한 본경을 전한 승려를 신라국의 삼조법사라고 전하는데, 이것이 누

名.」 텍스트는 송광사 간본이다.

구를 가리키는지는 알 수 없다. 통상 삼조법사라고 하면 세 명의 황제를 모셨던 승려를 가리키는데, 여기에서는 누구인지 알려지지 않는다. 그리고 서천국, 대성국의 의정삼장의 교문을 전하였다고 되어 있는데, 그러면 의정이 서천국, 대성국 출신이라고 하는 것이 될 것이다.

이어서 (B)에서는 대성국 대부장자, 당나라의 염화상, 당나라의 칙원상공, 서천국의 진표왕, 당나라 등주의 김안의 딸이라는 다섯 이름의 영험이 전해진다. 모두 본경을 독송한 것에 의해 이익을 얻었다는 내용이다. 이 다섯 이름의 신분은 각각 (B1) 거사, (B2) 승려, (B3) 귀족?(공公이라고 되어 있는 점에서), (B4) 왕, (B5) 여성이며, 다양한 사람들에게 본경의 이익이 있다는 점을 설하고 있다. 또한 (B5) 당나라 등주의 김안의 딸이라고 하는 설정은 신라를 의식한 것일 것이다. 신라시대 산동반도의 등주에는 신라인의 마을이 있었고, 적산赤山 법화원法花院에서 신라식으로 의례가 행해지고 있었던 점은 엔닌(円仁)의 『입당구법순례행기入唐求法巡礼行記』에 기술되어 있다. 더욱이 딸의 성이 김金이라는 것에서 그녀가 신라인이라는 점이 추측된다.

그리고 그들이 얻는 이익으로는 장수, 사후 훌륭한 곳으로의 전생轉生, 현세에서의 부 외에 승려라면 붓다를 배알하는 것, 왕이라면 재위가 긴 것 등이 설해진다.

이 영험담이 어떠한 경위로 누가 제작한 것인지는 알려지지 않는다. 다만 본경의 수용이 성행하였던 가운데 본경의 주력을 강조하고 싶다고 생각한 승려가 제작했을 것으로 생각된다. 이는 앞의 서문과 나란히 조선에서 본경의 성전화가 촉진된 예라고 생각된다.

또한, 이 밀전은 전술한 것처럼 1791년 간행된 송광사본에서만 나타나는 것인데, 민간종교인인 무격이 사용하는 경문에도 붙어 있다. 1932년에 무라야마 지준(村山智順)이 조선총독부의 의뢰로 무격을 조사한 보고서 『조선의 무격朝鮮の巫覡』에는, 무라야마가 수집한 무격의 경문이 수록되어 있다. 그 가운데에 팔양경이 있으며, 순서는 서문, 본문, 밀전의 순서로 되어 있다.[21)]

Ⅴ. 결어

이상 본고에서는 근대 이전의 조선에서 본경 및 본경을 포함한 위의경전군의 간행을 연대별로 18종으로 정리하고, 텍스트의 변천을 바탕으로 본경의 유통과 특징을 고찰하였다. 결과를 정리하면 다음과 같다.

1. 17세기까지는 대략 『불설광본태세경』을 표제로 하는 위의경전군의 하나로서 간행되고 있었지만, 18세기 이후는 『팔양경』을 표제로 한 간본이 간행되는 경향이 있었다. 이는 『팔양경』이 중시되게 된 것이 반영되었다고 생각된다. 그리고 19세기 이후에 가장 활발하게 간행되었다.

2. 시기에 따른 서식형태의 변화를 분류하여 그 변화를 살펴보면, ① 한자만 → ② 한자에 한글을 작게 병기 → ③ 한자와 한글을 동일

21) 村山智順 1932, pp.31-32.

한 크기로 병기하며, 한글의 존재가 커지게 된다. 이는 독송경전으로서의 의미가 강해지는 것이라고 생각한다.

3. 1549년 신흥사본부터 1791년 송광사본까지는 서문이 수록되어 있다. 그 내용은 본경의 주술경전으로서의 성격을 강조하는 것이다. 본경에 설해지고 있었던 불교사상 부분은 반영되어 있지 않다.

4. 1789년 송광사본에만 있는 『팔양경밀전』은 여러 계층의 다섯 명의 인물을 등장시키고, 그들이 본경의 독송에 의해 장수, 내세에서의 좋은 곳으로의 전생, 현세에서의 부 등을 얻은 일이 설해지고 있었다. 이 밀전이 첨부되었던 것은 팔양경 간행이 성행했던 시기와 중첩된다.

마지막으로, 본경의 유통과 시대의 관련을 상상해 보고자 한다. 조선시대 제23대 순종 15년(1815) 1월, 영의정(현재로는 국무총리에 해당)인 김재찬金載瓚이 왕에게 상신上申하였다.[22] 거기에는 "최근, 들리는 바에 의하면 무녀와 비구니 무리가 은밀히 출몰하여 꺼리는 일이 없다. 게다가 [사람들을] 환혹하고 그것이 서서히 서울 성안에 늘어나고 있다. 기도 등이 대부분의 절에서 행해지고 있다"[23]고 하며 서울에서 기

22) 이는 권기종(1977, p.288)에서 힌트를 얻었다. 권기종은 경화가 본경의 주석을 행한 배경으로서, 이 상신上申에게 설해지고 있는 일이 있었던 것은 아닌가 하고 추측하고 있다.

23) 『순조실록』18권, 순조 15년 1월 15일 「啓言:斥左道定民志, 即治教之先務, 我朝之家法也. 泮儒毆逐巫女於泮宮, 世宗至下〔予〕疾欲愈之教, 松都儒士毁松嶽淫祠, 明廟優批亟嘉之, 逮我先朝, 禁巫覡僧尼, 無得出入城内, 仍為法府禁令. 近聞, 巫女比丘尼輩, 蔵蹤出沒, 略無顧忌. 幻惑漸滋於城〔闉〕, 祈賽殆遍於寺刹, 聽聞所及, 騷訛転廣云, 此豈列聖朝斥左道定民志之盛德至教哉. 令京兆秋曹, 謹遵先朝受教, 窮加搜索, 竝即逐送于城外, 俾無〔敢〕跡於近京之地. 如有冒禁蔵匿之類, 請亟施刑配之典, 従之.」(국사편찬위원회 · 조선왕조실록 데이터베이스)

도나 의식이 활발하게 행해지고 있는 현상을 지탄한다. 당시 조선왕조에서는 승려가 서울에 출입하는 것을 금지하고 있었지만, 그것에도 아랑곳 않고 승려나 무녀가 들어와 있었던 것이다. 이는 승려와 무녀의 문제도 있겠지만, 당시 사람들이 그러한 기도와 의례를 요청하고 있었다는 말도 될 것이다. 이 현상에 대해 김재찬은 "그들(무녀와 승려)을 철저히 수색하여 서울 성밖으로 쫓아내고, 가까이 오지 못하게 할 것이며, 혹여 금령을 어기거나 은닉하는 것 같은 자가 있다면 신속히 형에 처할"것을 요청하고 있다.

무녀와 승려가 기도나 의례를 행할 때에 사용되었던 경전 가운데에는 본경도 포함되어 있었던 것으로 생각된다. 이 시기는 본경이 송광사와 불암사에서 활발하게 간행되던 18세기 말로부터 15년 후이다. 또한 불암사는 서울로부터 10킬로미터 정도밖에 떨어져 있지 않다. 상상을 마음껏 해 보면, 불암사본을 지니고 서울에 들어와 사람들의 바람에 응한 승려나 무녀도 있었을지도 모르겠다.

(번역 : 류현정)

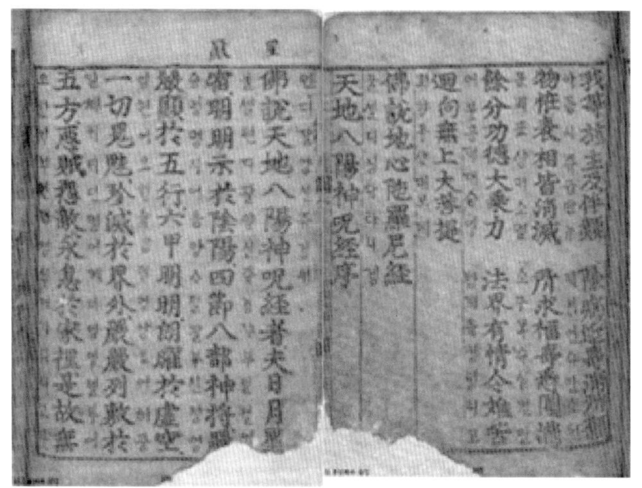

物性衰相皆消滅
餘分功德大乘力 法界有情令
迴向無上大菩提
佛說地心陀羅尼經
天地八陽神呪經序

佛說天地八陽神呪經者夫日月星
宿明明示於陰陽四節八部神將
羅顯於五行六甲明明朗羅於虛空
一切鬼魅祭祀於界外嚴嚴列數於
五方惡賊邪魅氣息於家裡是故無

그림1 용장사본(1635년) [국립중앙도서관 소장]

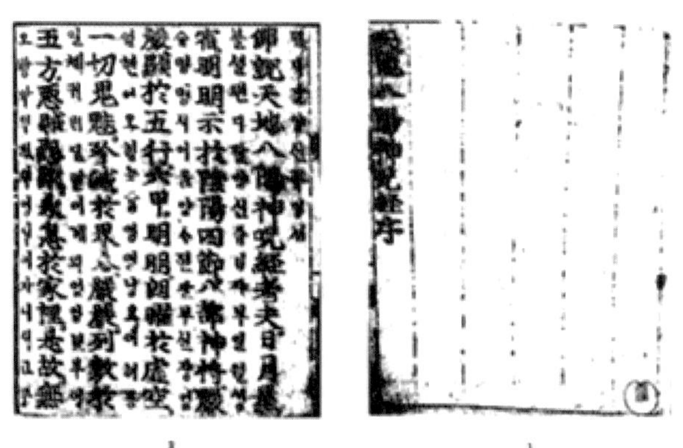

天地八陽神呪經序

佛說天地八陽神呪經者夫日月星
宿明明示於陰陽四節八部神將
羅顯於五行六甲明明朗羅於虛空
一切鬼魅祭祀於界外嚴嚴列數於
五方惡賊邪魅氣息於家裡是故無

그림2 보현사본(1731년) [국립중앙도서관 소장]

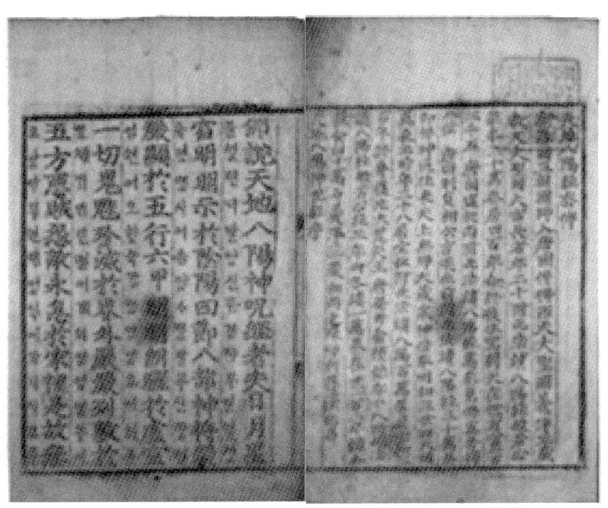

그림3 송광사본(1791년) [국립중앙도서관 소장]

그림4 불암사본(1795년) [국립중앙도서관 소장]

1차 자료

義浄訳『天地八陽神呪經』(T85, №2897)외, 제 간본

2차 자료

권기종. 1977. 「경화의 천지팔양신주경 주석고」『한국불교학』3.

김남경. 2012. 「『불설광본대세경(佛說廣本大歲經)』의 서지와 한자음에 대하여」『민족문화논총』 51.

남동신. 1993. 「나말여초 화엄종단의 대응과 『(화엄)신중경』의 성립」『외대사학』5

______. 1998. 「신라 중대불교의 성립에 관한 연구: 『金剛三昧經』과 『金剛三昧經論』의 분석을 중심으로」『한국문화』21

______. 2001. 「조선 후기 불교계의 동향과 『像法滅義經』의 성립」『한국사연구』113

______. 2005. 「여말선초의 위경(僞經) 연구-『현행서방경(現行西方經)』의 분석을 중심으로」『한국사상사학』24

송일기. 1994. 「順天 松廣寺 刊行 佛書考」『서지학연구』10

송일기, 김유리. 2012. 「『六經合部』의 板本 硏究」『서지학연구』52

小田壽典. 2010. 『佛說天地八陽神呪經一巻 トルコ語訳の研究』, 法蔵館.

増尾伸一郎. 2017. 『道教と中国撰述佛典』, 汲古書院.

村山智順. 1932. 『朝鮮の巫覡』, 朝鮮総督府.

江田俊雄. 1956.「佛書刊行より見た李朝代佛教」『印度学佛教学研究』7
小田壽典. 1986.「偽經本「天地八陽神呪經」の伝播とテキスト」『豊橋短期大学研究紀要』3
_______. 2015.「偽經本「八陽經」写本からみた佛教文化史の展望」『内陸アジア史研究』30.
柏谷直樹. 1995.「高山寺法鼓臺旧蔵『佛説天地八陽神咒經』の和訓」, 築島裕博士古稀記念会,『国語学論集 築島裕博士古稀記念』
韓普光. 1996.「韓半島で作られた疑偽經について」『印度学佛教学研究』45-1.
木村清孝. 1997.「偽經『八陽經』の成立と変容」, 東方学会,『東方学会創立五十周年記念東方学論集』
玄幸子. 2008. 「宋代社会における『佛説天地八陽神呪經』の受容について—P.3579から見えるもの」『敦煌写本研究年報』2
高橋亨. 1931.「朝鮮墳墓の斎宮と天地八陽經」『宗教研究』新8-1
張涌泉, 羅慕君. 2014.「敦煌本『八陽經』殘卷綴合研究」『中华文史论丛』2014年 02期
西岡祖秀. 1981.「チベット訳『佛説天地八陽神呪經』の敦煌写本」『印度学佛教学研究』(30-1)
羽田亨. 1915.: 「回鶻文の天地八陽神呪經」『東洋学報』5-3 (후에『羽田博士史学論文集 言語・宗教編』(東洋史研究会(1958)에 수록)
増尾伸一郎. 1994.「日本古代における『天地八陽神呪經』の受容」道教文化研究会編『道教文化への展望』, 平河出版社
_______. 1997.「朝鮮本『天地八陽神呪經』とその流伝」『東京成徳大学研究紀要』4
_______. 1998.「朝鮮における道佛二教と巫俗の交渉」『東京成徳大学研究紀要』5
山中行雄. 2009.「高麗の偽經『現行西方經』について」『佛教大学総合研究

所紀要』16

유근자. 2015.「신흥사 경판의 조성배경과 사상—大顚和尚注心經·諸真言集·佛說廣本大歲經·僧家日用食時默言作法·大円集 등을 중심으로」『강좌미술사』45

이상백. 2016.「강재희(姜在喜)의 불서 간행에 대한 고찰」『불교학보』77

영문 초록

East Asian Buddhism's Reception of the Criteria for Judging the Authenticity of the Word of the Buddha *(Buddhavacana)* by Indian Buddhists – Focusing on the *Yogācārabhūmi* and the *Yugaron gi*

LEE Youngjin
Geumgang University

This paper aims to shed light on how East Asian Buddhism received the criteria for verifying the authenticity of the Word of the Buddha, which Indian Buddhism had adopted.

For this purpose, it chooses the two terms peculiar to (Mūla) Sarvāstivāda, i.e., *kālapadeśa* and *mahāpadeśa*. These words can be interpreted as the black teachings / teachings of the black and the great teachings / teachings of the great. The two titles relate to three rules that the words and the sounds of teachings someone claims as the genuine Word of the Buddha must occur in *Sūtras*, appear in the *Vinaya*, and not contradict the nature of things (dharmatā). If a particular teaching satisfies either all three standards or, at least, the last one, it should be referred to as *mahāpadeśa* and kept by Buddhists. If not, it should be defined as *kālapadeśa* and thrown away by Buddhist followers. In short, *mahāpadeśa* indicates teachings that are proclaimed by Buddhists and given the authenticity, while *kālapadeśa* indicates the opposite.

The second chapter of this article deals with three phases of the usage of two terms in the *Yogācārabhūmi*, with the sentence "he acquaints himself with both the *kālāpadeśa* and the *mahāpadeśa*." The table below shows the three stages related to the first Refuge (*pratisaraṇa*):

Phase	Source	Meaning of the sentence "he acquaints himself with both the *kālāpadeśa* and the *mahāpadeśa*":	Criteria for the Word of the Buddha
1st	*Cintāmayī bhūmi*	Dharma is the Refuge, the person [who delivers the Dharma] is not.	*Sūtra* · *Vinaya* · *dharmatā*
2nd	*Balagotrapaṭala, Bodhisattvabhūmi*	Dharma, examined by the four kinds of reason / reasoning *(yukti)*, is the Refuge, the person [who delivers the Dharma] is not.	*Sūtra* · *Vinaya* · *dharmatā* which is replaced by Four kinds of *yukti*
3rd	*Bodhipakṣyapaṭala, Bodhisattvabhūmi*	*Yukti* alone is the Refuge, the person [who delivers the Dharma] is not.	*yukti*

The final third chapter, consulting the *Yugaron gi*, the commentary on the Chinese translation of the *Yogācārabhūmi*, unveils how the East Asian *Yogācāra* (*Fǎxiàng-zōng*) scholars represented by Kuījī 窺基 and Woncheuk 圓測 have understood these two terms, the *kālāpadeśa* (*hēi shuō* 黑说) and the *mahāpadeśa* (*dà shuō* 大说). Generally speaking, they failed to correlate these two with the criteria for the Word of the Buddha or the criterion of the four sets of *yukti* (*dào li* 道理) substituting the *dharmatā* (*fǎxìng*), except for the commentary on the **Vyākhyāsaṃgrahaṇī* (攝釋分). Here, the four kinds of *dào li* are explained as the measure to determine whether a specific teaching belongs to the *hēi shuō* or the *dà shuō*. However, as Kuījī and Woncheuk do, the commentator defines the hēi shuō as views of non-Buddhists (*wàidào* 外道) such as the *Vaiśeṣika*'s doctrine. This perception is somewhat different from the perspective of Indian Buddhism in that Indian scholars did not specify the non-authoritative teachings (*kālapadeśa*) as the non-Buddhists' tenets.

The working hypothesis of this article is that the difference might have come from confusion of two similar characters, '黑' (*hēi*) and '異' (*yì*). As the critical apparatus of the Chinese translation of the *Yogācārabhūmi* and the Yugaron gi in the *Taishō Tripiṭaka* show, the letter '黑' has a different reading of '異.' Moreover, in the main text of the Chinese translation of the **Vyākhyāsaṃgrahaṇī*, '異教' (non-Buddhists' teachings) is mistakenly used in the place of '黒教' (**kālāpadeśa*). In this regard, we assume that the East Asian scholars could have received and understood the non-authoritative Buddhist teachings as the non-Buddhists' doctrines.

Sa skya Paṇḍita's View of the Authenticity of Buddhavacana

CHA Sangyeob
Geumgang University

Sa skya paṇḍita Kun dga' rgyal mtshan (1182-1251) mentions the authenticity of *buddhavacana* (word of the Buddha) in the *Thub pa'i dgongs pa rab tu gsal ba.*

He defines the teachings of *Śrāvakayāna* and *Mahāyāna* Buddhism, which originated in Indian Buddhism, as the teachings of Buddha, and four other teachings are not Buddha's. According to him, the four teachings, not the teachings of Buddha, can eventually result in the teachings of Chinese Chan Buddhism and *Mahāmudrā* of the Dwags po bKa' brgyud School, which spread in Tibet in the 13th century.

A Study of Taoistic Understanding of Buddhism Seen in Chinese Apocryphal Buddhist Texts

HUR In Sub
Duksung Women's University

There are no scholars who deny that the Taoist way of thinking gave a great influence on the Chinese people to understand Buddhism. However, it is not easy to find a research paper which analyzes precisely why the Taoist ideas was utilized by the Chinese people and what kind of problems occurred in understanding Buddhism by utilizing those ideas. This paper will find the answers for the above mentioned issues by analyzing the category of Chinese *Weiyi jing* (僞疑經) which shows a typical form of the "Sinicization" of Buddhism.

This paper is looking for the clue of why the Chinese people utilized the Taoist way of thinking to understand Buddhism. It can be found from which both Taoism and Buddhism have affinity to a mythological way of thinking although these two are the products of a high level of logical thinking. When understanding of human experiences, it is noticeable that both philosophies commonly emphasize the feeling of continuity which is rooted in a mythical way of thinking. However, Buddhism explains the feeling of continuity found in human experiences through "'the theory of dependent arising'" and Taoism explains it through "'the request of realizing the undivided oneness or the undivided subject and object.'"

The difference of these two philosophies in this respect made the Chinese Buddhist scholars to understand the ultimate goal of Buddhism as achieving the status of "'undivided oneness'" However, it would be absurd to say that all the Chinese Buddhist scholars understood the ultimate goal of Buddhism as mentioned above. Because "'the theory of dependent arising'" had also been repeatedly taught to them through the Buddhist texts imported from India or Central Asian regions, some of them understood "'the Buddhist theory of dependent arising'" in part or full.

The reason to re-examine the Chinese *Weiyi jing* in terms of "'the theory of dependent arising'" is that this theory assumes that the subject and the object have been always establishing unsubstantially in the process of their mutual interaction. This paper is analyzing some important parts of the *Aawakening of Faith in Mahayana* (大乘起信論) and the *Sutra of Perfect Enlightenmen* (圓覺經).

This analasys shows that there are some possibilities of the Chinese Buddhist scholars' proper understanding of original Buddhist ideas of "'dependent arising and no-self'" in spite that a great number of parts are to be written obviously under the influence of the Taoist perspective. Accordingly, it is necessary that many parts of the Chinese *Weiyi jing* should be read very cautiously, because those might have a double implication that can be read in either a Buddhist or Taoist way.

A Study of Buddhist Apocryphal Scriptures Produced in Japan

MINOWA Kenryo
Tokyo University

As in the other East Asian countries, apocryphal scriptures were also produced in Japan. We can see that these scriptures were clearly made for a specific purpose. First, some apocryphal scriptures were produced for the sake of giving a philosophical authority to the indigenous ideas. The typical examples were the *Renge-zanmai-kyo*, which supports the idea of Original Enlightenment, and the *Daijyo-jyukai-kyo*, which expresses specifically the 250 rules of discipline.

There is an example in which sentences used in the ceremonial services have been generalized and called "Kyo." A typical example can be seen in the *Kujyo-shakujyo-kyo*. In this case, certain sentences were clearly made to be authoritative and those sentences were integrated into the sutra. In this case, it can be said that it has been fixed and transmitted as having a certain form and content by having the name Kyo. The same applies to the *Enmyo-jikku-kannon-kyo*, which was widespread in the Edo period.

Secondly, there are many scriptures that are thought to have been produced with the purpose of spreading various beliefs. Typical examples are scriptures related to the Ugajin belief, Jizo beliefs and Kannon beliefs. The Ugajin belief was thought to have incorporated the Japanese god of food preservation into Buddhist ideas, and was accepted by the common people as a god of wealth and treasure.

Considering the above points, the scripture seem to have functioned as a sacred book with two meanings: a sacred book which is fixed, and, at the same time, to be positioned as having a bi-directional character that is always created.

Speaking of scriptures, people tend to be aware that those texts do not allow modification, but that they are not fixed. It is necessary to pay attention to the fact that those texts were produced freely to support the beliefs of the common people in order to prove the veracity of belief, but on the other hand, it was fixed once it was given the name Kyo. We cannot overlook the fact that it was handed down without big changes.

Reexamining the Origins and Change of the Scriputre of *Ten Kings*: As the main line to the Sutra Texts Excavated from Shenden Temple Stupa of Shaanxi Prevince

ZHANG Zong
Chinese Academy of Social Sciences

This paper compares the *Scripture of Ten Kings* discovered in Shaanxi Yaozhou and Zhejiang Taizhou. with texts from the Dunhuang cave, thereby revealing the significances of the major discoveries. This paper thus confirms the early type of thiss cripture, and also shows that some Shaanxi texts have a transitional form between the textual and the illustration texts. The Zhejiang texts has this title and the name of the eighth king appearing in those texts reflects the relationship with the early Japanese texts. Because the Shaanxi texts were found very fragmentary, the first edition of the collation is based on the *Wanzi Shinsan Zokuzōkyō*, it almost ruins its value. In this paper, the method of collation is to sort out the texts in some types, thereby many deficient words being supplemented and collated according to the Dunhuang manuscripts. After the successful collation, we made progressive changes and came to determine the three types of this sutra: *Scripture of Yama*, *vyākaraṇa about Yama*, and *Scripture on Ten Kings*. This has opened up a new realm for the study of the *Scripture of Ten Kings*.

A Study of the Japanese Xingsheng Temple Collection *Guanding duxing zhaohun duanjuefulian jing*

WU Xiaojie
Shanghai Normal University

Xingsheng Temple in Japan has preserved the long-lost Chinese Buddhist apocryphon *Guanding duxingzhaohun duanjuefulian jing*, which originated in Taoism and related Chinese traditional culture. The main content of the text, "*Duxing zhaohun jingfa*" can be enriched and supplemented by Taoist sutras such as the *Taishang dongshendongyuan shenzhou zhibing kouzhang*, the Lingbao lingjiao jingdujinshu and so on, so as to gain a more comprehensive understanding. According to the existing information, the Duxing jing has different versions, and the *Zhaohun jing* cannot be defined as the "small edition" of the *Duxing jing* as mentioned in *the Fajing lu*. The present transcription of the *Duxing jing* in Xingsheng Temple is written for the need of ritual coordination. The "Duxing zhaohun jingfa" and "Duxingzhai" are of great value to the study of the evolution of "The ritual of death" in Chinese religions.

A Research of Tangut *Fodingxin Avalokiteśvara* Sutra

CUI Hongfen
Hebei Normal University

The *Fodingxin Avalokiteśvara Sutra* is an apocryphon that had gradually formed since the mid-Tang Dynasty, and it mainly extols the merits of Avalokiteśvara and the efficacious stories related to this Buddhist deity. This article focuses on No.105 *Fodingxin Avalokiteśvara Sutra* collected in Russia, references other fragmentary sutras to supplement the missing parts and make corrections of the text in question. The article then makes a comparison between the vocabularies used in the Chinese editions, thereby publishing an integrated three-volume edition. Based on its translation and interpretation, the article makes a textual research of the *Fodingxin Avalokiteśvara Sutra* by identifying the origin of the Tangut fragmentary sutras, the ways of its introduction to Tangut, and the time of the translation, thereby drawing a conclusion that the apocryphal scripture was introduced from the Hexi region to Tangut, then translated into Tangut during the reign of Emperor Qianshun and Renxiao. The historical context of the scripture mainly accords with that of the *Qianshouqianyan Avalokiteśvara Dharani* translated by Zhi Tong in the Tang Dynasty, the *Qianshouqianyan Avalokiteśvara Lao Dharani* translated by Putiliuzhi in theTang Dynasty, and the *Qianshouqianyan Avalokiteśvara Guangdayuan-manwuai Dabeixin Dharani* translated by Jiafandamo in the Tang Dynasty. Therefore, we can regard it as the circulation notes of the *Qianshouqianyan Avalokiteśvara Dharani.*

Malevolent Ghosts (*gui*) in the *Dizang dadao xin quce fa*

Itō Makoto
Toyo University

The *Dizang dadao xin quce fa* 地藏大道心驅策法 has generally been regarded by modern scholars as a Chinese indigenous Buddhist sutra created sometime around the reign of Empress Wu Zetian (reign: 690-705). This paper re-examines the hitherto noted characteristics of this sutra, such as the apparently tantric and Daoist features in the practices propagated in the sutra, and aims to establish the probability that this sutra is a Chinese creation. The paper also explores the historical and modern significance of this sutra, re-evaluating the religious roles indigenous sutras such as the *Dizang dadao xin quce fa* may have played in the popular religious culture of China and from a more modern viewpoint, and shedding light on the ideals of the bodhisattva's way that can be found in Dizang sutras that were widely revered in China.

Notwithstanding the difficulties in distinguishing between Buddhist/Daoist tantric practices and Indian or whatever other tantric practices, close proximities with Daoist ideas in the hierarchical worldview and the theoretically coherent set of practices laid out in the sutra can be seen to reveal the strong Chinese character of this sutra. One characteristic of the malevolent ghosts (鬼, *gui*) in this sutra is that they are regarded as beings to be persuaded through dialogue and magical orders to be converted to beholders of goodwill (in this case as practitioners of bodhisattvahood), and hence as something close to the lower-ranking bureaucrat character of malevolent ghosts in the Daoist cosmology. These beings can be ordered around to execute orders by divine beings (in Daoism, by higher ranking gods or Daoist priests, in the sutra, by Dizang and Buddhist practitioners).

Characteristics such as these also reveal the historical religio-cultural situation in Tang and Zhou China, where fault-lines between Buddhism and Daoism may not have been as divisive or oppositional as we have hitherto imagined them to be. Furthermore, the conversion of malevolent ghosts into co-practitioners of Dizang in the bodhisattva's way reveals that Dizang himself is both a practitioner and mentor of bodhisattvahood. This is an aspect of Dizang which may resonate with Buddhists today. It is an aspect of this bodhisattva that the present author has been emphasizing in examination of other Dizang sutras such as the *Zhancha shan'e yebao jing* 占察善悪業報経 and the *Dizang pusa benyuan jing* 地蔵菩薩本願経.

A Brief Discussion On the *Mantra Charm Sutra Spoken by the Buddha*

ZHANG Yunjiang
Chinese Academy of Social Sciences

Tthis paper makes a preliminary study on the *Mantra Charm Sutra Spoken by the Buddha* from three aspects: (1) Tthere is a confusion as to the order of content; this paper attempts to make adjustments; (2) This sutra should have been used for the incantation, one of the various popular methods of exorcising evil spirits at that time, in the form of a Buddhism text; (3) It is too simple and negative to define the sutra as "pseudo-sutra," which reflects the traditional sectarian view of of Buddhism. This article thus takes this sutra and similar related texts to be the classic texts of traditional Chinese religions with Buddhist characteristics, thereby revealing the characteristics of the scripture more faithfully.

The Circulation and Characteristics of the Apocryphal Sutra *Tian di ba yang shen zhou jing* on the Korean Peninsula

SATŌ Atsushi
Toyo University

The *Tian di ba yang shen zhou jing* is an apocryphal sutra created in China around the eighth century that was transmitted over a wide area spanning from East Asia to Central Asia. Still today it is recited on the Korean Peninsula. This paper compared eighteen printings of this sutra from the Joseon era and investigated their circulation and characteristics. I reached the following four conclusions.

1. Until the seventeenth century, it was printed as part of the group of apocryphal scriptures entitled *Fo shuo guang ben tai sui jing*. From the eighteenth century onwards, it tended to be printed under the title *Ba yang jing*. This appears to reflect that the *Ba yang jing* had come to be seen to be important. Around the nineteenth century it was printed the most.

2. Over time the sutra's format changed as follows: from (1) only

Chinese characters to (2) Chinese characters with small Hangul added, and then (3) Chinese characters and Hangul written in the same size. Hangul came to receive more emphasis. I believe that this was because it came to be seen more as a sutra to be recited.

3. Between the printing of the 1549 Sinheungsa version and that of the 1791 Songgwangsa version, an introduction is attached. It emphasizes that it is a magical sutra.

4. The "Esoteric Transmission of the *Ba yang jing*," which is only attached to the 1489 Songgwangsa version, introduces five people from a variety of classes, and states that by reciting the sutra they acquired the likes of longevity, a favorable rebirth for the next life, richness in this life, and so on. This secret transmission was added during the time that the printing of the *Ba yang jing* flourished.